REDES, LIBERDADES E CONTROLE

Dados Internacionais de Catalogação na Publicação (CIP)
(Câmara Brasileira do Livro, SP, Brasil)

Loveluck, Benjamin
Redes, liberdades e controle : uma genealogia política da internet / Benjamin Loveluck ; tradução de Guilherme João de Freitas Teixeira. – Petrópolis, RJ : Vozes, 2018.

Título original: Réseaux, libertés et contrôle : une généalogie politique d'internet

Bibliografia.

ISBN 978-85-326-5600-1

1. Comunicação social 2. Internet – Aspectos políticos 3. Internet – Aspectos sociais 4. Liberdade de expressão 5. Redes de informação – Aspectos políticos 6. Vigilância eletrônica I. Título.

17-07786 CDD-302.23

Índices para catálogo sistemático:

1. Internet : Meios de comunicação : Aspectos sociais 302.23

REDES, LIBERDADES E CONTROLE

Uma genealogia política da internet

BENJAMIN
LOVELUCK

Tradução de Guilherme João de Freitas Teixeira

EDITORA
VOZES

Petrópolis

Título do original em francês: *Réseaux, Libertés et Contrôle – Une généalogie politique d'internet*

Direitos de publicação em língua portuguesa – Brasil:
2018, Editora Vozes Ltda.
Rua Frei Luís, 100
25689-900 Petrópolis, RJ
www.vozes.com.br
Brasil

Editoração: Maria da Conceição B. de Sousa
Diagramação: Mania de criar
Revisão gráfica: Nilton Braz da Rocha / Nivaldo S. Menezes
Capa: Renan Rivero

ISBN 978-85-326-5600-1 (Brasil)
ISBN 978-2-200-29382-6 (França)

Editado conforme o novo acordo ortográfico.

Este livro foi composto e impresso pela Editora Vozes Ltda.

Para meu pai.

Este texto também é, em parte, a sua história.

AGRADECIMENTOS

Meus agradecimentos, em particular, a Marcel Gauchet, que dirigiu com exigência e benevolência a tese, defendida na Ehess em 2012, tendo servido de base para a elaboração deste livro. Também agradeço aos membros do júri – Laurent Bouvet, Monique Dagnaud, Patrice Flichy e Patrick Troude-Chastenet – por suas críticas, sugestões e incentivo. Além disso, minha dívida se estende aos pesquisadores e professores que marcaram minha carreira acadêmica, especialmente Darrow Schecter na Universidade de Sussex e Janet Coleman na London School of Economics, que me abriram os horizontes da Teoria Política.

Este livro é igualmente o resultado de colaborações e do apoio que recebi, após a tese, em várias instituições em que tive oportunidade de prosseguir a minha pesquisa. Faço questão de agradecer, de maneira particular, a: Dana Diminescu, Henriette Asséo e Grégoire Cousin da Fondation Maison des Sciences de l'Homme; Valérie Beaudouin, Isabelle Garron, Dominique Pasquier, Jérôme Denis, Nicolas Auray e Pierre-Antoine Chardel de Télécom ParisTech e do Institut Mines-Télécom; Claude Grasland e Marta Severo do Collège International des Sciences du Territoire. A ajuda efetiva de todas essas pessoas, assim como nosso intercâmbio intelectual e de amizade, foi muito fecunda para mim.

Manifesto também minha gratidão a Camille Froidevaux-Metterie e a Stéphane Bureau, que depositaram a sua confiança em mim, defenderam este projeto e o acompanharam no plano editorial.

Estou em dívida com um grande número de colegas e amigos por suas meticulosas revisões e, especialmente, pelos conselhos e encorajamentos que me deram. Em particular, Grégory Bergeon, Robin Berjon-Berthezène, Laurent Bristiel, Jean-Vincent Holeindre, Emmanuel Kahn e Vincent Martigny.

Eu gostaria, enfim, de expressar todo o meu reconhecimento e minha afeição à minha família por sua solicitude e também por sua paciência quando eu estava ocupado demais a escrever. Meus pais, James e Elizabeth, garantiram-me sempre um apoio incondicional, prodigalizando-me a liberdade e a confiança necessárias para seguir os caminhos, às vezes, incertos que acabei empreendendo. A família de minha esposa nunca deixou de me apoiar quando foi necessário, acolhendo-me de maneira generosa e constante. Meus filhos, Samuel e Robin, forçados a aceitar que eu nem sempre ficasse perto deles, sabem no entanto chamar minha atenção para o essencial; o seu entusiasmo e a sua curiosidade são a minha felicidade cotidiana. Quanto a Myléna, ela está ao meu lado desde o início, tendo sofrido com minhas ausências, e sabe que, sem ela, a tese não teria sido concluída, tampouco este livro teria sido publicado. Devo-lhe o fato de ter chegado ao termo deste caminho, e é também graças a ela que ainda temos tantos outros para percorrer juntos.

SUMÁRIO

Introdução, 11

PARTE I – AS ORIGENS, 21

1 Premissas cibernéticas, 23

2 O surgimento da internet, 41

3 A virada contracultural – Avançando em direção a uma socialidade em rede, 62

4 As utopias do ciberespaço, 83

PARTE II – ECONOMIAS POLÍTICAS DA INFORMAÇÃO, 105

5 Sociedade da informação, internet e mercado, 107

6 O *hacking*: softwares e liberdades, 122

7 Economia-rede e liberdades radicais do digital, 142

8 Liberdades sob controle? – Entre código de programa computacional e regras do direito, 164

PARTE III – REDES E AUTO-ORGANIZAÇÃO EM REGIME DIGITAL, 195

9 Redes, compartilhamento e viralidade, 197

10 A *captação*: recentralização das redes e controle algorítmico – O Caso Google, 221

11 A *disseminação*: descentralização radical e criptografia – Do *peer-to-peer* ao WikiLeaks, 250

12 A *autoinstituição*: um projeto de autonomia pelas redes – Os softwares livres e Wikipédia [a enciclopédia livre], 271

Conclusão, 293

Referências, 305

Índice onomástico e temático – Incluindo siglas e instituições, 343

Índice geral, 383

INTRODUÇÃO

Enraizada profundamente em nossa vida cotidiana através de redes sem fio, telefones celulares, objetos conectados e serviços desmaterializados, a internet continua representando certo ideal enquanto vetor de transformações sociais. A história da rede tem sido acompanhada por discursos eufóricos que anunciam uma sociedade mais equitativa, próspera e democrática; mas ela também desencadeia apreensões a ponto de ter sido apresentada como refúgio para os criminosos, espaço de subversão dos valores em que podem florescer os instintos mais abjetos e, enfim, área fora da lei que deveria ser "civilizada". Atualmente ela suscita sérias preocupações pelas novas ameaças veiculadas por seu intermédio, especialmente desde que alguns grandes atores privados adquiriram um papel preponderante em seu funcionamento e na medida em que as agências de inteligência acabaram disseminando em seu âmbito vastas ramificações, cuja existência está daqui em diante bem documentada.

Por meio dessas elucidações divergentes e, às vezes, contraditórias, esboça-se implicitamente a questão do sentido da internet para as *liberdades*; nesse sentido, prevalecem sobretudo os discursos entusiastas para os quais a rede é, na maior parte das vezes, sinônimo de liberdade de expressão, de difusão de conhecimento, de criação e de inovação, além de ser suscetível de promover a emancipação individual e coletiva. De acordo com um topos recorrente, a cultura e os padrões técnicos "abertos" da internet permitem liberar as energias da sociedade, mediante alguns excessos, mas em vista de um balanço globalmente positivo: *empowerment*, transparência, subversão das hierarquias, novas formas de meritocracia, valorização das singularidades individuais, criação de valor etc. Além disso, ela seria dotada de propriedades absolutamente notáveis, tornando-a o espaço por excelência da livre-associação e dos intercâmbios auto-organizados – as redes digitais introduziriam novas formas de coordenar as atividades e de distribuir o poder, baseadas preferencialmente na autonomia individual. Essas considerações adquiriram tal força de evidência que a "rede das redes" é assimilada daqui em diante à sociedade civil como um todo.

1) A internet, um projeto político

A história da rede revela múltiplas origens e trajetórias complexas que impedem qualquer narrativa linear ou teleológica (SCHAFER & THIERRY, 2013). Mas o surgimento da informática comunicante tem a ver com a questão do poder no sentido mais genuíno do termo. Ela é, em grande parte, o resultado do complexo militar-científico norte-americano e da Guerra Fria, como tem sido demonstrado pelos principais trabalhos sobre o assunto (NORBERG & O'NEILL, 1996; EDWARDS, 1996; ABBATE, 1999). Em muitos aspectos, o seu desenvolvimento ocorreu raramente em "meio aberto" e foi, em grande parte, o resultado de um "controle autocrático" e de uma poderosa vontade política (RUSSELL, 2014). No entanto, em razão de uma reviravolta que merece ser estudada com maior profundidade, essas tecnologias destinadas inicialmente a servir aos interesses do Estado, de seu aparelho tecnocrático e de suas ambições belicosas, acabaram materializando um programa de emancipação e uma alternativa ao poder centralizado. Cientistas, engenheiros e técnicos, assim como entusiastas, ativistas e empresários, têm investido nessa área fabulosas expectativas ao ponto que a sua evolução enveredou por inesperadas vias transversas. A rede se apresenta como uma montagem social e tecnológica em que são reconfiguradas com vigor as interações humanas, a constituição das identidades, o sistema econômico, as possibilidades políticas – ou, de maneira mais sucinta, *o poder de ação das sociedades sobre si mesmas.*

O objetivo deste livro consiste, em primeiro lugar, em expor essas transformações a fim de proceder à análise de seu alcance político, além de elucidar as implicações atuais do digital; ele proporciona, assim, uma perspectivação histórica das redes de informação e de comunicação que não se limita a suas dimensões estritamente técnicas, nem às biografias de seus inventores. Através de uma investigação *genealógica*, trata-se de detalhar o contexto de seu surgimento, as lutas de interpretação e de interesses a que deram origem, além das controvérsias que acabaram desencadeando – e continuam sendo suscitadas. Tal procedimento tem a finalidade de apreender o investimento de que a internet tem sido alvo, enquanto projeto político, no decorrer de suas diferentes fases: desde as suas origens cibernéticas nos anos de 1940, época em que já se esboça uma dialética, relativamente à informação, que opõe liberdade a controle; em seguida, com a "libertação do indivíduo", associada ao computador pessoal durante as décadas de 1960 e de 1970; até a proliferação das utopias atinentes ao ciborgue, à realidade virtual e à inteligência coletiva a partir dos anos de 1980 (Parte I).

Este texto aborda, em seguida, a aceleração fulgurante da difusão da internet a partir da década de 1990 com a invenção da web, a privatização da rede e a emergência da "Nova Economia" (Parte II). Ele faz a análise da maneira como ocorreu a implantação de determinados esquemas concorrentes que se apresentam como outras tantas opções de *economia política*, ou seja, sistemas de regulação e de autorregulação de trocas. Que novos regimes de propriedade emergiram na área da informação? De que modo foi redefinida a relação entre trocas comerciais e não comerciais? Que tipo de deslocamento ocorreu na relação com o Estado, tendo desencadeado reivindicações inéditas em termos de liberdades fundamentais e de defesa da privacidade? Que papel foi desempenhado nesse processo pelos *hackers*, e qual é o alcance de suas práticas? Quais são os desafios subjacentes em torno da governança da internet? Diante de todas essas questões, trata-se de avaliar as articulações da rede com outros dois fatores destinados a regularizar as interações humanas: o direito e o mercado.

Enfim, esta obra procede a uma análise detalhada de alguns fenômenos determinantes do ambiente digital contemporâneo (Parte III). A combinação das contribuições oriundas, por um lado, da Teoria Matemática das Redes e, por outro, da sociologia dos usos, é mobilizada a fim de circunscrever em melhores condições as lógicas de compartilhamento, viralidade e contágio social na internet; em seguida, são estudados, de forma meticulosa, vários casos emblemáticos. A análise da lógica que preside as atividades do Google, enquanto intermediário central da web, permite apreender o que está em jogo no cerne da economia-rede e as estratégias implementadas pelos gigantes do digital para ocupar posições salientes de articulação no âmago desse ecossistema. Ao direcionar os fluxos de dados, ao tirar partido da coleta dos megadados [*big data*] e ao aplicar-lhes algoritmos sofisticados, Google – assim como Facebook e Amazon – propõem serviços que se tornaram incontornáveis para reduzir a complexidade do grande volume de informações em circulação. No entanto, além de concentrarem o valor econômico em proporções sem precedentes, eles avaliam, classificam e orientam os comportamentos e a atenção dos usuários; pelo contrário, determinadas soluções voltadas para uma maior horizontalidade vieram promover interações diretas entre "pares". Tais alternativas são baseadas, antes de mais nada, em arquiteturas descentralizadas, tais como o *peer-to-peer*, assim como em técnicas de criptografia: redes de compartilhamento de arquivos, sistemas de pagamento descentralizados – por exemplo, o Bitcoin – ou projeto de reformulação radical das instituições do jornalismo através do WikiLeaks. Finalmente, tratar-se-á de compreender o funcionamento das comunidades de desenvolvimento de softwares livres e da enciclopédia Wikipédia: aliás, essas iniciativas representam as formas mais bem-sucedidas da "colaboração" que é tão comemorada na internet, além de conterem, em seu bojo, verdadeiras inovações no plano da prática democrática, sem deixarem de suscitar certo número de dificuldades.

O método genealógico adotado neste trabalho é inspirado, em parte, na abordagem de Michel Foucault, que se tratava de questionar a linearidade das construções históricas e das racionalidades políticas mediante a exposição de suas continuidades e, ao mesmo tempo, de suas rupturas a fim de clarificar o presente (FOUCAULT, 1971). Esse método também se baseia em uma forma de história política à qual pode ser atribuído, de acordo com Marcel Gauchet, o qualificativo de *compreensiva* (GAUCHET, 1999), em dois sentidos complementares. Por um lado, o pressuposto de que "levar a sério a reflexão dos atores é a única maneira de apreender o que realmente aconteceu, incluindo o que os transbordou em relação ao que eles julgavam estar fazendo"; e, por outro, o fato de que ela se esforça por restituir a coerência global de um fenômeno social a partir da dimensão política. Trata-se, portanto, de identificar os momentos salientes de articulação de uma evolução geral, mostrando interesse pelas controvérsias que balizaram o estabelecimento de mecanismos visando a estruturação da organização coletiva – no nosso caso, as redes digitais.

Aplicado à internet, esse método se empenha efetivamente em remontar aos fundamentos teóricos, institucionais, sociais e simbólicos da rede, além de expor as representações e as práticas que acompanharam o seu desenvolvimento. Neste aspecto, ele se esforça para aplicar ao passado recente as lições do "contextualismo" (Escola de Cambridge) e da "história dos conceitos" (Reinhart Koselleck), analisando tanto o poder estruturante das ideias quanto o contexto social – e, podemos acrescentar, *técnico* – que as afeta por ricochete. Um conceito em particular, ou seja, a ideia de "livre-circulação da informação" (*free flow of information*), serve de linha diretriz ou, de preferência, de *linha de fuga*. Qual será o sentido do grito de guerra dos *hackers*: "A informação pretende ser livre"? E o que estará subjacente à "missão" declarada do Google que consiste em "organizar as informações na escala planetária com o objetivo de torná-las acessíveis e úteis a todos"? Quais serão as virtudes dos "vazamentos" de informação de acordo com os adeptos do *peer-to-peer* e de WikiLeaks? Por que motivo algumas comunidades de desenvolvimento de softwares reivindicam o "mundo do software livre"? A internet seria dotada de potencialidades políticas intrínsecas que esboçam uma verdadeira *axiologia da informação*. Trata-se, assim, de analisar a questão da liberdade na internet a partir do interior da própria rede, enquanto condição prévia para compreender os usos mais explicitamente políticos a que ela pode dar azo; principalmente como instrumento de mobilização e coordenação no âmbito de uma campanha eleitoral, de uma causa de natureza social e política, inclusive, de uma revolta ou de uma revolução.

Os atores pertinentes para a análise não constituem uma categoria uniforme. Trata-se principalmente, em primeiro lugar, de cientistas e engenheiros; em seguida, de ativistas e militantes da contracultura; enfim, de críticos e filósofos. Em um segundo momento, as opiniões mais proeminentes são as de *hackers*, empresários, jornalistas ou ainda de juristas e economistas: as suas maneiras de ver estão incorporadas tanto em livros e artigos científicos quanto em projetos de engenharia, manifestos com vocação militante, ensaios, artigos e obras de vulgarização ou tratados teóricos com escopo normativo; aliás, todos esses aportes têm participado na orientação das percepções em relação à internet. Eles são considerados como outros tantos documentos *políticos* que entram em diálogo uns com os outros, às vezes enfrentam-se entre si e desenham espaços ideológicos concorrentes; além disso, trata-se de reposicionar esses discursos e essas práticas em seu contexto, relacionando-os com as transformações efetivas da computação em rede. Portanto, este trabalho se inscreve em uma abordagem que combina a história das ideias, a Teoria Política e as Ciências da Informação e da Comunicação; ele tem o objetivo de resenhar, ao mesmo tempo, determinadas "obras", seus autores e seu contexto de enunciação, a fim de apreender o ponto de junção entre o mundo das ideias e as práticas efetivas associadas à internet.

2) O advento do liberalismo informacional

A partir da época moderna, as liberdades políticas e econômicas – entendidas como direito à autodeterminação individual e coletiva – foram acompanhadas pela liberdade de informação, ou seja, a liberdade de informar e de ser informado. Tal equiparação parece ser atualmente óbvia no contexto liberal-democrático: o indivíduo – se, por um lado, pretende ser dono de seu destino individual e se, por outro, deve tomar parte nos assuntos de uma sociedade organizada – só pode agir com base tanto em um conhecimento das condições em que ele age quanto em projeções sobre as prováveis consequências de sua ação. A liberdade de informação é, assim, um componente essencial da autonomização da sociedade civil e da limitação do poder do Estado, que é submetido a uma exigência de transparência. A partir daí nasceu o estatuto excepcional concedido, em princípio, à liberdade de opinião e de expressão, além do papel central atribuído à imprensa no cerne do espaço público, a partir do século XVII.

No entanto, a *noção de informação* alterou o seu sentido no século XX. Antes de mais nada, ela designava um conteúdo semântico destinado a fornecer um "esclarecimento" ou uma "notícia", originalmente em um contexto de investigação policial ou judicial, e, em seguida, também como um "fato levado ao conhecimento do público" no âmbito da instituição jornalística e do desenvolvimento dos meios de comunicação de massa[1]. Mas depois de sua "conceitualização científica", a partir da década de 1920, ela também tem a ver, acima de tudo, com uma reflexão sobre a *forma* das mensagens – e das maneiras de codificá-las, quantificá-las, processá-las e trocá-las com a ajuda de ferramentas matemáticas, independentemente de seu conteúdo semântico (SEGAL, 2003). Ora, a internet é, em grande parte, o resultado dessa reviravolta teórica, não só em sua concepção técnica, mas também no "discurso informacional" que acompanha as redes de computadores e de telecomunicação, tendo encontrado a sua fórmula mais pregnante na expressão de "sociedades da informação", a partir da década de 1970.

Portanto, com este trabalho pretendemos abordar as redes digitais enquanto objeto político a partir do questionamento sobre o estatuto adquirido pelo conceito de informação em um contexto sociotécnico. Trata-se de compreender quais são as implicações de uma evolução da liberdade "de informação" para a liberdade "da informação". Ao modelo do Iluminismo a respeito da livre-circulação da informação enquanto conhecimento, o qual implica uma reflexividade política, vem efetivamente se juntar o modelo do sinal transmitido em um sistema técnico ou biológico e de seus efeitos estruturantes através da ideia de *rede*. Articulação intelectual que se tornou incontornável, a rede é acompanhada por noções de descentralização, circulação, fluxo, emergência ou, ainda, de complexidade, que se opõem à rigidez centralizadora das entidades sociais e políticas – e, em primeiro lugar, o Estado.

Uma dimensão em particular parece ter surgido para selar, por um lado, o encontro entre o campo científico e técnico e, por outro, a reflexão política e social: trata-se da *auto-organização*. Esta designa, principalmente a partir dos trabalhos empreendidos pelos ciberneticistas nas décadas de 1940 e de 1950, a capacidade de um sistema biológico ou técnico para se governar a si mesmo, ou seja, para atingir um estado de equilíbrio dinâmico com base na circulação da

---

1. Verbete "Information". In: *Dictionnaire Historique de la Langue Française*, 2010, p. 1.090.

informação em seu cerne – e, em particular, a presença de circuitos de retroação ou *feedback*. A auto-organização, atualmente, além de designar fenômenos bastante heterogêneos, parece se referir a um ideal de trocas informacionais no ambiente digital e da capacidade de tais trocas para se estruturarem de maneira imanente. Trata-se, portanto, de compreender o que esteve em jogo desde a virada cibernética até os dias de hoje, além de questionar as manifestações contemporâneas da auto-organização a fim de avaliar precisamente a sua lógica.

A ideia de auto-organização também reflete uma ambição central da Teoria Liberal. No entanto, situar a internet no contexto do liberalismo impõe previamente circunscrever rapidamente essa noção polissêmica. Como tal, podemos lembrar a distinção forjada por Marcel Gauchet entre o *fato liberal* e as *ideologias liberais*. Essa clarificação analítica permite apreender certa unidade do liberalismo enquanto fenômeno enraizado de um ponto de vista antropológico e fundamentado juridicamente e, ao mesmo tempo, a diversidade de suas declinações particulares; principalmente enquanto ideologia que visa estender a lógica econômica ao resto da sociedade. O fato liberal situa-se em um plano estrutural pelo fato de se referir a uma concepção bem definida do sujeito, assim como dos modos de organização da sociedade; ele significa, em primeiro lugar, a emancipação dos indivíduos a partir da afirmação de seus direitos (Teoria dos Direitos Naturais ou Doutrina dos Direitos) e o advento de uma sociedade direcionada para a produção de si no tempo[2]. A autonomia torna-se, assim, um motivo central que designa a necessidade de conseguir "prodigalizar suas próprias leis". Por sua vez, as ideologias liberais, enquanto "doutrinas da liberdade", são ideologias políticas entre outras, ou seja, interpretações do fato liberal[3]. Trata-se de modos de *compreensão* da história em vias de se desenrolar que também se apresentam sob o aspecto de *justificativas* para a orientação das escolhas políticas.

Nos séculos XVII e XVIII, no contexto do absolutismo, os axiomas básicos do liberalismo se traduziam pela necessidade de criar instituições destinadas a proteger os direitos individuais e pela limitação dos poderes do Estado. A partir da questão dos direitos também se formula um problema crucial relativamente

---

2. Gauchet, 2007, tomo 1: *La révolution moderne*, cap. 4: "La fondation en droit et l'invention de l'individu" (p. 77-114) e cap. 7: "Le renversement libéral et la découverte de la société" (p. 155-185).

3. Aliás, Gauchet lembra que o termo "liberal" só aparece no século XIX, tratando-se, antes de mais nada, de posições políticas; é retrospectivamente que ele será aplicado aos pensadores que, nos dias de hoje, são qualificados como "liberais".

ao modo de regulação da cooperação e do conflito. O desaparecimento gradual dos princípios "exteriores" da organização social (a religião e a tradição) leva a virar-se para o "interior". Trata-se logicamente de determinar quais são as necessidades endógenas que fazem *funcionar* o ser em sua totalidade. No século XVIII, uma resposta "liberal" é dada a essa questão pela dimensão econômica e pelo desenvolvimento das teorias da autorregulação econômica e social. O vínculo social torna-se economia política, baseada no interesse e na utilidade, enquanto a sociedade é a resultante das trocas contratuais entre indivíduos igualmente livres: o *mercado* permitiria a satisfação das necessidades individuais e, ao mesmo tempo, o equilíbrio social. Assim, a ideologia liberal, se é que se pode defini-la em termos muito gerais, esforçou-se (de forma mais ou menos pronunciada) no sentido de deslocar o Estado para o segundo plano e manter a ficção de uma sociedade civil perfeitamente autônoma[4].

Procuramos, portanto, compreender como a internet se inscrevia nesse movimento, em primeiro lugar, enquanto manifestação do *fato* liberal, mas também na medida em que o desenvolvimento da rede tem sido acompanhado por diferentes *ideologias* – cuja natureza deve ser determinada –, as quais tentaram representá-la e justificá-la. No termo dessa genealogia, constata-se que novas doutrinas e novas normas foram estabelecidas, no cerne do digital e através dele, tendo acabado por estruturar a experiência das trocas nas redes. A internet se apresenta como um dos principais vetores de uma reformulação teórica e de uma reconfiguração prática do liberalismo em suas articulações com o direito e a economia, especialmente a partir de conceitos-chave como a propriedade e as liberdades individuais. Em conjunto, essas doutrinas e normas constituem o *liberalismo informacional*, verdadeira filosofia política que vê a livre-circulação da informação se tornar a principal base da autonomia individual e coletiva. Nessa construção, a figura da rede é a ferramenta por excelência da autodeterminação política e da autorregulação econômica no seio da sociedade civil. Ela completa, assim – e, em alguns casos, suplanta –, as alavancas clássicas do liberalismo: por um lado, o individualismo jurídico e o Estado de direito e, por outro, a busca do interesse próprio e os mecanismos do mercado.

Este livro pretende, portanto, fornecer um contributo para a Teoria Política da Internet e, por meio da análise das redes de informação, propor uma reflexão sobre as mudanças do liberalismo contemporâneo; aliás, esses dois fatores estão

---

4. Para uma visão mais ampla das dimensões filosóficas e ideológicas do liberalismo através da história, indicamos particularmente a obra de Audard, 2009.

estreitamente relacionados. As diferentes modalidades da economia política da internet aprofundam a lógica liberal e, ao mesmo tempo, a redefinem, além de se traduzirem por transformações nas relações de produção e na mecânica capitalista. A nossa investigação mostra que o motivo geral do liberalismo informacional passou por disputas e divergências internas; ele não é, de modo algum, uma estrutura estabilizada, e se refere a fenômenos bastante heterogêneos, alguns dos quais acabam por contestar a sua definição. No entanto, ele define por sobredeterminação de forma bastante ampla a apreensão do digital, assim como as possibilidades de opor-lhe uma crítica – o que explica a confusão em redor de noções, tais como "inteligência coletiva", "multidão" ou ainda "economia do compartilhamento".

Procuramos dissipar tais ambiguidades ao retomar as diversas correntes da história da internet, desde a sua origem. Juntamo-nos, assim, em parte, a uma linhagem de trabalhos dedicados a revelar a ideologia, a doxa, a utopia ou, até mesmo, a "religião" que subentenderia o surgimento da "sociedade da informação e da comunicação" (SFEZ, 1992; BRETON, 1997; MATTELART, 1994). Essas abordagens, no essencial, enfatizam a dimensão doutrinária dos discursos e das representações que tentaram valorizar a informação e a comunicação em suas articulações com a sociedade como um todo, focalizando, assim, a atenção em suas dimensões implícita ou explicitamente políticas. Além disso, um vínculo com a tradição liberal também foi estabelecido, em particular, no contexto da renovação "neoliberal" iniciada antes da Segunda Guerra Mundial e que se desenvolveu no decorrer das revoluções liberal-conservadoras do final da década de 1970. Assim, as tecnologias da informação e da comunicação estariam a serviço, antes de mais nada, das medidas econômicas de desregulamentação dos intercâmbios, de privatização dos serviços públicos, além do incremento das trocas financeiras e comerciais; inversamente, a informação (e as atividades econômicas derivadas de seu processamento no setor terciário) seria, por sua vez, cada vez mais investida enquanto fonte de valor. Ao se focalizarem, de preferência, no modo de produção associado à sociedade da informação, outros autores sugeriram falar de "capitalismo informacional" (CASTELLS, 2001), de "capitalismo comunicacional" (DEAN, 2005) ou ainda de um "capitalismo cognitivo" (AZAÏS; CORSANI & DIEUAIDE, 2001; MOULIER BOUTANG, 2008).

No caso mais específico da internet, o livro de Patrice Flichy dedicado ao "imaginário da internet" representa uma contribuição importante na medida em que revela a força motriz do imaginário social na instituição da rede e, ao mesmo tempo, estabelece um vínculo sistemático com os contextos de uso

(FLICHY, 2001). Outros trabalhos insistiram no enraizamento, ao mesmo tempo, *libertário* e *libertariano* do Vale do Silício – o que foi designado sob a famosa denominação de "ideologia californiana" (BARBROOK & CAMERON, 1996). Esse é também um dos fios condutores encontrados no livro do historiador, Fred Turner, ao expor a transição de uma contracultura libertária em direção de uma cibercultura amplamente matizada de capitalismo liberal (TURNER, 2012). Enfim, mais recentemente, essa crítica foi retomada nas obras de Evgeny Morozov, assim como em suas múltiplas intervenções na imprensa para denunciar, simultaneamente, a retórica vazia de alguns bajuladores do digital, o positivismo inato que o anima (designado por ele como o "solucionismo" tecnológico) e as implicações sociais de um sistema organizado em torno dos interesses das grandes empresas tecnológicas (MOROZOV, 2014a, 2014b).

Esses trabalhos – de resto, todos eles bastante diferentes – têm em comum o fato de enfatizar o investimento utópico e as dimensões normativas das representações que acompanham as tecnologias de informação e de comunicação. Mas essas representações são expostas, às vezes, de maneira monolítica como uma *mistificação* a serviço dos interesses dominantes ou, pelo menos, como uma *ilusão* de prosperidade econômica e de harmonia social. Ora, por um lado, tais interpretações podem ter tendência a minimizar ou reduzir a diversidade das manifestações do digital, enquanto este abrange fenômenos que apontam para direções, às vezes, divergentes ou equívocas que também podem carregar em seu bojo alternativas críticas. Por outro, a coerência ideológica do liberalismo informacional se apoia em opressivas tendências históricas e sociológicas que explicam a sua força de convicção e de adesão, convidando a não reduzi-lo simplesmente a uma forma de "falsa consciência". Portanto, nas páginas seguintes tentamos dar conta dessa diversidade e desse empreendimento, além de fornecer um quadro de inteligibilidade à nossa nova condição digital.

PARTE I
AS ORIGENS

1
PREMISSAS CIBERNÉTICAS

Viver com eficácia é viver com uma informação adequada (WIENER, 1971, p. 47).

Enquanto ciência autoproclamada "da comunicação e do controle" na década de 1940 e até o início dos anos de 1950, a cibernética formou a base para uma teoria da informação aplicável tanto aos organismos vivos e às máquinas quanto à organização social. Os seus progressos e princípios, além de suas intuições, irrigaram posteriormente numerosos programas de pesquisa científica, acabando por exercer igualmente uma importante influência cultural. A partir de suas ramificações é possível identificar uma narrativa coerente sobre a produção de conhecimentos, assim como a posição do indivíduo nos sistemas teorizados como sendo autorregulados, autogovernados ou "auto-organizados".

A cibernética é crucial, no mínimo, nestes dois aspectos. Em primeiro lugar, ela confirma uma aliança entre informação e biologia, que continua permeando as representações da internet na atualidade, enquanto sistema sociotécnico que estabelece vínculos na espécie humana pela circulação da informação, algo como metade construção técnica e metade organismo vivo. De maneira mais profunda, ela participa de uma epistemologia que define uma nova moldura de pensamento, cujos catalisadores foram a Segunda Guerra Mundial e, em seguida, a Guerra Fria. Além das fórmulas e teorias, esses discursos foram postos em prática por cientistas e engenheiros, entre os mais brilhantes do século – tais como, Alan Turing, John von Neumann, J.C.R. Licklider ou Norbert Wiener, o "pai" oficial da cibernética – que dedicaram uma grande parte de sua inteligência a serviço de objetivos militares. As suas inovações alimentaram a pesquisa científica e os avanços tecnológicos em sentido amplo, no âmbito do "complexo militar-industrial-acadêmico".

A cibernética, apoiando-se em uma Teoria Científica da Informação, articula com vigor a maneira como esta última adquiriu uma posição central no devir biológico, tecnológico e social da humanidade, outorgando-lhe, assim, um potencial político intrínseco na medida em que a informação é fonte de *poder*: de acordo com o modo como é utilizada, ela pode servir para o controle da sociedade ou ser posta a serviço de uma autonomia mais consolidada.

1.1 À procura das leis da informação

O "momento cibernético" (TRICLOT, 2008), se nada possui de uma epifania, cristalizou, mesmo assim, previamente, um conjunto de evoluções científicas e intelectuais que deram origem à "constituição da noção de informação" contemporânea. A significação da informação que, essencialmente a partir da emergência da imprensa de grande circulação, designa um "fato relatado", passa por uma reviravolta para assumir uma inédita dimensão reflexiva: "A informação cibernética não é a do jornal televisivo, ou seja, uma mensagem dotada de conteúdo, mas de preferência procede de uma reflexão sobre a forma das mensagens e sobre as técnicas da transmissão das mesmas" (TRICLOT, 2008, p. 7). A "Teoria Científica da Informação" que atravessa a cibernética constitui um importante deslocamento epistemológico (cf. esp. SEGAL, 2003). Teoria Matemática da Informação, codificação binária e álgebra booleana oriundas da história da criptografia, da automatização industrial e da lógica moderna, todos esses avanços implicaram um profundo questionamento das relações entre a tecnologia e o ser humano; ora, uma de suas expressões mais acentuadas encontra-se nos intercâmbios científicos, reunidos em sua etapa final sob a égide da cibernética.

Paradoxalmente, a cibernética só existiu como tal durante um período bastante curto, da década de 1940 a meados dos anos de 1950, e a sua posteridade é, em muitos aspectos, subterrânea. As vias transversas empreendidas pelas ideias cibernéticas incluem filiações científicas diretas e indiretas, que vão das ciências cognitivas à biologia, à economia e, inclusive, às ciências humanas. A radiação cultural da cibernética enuncia-se também sob a forma de ensaios, de obras de divulgação ou, ainda, pelo rápido desenvolvimento da ficção científica. Claus Pias escreve que, nas décadas de 1950 e de 1960, "dava a impressão de que, praticamente todas as disciplinas eram afetadas por um vírus chamado cibernética e tinham empreendido uma reformulação ou uma crítica de seus conceitos fundamentais de acordo com a linguagem da cibernética"[5]. Ora, conforme a demonstração tanto de Steve Heims quanto de Jean-Pierre Dupuy, "a" cibernética é permeada, na realidade, por interpretações concorrentes e por acirradas oposições, cujas implicações políticas são igualmente divergentes (cf. HEIMS, 1993; DUPUY, 1994). Sem deixar de evocar o contexto geral de tais divergências, orientamos nosso interesse especificamente para o principal instigador do movimento cibernético, aliás, aquele que lhe forneceu seu nome e sua forma: o matemático (e filósofo de formação) Norbert Wiener, redescoberto há uma vintena de anos como o "herói desconhecido" da era da informação.

No mundo francófono, principalmente os trabalhos de Philippe Breton[6] – mas também de Armand Mattelart (1994, 2009a), por exemplo –, contribuíram amplamente para apresentar Wiener como o ator central de uma nova "utopia da comunicação", da qual a cibernética seria a principal fonte, enquanto a internet seria a consagração. Assim, a rede é apresentada como um "culto", uma encarnação da "sociedade da informação" que, por suas influências cibernéticas, também constitui uma nova forma de "religiosidade" e de "mística". Tal abordagem inscreve, com certeza, a questão da informação e da comunicação no contexto da análise política, mas parece implicar igualmente uma "visão" preconizada por alguns autores e que seria aplicada simplesmente à sociedade (em geral, com funestos efeitos colaterais) de forma determinista. Ora, em nossa opinião, se o contexto epistemológico proposto pela cibernética acabou dando origem efetivamente a extrapolações da ordem da crença utópica ou ideológica, isso não ocorre em virtude de um poder mistificador intrínseco. Além disso, as implicações suscetíveis a serem deduzidas da cibernética são ambíguas, como demonstraremos no exemplo do próprio Wiener, indeciso entre um ideal de harmonia social e os riscos de um controle mediante a automatização dos processos – uma ambivalência que perdura até hoje face ao ambiente digital. Enfim, se os ciberneticistas eram, em muitos aspectos, visionários e se chegaram a dispor dos recursos materiais para implementar as suas ideias, em um vaivém constante entre teoria e prática, estas só conseguiram se desenvolver por terem encontrado um eco mais amplo no contexto do complexo militar-industrial-acadêmico.

Com efeito, por um lado, "o termo *cibernética* vem do grego *kubernetikos* que, em sua primeira acepção, significa a pilotagem de um navio, a arte do

5. Pias, 2005, p. 543 [tr. para o fr. de B.L.]. • Esta indicação [tr. para o fr.. de B.L.] se refere aos textos originais em inglês traduzidos diretamente por Benjamin Loveluck [N.T.].

6. Breton, 1997. • Breton, 2000, esp. cap. 3: "L'incarnation d'une vision", p. 33-47.

timoneiro; e, em um sentido derivado, a arte de governar os seres humanos" (MENGAL, 1998). Mas, por outro, para Wiener, a finalidade de uma sociedade *auto-organizada*, apoiada em um princípio geral que consiste em deixar a informação circular sem obstáculos, é precisamente a de permitir a *abolição da política*. No contexto da Segunda Guerra Mundial e de uma convergência entre matemáticos, engenheiros e militares – com o objetivo principal de desenvolver, de maneira mais eficaz, a defesa antiaérea – é que foram empreendidos os primeiros trabalhos em vista a uma integração mais acentuada entre "o ser humano e a máquina", inaugurando uma reflexão mais ampla sobre a relação entre "controle e comunicação". Mas a barbárie que acompanhou essa guerra também significou o fracasso absoluto da política. Tal revés da razão alimentou a vontade de erradicar definitivamente o conflito mediante uma reafirmação da razão; no entanto, desta vez, ela seria protegida das paixões humanas. Assim, essa "ciência" acabaria sendo construída *no cerne* de um ambiente permeado pela guerra, mas também em parte *contra* a ciência militarizada e tecnocrática. Apesar do termo "cibernética" não ter sido, até então, mencionado, um artigo seminal de 1943 – escrito em parceria por Wiener, pelo neurofisiologista Arturo Rosenblueth e pelo engenheiro e matemático Julian Bigelow – formulou um de seus principais axiomas. Um quadro descritivo comum aos seres humanos, animais e máquinas pode ser estabelecido para permitir a elaboração de uma tipologia unificada de seus comportamentos em função de determinadas finalidades (ROSENBLUETH; WIENER & BIGELOW, 1943). Em particular, as noções de *input* ("os eventos exteriores suscetíveis de modificar um objeto"), de *output* ("as mudanças produzidas pelo objeto no seu ambiente") e de *feedback* (ou "retroação") eram enfatizadas a fim de mostrar como a informação circula no cerne de determinado sistema, permitindo-lhe ajustar de maneira permanente o seu comportamento e, eventualmente, *autorregular-se*[7].

Wiener se tornou o principal porta-voz da cibernética[8], a qual se apresentou, em breve, como uma "ciência do funcionamento da mente" com vocação

7. A inspiração inicial para este capítulo bastante abstrato emergiu dos trabalhos muito concretos de Wiener e Bigelow, durante a guerra, sobre a integração do *feedback* nas torres das defesas antiaéreas. Tratava-se de dar assistência ao atirador, "prevendo" a trajetória do avião visado. Um exemplo simples desses princípios é o termostato que regula a caldeira em função da temperatura a atingir e da temperatura medida no ambiente.

8. As primeiras definições da noção se encontram em um trabalho científico, mas com dimensão programática: Wiener, 1961 [1. ed., 1948]. Os desenvolvimentos mais gerais, principalmente as implicações sociais e políticas, serão apresentados em Wiener, 1950. A 2ª edição reformulada de forma discreta, mas substancial, foi publicada em 1954. As citações deste livro se referem, por sua vez, à tradução francesa em edição sinótica de 1971.

universal, orientada para a busca de leis gerais da comunicação – tendo por objetivo, eventualmente, o controle desta última. Tratava-se de unificar um conjunto de conhecimentos heteróclitos, representados por alguns dos mais eminentes especialistas nas disciplinas em questão, dialogando principalmente no âmbito de uma série de conferências organizadas pela Fundação Macy, entre 1946 e 1953[9]. Nesse evento ocorreu o encontro de um grande número daqueles que acabaram desempenhando um papel crucial tanto na formalização quanto na implementação dos programas de pesquisa que redundaram no desenvolvimento da ciência computacional e de sua integração em todos os estratos da vida social. De maneira mais geral, os trabalhos desses especialistas fizeram emergir uma nova definição da informação, baseada nomeadamente em uma equiparação entre o funcionamento da atividade neuronal, o dos circuitos eletrônicos e o cálculo lógico booleano. A cibernética propõe, assim, uma Teoria da Informação e da Comunicação, que se situa na confluência da Biologia, da Física (em particular, a Termodinâmica), da Engenharia e das diferentes disciplinas da Matemática.

A cibernética constitui igualmente um quadro interdisciplinar que acabou estruturando uma sólida rede de pesquisadores (dos quais nem todos eram ciberneticistas), tendo comprovado ser o cerne de numerosos desenvolvimentos científicos e tecnológicos no período pós-guerra. O núcleo era constituído por Wiener, pelo neurofisiologista Warren McCulloch e pelo especialista da lógica Walter Pitts (cuja concepção do cérebro enquanto rede de neurônios formais, ou seja, de neurônios que funcionam de acordo com uma lógica binária, influenciou tanto a neurologia quanto a ciência da computação), pelo antropólogo e psicólogo Gregory Bateson (que introduziu em psicologia a noção de *double bind* ou "duplo vínculo" e foi um dos principais fundadores da Escola de Palo Alto) e pela antropóloga cultural Margaret Mead, assim como pelo sociólogo Paul Lazarsfeld (conhecido principalmente por ter voltado a dar, com Elihu Katz, toda a sua importância à interpretação e à socialização humanas nas teorias da comunicação e das mídias (KATZ & LAZARSFELD, 1955)) e, enfim, pelo matemático e físico John von Neumann (um dos inventores da Teoria dos Jogos e formulador da arquitetura dos computadores modernos – entre numerosas outras contribuições nas áreas da lógica, da economia, da informática, da física atômica e da mecânica quântica).

---

9. Foram publicadas apenas as atas das últimas cinco conferências. Elas foram reimpressas – acompanhadas de documentos relativos à sua organização, assim como de artigos relatando sua história – por Pias, 2003.

Essas conferências ainda tiveram a participação do psicólogo e especialista em informática Joseph C.R. Licklider (um dos principais teóricos da "simbiose ser humano-máquina" e instigadores do Projeto Arpanet que, mais tarde, irá se tornar a internet), do engenheiro eletrônico e matemático Claude Shannon (que aplicou a álgebra booleana e a aritmética binária aos mecanismos eletromecânicos, tendo sido o primeiro a formalizar determinados princípios-chave de uma "Teoria Matemática da Informação"), do sociólogo Talcott Parsons (fundador da corrente "funcionalista", da qual Niklas Luhmann será o herdeiro com a sua "Teoria dos Sistemas Sociais") ou do linguista Roman Jakobson (pioneiro da linguística estrutural). Também podemos citar o matemático Alan Turing (autor de contribuições teóricas decisivas para o surgimento da informática), apesar de sua distância geográfica em relação aos autores mencionados[10].

Muito rapidamente, a "nova ciência" cibernética – conhecida do público em geral como uma teoria dos "cérebros mecânicos" – se apresentou como uma redefinição radical da posição do ser humano em suas relações com a técnica. Do mesmo modo que, no século XIX, Darwin havia posicionado "o ser humano e o macaco" em um plano semelhante, assim também, o século XX assistiu à convergência entre o ser humano e a máquina – com implicações simultaneamente religiosas, éticas e políticas que se revelaram ser duradouras[11]. A classificação das espécies poderia incluir, daí em diante, os autômatos e as criações técnicas do ser humano, uma vez que tinha ocorrido o deslocamento da escala de referência: a "complexidade" dos diferentes sistemas informacionais em ação, entendida como a capacidade dos mesmos para aprender, é que permitiria daí em diante ordenar e hierarquizar o mundo, independentemente de sua natureza humana, animal ou artificial. Assim, a pessoa é apresentada como um "ser-para-a-comunicação", cujas características individuais são menos importantes do que as suas relações informacionais com o mundo, incluindo o mundo tecnológico dos seres artificiais.

A nova compreensão cibernética dava, assim, a impressão de ser acompanhada por poderes demiúrgicos. De fato, os avanços científicos consideráveis desse período eram orientados amplamente para as (e financiados pelas) forças armadas. No "mundo de Bergen-Belsen e Hiroshima", a posição moral dos cientistas é "no mínimo inconfortável", como Wiener havia observado, bem consciente das responsabilidades de que tinha sido incumbido. Aliás, no final

10. Sobre a proximidade de Turing em relação aos círculos cibernéticos, cf. Cerqui, 2004.

11. Essas temáticas são abordadas muito explicitamente em Wiener, 2001.

da vida, ele se tornou militante em favor da paz. As duas principais opções da cibernética podem ser resumidas por uma biografia cruzada de Wiener com a de outro grande cientista dessa época, John von Neumann (HEIMS, 1980). O primeiro começou por trabalhar para o Departamento de Defesa dos Estados Unidos, mas o uso da bomba nuclear acabou por transformá-lo em um pacifista cada vez mais convicto; apesar de minoritário na comunidade científica, a sua convicção se consolidou com a disseminação crescente da Guerra Fria. O segundo autor, por sua vez, desempenhou um papel proeminente por ocasião da Segunda Guerra Mundial, principalmente no que se refere ao aperfeiçoamento de um dos primeiros computadores, destinado ao cálculo balístico, mas também por ter sido um dos principais atores do Projeto Manhattan. Posteriormente, ele aplicou a "Teoria dos Jogos", do qual ele havia sido um dos inventores, à dissuasão nuclear, desenvolvendo a Doutrina do "Equilíbrio do Terror", durante a Guerra Fria, e foi partidário de um ataque nuclear preventivo contra a URSS.

1.2 Uma ciência do controle

As posições cada vez mais antimilitaristas de Wiener implicaram sua demissão em pleno macarthismo, e, a partir de 1956, o próprio termo "cibernética" caiu em desuso - ao mesmo tempo em que prosseguia o seu programa de pesquisa sob diversas formas (especialmente a inteligência artificial e as ciências cognitivas). Para complicar ainda mais tal situação, nesse mesmo momento, após uma hostilidade inicial e mediante uma reviravolta complexa, a cibernética foi adotada explicitamente pela URSS enquanto "ciência oficial" - tendo sido interpretada igualmente como uma "ciência do governo" e, portanto, um recurso para aprimorar o funcionamento ultracentralizado, autoritário e planejado do regime (GEROVITCH, 2002). A cibernética foi percebida, então, como uma forma de aperfeiçoamento burocrático, sinalizando o fim do período de idealismo no interior da URSS. Com efeito, a cibernética foi mobilizada com a expectativa de que permitiria realizar objetivos sociais (principalmente a gestão da economia) sem implicar qualquer mudança política.

De maneira mais geral, no decorrer dos anos de 1960, a cibernética se tornou sinônimo de aplicação da Matemática a todas as ciências, desde a Biologia até a Economia, quase sempre com a finalidade de tirar o melhor partido possível do planejamento e da gestão da sociedade. Essa interpretação da cibernética enfatiza a noção de *controle*; a compreensão dos sistemas deve permitir que um agente exterior de intervenção venha orientá-los para um objetivo fixado previamente. A cibernética exerceu influência sobre o campo da própria ciência política, especialmente pelos trabalhos de eminentes professores universitários, tais como David Easton e Karl Deutsch, os quais chegaram a reivindicar explicitamente a sua contribuição para promover uma abordagem "sistêmica" do processo político (EASTON, 1974; DEUTSCH, 1966). Este foi apresentado como um organismo variável e adaptável, orientado para a tomada de decisões e organizando a relação entre *inputs* (as "demandas", "ajudas" e "exigências" formuladas pelo ambiente social ou requisitadas pelo ambiente físico) e *outputs* (as decisões e ações ou *policies* tomadas para satisfazer a tais solicitações) por meio de circuitos de retroação.

Assim, do ponto de vista de suas aplicações sociais, a cibernética parece representar, antes de mais nada, uma nova etapa na racionalização da organização das sociedades humanas. Em um livro que expõe a passagem das sociedades industriais para as sociedades da informação, James Beniger adota igualmente uma abordagem "sistêmica" que remete abertamente à cibernética, referindo-se a ela desde as primeiras páginas de sua introdução (BENIGER, 1986). Mas ele insiste, em particular, na dimensão de controle. De acordo com esse autor, a Revolução Industrial foi acompanhada por uma "crise do controle" no contexto de uma mudança radical na escala da organização social durante os séculos XVIII e XIX; ora, numerosas inovações permitiram corrigir tal situação. Essas inovações foram traduzidas a partir de um desenvolvimento considerável da racionalização. Por um lado, no domínio da administração pública com a formalização e o aperfeiçoamento da burocracia, e por outro, no campo da economia, através do grande número de inovações tecnológicas que permitem controlar a produção (padronização das peças, contabilidade moderna, gestão de estoques, gerenciamento profissionalizado etc.), a distribuição (correios e telecomunicações, transportes ferroviários etc.) e o consumo (meios de comunicação de massa e publicidade, especialmente a imprensa de grande circulação; em seguida, o rádio e o cinema, desenvolvimento do *marketing* e das pesquisas de opinião, dos índices de audiência e das estatísticas de vendas etc.).

Para descrever os resultados desse movimento de racionalização, Beniger toma de empréstimo a Daniel Bell (o sociólogo das sociedades "pós-industriais") a expressão "tecnologias intelectuais" – definidas como uma substituição dos juízos intuitivos por *algoritmos* (enquanto regras para a resolução de um problema) e incorporadas em máquinas, programas de computação, além de todas as formas de procedimentos de tomada de decisões. Trata-se, portanto, de um processo a longo prazo, designado por Beniger como a "revolução do controle" que dá coerência à trajetória que conduz da Revolução Industrial para a "sociedade da informação", e do qual o computador pode ser visto como um dos principais resultados. Além disso, ele mostra que essa maneira de ver a organização social é modelada a partir da visão do organismo biológico e se apresenta como um amplo problema de programação.

A interpretação da cibernética como recurso para racionalizar o controle da sociedade, embora se revele parcial e unilateral, dominou as aplicações que reivindicavam explicitamente tal postura. A mais emblemática foi certamente o Projeto Cybersyn, lançado no Chile entre 1970 e 1973 a pedido do Presidente Allende e dirigido por Stafford Beer – um dos principais promotores de uma aplicação da cibernética ao gerenciamento (MEDINA, 2011). Tratava-se de pilotar a economia ao vivo, graças a uma rede de telex que conectava as empresas e as fábricas a um computador central e a uma sala de controle futurista, situados em Santiago. A circulação otimizada da informação (produção das fábricas, gestão das matérias-primas etc.) deveria permitir a realização de projeções e ajustes ao planejamento econômico, sem deixar de garantir certa autonomia aos diferentes níveis hierárquicos: um nível superior só era solicitado se determinado problema não tivesse sido resolvido no escalão inferior. A tomada de decisão era, assim, amplamente "distribuída" e o sistema era capaz de "adaptação", sem deixar de ter um controle final centralizado. Esse projeto foi abandonado após o golpe de Estado do General Pinochet, em 1973, e todas as instalações em atividade foram destruídas. Portanto, essa veia da cibernética tem a ver igualmente, em numerosos aspectos, com a questão da *tecnocracia*. Aliás, veremos que esta será objeto de uma crítica explícita que surgirá no decorrer das décadas de 1960 e de 1970.

1.3 Uma ciência da liberdade

No entanto, essas aplicações e interpretações parecem estar, retrospectivamente, nos antípodas do que Wiener havia imaginado. Com efeito, no cerne da cibernética, tal como ela é concebida por esse autor, apoia-se a noção de *entropia*, termo oriundo da termodinâmica e que designa "a quantidade de desordem" no âmago de um sistema isolado[12]. A observação mostra um movimento da organização (o estado menos provável) em direção à desorga-

12. Essa noção serve de fundamento à compreensão do mundo de Wiener, tal como ele a expõe a partir da Introdução de *Cybernétique et société*, 1971, p. 26-27.

nização (o estado mais provável); no que diz respeito à ordem, determinado sistema tem um maior número de possibilidades de perdê-la do que ganhá-la. Para Wiener, o universo, como um todo, tende para o caos apesar de alguns enclaves organizados, locais e transitórios; ele designa tal equilíbrio precário sob o nome de "homeostasia". Por exemplo, a substância da identidade individual é apenas um arranjo movente de células, enquanto o "modelo" mediante o qual elas são organizadas permite à "vida" alcançar essa estabilidade temporária (WIENER, 1971, p. 251). O importante é, nesse caso, o modelo assimilado por Wiener a uma "mensagem" dotada da capacidade de ser transmitida. Daí, surge a ideia de que "o transporte da informação é mais importante do que um mero transporte físico". Por exemplo, as plantas do arquiteto enviadas por "ultrafax" lhe permitem realizar uma construção a distância, sem que nenhum "material" seja transportado; assim, bem antes da internet, Wiener observa que "inclusive agora, a comunicação de mensagens serve para transmitir, até os confins do mundo, uma extensão de nossos sentidos e de nossas capacidades" (WIENER, 1971, p. 253-255).

Em *Cybernétique et société* (1971), o conceito de entropia é estendido à comunicação como "Teoria das Mensagens" e, portanto, à organização das sociedades humanas. Nesse livro, que faz as vezes de manifesto, Wiener mostra a maneira como qualquer transmissão implica uma perda – aliás, as pessoas se esforçam por evitá-la – em relação à informação inicial: "No domínio da regulação e das comunicações, empreendemos uma luta perpétua contra a tendência da natureza para deteriorar o que está em ordem e para destruir o compreensível" (WIENER, 1971, p. 45; cf. tb. p. 219-226). A informação é, portanto, de alguma forma, o *oposto* da entropia: "Do mesmo modo que a entropia tende a crescer espontaneamente em um sistema fechado, assim também, a informação tende a diminuir; do mesmo modo que a entropia é a medida da desordem, assim também, a informação é a da ordem" (WIENER, 1971, p. 299). Da qualidade da comunicação e da fluidez de sua circulação, depende, portanto, a "sobrevivência" (temporária) das sociedades humanas.

Assim, de acordo com Wiener: "De todos os fatores anti-homeostáticos em uma sociedade, o controle dos meios de comunicação é o mais eficaz e o mais importante" (WIENER, 1961, p. 160-161 [tr. para o fr. de B.L.]). Em sua opinião, de uma forma bastante abstrata e teórica, qualquer obstáculo aos meios de comunicação (mídias, telecomunicações, mas também sondagens etc.) compromete a possibilidade de um equilíbrio global do sistema. Wiener reata, portanto, com uma velha temática liberal, a da *paz pelo intercâmbio*, adaptada no entanto por ele ao contexto informacional com exclusão de qualquer forma de apropriação da informação. Com efeito, na opinião desse autor, em um contexto comercial, em que a informação está submetida a regras de propriedade para ser comercializada, os meios de comunicação serão distorcidos e deixarão de estar a serviço da "homeostasia social". Dessa constatação, procede especialmente uma discussão, sempre atual, das leis sobre a propriedade intelectual como óbice à *inovação*, assim como uma apologia da *transparência* e do intercâmbio de informações[13], que se tornam objetivos em si mesmos: "A comunicação é o elemento aglutinador da sociedade e aqueles cujo trabalho consiste em manter livres os canais da comunicação são os mesmos de quem depende, em particular, a perenidade ou, então, a queda da nossa civilização" (WIENER, 1971, p. 325). Ele condena, assim, qualquer "comoditização" da informação e o seu "confinamento" em patentes – ou por meio do segredo militar.

Sobre esse ponto importante, Ronan Le Roux sublinha que *Cybernetics* (1961) se apresentava como um "contrapeso à Teoria dos Jogos" (LE ROUX, 2007, p. 122), a qual – desenvolvida originalmente por John von Neumann para explicar os comportamentos dos atores econômicos em um sistema competitivo – havia sido retomada bem rapidamente em um contexto geoestratégico para modelizar os conflitos da Guerra Fria. Ora, contra o sigilo e o uso estratégico da informação, Wiener preconizava a sua circulação: "O sigilo é um dos cavalos de batalha de Wiener, tratando-se de denunciar a apropriação mercantil da informação (a propriedade intelectual é, em seu entender, um absurdo) ou, então, o confinamento exigido pela instituição militar. Cinquenta anos antes da 'sociedade da informação' é o tema da transparência que é anunciado aqui" (LE ROUX, 2007, p. 123-124). A comunicação livre assume uma posição central pelo fato de depender dela a capacidade de *adaptação* da humanidade a um ambiente em constante mudança.

Essa também é a oportunidade para Wiener afirmar que, apesar das aparências, o ideal homeostático não pode, de modo algum, ser assimilado ao mercado livre-capitalista na medida em que, segundo ele, o mercado só provoca instabilidades e desequilíbrios. Nesse aspecto, o mercado se assemelha mais a um jogo como *Banco Imobiliário* ("Monopoly", na versão original), ao qual se aplica na verdade a Teoria dos Jogos – mas entendida como uma forma de capturar o máximo de riqueza mediante a formação de coalizões e cartéis que implicam traições, dissimulações, crises econômicas, opressões e guerras (WIENER,

13. Wiener, 1971, cap. 7: "Communication, secret et politique sociale", p. 289-324.

1961, p. 158-159). A cibernética, tal como é considerada por Wiener, em suas implicações políticas e sociais, apresenta-se, portanto, como uma crítica *liberal* tanto do capitalismo quanto do comunismo. De maneira mais específica, trata-se de defender uma forma de *humanismo liberal* perante os avanços da tecnologia, além de seu uso militar, assim como político, econômico e social.

A despeito de uma visão geral bastante pessimista relativamente ao destino humano, Wiener acredita que este deve manter, apesar de tudo, os seus valores: em primeiro lugar, o "uso humano dos seres humanos", fórmula que constitui o título original do livro de Wiener. Esse texto deve ser compreendido como uma defesa em favor de uma organização política que seja democrática no sentido que lhe é conferido por esse autor, ou seja, a manutenção da ordem, sem deixar de ter em conta as "capacidades" de cada ser humano, considerando-o como um fim, e não um meio, e sobretudo libertando o seu potencial de comunicação autônoma a fim de lutar contra a esclerose de uma ordem de "autômatos". Nesse aspecto, Wiener junta-se também a certa sensibilidade liberal, julgando uma comunidade política não só em sua capacidade para se perpetuar e resolver os conflitos, mas também de acordo com o grau de realização pessoal que ela permite ao indivíduo: este é "capaz de aprender", evitando "desperdiçar o seu potencial"[14].

No entanto, Wiener tem igualmente a intuição de que as maquinarias autorreguladas, oriundas da cibernética, podem se tornar uma ameaça perigosa à autonomia do sujeito liberal[15]. As perspectivas entreabertas por essas inovações alimentaram realmente, nesse autor, o senso da enorme responsabilidade moral dos cientistas, tratando-se não só de conflitos políticos e da guerra, como já mencionamos, mas também dos efeitos da automatização sobre o emprego.

1.4 Segunda cibernética, auto-organização e projeto de autonomia

Jean-Pierre Dupuy deplorou o que se assemelha, em seu entender, a uma "oportunidade perdida" entre a cibernética e as ciências humanas porque "a cibernética nos fornece os recursos formais de pensar a categoria de *processo*

---

14. Ibid., p. 170-171. Observemos que Wiener considera a aprendizagem como "uma forma de *feedback* (retroação) em que o esquema do comportamento é modificado pela experiência passada" (p. 183).

15. Hayles, 1999, cap. 4: "Liberal subjectivity imperiled: Norbert Wiener and cybernetic anxiety", p. 84-111.

sem sujeito". Com efeito, para Dupuy, a cibernética é anunciadora, por um lado, do "nietzscheanismo-heideggerianismo" que dominou as ciências sociais no período pós-guerra; principalmente na França, com o estruturalismo, o pós-estruturalismo e a "desconstrução da concepção metafísica do sujeito". Por outro, esse autor insiste sobre o fato de que a noção de processo sem sujeito se materializa igualmente na figura da "mão invisível" de Adam Smith e da "ordem espontânea" de Friedrich von Hayek; este último dialoga com a cibernética sem deixar de servir-se, antes de mais nada, dos recursos da tradição liberal (DUPUY, 1994, p. 171-172). Além disso, Hayek mobiliza a noção de "complexidade" para justificar a impossibilidade de estabelecer um conhecimento e, portanto, um controle de conjunto (de ordem política) dos fenômenos sociais. Ele igualmente apresenta uma teoria da auto-organização do mercado, que reformula a ideia da mão invisível, usando a linguagem da cibernética (principalmente a noção de *feedback* ou retroação)[16].

No entanto, um diálogo com as ciências humanas e sociais ocorreu quando o projeto cibernético foi retomado por uma segunda geração de pesquisadores, a "segunda cibernética" ou "cibernética de segunda ordem"[17]. A noção de auto-organização, em particular, foi revisada. Uma das problemáticas centrais foi formulada pelo psiquiatra W. Ross Ashby, o qual sublinhou os paradoxos de uma autonomia total: a auto-organização, no sentido de uma organização que se organiza a si mesma, é logicamente impossível, mas uma auto-organização "programada" do exterior deixa de ser uma auto-organização (ASHBY, 1962). Quais limites devem, portanto, ser impostos ao sistema? Será que ele pode "emergir" de si mesmo e, assim, instituir as suas próprias condicionantes? Uma linhagem "físico-química" que estuda as "estruturas dissipativas" na termodinâmica veio se juntar igualmente à segunda cibernética para desenvolver a noção de auto-organização (STENGERS, 1985). Para todos esses pesquisadores, tratava-se de esclarecer antes de tudo os mecanismos da causalidade. A primeira cibernética podia ser aplicada a um sistema "fechado", orientado para uma finalidade – e, portanto, susceptível de ser "controlado" do exterior (os mecanismos de retroação estabilizam o funcionamento de um sistema em relação a parâmetros que lhe são impostos) – e revestia, por conseguinte, um caráter

16. Hayek, 1995, cap. 1: "Raison et évolution", p. 9-39. • Hayek, 2007: "La théorie des phénomènes complexes".

17. Para contextualizar a segunda cibernética enquanto prolongamento da cibernética original e para uma avaliação de suas consequências no domínio tanto das ciências humanas quanto das ciências chamadas exatas, remetemos a Segal, 2003, cap. 7: "L'information et le vivant: aléas de la métaphore informationnelle", p. 443-538.

determinista. A segunda cibernética, ao insistir sobre a noção de auto-organização, encontrava aqui uma afirmação do caráter não determinado de alguns fenômenos termodinâmicos ou biológicos (STENGERS, 1985, p. 95).

Para alguns autores, as teorias da auto-organização, tais como elas haviam sido desenvolvidas pela segunda cibernética e pela sistêmica, têm uma legitimidade científica completamente relativa e, inclusive, constituem "deslizes da argumentação científica" (TERRÉ, 1998). No entanto, elas são instrutivas em relação às maneiras como o pensamento do biológico, da informação e do social entraram em interação. Entre as aplicações mais explícitas das teorias dos sistemas auto-organizadores às ciências humanas, encontramos os trabalhos do jurista e filósofo alemão Niklas Luhmann, ao qual se opôs nomeadamente Jürgen Habermas. A Teoria do Agir Comunicacional deste último veio reafirmar a necessidade de implementar as condições do advento de uma razão discursiva contra a abordagem funcionalista da comunicação proposta por Luhmann.

Além disso, nos anos de 1980, na França, as pesquisas sobre a auto-organização repercutiram em algumas obras de filosofia política, assim como nas experiências sociais da década de 1970, em particular, a autogestão. Um Colóquio de Cerisy[18] foi dedicado à questão das relações entre auto-organização, autogestão e autonomia: intitulado *L'Auto-organisation – De la physique au politique* (DUMOUCHEL & DUPUY, 1983), ele reuniu tanto cientistas quanto filósofos e pesquisadores na área das ciências sociais, com intervenientes da envergadura de Jean-Pierre Dupuy, Jean-Louis Le Moigne, Francisco Varela, Henri Atlan, Isabelle Stengers, Edgar Morin, Pierre Rosanvallon e Cornelius Castoriadis. Tal evento mostra até que ponto os participantes pareciam estar convencidos da possibilidade de compartilhar, senão uma epistemologia, pelo menos, uma linguagem comum. Jean-Pierre Dupuy, em outro livro dedicado a esse "novo paradigma", retoma a fórmula de Rosanvallon que aponta para uma "galáxia 'auto'" (ROSANVALLON, 1983) – expressão que designa "a corrente autogestora, o movimento ecológico e ecossistêmico, a vulgata illichiana, a esquerda libertária, as críticas da 'cultura política social-estatal' etc." –, mas considera isso, acima de tudo, como uma unidade heurística, em que a ciência acaba legitimando utopias sociais: "A autonomia do sujeito diante das

---

18. Atividade organizada anualmente pelo Centre Culturel International de Cerisy-la-Salle (Ccic), na Normandia, que reúne artistas, pesquisadores, intelectuais, professores universitários, estudantes e, de maneira geral, um público interessado por questões culturais e científicas. Diferentes editoras têm publicado uma grande parte dos trabalhos apresentados nesse evento [N.T.].

instituições heterônomas, a autonomia da sociedade civil em luta contra as pretensões do Estado totalitário ou tecnocrático concebiam-se daí em diante em conformidade com o modelo da autonomia da célula viva ou das estruturas dissipativas"[19].

Dupuy faz questão de salientar que, no caso concreto, em vez de verdades científicas que permitam servir de fundamento a verdades éticas ou políticas – com efeito, segundo ele, "a ciência, em princípio, não tem nada a dizer sobre a conduta aconselhável a adotar em assuntos humanos" –, trata-se de "modos de pensar o real" que se inscrevem na linhagem do projeto de Castoriadis de pensar a autonomia humana a partir da autoinstituição do social[20]. No entanto, na medida em que a autonomia designa um sistema ou um indivíduo capaz de "instituir as suas próprias leis", a questão da autonomia do ser vivo interfere com um ponto crucial sobre o qual filósofos e biólogos assumiram posições divergentes por ocasião desse Colóquio em Cerisy: para os primeiros, tratava-se efetivamente de elaborar uma distinção entre *evolucionismo biológico* e *autonomia política*. Assim, para Castoriadis, convém certamente obedecer a suas próprias leis, mas de modo algum às cegas; daí a centralidade da noção de imaginário em seus trabalhos, no sentido em que a sociedade é uma "autocriação" que deve "quebrar a cerca" pela imaginação (CASTORIADIS, 1975), o que é impossível alcançar por meio de uma abordagem evolucionista. Se o social-histórico produz os seus próprios determinismos, o "projeto de autonomia" consiste, para esse autor, em levá-los a advir à consciência coletiva, a fim de agir sobre esses determinismos. Eis o que define a política e, em particular, a democracia, como uma "atividade explícita e lúcida", ou seja, uma atividade *reflexiva* (CASTORIADIS, 1996, p. 225).

1.5 Ambiguidades políticas da cibernética: entre automatização e autonomia

> Der Spiegel: *E agora quem ocupa o lugar da filosofia?*
> Heidegger: *A cibernética* (HEIDEGGER, 1977, p. 54).

19. Dupuy, 1982, "Introduction", p. 22.
20. Ibid. "Vers une science de l'autonomie?", p. 122.

A alternativa entre um controle racional das sociedades pela tecnologia e a possibilidade de eliminar a autoridade política para ceder o lugar à auto-organização inscreve-se igualmente no contexto mais geral das relações da ciência e da tecnologia com a política na época moderna. Desde o Século das Luzes, no mínimo, a razão está em tensão com as instituições necessariamente imperfeitas da política, e especialmente a representação democrática e os seus procedimentos argumentativos, os conflitos de interesses e as escolhas de valores que ela implica.

O "neorracionalismo" que acompanha a cibernética suscita esse problema de maneira ainda mais aguda, deixando vislumbrar uma transferência maciça das decisões para as máquinas e uma inscrição profunda na técnica da "racionalidade instrumental". Essa reviravolta da razão contra si mesma caracteriza a Modernidade e foi revelada por Max Weber e pelos filósofos da Escola de Frankfurt. A cibernética é permeada, portanto, pela oposição que se tornou tradicional entre ciência e política, aliás, uma problemática que pode ser encontrada na denúncia, servindo-se da terminologia heideggeriana, por Jacques Ellul de uma técnica que teria conquistado um devir próprio e, atualmente, acabaria dominando os indivíduos (ELLUL, 1977). Essa oposição assumiu a forma de uma tensão entre *autonomia* humana e *automatização* que se encontra no cerne da reflexão de Wiener, sem que ele tivesse conseguido articular uma com a outra.

Parece efetivamente que uma ambivalência fundamental afeta o projeto cibernético. Como sublinha Slava Gerovitch, historiador das ciências e das técnicas na ex-URSS, apesar de todas as advertências de Wiener e de sua visão humanista, a cibernética podia ser mobilizada para finalidades diferentes – e, às vezes, opostas, tratando-se de libertar ou, pelo contrário, de subjugar ainda mais o indivíduo, seja em contexto capitalista ou em ambiente comunista (GEROVITCH, 2002, p. 302). Enfim, tanto no Leste como no Oeste a cibernética e os seus avatares enfatizaram uma clivagem que poderia ser encontrada nos dois campos: compreender em melhores condições os sistemas de informação que ofereciam oportunidades de emancipação coletiva, mas também meios eficazes para estender e automatizar o controle social. E, paradoxalmente, no decorrer da Guerra Fria, que representa um paroxismo da incomunicabilidade, é que se desenvolveu um esquema da comunicação extraído do âmago da cibernética.

Ora, nessa perspectiva, e apesar de um aparente descaminho da cibernética, veremos que de certa maneira o ponto de vista de Wiener continuou sendo trabalhado subterraneamente no Ocidente. Tendo encontrado uma forma de plena realização por meio da internet; na opinião desse autor, corria-se sobretudo o risco de um crescimento da "entropia", ou seja, uma desorganização causada por uma falta de comunicação. Nessa lógica, a paz e a harmonia são o resultado de uma "libertação" do potencial da circulação de informação; era necessário compensar a falência política do ser humano, evidente na década de 1940 após "o colapso dos valores" que representava o período de 1914-1945. Por isso, impunha-se remover as barreiras às trocas autorreguladas da informação e facilitar a *transparência*, enquanto garantia de que deixariam de ser cometidos, em sigilo, crimes da magnitude do Holocausto.

Temos, assim, a possibilidade de estabelecer um primeiro marco: a cibernética – tal como ela havia sido articulada por Wiener, enquanto narrativa e por meio das práticas daqueles que haviam sido alimentados por ela – esboça um programa político de realização do indivíduo e de auto-organização da sociedade, que repercute vigorosamente nos valores liberais. Mas a reorganização da sociedade, tal como é vislumbrada pela cibernética, passa pela utilização de máquinas e especialmente da informática[21]. O computador, em suas interações com o ser humano, surgiu como um instrumento decisivo na instauração de um autogoverno dos indivíduos, mas também continuará sendo permeado pela tensão entre liberdade e controle, entre autonomia e automatização. A vontade de confiar uma parte, pelo menos, da problemática política às máquinas – capazes daí em diante de tomarem o encargo dos processos automatizados ou semiautomatizados, reagindo a seu ambiente de acordo com determinados parâmetros e tendo a capacidade potencial de "aprenderem" – abriu novas perspectivas diametralmente opostas: por um lado, o aumento considerável do potencial humano e, por outro, o "uso desumano dos seres humanos" e o espectro de uma "sociedade de autômatos". De qualquer modo, deflagrou-se uma nova relação com o mundo, em que o computador foi levado a desempenhar um papel central. O alcance dessa reviravolta assumiu todo o seu sentido com a criação da internet, ou seja, o desdobramento de uma comunicação humana mediada por computador. A internet se apresentou como um instrumento de liberdade que contém, em seu bojo, condicionantes e possibilidades de controle.

Como sublinha Gerovitch, a ex-URSS tinha planejado implementar, sob a influência da cibernética, uma grande rede de computadores. Mas tal projeto desmoronou sob o seu próprio peso, tendo contribuído para esse desfecho as expectativas de um total controle tecnocrático e a vontade de centralização

---

21. O computador seria qualificado, muito em breve, como "máquina para governar", e as suas aplicações práticas serão amplamente antecipadas. Cf., p. ex., DUBARLE. "Vers la machine à gouverner... Une nouvelle science: la cybernétique", apud Wiener, 1971, p. 445-450.

(GEROVITCH, 2008). Em compensação, a internet, tal como a conhecemos, é "a derradeira máquina cibernética" que combina simultaneamente a liberdade e o controle, além de proceder à mistura conjuntamente dos seres humanos com as máquinas a partir de um ideal de livre-circulação da informação (GEROVITCH, 2009, p. 37).

2
O SURGIMENTO DA INTERNET

A convergência iniciada pela cibernética entre a biologia e a informação, entre o cérebro humano e o cérebro maquinizado, levou especialmente à formulação do projeto da "simbiose ser humano-máquina", que constitui o fundamento da instalação em rede dos computadores. Assim, o computador foi além de seu estatuto inicial de calculadora para se tornar um "sistema de informação" capaz de comunicação; uma transição que não era, de modo algum, evidente. E a forma assumida por essa instalação em rede foi completamente original, marcando uma ruptura com os princípios de telecomunicação vigentes na época. Obra indireta dos ciberneticistas, a arquitetura distribuída e os protocolos da Arpanet (cf. p. 46) e, em seguida, os da internet, constituem a tradução técnica de certo número de valores políticos, enquanto esboço das premissas de uma verdadeira filosofia política que se caracteriza pela vontade de abertura e de descentralização relativamente à circulação da informação. Se tais valores foram uma consequência direta da Guerra Fria e um instrumento crucial para enfrentá-la, eles se tornaram, de algum modo, seu antídoto. Desde a Arpanet até a implementação dos protocolos TCP/IP (cf. p. 54, nota 26), o período das décadas de 1960 e de 1970 assistiu à implantação de uma "forma canônica" da rede, enquanto sistema sociotécnico que, ainda hoje, continua alimentando um ideal de liberdade, simultaneamente, tecnológico e político.

2.1 O computador e o complexo militar-científico norte-americano

A informática se desvinculou aos poucos da cibernética, assim como das outras ciências e tecnologias que lhe haviam dado origem, para se constituir como uma disciplina propriamente dita. De forma bastante sucinta, ela pode ser definida como a tradução técnica de princípios de organização e de processamento da informação, baseados na digitalização. A partir do século XIX, a mecanização do cálculo – a resolução automatizada de equações – é que está na origem do que ainda não é designado como ciência da computação, tendo permanecido durante muito tempo um de seus principais usos (nas forças armadas, assim como na gestão, na indústria etc.). Mas tal ciência assumiu toda a sua amplitude à medida que setores cada vez mais amplos da realidade física se tornaram suscetíveis de retranscrição digital, permitindo *modelizá-los* além de aplicar-lhes operações matemáticas cada vez mais complexas. Assim, de simples máquina de calcular, o computador se tornou um apoio para a tomada de decisão, permitindo *representar* o real e vislumbrar diferentes "cenários" sob a forma de programas, ou seja, a primeira etapa antes de ser apreendido como uma máquina *para se comunicar*. A Guerra Fria forneceu um contexto de necessidade no âmago do qual a integração da informática nos processos de comunicação e de processamento da informação transpôs etapas decisivas.

A demonstração teórica dos princípios do computador moderno é atribuída ao matemático britânico Alan Turing, o qual havia proposto em 1936-1937, em particular, uma formalização do conceito de algoritmo, através da modelização do que ele designa por "máquina automática" (batizada, em seguida, "Máquina de Turing"). Assim, ele estabelece que tudo o que pode ser calculado também está em condições de ser *mecanizado*, fornecendo uma das principais bases conceituais da ciência computacional. Turing desempenhou igualmente um papel-chave durante a Segunda Guerra Mundial, participando da decifração das comunicações alemãs, e especificamente com a criação de uma máquina capaz de automatizar os processos de criptoanálise e de "quebrar" os códigos gerados pelas máquinas alemãs "Enigma". A partir de seus trabalhos é que se identifica o primeiro computador moderno, dotado de válvulas eletrônicas e qualificado como "Turing-completo", ou seja, capaz de reproduzir o princípio da máquina de Turing: o Eniac (Electronic Numerical Integrator and Computer), encomendado em 1942 pelas forças armadas norte-americanas a fim de efetuar cálculos balísticos, mas que afinal de contas só foi entregue depois da guerra, em 1946. Na sequência dos trabalhos de Turing e de suas aplicações, verificou-se a ampliação das perspectivas, de modo que as máquinas acabaram por assimilar não só as calculadoras automatizadas, mas também os "computadores", para os quais "nada mais escapa ao universo infinito do código de programa computacional" (TRICLOT, 2008, p. 125).

Um computador, em seu princípio, é uma máquina que executa programas – ou seja, uma série de comandos previamente gravados (o algoritmo) que permitem transformar ou organizar a informação. Nos primórdios da ciência computacional, a programação efetuava-se diretamente na máquina, por meio de interruptores alternativos, pelo cabeamento de relés eletromecânicos e, em seguida, pela utilização da eletrônica e/ou pelo recurso a cartões perfurados (herdados da mecanografia). Mas, com a distinção entre *hardware* e *software*, entre a máquina física e a máquina lógica, entre o material, por um lado, e, por outro, os aplicativos (suportes lógicos) e os dados, é que o computador se desenvolveu realmente enquanto máquina "universal". O princípio do programa armazenado na memória é associado classicamente ao matemático e físico, John von Neumann, já evocado no capítulo anterior. Para esse cientista, assim como para Turing, tratava-se de conseguir a construção de máquinas não só para calcular, mas capazes de funcionar segundo uma concepção bastante específica do cérebro – considerado, antes de mais nada, como uma máquina lógica. A inovação de Von Neumann representou um passo crucial na história da computação por ter permitido a emergência de um nível autônomo de lógica, distinto da arquitetura física da máquina.

Os desafios a enfrentar na área da indústria em torno da informática, em seus primórdios, tinham a ver essencialmente com as próprias máquinas, cujo custo era realmente bastante elevado. Seu desenvolvimento dependeu, em grande parte, do "complexo militar-industrial-acadêmico" norte-americano, que mobilizou substanciais recursos para essa linha de pesquisa, principalmente a partir da Segunda Guerra Mundial, período em que as implicações relativas ao cálculo se tornaram determinantes, tratando-se de balística, de organização logística, de telecomunicações e, até mesmo, do aperfeiçoamento da arma atômica (LESLIE, 1993). Grandes empresas privadas, oriundas seja das telecomunicações (em particular, AT&T Corporation e seus famosos Bell Labs), seja da indústria das tabuladoras eletromecânicas e das máquinas para calcular (como IBM), também estiveram na origem de algumas inovações decisivas; mas, por causa de uma inércia inerente ao estatuto quase monopolístico dessas empresas até a década de 1970, o principal impulso para a pesquisa veio de uma erudita mistura entre o mundo acadêmico, o Departamento de Defesa dos Estados Unidos e as empresas sob contrato com os laboratórios (*contractors*). Ora, a transformação desse complexo institucional sob o efeito da Guerra Fria, é que se tornou, de acordo com Paul Edwards, o principal motor do desenvolvimento da informática, não apenas por necessidade de elaborar cálculos, mas a fim de desenvolver modelizações para ajudar nas tomadas de decisão. Esse autor chega a argumentar que a verdadeira significação dos computadores só apareceu no decorrer da Guerra

Fria e que o contexto geopolítico e a tecnologia se modelaram mutuamente: "A política da Guerra Fria foi inscrita nas máquinas – e até mesmo, às vezes, em sua concepção técnica –, enquanto essas mesmas máquinas contribuíram para que essa política fosse possível" (EDWARDS, 1996, p. IX [tr. para o fr. de B.L.]). Para ser mais exato, no momento em que os computadores tiveram acesso ao estágio do processamento da informação enquanto tomada de decisão lógica, é que eles superaram realmente o estatuto de calculadoras sofisticadas. Essa etapa foi transposta, segundo Edwards, com os primeiros projetos de defesa automatizada que revelaram a verdadeira dimensão da informática, e especialmente o potencial representado por esses aparelhos ao serem instalados em rede.

2.2 A informática em rede: avançando em direção a uma "simbiose ser humano-máquina"

A partir do final da década de 1940 é que foi instalada a primeira rede de computadores em grande escala com a implantação do Sistema Sage (Semi-Automatic Ground Environment) de detecção das intrusões no espaço aéreo: considerando os riscos de ataque (potencialmente nuclear), tratava-se de chegar, o mais rapidamente possível, a uma análise abrangente da situação e de fornecer quase automaticamente uma resposta apropriada. O computador, instalado no cerne de um "sistema nervoso" de sensores, permitia, assim, responder a uma nova situação estratégica, exigindo a organização de uma réplica extremamente rápida, mas cujas consequências poderiam ser apocalípticas. Sage se tornou rapidamente obsoleto com a aparição dos mísseis intercontinentais que modificaram a conjuntura estratégica; no entanto, essa etapa promoveu uma forma de superação da decisão humana, ao atribuir uma ampla autonomia ao próprio sistema em sua capacidade para desencadear uma réplica, portanto, potencialmente uma guerra, que é a decisão política por excelência. Esse "ajuste intelectual" exigido pela complexidade dos estados burocráticos e pelo desenvolvimento da tecnologia, além de ser exacerbado pelo contexto da Guerra Fria, foi amplamente teorizado; às vezes estabelecendo uma ligação direta entre uma nova "Teoria da Decisão" no contexto nuclearizado e a cibernética que se apresenta aqui exclusivamente sob a dimensão do *controle*. Mas a etapa seguinte, ou seja, instalação de computadores em rede, iria transformar essa perspectiva, reorientando-a de preferência em direção ao ideal de livre-circulação da informação preconizado por Norbert Wiener.

No entanto, é sempre no contexto da Guerra Fria – e de uma comunidade científica que trabalha de comum acordo com o Departamento de Defesa dos Estados Unidos – que deve ser compreendida a série de inovações que levaram à implantação da Rede Arpanet que, na sequência, se tornou a internet (NORBERG & O'NEILL, 1996). Mas as evoluções da computação em rede sinalizam uma nova etapa na maneira de apreender a informática e as suas interações com o indivíduo; em particular, uma transição ocorre durante a década de 1960 que vê o computador ir além de seu estatuto de máquina que permite calcular, processar informações e organizá-las, para ser considerado um *meio de comunicação*. De modo algum essa noção era evidente, e se o Projeto Sage já tinha mostrado o que era possível fazer mediante a conexão de computadores entre si, a ideia de colocar o computador a serviço da comunicação humana representava uma nova dimensão da interação entre o ser humano e a máquina. Nomeadamente, o compartilhamento dos recursos, ou *time-sharing*, estava no centro das preocupações; ou seja, o uso por várias pessoas de um mesmo computador (em oposição ao processamento em lotes ou *batch processing*), iniciando uma evolução no sentido de uma "computação interativa" sob a influência cibernética (SERRES, 2001, p. 28).

As origens imediatas da internet são, portanto, o resultado da Agência Arpa (Advanced Research Projects Agency), criada em 1958 pelo Departamento de Defesa dos Estados Unidos para coordenar os esforços de pesquisa, após o vexame infligido pelos russos, em 1957, com o lançamento dos primeiros satélites Sputnik; estes tiveram o efeito de um eletrochoque, destilando a ideia do atraso da tecnologia dos Estados Unidos e desencadeando um processo de remobilização da pesquisa norte-americana e de suas ligações com a Defesa, especialmente na perspectiva de um programa espacial (que acabou sendo atribuído à Nasa). Como sublinha Stephen Lukasik, diretor da Arpa entre 1970 e 1974, as missões da Agência estavam na origem de um programa bastante geral de reflexão sobre a noção militar de *command and control*, e suas implicações em termos de organização, de informação e... da relação ser humano-máquina (LUKASIK, 2011, p. 7). Os principais desafios, incentivados pela Guerra Fria, eram portanto a questão propriamente política do exercício da autoridade e o controle dos processos organizacionais em um contexto militar e em interação com o poder civil.

Na sequência das propostas de um dos departamentos da Arpa – a Ipto (Information Processing Techniques Office) – é que foi criada a primeira rede *interativa* e *distribuída* de computadores: a Arpanet (Advanced Research Projects Agency Network). A concepção da Arpanet começou em 1966 e foi oficialmente implantada em 1969, sob a direção de Lawrence Roberts. De acordo com esse autor, o objetivo inicial consistia em partilhar o tempo de cálculo dos computadores mais poderosos porque as demandas de recursos computacionais aumentavam muito rapidamente e as infraestruturas para responder a tais solicitações eram lentas e dispendiosas. Tratava-se também, desde os primórdios, de criar uma comunidade de usuários (NORBERG & O'NEILL, 1996, p. 157 [tr. para o fr. de B.L.]). Antes de Roberts, esses objetivos haviam sido perseguidos por Joseph C.R. Licklider ("Lick"), um psicoacústico e cientista da computação do MIT [Massachusetts Institute of Technology] que tinha trabalhado no Projeto Sage e dirigiu a Ipto na década de 1960; ele é apresentado frequentemente como um visionário e um precursor da era do computador individual e interativo (WALDROP, 2001). Foi Licklider efetivamente quem formulou, de modo mais explícito, a ideia de que o computador, além de uma máquina para calcular, era talvez acima de tudo um dispositivo orientado para a comunicação. De acordo com Lukasik, foi ele quem procedeu à interpretação do programa de investigação, orientado para o *command and control* em um contexto nuclearizado, para um programa de pesquisa de natureza computacional voltado para as redes e a interação ser humano-máquina – desviando, de fato, o programa de suas finalidades:

> Trata-se de uma questão de oportunidade, e não tanto o resultado de uma decisão gerencial, o fato de que as implicações potenciais do trabalho da Arpa no âmago do *command and control* não tivessem sido antecipadas pelo JCS [Joint Chiefs of Staff, ou Comitê dos Chefes de Estado-maior das Forças Armadas], nem pelos serviços; se eles tivessem percebido que os esforços da Arpa acabariam transformando a maneira de operar e de se comunicar das forças militares, de acordo com a Doutrina da Guerra em rede (*network-centric warfare*) – para usar o jargão atual –, eles teriam vetado certamente uma intromissão tão fundamental no que constitui a essência de suas missões (LUKASIK, 2011, p. 8-9 [tr. para o fr. de B.L.]).

Licklider havia participado das "Conferências de Macy", organizadas por Wiener, e seus trabalhos se apresentam como uma reformulação e uma implementação do programa da cibernética. Duas de suas publicações, em particular, são precursoras do que iria se tornar a microcomputação pessoal distribuída. Na primeira, "Man-computer symbiosis" (LICKLIDER, 1960), ele evoca uma maior complementaridade entre o ser humano e a máquina mediante interfaces mais naturais (nomeadamente, a interface gráfica e os dispositivos de coleta e de saída de dados), a partilha dos computadores entre vários indivíduos ou, ainda, uma maior acessibilidade das linguagens de programação. O emprego da metáfora biológica de uma "simbiose" para descrever a relação ser humano--máquina e a associação de um com a outra sob a égide da "comunicação" são herdadas diretamente da cibernética (EDWARDS, 1996, p. 262-267). Esse primeiro documento é quase contemporâneo de outro marco importante: o texto de Douglas Engelbart, "Augmenting human intellect" (ENGELBART, 1962), em que esse autor apresenta um programa mais concreto de acoplamento entre o ser humano e o computador, orientado para "aumentar o intelecto humano". Na sequência dessa publicação, a Arpa financiou um projeto de pesquisa no Stanford Research Institute: dessa atividade é oriunda uma demonstração muito famosa dada por Engelbart em 1968, em São Francisco, diante de centenas de cientistas da computação, tendo sido feita a apresentação, nesse momento, do *mouse*, da interface gráfica, do e-mail, da videoconferência, assim como de um esboço de sistema hipertexto (BARDINI, 2000a). Esse evento foi qualificado como *mother of all demos* ("a mãe de todas as demonstrações"), de tal modo que as inovações expostas foram decisivas para a difusão da computação pessoal, reduzindo drasticamente o nível de competências necessárias para fazer funcionar os computadores.

No segundo artigo de Licklider, "The computer as a communication device" (LICKLIDER & TAYLOR, 1968), escrito em parceria com Robert Taylor (que também foi diretor da Ipto), é apresentada a ideia de uma "computação interativa de multiacesso" (*interactive multiaccess computing*) que seria "mais eficaz" do que a comunicação face a face por ser capaz de decuplicar as capacidades do indivíduo e de incentivar a inovação:

> Acreditamos que estamos entrando em uma era da evolução tecnológica em que seremos capazes de interagir com a informação viva em toda a sua riqueza; não só de maneira passiva, conforme estamos acostumados com o uso de livros e de bibliotecas, mas enquanto participantes ativos de um processo em via de se realizar, para o qual forneceremos a nossa contribuição por meio de nossas interações, ao invés de estarmos conectados com esse processo unicamente para receber algo. [...] Pretendemos insistir em algo que vai além da transferência unidirecional [da informação]: a importância crescente dos aspectos de construção em parceria e de fortalecimento mútuo embutidos na comunicação – aliás, a dimensão que transcende o aspecto "agora, ambos sabemos o que, anteriormente, só era conhecido por um de nós". Quando as men-

> tes interagem, surgem novas ideias: pretendemos falar dos aspectos criativos da comunicação (LICKLIDER & TAYLOR, 1968, p. 21 [tr. para o fr. de B.L.]).

Licklider e Taylor sublinham o fato de que suas convicções e as de seus colegas – as quais são reconhecidas por esses dois autores como se fossem semelhantes, às vezes, a um "zelo religioso" – são confirmadas por sua experiência do trabalho colaborativo assistido por computador. Eles pressentem a formação de verdadeiras "comunidades" (sublinhando repetidamente essa palavra), cuja psicologia de grupo seria alterada pela colaboração a distância, tornando-a menos suscetível de sucumbir aos inconvenientes da hierarquização. O modelo dessas comunidades é o dos grupos de engenheiros e cientistas que trabalham no desenvolvimento dos sistemas de computação; no entanto, Licklider e Taylor projetam colocá-las em relação para formar uma "supercomunidade" suscetível de compartilhar os recursos informacionais. Essa supercomunidade será estruturada sob a forma de "elos" ou "nodos" (*nodes*), entendida como conjuntos simbióticos entre seres humanos, softwares e máquinas, distribuídos por diversos espaços geográficos, e que deverão estar conectados entre si, garantindo a sua compatibilidade técnica por meio da implementação de padrões; pressente-se, assim, de maneira bastante concreta, a aparência que poderia ter uma "rede das redes" como ponto culminante da "simbiose entre o ser humano e a máquina". O artigo é mesmo guarnecido com desenhos que, de maneira impressionante, antecipam os usos futuros de uma informática conectada:

Figura 1 Ilustração extraída do artigo "The computer as a communication device", de J.C.R. Licklider e R. Taylor (1968)

Mas acima de tudo, encontramos enunciada explicitamente, nesse texto, uma visão da sociedade voltada para a realização do indivíduo, o qual estará em melhores condições para escolher aqueles com quem pretende constituir uma comunidade que irá enriquecer sua comunicação, tornando-a mais eficaz e produtiva, na medida em que poderá alavancar as suas capacidades e, enfim, conseguir seu pleno desabrochamento ao encontrar a sua "vocação" (LICKLIDER & TAYLOR, 1968, p. 40). A questão residual de saber se isso será "bom" ou "ruim" para a sociedade surge, em seguida, em termos de "democratização" do acesso à rede que permitirá, ou não, ao maior número possível de pessoas o acesso à "amplificação da inteligência". Observa-se, assim, o esboçar das perspectivas políticas abertas pela era do computador em rede, além da concepção do indivíduo que está articulada a tal situação.

2.3 A rede distribuída: uma arquitetura da auto-organização

Para atingir os objetivos preconizados por Licklider foi necessário repensar profundamente os princípios da telecomunicação. Pouco antes do lançamento do Projeto Arpanet, é a concepção de uma "rede distribuída" e a sua tradução técnica mediante a comutação por pacotes (ou *packet switching*) que, embora tivesse retomado alguns princípios da comunicação postal ou por telégrafo, revelou-se ser a reviravolta mais radical[22]. Muito simplesmente, a comutação por pacotes consiste em recortar a informação em pequenos blocos e, em seguida, deixar que cada um desses "pacotes" encontre o melhor caminho por meio da rede, a fim de reconstruir a informação na chegada. A comutação por pacotes permitia compartilhar, intermitentemente, pequenas quantidades de dados sem a necessidade de uma conexão direta, mas colocando em comum as linhas disponíveis. Assim, tal procedimento se opunha ao modelo em vigor na telefonia: a comutação de circuitos (ou *circuit switching*) mediante a qual uma "central" estabelecia a conexão com uma linha instalada entre dois correspondentes. A propósito da comutação por pacotes, a historiadora da internet, Janet Abbate, evoca uma "construção social" que exigia um contexto político e sociotécnico específico – o da Guerra Fria e da ameaça nuclear (ABBATE, 1999). Além desse contexto imediato, a rede distribuída e a comutação por pacotes se assemelham a um *Zeitgeist*, ou clima intelectual e cultural do mundo nessa época, na medida em que essa tecnologia foi desenvolvida paralelamente, pelo menos, em três lugares diferentes – sem que tivessem ocorrido interações dire-

---

22. A este respeito, cf. Abbate, 1999, cap. 1:"White heat and Cold War: the origins and meanings of packet switching", p. 7-42. • Norberg e O'neill. Op. cit., cap. 4: "Improving connections among researchers: the development of packet-switching computer networks", p. 153-196.

tas entre os pesquisadores envolvidos: Paul Baran na Rand Corporation, entre 1960 e 1965; Leonard Kleinrock no MIT, entre 1961 e 1967; assim como Donald Davies e Roger Scantlebury do National Physical Laboratory (NPL) britânico, entre 1964 e 1967[23].

Até então, o modelo implícito de qualquer rede de computadores consistia, na verdade, em uma "rede centralizada": um computador central suscetível de ser questionado a distância por terminais a fim de compartilhar o seu uso. Mas essa maneira de organizar o *time-sharing* esbarrava nomeadamente nos limites das telecomunicações da época - a comutação por circuitos. A comunicação em um modo analógico (telefonia, radar etc.) era então separada claramente da computação em um modo digital (informática). Com a comutação por pacotes, esses dois campos entraram em interação, mas essa mudança de perspectiva não era, de modo algum, evidente e deu origem a um verdadeiro choque das culturas. A telefonia, por meio dos grandes monopólios de Estado - tais como AT&T, nos Estados Unidos, ou os PTT[24], na França -, ofereceu, assim, uma obstinada resistência ao desenvolvimento das redes distribuídas.

A primeira vantagem da *packet switching* consistia em otimizar a rede para a comunicação de dados, garantindo-lhe uma grande flexibilidade: as informações, tendo sido recortadas sob a forma de pacotes e reconstituídas na chegada, poderiam ser "roteadas" em função das linhas disponíveis, em vez de monopolizar as conexões e tornar o tráfego mais lento. Tais argumentos permitiram aos pesquisadores da Arpa justificar o seu projeto; no entanto, suas considerações não eram apenas de natureza orçamental. Compartilhar de forma mais eficaz o tempo de cálculo contribuiria certamente para fazer economias, mas essa ideia repercutia grandemente e sobretudo no projeto que eles estavam alimentando: uma arquitetura em rede e uma computação interativa, capazes de decuplicar as capacidades do intelecto humano não apenas em virtude de um mais amplo acesso ao cálculo, mas também pela distribuição e intercâmbio de informações.

---

23. Mencionemos também o francês Louis Pouzin, que está na origem do conceito de "datagrama" e de uma alternativa francesa para a Arpanet, no início dos anos de 1970 – o "Projeto Cyclades" –, que foi abandonado pelo governo de Valéry Giscard d'Estaing (presidente da República Francesa entre 1974 e 1981). No entanto, apesar de algumas pesquisas de Pouzin terem sido integradas à definição da Arpanet, ele passou dois anos no MIT, no início da década de 1960, e se inspirou amplamente nas investigações em curso nos Estados Unidos.

24. Sigla de Postes, Télégraphes et Téléphones (correios, telégrafos e telefones) que foi conservada após a mudança ocorrida, em 1959, para Postes et Télécommunications. Tratava-se da administração pública francesa responsável, nos séculos XIX e XX, pelos serviços mencionados. Ao sabor das reformas do Estado Francês, ela acabou se transformando em duas empresas de serviço público: France Télécom, em 1988, e La Poste (Correios), em 1991 [N.T.].

Além disso, é relatado frequentemente que a internet, através da Arpanet, teria surgido da vontade de criar uma rede de comunicações capaz de resistir a um ataque nuclear. Paul Baran, um dos inventores da comutação por pacotes – de quem acabaram sendo selecionadas algumas das concepções técnicas para criar a Arpanet –, trabalhava para a Rand Corporation (um *think tank* bastante influente e próximo do Pentágono) e tinha apresentado efetivamente os seus trabalhos a partir dessa perspectiva. Mas, de forma mais específica, a ideia consistia em ter a possibilidade de conservar capacidades operacionais na sequência de um ataque de surpresa, o que permitiria diferir o contra-ataque e, portanto, garantir que a primeira ação hostil (*first strike*) era intencional, e não o resultado de um erro humano ou técnico:

> Estávamos, nesse momento, no auge da Guerra Fria. Tanto os Estados Unidos quanto a URSS procediam à construção de sistemas de mísseis balísticos suscetíveis de serem acionados instantaneamente. Os primeiros sistemas de controle dos mísseis eram, do ponto de vista físico, pouco robustos. As partes envolvidas poderiam ter, portanto, a perigosa tentação de compreender equivocadamente as ações do adversário e de tomar a iniciativa de atirar. Se era possível tornar o sistema de comando e controle [*command and control*] para os armamentos estratégicos mais aptos a sobreviver [*survivable*], então a capacidade de retaliação do país permitiria deter um ataque e continuar funcionando; essa situação seria, portanto, mais estável. No entanto, o conceito não poderia ser posto em prática completamente porque, na época, as redes de comunicações de longa distância eram extremamente vulneráveis e incapazes de sobreviver a um ataque. Esse era o problema. A ausência de um sistema de comunicação capaz de sobreviver [*survivable*] implicava estar exposto a uma das situações mais perigosas. Em suma, foi isso que incentivou o meu interesse e me levou a tentar a construção das redes mais aptas a sobreviver [*more survivable*] (BARAN, 1990, p. 10 [tr. para o fr. de B.L.]).

Os avanços de Baran durante o período 1960-1964, e nomeadamente o relatório em 11 volumes que ele produziu para a Rand (originalmente destinado à Força Aérea)[25], exerceram uma influência decisiva sobre o advento da Arpanet, embora um "sistema de comunicações capaz de sobreviver", tal como descrito por Baran, não tivesse sido o primeiro objetivo na implementação da rede –

---

25. Baran, 1964b. Esses trabalhos foram concluídos praticamente em 1962. No entanto, antes de sua publicação, eles haviam sido submetidos a um longo processo editorial.

pelo menos, em seus primórdios. Com efeito, como já dissemos, tratava-se na origem de compartilhar de forma eficaz recursos de computação e de criar uma comunidade de usuários. Mas descobriu-se que a arquitetura projetada para conservar capacidades de comunicação, na eventualidade de uma destruição parcial da rede (e, assim, retardar uma eventual resposta) também era aquela que estava em melhores condições de favorecer o compartilhamento dos recursos e de congregar os usuários. A sua principal característica era a *ausência de centro*, o que Baran designa como uma "rede distribuída".

Baran resumiu o seu relatório em um artigo intitulado "On distributed communications networks" (BARAN, 1964a). Encontra-se nesse texto uma famosa esquematização das grandes opções que se abrem para o formulador de uma rede, a qual pode assumir, de acordo com Baran, três formas principais: centralizada, descentralizada hierarquicamente ou enfim distribuída.

Figura 2 Ilustração extraída do artigo "On distributed communications networks", de P. Baran (1964a)

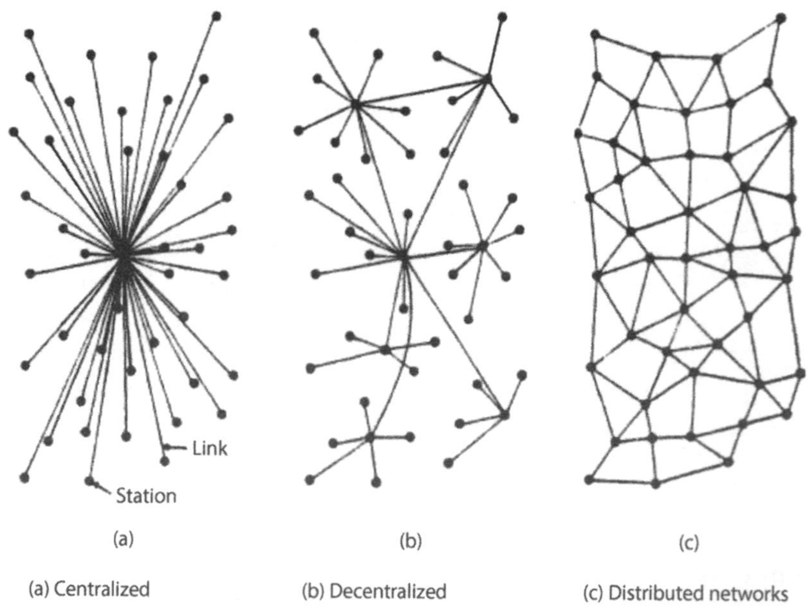

Para Baran, com efeito, a sobrevivência da rede dependeria, por um lado, de seu caráter acêntrico: "A configuração básica da rede era simples. Evitar qualquer nó central. Construir uma rede distribuída de elos, todos eles conectados a seus vizinhos. Que grau de redundância nas conexões seria necessário para assegurar a sua capacidade de sobrevivência [*survivability*]?" (BARAN, 1990, p. 17 [tr. para o fr. de B.L.]). Por outro, a comutação por pacotes conferia à rede um "comportamento autoadaptativo", segundo o qual cada pacote de informações encontrava o seu próprio caminho, e cada elo da rede "aprendia" a situar os outros elos; em tais circunstâncias, sublinha Baran, ele entrava em conflito regularmente - no decorrer de seu intercâmbio com os dirigentes e técnicos da AT&T - com as concepções herdadas da comunicação analógica.

Enfim, um ponto importante é que essas inovações tecnológicas não foram consideradas como uma vantagem estratégica para os Estados Unidos e, portanto, não foram tratadas como informações sigilosas; pelo contrário, para Baran, o equilíbrio geral do sistema teria sido mais bem-favorecido se a URSS também tivesse adotado uma comunicação em redes distribuídas (BARAN, 1990, p. 26). Encontramos aqui, portanto, sob a forma de opções de engenharia técnica combinadas com objetivos militares e científicos, o esquema da livre-circulação da informação, herdado de Norbert Wiener, enquanto paz mediante intercâmbio. A rede de comunicações também é projetada como um *organismo global*, cuja sobrevivência deve ser garantida, o que implica conferir-lhe certa *autonomia*; ora, a ultracentralização da Guerra Fria esbarrou de maneira dramática nos limites que haviam sido experimentados, tendo atingido seu paroxismo, por ocasião da crise tanto de Berlim, em 1961, quanto dos mísseis instalados em Cuba, em 1962. *A posteriori*, a crise cubana é apresentada, muitas vezes, como um estudo de caso da Teoria dos Jogos de Von Neumann, cujo desfecho racional deveria ser "necessariamente" uma retirada das partes envolvidas. No entanto, sabemos que em numerosos momentos no desenrolar dos fatos, as comunicações foram interrompidas ou interpretadas equivocadamente, ou que um incidente técnico fosse passível de precipitar a escalada das operações; ao invés da confirmação da racionalidade dos atores em tal caso, emergiram com vigor os riscos de uma comunicação distorcida ou de uma falha técnica.

É possível, portanto, discernir aqui uma manifestação paradigmática da oposição entre liberdade e controle que atravessa a cibernética, na medida em que a rede distribuída é apresentada como uma réplica ou, até mesmo, um antídoto à exacerbação do poder soberano que representa o desenvolvimento da arma nuclear. Como observa Alexander Galloway, a figura da rede, tal como esta é apresentada por Baran, pode ser concebida como o duplo invertido da bomba atômica: "Se considerarmos o ataque nuclear como a mais elevada força energética e centralizada que se conhece – um arquétipo da era moderna –, então a Net aparece como uma solução para essa gigantesca ameaça material e, ao mesmo tempo, como uma inversão desta porque ela é precisamente não centralizada, não dominadora e não hostil" (GALLOWAY, 2004, p. 29 [tr. para o fr. de B.L.]). Essa figura da rede – cujo esboço contou com a ampla participação de Baran – teve consequências profundas e duradouras, como veremos mais adiante, sobre as associações suscitadas pela internet, enquanto *estruturação da liberdade*.

2.4 Da Arpanet até o advento da internet

Na sequência desses trabalhos iniciais, sob o impulso de Licklider e dos primeiros formuladores das redes de computadores, a arquitetura inicial da Arpanet foi projetada como descentralizada e aberta a fim de permitir a flexibilidade necessária para um processo autônomo de desenvolvimento. Ora, como dissemos, essas características não eram, de modo algum, óbvias na época, sobretudo no âmbito de um projeto militar, mas foram decisivas para a expansão ulterior da Arpanet e a sua mutação em uma "internet" capaz de integrar outras redes (muitas vezes, menos confiáveis do ponto de vista técnico), tais como as redes sem fio que funcionam por ondas de rádio (p. ex., a Rede Alohanet entre as ilhas havaianas) ou por satélite (Satnet), assim como, mais tarde, as redes dos centros de pesquisa (especialmente Usenet) e dos atores privados.

Os computadores da Rede Arpanet não estavam diretamente conectados entre si, e o seu funcionamento dependia de máquinas que serviam de interface entre o computador hospedeiro [*host*] e a rede (os IMP ou *interface message processor*). Somente com a implementação de novos protocolos, garantindo a comunicação com as outras redes independentes é que as noções de abertura e descentralização assumiram todo o seu sentido. A internet, propriamente falando, consiste apenas nesses protocolos que permitem que redes e aparelhos de diferente natureza se comuniquem ou "interoperem" sem a necessidade da intervenção ou da autorização de terceiros. Trata-se dos famosos TCP/IP (Transmission Control Protcol/Internet Protocol)[26] que foram publicados e dis-

26. A filosofia que orientou a concepção dos protocolos da internet no cerne da Darpa (Defense Advanced Research Projects Agency) foi descrita em um importante artigo de Clark, 1988. Observemos que as questões técnicas relacionadas à arquitetura das redes foram objeto de acalorados debates, além de terem existido iniciativas concorrentes; entre estas, o "Projeto Cyclades", já mencionado, financiado pelo governo francês a partir de 1972 e abandonado em 1978. No entanto, algumas de suas opções técnicas foram retomadas pelos formuladores da internet. "Cyclades" foi descartado em favor de "Transpac", utilizando o protocolo X.25 e gerenciado por France Télécom, que serviu especificamente para desenvolver redes de empresas e o Minitel. • Minitel era um serviço de videotexto *on line* e acoplado ao telefone fixo. Lançado na França, em

tribuídos a partir de 1974, além de terem sido adotados gradualmente no decorrer dos anos de 1980, tornando-se, assim, padrões de fato. É importante aqui ressaltar que a internet não se limitou a evoluir de maneira linear a partir da Arpanet, considerando que ela sofreu a influência igualmente de numerosas redes (comerciais e não comerciais) que foram desenvolvidas entre o final da década de 1950 e a década de 1990; além disso, a adoção dos TCP/IP foi objeto de controvérsia entre diferentes atores (cientistas e engenheiros, mas também organizações de normalização técnica, fabricantes de equipamentos, indústria das telecomunicações etc.) antes de se impor (CAMPBELL-KELLY & GARCIA-SWARTZ, 2013; cf. tb. RUSSELL, 2014).

Os protocolos TCP/IP apresentam características notáveis: eles gerenciam, por um lado, o recorte das mensagens em pacotes e sua reconstituição (TCP) e, por outro, o endereçamento das máquinas e a circulação dos pacotes (IP). Ora, dividindo a estrutura da rede em diferentes camadas, eles permitem estabelecer a separação entre a função de *transporte* das informações e a função de *processamento* das mesmas. Trata-se, neste aspecto, de uma das características essenciais do que se tornou a internet e foi erigido, até mesmo, como princípio: o *end-to-end* ou "ponta a ponta". Em suma, e embora a interpretação e as diferentes aplicações desse princípio tenham sido objeto de debates, a rede, na medida do possível, deve ser "estúpida" (*dumb*), e toda a sua "inteligência" deve se situar em sua periferia ou em suas extremidades; ou seja, as funcionalidades aplicativas devem estar situadas, tanto quanto seja possível, nas camadas mais "elevadas" da rede – no nível dos computadores e dos servidores que estão conectados a ela. O centro da rede, em si mesmo, não tem de "conhecer" a localização dos transmissores e receptores nem a natureza da mensagem transportada. Os TCP/IP – que estabelecem a conexão entre a camada "física" das infraestruturas materiais (cabos, fibra ótica, frequências hertzianas) e a camada "aplicativa" dos serviços aos usuários (e-mail etc.) – garantem, portanto, que os pacotes de dados serão todos transportados da mesma forma, independentemente de seus remetentes, de seus destinatários e de seu conteúdo final. Enfim, eles permitem a cada jogador agir sem se preocupar com as ações dos outros visto que a rede é desprovida de centro, sendo incapaz teoricamente de limitar, condicionar ou filtrar o uso que é feito desse sistema.

1982, por PTT, esse terminal miniaturizado permitia a consulta de banco de dados comerciais. Desse modo, os usuários faziam compras e reservas para o trem, checavam a cotação das ações na bolsa de valores e a lista telefônica, além de entabularem um *chat* semelhante àquele que é feito pela internet [N.T.].

Além de garantir uma grande flexibilidade, robustez e capacidade de desdobramento (*scaling*) à rede, as consequências políticas, econômicas e culturais desses princípios técnicos são profundas, e veremos que elas serão objeto de acalorados debates mais tarde, quando for formulada explicitamente a questão sobre a "neutralidade das redes" e da legitimidade dos atores privados (especialmente os operadores de telefonia e os provedores de acesso à internet) ou públicos (os estados) para intervir na própria circulação dos fluxos que transitam na rede. A questão da "inspeção de pacotes" que não se limita a seu cabeçalho de endereçamento (*deep packet inspection* ou DPI) – permitindo potencialmente implementar não só determinadas formas de vigilância e de censura políticas, mas também a prevenção da criminalidade ou a regulação da propriedade intelectual – também se tornará um importante desafio político e econômico.

Mas, inicialmente, a rede foi pensada e concebida como uma "arquitetura aberta", ou seja, para funcionar como um sistema capaz de se desenvolver de forma autônoma, a partir de um modelo orgânico, sem deixar de promover uma cultura de intercâmbio, de circulação da informação e comunicação, baseada na igualdade formal e na maior abertura possível. Além disso, essa arquitetura aberta foi apresentada como um vetor de inovação e, portanto, de criação de valor econômico, implicando questionamentos complexos da articulação a adotar entre estrutura técnica, regulamentação jurídica e políticas públicas (VAN SCHEWICK, 2010). Vemos, assim, esboçar-se as premissas do que estudaremos na Parte II deste livro, enquanto opção de *economia política*. Com efeito, por trás da questão da inovação ou do que Jonathan Zittrain designa como a "generatividade" da internet (ZITTRAIN, 2008), a rede esteve no cerne de numerosos desafios políticos (liberdade de expressão), culturais (possibilidades e condicionantes da criação) e econômicos (concorrência e monopólios comerciais). Verificou-se nomeadamente que, se a internet, em sua forma inicial, garantia uma forma de liberdade (de circulação) e de igualdade (de acesso) que a diferenciam radicalmente das outras mídias (em particular, a televisão e o rádio, que funcionam antes de tudo a partir de um transmissor central), esses valores se apresentaram gradualmente como uma herança disputada e frágil.

Os valores veiculados pela internet também se manifestam nas interações sociais e nos processos implementados para levar a bom termo o projeto. Patrice Flichy salientou até que ponto "as utopias fundadoras da comunicação por computador orientaram não só o projeto inicial da Arpanet, mas estiveram em constante interação com a realização técnica"[27]. A própria concepção da rede, desde a Arpanet até sua extensão em uma "internet", reflete as representações, mas também as práticas das diferentes comunidades científicas que participaram de sua criação e que formam o que ele designa como uma "república dos especialistas de informática". Tal perspectiva já é descrita em detalhes no final do artigo de Licklider e Taylor. Nesse aspecto, discerne-se um modelo de "comunidade epistêmica", baseada no interesse compartilhado, cujas comunidades de softwares livres (a partir da década de 1990) serão a figura paradigmática: "Qual será a aparência das comunidades interativas *on line*? Na maior parte das áreas, elas serão constituídas por membros separados geograficamente que, às vezes, hão de reunir-se em pequenos agregados (*clusters*) e, em outras vezes, hão de trabalhar individualmente. Em vez de um espaço em comum, essas comunidades hão de compartilhar um *interesse comum*[28].

Ora, os representantes de diferentes universidades e os terceirizados da Ipto que compunham o Network Working Group (NWG), implementado desde 1969 para definir os protocolos da Arpanet, tinham integrado os princípios de igualdade de estatuto, de autonomia individual e de auto-organização descentralizada, preconizados pelos formuladores da rede. Esse grupo de trabalho materializava em seu modo de funcionamento, cooperativo e descentralizado, os objetivos que ele pretendia alcançar, tendo instaurado procedimentos inovadores, tais como os documentos técnicos Request For Comments (RFC): notas tomadas durante as reuniões e, em seguida, submetidas a grupos expandidos para comentário e discussão, com a finalidade de obter um consenso. Desde então, o procedimento se tornou mais complexo e formalizado, mas continua em vigor em numerosos organismos, tais como a Ietf (Internet Engineering Task Force), entidade informal, responsável por definir os padrões técnicos da internet, herdeira do NWG e dos RFC. Steve Crocker, que havia implementado os RFC no momento em que era apenas um simples estudante, estava procurando um meio de colocar os estudantes e os professores catedráticos em um pé de igualdade, sem dar a impressão de conduzir a discussão. Ele resume, assim, o princípio dos RFC:

> Os RFC iniciais abordavam tanto visões grandiosas quanto os detalhes mais vulgares, mas foram estes últimos que, em breve, se tornaram mais frequentes. No entanto, o conteúdo, em si mesmo,

---

27. Flichy, 2001, p. 83. Cf. tb. o cap. 2: "Internet, l'idéal de la communauté scientifique", p. 43-84.

28. Licklider e Taylor. Op. cit., p. 37-38 [tr. para o fr. de B.L.; grifo dos autores].

> desses primeiros documentos era menos importante do que o fato de estarem disponíveis gratuitamente e de que toda a gente poderia escrevê-los. Em vez de um processo decisório baseado na autoridade, acabamos implementando o que designamos como "um consenso aproximado e um programa de computador que funciona" (*rough consensus and running code*). Todos haviam sido convidados a propor ideias, e se um número suficiente de pessoas viesse a apreciá-las e a utilizá-las, então o conceito tornava-se um padrão (CROCKER, 2009 [tr. para o fr. de B.L.]).

Cada um tinha, portanto, a liberdade de criticar as proposições ou de apresentar novas propostas, na medida em que o importante consistia em conseguir um resultado tecnicamente eficaz e aceitável por todo o mundo. Assim, começaram a se formalizar os princípios que estariam no cerne do funcionamento da internet e cujo caráter político é sublinhado pela expressão citada por Crocker - que, na verdade, foi forjada em 1992 por David Clark, como declaração de intenções para a Ietf: "We reject kings, presidents and voting. We believe in rough consensus and running code". Essa máxima foi pronunciada por ocasião de uma crise de crescimento dos protocolos TCP/IP e da organização da Ietf, momento em que tiveram de enfrentar uma alternativa sob a forma do protocolo OSI (Open Systems Interconnection), proposto por uma estrutura institucional mais clássica (a ISO, International Organization for Standardization); de acordo com alguns autores, o evento exigiu a afirmação de uma verdadeira "filosofia política" no contexto de uma "crise constitucional"[29].

Com efeito, a formulação insiste sobre a natureza descentralizada do processo dos RFC e assumiu um sentido mais geral para se tornar uma verdadeira profissão de fé da internet, que se apresenta como o nível mais rudimentar de um contrato social: isso tem de "funcionar" e as partes envolvidas devem chegar perto de um acordo. Trata-se, portanto, de transpor um ideal técnico para uma prática institucional. A definição dos padrões da internet, a partir dos RFC iniciais até a criação da Ietf, foi apresentada como um funcionamento anarquista (BORSOOK, 1995) ou, pelo contrário, como uma forma de democracia deliberativa, inspirada no modelo habermasiano (FROOMKIN, 2003). Esse ideal de autorregulação, se nem sempre foi perfeitamente implementado, continua sendo um componente central da internet; ora, antes de ser anárquica ou democrática, ela dá testemunho sobretudo do contexto liberal no âmago do qual

29. Russell. Op. cit., cap. 8: "The Internet and the advantages of autocratic design, 1970s-1990s", p. 229-261.

são concebidas as trocas na internet – em particular, tratando-se, por meio de seus padrões técnicos, da definição da própria internet.

Patrice Flichy enfatiza quatro características da internet, oriundas de uma sociologia da pesquisa e da inovação, no contexto bastante específico das principais universidades norte-americanas nos anos de 1960 e de 1970 (FLICHY, 2001, p. 43-84):

1) *uma cooperação entre especialistas*, eventualmente a distância, dando origem a um "colégio invisível" que compartilha interesses de pesquisa comuns;

2) *uma comunidade de iguais* em que o estatuto e os argumentos de autoridade são minimizados por processos de avaliação e de circulação de informações, tais como os RFC;

3) *a colaboração e o trabalho em equipe* a fim de resolver os inúmeros problemas de compatibilidade entre computadores;

4) *um mundo à parte*, funcionando de acordo com regras particulares que são específicas da comunidade dos especialistas em informática e dos pesquisadores.

Essas características deixaram a sua marca na cultura da internet, cujas práticas foram impregnadas duravelmente pelo que se assemelha, em nossa opinião, a uma forma de liberalismo pelos protocolos técnicos e pelos procedimentos destinados a instituir tais protocolos; trata-se de organizar as interações da forma mais eficaz possível, mas também a menos hierárquica possível, a fim de que se desenvolva a autonomia dos indivíduos envolvidos nessa troca.

Da Arpanet até o advento da internet, estabelecem-se, assim, as práticas fundadoras da rede, enquanto dispositivo no plano simultaneamente *social* (RFC) e *técnico* (protocolos TCP/IP). Desde os primórdios, a internet se caracteriza pela implementação de procedimentos participativos e, ao mesmo tempo, deliberativos na definição dos protocolos da internet, projetados, por sua vez, para favorecer a participação em um ambiente descentralizado. Nesse sentido, a internet das origens atinge aqui a sua *forma canônica* e se apresenta como um dispositivo sociotécnico de inteligência distribuída, do ponto de vista não só dos *procedimentos institucionais*, produzindo a rede, mas também das *características técnicas* da própria rede técnica. Por um lado, o advento da internet vê a tradução de ideais científicos em um conjunto de princípios técnicos: comutação de pacotes, arquitetura distribuída, separação entre transporte e processamento etc. Por outro, as práticas sociais que permitem desenvolver a rede se encontram em conformidade com esses mesmos ideais: igualitárias, colegiais, abertas, transparentes, a partir de uma base voluntária e orientadas em relação tanto à eficácia técnica quanto ao consenso político.

Essa internet das origens permaneceu uma referência central, cujos criadores são apresentados como os "pais fundadores", estabelecendo-se um paralelo evidente com os arquitetos da Constituição e da nação norte-americanas e com os ideais de liberdade individual que lhes estão associados. Como veremos nos capítulos seguintes, essa forma canônica alimentará as projeções sociais e culturais ulteriores suscitadas pela rede. Ela também será um elemento determinante na constituição de uma economia política da internet, tornando-se de alguma forma o padrão de qualquer organização emergente da rede. Em particular, essas práticas hão de servir de referência para construir as instituições mais ou menos informais do que será designado como a "governança da internet", assim como os valores e os modos de organização associados aos softwares livres.

No final da década de 1960 assistiu-se à implantação de uma representação exata dos benefícios inerentes a uma comunicação horizontal, aberta e autônoma, assim como a um programa detalhado para sua implementação, que iria apoiar o esforço de pesquisa e desenvolvimento, além de se expandir gradualmente fora dos círculos científicos e militares para alcançar o resto da sociedade. Com efeito, as aplicações militares diretas da Arpanet parecem finalmente nunca ter estado no cerne do projeto, embora a rede, uma vez operacional em 1975, tenha sido utilizada efetivamente para as comunicações militares. A curto prazo, tratava-se de colocar em comum os recursos da computação. Mas para os professores universitários e cientistas que se serviam da rede, o sucesso inesperado de um aplicativo, criado quase por acaso, veio confirmar o destino comunicacional das redes de computadores: com efeito, o correio eletrônico é que constituiu rapidamente o essencial (quase 3/4) do tráfego na Arpanet (FLICHY, 2001, p. 57-60).

De maneira mais ampla, o objetivo da Arpa, através da Ipto, consistia em financiar a pesquisa na ciência da computação por razões que podemos qualificar como ideológicas ou, para retomar a expressão de Manuel Castells, como "sonho científico" que veio combinar com uma incipiente cultura libertária (CASTELLS, 2002, p. 31). Esse autor lembra que as origens militares da Arpanet não são anódinas, porque os recursos necessários para seu desenvolvimento só foram mobilizados para alcançar objetivos estratégicos relevantes. No contexto da Guerra Fria, tratava-se efetivamente de demonstrar, a todo o custo, uma superioridade científica e tecnológica, enquanto o interesse econômico da internet só ocorreu muito mais tarde, considerando que nenhum ator era capaz de assumir tal risco para obter finalidades tão inconsistentes. No entanto, a sua emergência não se deve apenas a essa organização específica da pesquisa. A autonomia à disposição da Arpa e, ainda mais, da Ipto, em seu funcionamento, assim como a margem de manobra considerável dos pesquisadores financiados por essas instituições, atingiram o seu pleno desenvolvimento no âmago de uma "cultura da liberdade". Confinada inicialmente à comunidade científica e acadêmica, tal cultura encontrou, em breve, um eco mais amplo em consonância com as evoluções sociais em ação e, nomeadamente, com a desestabilização causada pela contracultura que animaram os *campi* norte-americanos durante as décadas de 1960 e de 1970.

3
A VIRADA CONTRACULTURAL

AVANÇANDO EM DIREÇÃO A UMA SOCIALIDADE EM REDE

As universidades e os centros de pesquisa que haviam participado do desenvolvimento da Arpanet e da internet – especialmente o MIT, além das universidades de Stanford e de Berkeley – também foram os espaços proeminentes da contracultura. Esse contexto é crucial para compreender a orientação assumida pela inovação, que acabou dando acesso não só ao advento da informática distribuída, como já dissemos, mas igualmente à invenção da informática *pessoal*. A revolta contra a "tecnocracia" e o sentimento antiburocrático, durante as décadas de 1960 e de 1970, alimentaram determinadas iniciativas, cujo objetivo consistia em colocar o computador "a serviço do indivíduo".

Os primeiros elementos de uma sociologia da internet foram, em seguida, implementados. Aqui apresentamos as suas características mais importantes, insistindo nomeadamente sobre as reconfigurações tornadas possíveis entre indivíduo e "comunidade". De fato, com a rápida expansão dos computadores pessoais e com a implantação de redes paralelas à Arpanet – por exemplo, Usenet (Unix User Network) –, as práticas se desenvolveram a partir do final da década de 1970, de modo que a informática foi deixando gradualmente a área científica e militar; além disso, as suas dimensões comunicacionais e sociais assumiram toda a sua amplitude. Os usuários não se limitavam a constituir um círculo restrito de cientistas e engenheiros, mas também de estudantes e entusiastas oriundos de diversos horizontes, antes de se estender realmente, a partir da década de 1990, ao público em geral. A *conexão* à rede veio cristalizar novas aspirações em termos de socialidade. Assim, esboça-se uma trajetória em que as tecnologias da informação e da comunicação distribuídas foram mobilizadas para servir a tendências mais gerais e, nomeadamente, a constituição de uma forma social de essência liberal com o objetivo de privilegiar a autonomia individual.

3.1 Da crítica da tecnocracia à "revolução" da informática pessoal

> Mediante o debate sobre a inteligência artificial ou a cibernética, foi possível assistir à emergência de duas concepções antagônicas do uso político que poderia ser feito do computador e das redes de dados: por um lado, a concepção elitista e tecnocrática que reserva a informação estratégica para um reduzido grupo de líderes; por outro, uma concepção autogestora que considera a atual revolução tecnológica, não o prolongamento de velhas tendências, mas uma verdadeira revolução organizacional que implica o acesso de todos a todas as informações e, por conseguinte, o autogoverno dos seres humanos (LOJKINE, 1992, p. 141).

O complexo "militar-industrial-acadêmico" norte-americano, além de seus epígonos mais ou menos bem-sucedidos ao redor do mundo (e, particularmente, na URSS), foram questionados profundamente no decorrer da década de 1960 por razões tanto intelectuais quanto culturais. Independentemente do fato de se referirem a uma abordagem weberiana em termos de "razão instrumental" ou de se basearem na noção marxiana de "alienação" do indivíduo pela técnica, os diagnósticos chegavam frequentemente à denúncia de uma nova classe social: as elites administrativas e os peritos científicos, acusados de pilotar a sociedade mediante a utilização da tecnologia para organizá-la – no âmbito tanto das economias de mercado no Ocidente quanto das economias planejadas do Leste, as quais teriam iniciado, desse ponto de vista, uma "convergência".

Embora seja possível fazer remontar o tema da "tecnocracia" às concepções funcionalistas da sociedade oriundas do saint-simonismo[30], ele aparece explicitamente na década de 1930 nos Estados Unidos e, em seguida, sobretudo durante a Segunda Guerra Mundial no contexto de uma investida comum contra o capitalismo e o socialismo, na medida em que ambos os sistemas eram acusados por terem engendrado uma "revolução gerencial" e a tomada do poder por uma classe de gestores, daí em diante no controle dos meios de produção. Desde a década de 1960, a noção de tecnocracia está associada a um grande número de críticas divergentes que, no entanto, compartilham a ideia de que o poder é exercido de forma indevida na medida em que se trata de uma *administração* das questões humanas, cuja legitimidade democrática é suspeita. Do

30. Referência a Claude-Henri de Rouvroy, Conde de Saint-Simon (1760-1825), filósofo e economista francês, um dos fundadores do socialismo moderno, além de teórico do socialismo utópico [N.T.].

ponto de vista intelectual, a análise coincide com uma reflexão mais geral sobre as relações entre técnica e política, já evocada mais anteriormente a respeito da cibernética. Ela está presente, em particular, entre os sociólogos da Escola de Frankfurt, tais como Herbert Marcuse, ou ainda em Jacques Ellul, que apresenta um estudo mais geral da técnica e do "sistema tecnicista" que lhe está associado, assim como entre sociólogos norte-americanos – por exemplo, C. Wright Mills e Lewis Mumford – que exerceram uma considerável influência sobre o advento da Nova Esquerda. Essas críticas se inscrevem em uma tendência antiburocrática mais geral, tanto de esquerda quanto de direita, a qual questiona a "tecnoestrutura" ou "estrutura tecnoburocrática" que orienta a economia política (ARON, 1969; GALBRAITH, 1967), especialmente o complexo militar-industrial. Elas haviam sido retomadas pelos movimentos contraculturais dessa época. De um ponto de vista ainda mais restrito, tratando-se da organização do trabalho nas empresas, o *one best way* preconizado pelo taylorismo, enquanto "gerenciamento científico do trabalho" (TAYLOR, 1911), também foi criticado severamente pela sua abordagem desumanizante do trabalho industrial. O movimento geral contra a burocracia tecnocrática (tanto pública quanto privada) e a crítica da racionalidade do processo decisório surgem como uma rejeição da organização social que é específica tanto do capitalismo industrial quanto do socialismo de Estado.

Ora, o computador desempenhou um papel fundamental no estabelecimento da tecnocracia. Ao expor a história da burocracia britânica, Jon Agar mostrou que esta foi concebida, desde o final do século XVIII, como uma maquinaria, da qual o computador seria uma continuação enquanto "máquina de governo" (AGAR, 2003). A sua difusão na sociedade – que passa nomeadamente pela sua integração nas administrações e no gerenciamento das empresas – pode ser compreendida, portanto, como o resultado de uma história da organização burocrática moderna, a partir do momento (nos séculos XVIII e XIX) em que esta última começa a ser concebida, antes de mais nada, como um gigantesco centro de coleta de dados e de processamento da informação.

Em 1964, os estudantes do Free Speech Movement de Berkeley[31] desfilaram com cartões perfurados em volta do pescoço (semelhantes àqueles que eram utilizados para a programação dos enormes computadores centrais ou *main-*

31. "Movimento em favor da liberdade de expressão", iniciado em 1964-1965, em Berkeley, por estudantes que reivindicavam o direito de exercer atividades políticas no campus da universidade. Esse evento é considerado, em geral, como um dos principais elementos desencadeadores do ativismo estudantil dos anos seguintes.

frames) em que haviam retomado as instruções, distorcendo-lhes o sentido: "I am a UC student. Please don't bend, fold, spindle, or mutilate me" (Sou um estudante da Universidade da Califórnia. Por gentileza, não me torça, nem dobre, nem perfure, nem mutile"). Portanto, o computador materializava, simultaneamente, a guerra, o Estado burocrático e a sua continuidade através das grandes empresas - por exemplo, IBM - do complexo militar-industrial. Mas já estava em curso uma mudança; até mesmo no âmago do *establishment* norte-americano verificou-se uma evolução das mentalidades. Uma das primeiras ondas de choque foi a crise dos mísseis em Cuba, em 1962: tomou corpo, na realidade, a perspectiva de uma mútua autodestruição. Em seguida, foi a Guerra do Vietnã que suscitou, pela primeira vez, um importante tumulto entre os cientistas e os professores universitários envolvidos em numerosos projetos financiados pelas forças armadas. Vale lembrar que essa guerra foi concebida como uma "tecnoguerra" altamente racionalizada e comandada a distância por elites desligadas da realidade do terreno (GIBSON, 1986). Para um grande número de autores, a ideologia da Guerra Fria ganhava finalmente o seu verdadeiro sentido[32].

No final da década de 1960 é que também foi iniciada uma reviravolta que tornaria o computador em máquina, não de alienação, mas a serviço do indivíduo. A partir do momento em que ele começou a ser apreendido explicitamente como uma máquina para se comunicar, o seu lugar no âmago dos assuntos humanos torna-se cada vez mais manifesto, assim como o seu papel potencial na transformação das relações humanas. Se o computador pode ser usado para algo além do cálculo das trajetórias de mísseis, da modelização de um campo de batalha ou do cálculo de contracheques, tendo a possibilidade de se tornar um poderoso vetor de comunicação, então ele poderia ser convocado a desempenhar um papel importante em toda a organização social. Essa visão da informação e da comunicação, que tinha sido articulada pela cibernética - cuja materialização havia começado com a pesquisa militar-científica -, entrou em ressonância com as mudanças socioculturais e com a reviravolta dos valores - em primeiro lugar, com uma concepção radicalizada da autonomia individual - que marcaram as décadas de 1960 e de 1970.

Uma das principais etapas desse processo foi a emergência da microcomputação pessoal, a qual, de fato, tomou de imediato uma dimensão explicitamente política - até mesmo, "revolucionária". Como sublinha Thierry Bardi-

32. Na sequência da tomada de posição de uns cinquenta cientistas do MIT, ocorreu a criação de Union of Concerned Scientists. Sobre o questionamento do complexo militar-industrial e científico, cf. LESLIE. Op. cit., p. 233-245.

ni, o período 1968-1973 desempenhou um papel crucial no plano tanto das inovações (BARDINI, 2000b) quanto dos valores políticos. Esse autor mostra como a computação pessoal distribuída foi o resultado de um processo complexo de construção social, "já implícita no trabalho dos ciberneticistas": tratava-se de incentivar uma transição dos "formuladores-usuários", que eram os especialistas em informática, para os usuários "reais" (ou seja, aqueles que não dispunham de abalizadas competências técnicas), guiada pelos valores de "convivialidade, acesso universal e interatividade". Em vez de serem apenas limitações técnicas consignadas em um caderno de encargos, tais valores foram compreendidos como uma orientação da pesquisa e do desenvolvimento em função de princípios superiores, de ordem política. Os enormes computadores centrais e o "clero" afetado à sua utilização deveriam ceder o lugar a máquinas mais diretamente acessíveis para implementar uma forma de igualitarismo perante a informática.

Até o início da década de 1970, a passagem das supercalculadoras para os microcomputadores nada tinha de óbvio, de tal modo a logística dos computadores ainda era complexa, o custo elevado e as aplicações limitadas às áreas científicas, técnicas ou de gerenciamento. Como vimos no capítulo anterior, a transição havia sido iniciada, no entanto, pela prática do *time-sharing* que já instaurava uma relação mais personalizada com a ferramenta informática. E, como lembra Steven Levy, com a chegada dos *minicomputadores* que "não eram maiores do que três geladeiras" e cuja manutenção era feita por um número menor de técnicos, tornou-se possível a interação direta com o computador e, por intermédio desta, a prática do *hacking* no decorrer da década de 1960[33]. Com efeito, a partir do final dos anos de 1950, comunidades de entusiastas de computação - os primeiros *hackers* - desenvolveram-se no âmbito das universidades e, em seguida, em empresas ou agências governamentais, ou por conta própria. A informática se tornou um passatempo para um número crescente desses *hobbyists*, amadores esclarecidos que se apaixonaram por essa nova prática, em estreita conexão com os círculos acadêmicos. O desenvolvimento da microcomputação pessoal e o advento do computador pessoal iriam expandir consideravelmente o alcance das redes de computadores e, ao mesmo tempo, modificar a concepção geral da informática e de sua relação com a sociedade. No entanto, perante a rápida queda dos custos (e do tamanho) desses equipamentos, a prática se estendeu a não profissionais. Nesse caso, os computadores

33. Levy, 2010, p. 41-42. Os *hackers* serão abordados em detalhadamente nos cap. 6 e 7.

acabaram acelerando a sua migração, desde os centros militares, os *campi* científicos e os centros de decisão das grandes empresas, para os empregados de escritório e, finalmente, para as casas dos particulares.

Em primeiro lugar, amadores motivados mostraram interesse por tecnologias que se tornavam cada vez mais acessíveis. No entanto, as empresas que as vendiam nem sempre se deram conta de seu potencial (ou o reprimiam intencionalmente). Por meio desses primeiros amadores é que foi possível implementar uma base econômica para o desenvolvimento do computador individual; a maioria dispunha de uma formação técnica, já manifestava interesse pela eletrônica e comprava o equipamento necessário para as suas experiências por correspondência. Eles já tinham manipulado frequentemente rádios e, até mesmo, televisores, antes de se depararem com o computador na década de 1970. As suas motivações estavam relacionadas, portanto, em primeiro lugar à tecnofilia. Sendo que naquela ocasião era impossível compreender o interesse de possuir o seu próprio computador. Por parcerias, nomeadamente entre os fabricantes e os magazines especializados, como *Popular Electronics* ou *Radio-Electronics*, é que foram difundidas as inovações, sob a forma de *kits*, a serem montadas pelo próprio usuário consultando essas revistas ilustradas. Assim, no *Popular Electronics* de janeiro de 1975 foi anunciado o *Altair*, que é considerado o primeiro verdadeiro computador pessoal.

A esses primeiros amadores ou *hobbyists* e aos especialistas em informática das universidades, juntaram-se em breve outros atores que começavam a vislumbrar, de forma diferente, a ciência da computação. Os seus valores comuns, além do compartilhamento e da cooperação, incluíam o espírito de emancipação do indivíduo que, por meio da comunicação em rede, seria capaz de se libertar das burocracias públicas e privadas. De fato, entre o final dos anos de 1960 e meados da década de 1970, é que ocorreu uma evolução crucial da história da informática, depois do *Summer of love* (1967) e nos mesmos lugares: São Francisco, Berkeley, Stanford e Palo Alto. A Costa Oeste dos Estados Unidos foi palco de uma manifestação que celebrava o potencial humano, um ideal de paz e amor, além da autorrealização pelo intercâmbio. Com certeza, nem todos os especialistas de informática, nas décadas de 1960 e de 1970, eram "radicais", e a maior parte daqueles que trabalhavam em um contexto acadêmico deram continuidade a suas pesquisas com o financiamento do Departamento de Defesa Norte-americano, sem que tal atitude lhes tivesse suscitado um caso de consciência. Mas todos estavam impregnados dos valores de descentralização e abertura, assim como da livre-circulação da informação. Com efeito, se as décadas de 1960 e de 1970 constituíram efetivamente um momento-chave no advento desses valores, uma continuidade pode ser estabelecida entre o mundo restrito e, até mesmo, secreto, da pesquisa militar-científica e aquele da contracultura, cuja pretensão consistia em ser mais aberto, vertical e transparente.

3.2 Computadores para transformar o indivíduo e a sociedade

Hackers, pesquisadores, *hippies* e ativistas – mas também empresários – encontraram-se sob uma causa comum e, muitas vezes, em comunidades específicas, tais como o famoso Homebrew Computer Club, uma associação do Vale do Silício que, em suas fileiras, contou com os jovens fundadores da empresa *Apple*, Steve Jobs e Steve Wozniak, ou ainda o engenheiro e ativista Lee Felsenstein. Inclusive, tornou-se possível distinguir um movimento na verdadeira acepção do termo, com motivações mais ideológicas, voltado para a *computer liberation* – expressão ambígua que designa tanto uma libertação dos computadores quanto uma libertação (dos indivíduos) pelo computador. O objetivo consistia, na esteira da contracultura, em levar a computação para as "pessoas comuns". O movimento estava presente, em particular, na Califórnia, com figuras como, por exemplo, Ted Nelson, autor de *Computer Liberation/Dream Machines* (1974), o qual, inspirado pelo "memex" de Vannevar Bush (1945), procurou organizar documentos sob uma forma não sequencial – aliás, ele foi o primeiro a batizar essa configuração com o nome de "hipertexto". Tal projeto de uma enciclopédia interativa, conhecida sob o nome de *Xanadu*, acabou fracassando após várias tentativas.

A ligação entre o movimento *New Age*, enquanto "celebração do indivíduo" (HEELAS, 1996), oriundo da contracultura, e as novas tecnologias digitais de comunicação foi estabelecida claramente com o "tecnopaganismo" (DERY, 1997) que é passível de lhe ser associado. No entanto, de forma mais profunda, alguns trabalhos recentes mostraram até que ponto o ideal de emancipação e realização do indivíduo, tão vivaz nos anos de 1960, apesar de ter sido acompanhado por grandes decepções na década seguinte, foi uma inspiração decisiva nos primórdios da computação pessoal, tecida com múltiplas conexões e demonstrando uma verdadeira continuidade entre a onda libertária e os valores da emergente sociedade da informação – estabelecendo um vínculo direto "da contracultura com a cibercultura", de acordo com o título do livro do historiador Fred Turner (TURNER, 2012; cf. tb. MARKOFF, 2005). Em particular, o computador individual foi investido de um potencial de decuplicação das possibilidades humanas e de transformação do próprio indivíduo. Entre outros recursos – drogas psicotrópicas, música, sexualidade, estilos de vida alternativos –, o computador apresentou-se gradualmente como uma nova ferramenta a serviço da experiência individual e da liberdade, deixando de se limitar a uma máquina impessoal, servindo os interesses da burocracia ou do Estado. Tal mudança de perspectiva foi decisiva.

Figura 3 Capa do livro de T. Nelson: *Computer Lib* (1974)

A denúncia contra a centralização, a racionalização e a tecnocracia – das quais a ameaça nuclear e a Guerra do Vietnã se tinham tornado as expressões mais contundentes – acarretou, de acordo com Turner, dois tipos principais de reações. O primeiro foi o movimento pelos direitos civis, o SDS (Students for a Democratic Society) e o Free Speech Movement, que dariam forma à Nova

Esquerda (*New Left*). Ao proceder à análise dos discursos e da retórica desta última, Douglas Rossinow observa que a noção de "alienação" era onipresente, motivando uma busca por "autenticidade" mais ou menos inspirada por um marxismo "existencialista", mas reagindo sobretudo à discriminação racial e à Guerra Fria (ROSSINOW, 1998). Esse movimento se inscrevia em uma tradição comprovada da contestação, mais classicamente política, e poderia estabelecer uma junção com a política representativa e os partidos.

O segundo movimento, com origens talvez mais complexas[34], conferiu realmente a qualidade de *contracultura* aos movimentos de juventude, visto que se tratava de desencadear ações políticas, cujo objetivo, em vez de uma mudança do sistema, consistia em modificar, antes de mais nada, o próprio indivíduo, a sua consciência e as suas relações interpessoais. As figuras respectivas dessas duas opções são, por um lado, o *ativista* e, por outro, o *hippy*, mas de acordo com o historiador e sociólogo Theodore Roszak, que forjou a noção de "contracultura", ambas se encontraram unidas no âmago do mesmo movimento de oposição à tecnocracia (ROSZAK, 1980). Esse autor desvenda efetivamente um terreno comum entre o novo radicalismo de esquerda, mais preocupado com a ação social, e os *hippies* ou os *beatniks* que estavam juntos relativamente à ideia de que "a política do sistema social dá lugar ao que Timothy Leary havia designado como 'a política do sistema nervoso'. A consciência de classe, enquanto princípio motor, dá lugar à consciência... da consciência". Com efeito, o que distingue esses movimentos, é "a busca obstinada do eu, do valor oculto da consciência pessoal" (ROSZAK, 1980, p. 82-83). Assim, a contracultura pode ser caracterizada como a vontade de "reafirmar o ser humano" em face do "sistema"; ora, neste aspecto, ela constitui uma retomada "libertária" da tendência liberal moderna em favor da defesa das liberdades individuais e dos direitos humanos.

Fred Turner, por sua vez, salienta que – se essa focalização no indivíduo levou, de fato, os *hippies* a certa celebração do hedonismo – a autotransformação que correspondia ao anseio mais ardente deles também foi vista como uma experiência que visava estabelecer novas relações sociais. Uma parte importante dos *hippies* acabou adotando experiências de comunidades alternativas (as *comunas*), reativando, assim, um tema muito pregnante, no imaginário norte-americano, de sociedades locais baseadas em um "retorno à natureza", bem como na autossuficiência, e voltadas para a plena realização de ideais religiosos e po-

34. Turner evoca principalmente o Movimento *Beat* da década de 1950, a *world culture* em devir, especialmente, com as influências asiáticas (zen-budismo, hinduísmo), os novos movimentos artísticos (*action painting*, *living theatre*), as experiências com drogas psicotrópicas etc.

líticos de liberdade e igualdade, oriundas da tradição puritana e, em seguida, do movimento transcendentalista do século XIX. Turner vai designá-los como os "Novos Comunalistas" (*New Communalists*) e demonstra que, para eles, o projeto contracultural, apesar de se opor ao modelo burocrático e científico norte-americano, era ao mesmo tempo permeado amplamente por uma relação ao saber, à tecnologia e às práticas de compartilhamento dos conhecimentos, oriundos desse mesmo modelo. Ele mostra como essa associação entre a autotransformação, a vida comunitária e o recurso à tecnologia havia sido excluída em grande parte da análise; aliás, esta tinha sido obscurecida por visões demasiado monolíticas da Nova Esquerda e da contracultura. Ora, existe uma verdadeira continuidade entre os Novos Comunalistas e o universo militar-científico que os havia precedido – nas práticas colaborativas, na interdisciplinaridade, no entusiasmo pela tecnologia e, inclusive, na retomada do discurso cibernético. Para essa geração nascida no seio da clivagem absoluta, gerada pela Guerra Fria e pela ameaça nuclear, o discurso cibernético de uma realidade unificada pela informação se conciliava com uma visão da harmonia universal. A recusa de um mundo maquinizado, povoado por autômatos, contrapunha-se aos cenários catastróficos antecipados por Norbert Wiener; ora, para evitá-los, em vez de abolir a tecnologia, esta deveria ter o melhor uso possível – mais pessoal, a serviço do indivíduo.

Como mostra Turner, um dos atores proeminentes dessa filosofia foi Stewart Brand e aqueles que gravitaram à sua volta: ele tinha sido, sucessivamente – e, muitas vezes, tudo ao mesmo tempo –, professor universitário, *hippie*, ativista, *hacker*, jornalista, editor e empresário. Tendo estudado biologia em Stanford e participado das experiências psicodélicas dos *Merry Pranksters* em meados da década de 1960[35], Brand contribuiu para o lançamento de uma das primeiras comunidades *on line* (The Well, acrônimo de Whole Earth 'Lectronic Link) e organizou a primeira Hackers' Conference em meados da década de 1980; em seguida, foi o cofundador da Global Business Network (uma rede profissional e uma empresa de consultoria em prospectiva) e participou do lançamento da revista *Wired*, emblema da cibereuforia dos anos de 1990. Mas Brand é mais conhecido sobretudo por ter compilado e editado o *Whole Earth Catalog*, um catálogo com vocação enciclopédica de textos e ferramentas, publicado sob a

35. Os *Merry Pranksters*, liderados por Ken Kesey, foram um célebre grupo de *hippies* que percorreu os Estados Unidos a bordo de um ônibus chamativo, oferecendo comprimidos de LSD (cujo consumo, na época, ainda era legal) a quem manifestasse interesse pelo produto, e procurando, por meio de suas experiências psicodélicas, desafiar a "normalidade" da vida norte-americana.

forma de periódico entre 1968 e 1972 (data em que ele ganhou o National Book Award)[36]. Essa publicação, que ostentava uma fotografia da terra vista do espaço, exerceu uma influência crucial simultaneamente sobre o incipiente movimento ecologista, sobre a moda do "retorno à natureza" e das comunas *hippies*, assim como sobre a ideia de uma harmonia no planeta por meio da informação, bastante inspirada pela cibernética. Esse catálogo dava testemunho da reconciliação de determinado setor da contracultura com a ciência e a tecnologia, o que é efetivamente preconizado no texto de abertura da primeira edição:

> Somos como deuses e estaríamos bem inspirados de nos acostumar com essa ideia. Até agora, o poder e a influência exercidos a distância – através do Estado, das grandes empresas, da educação oficial, da Igreja – foram de tal modo bem-sucedidos que [falhas] maciças acabam eclipsando os avanços efetivos. Como resposta a esse dilema e a esses avanços, desenvolve-se uma esfera em que o poder é íntimo e pessoal – o poder detido pelo indivíduo para conduzir a sua própria educação, para encontrar a sua própria inspiração, para moldar o seu próprio ambiente e para compartilhar a sua aventura com todos aqueles que manifestam interesse por isso. As ferramentas que contribuem para esse processo são aprimoradas e promovidas pelo *Whole Earth Catalog*[37].

Além da denúncia contra o sistema político existente e da afirmação do indivíduo e de sua capacidade para suscitar a mudança social, o objetivo consistia portanto em fornecer "ferramentas": as informações, os aparelhos e produtos necessários para que o indivíduo "consiga a sua plena realização" e, nesse mesmo movimento, seja bem-sucedido na criação de verdadeiras "comunidades autônomas".

O *Whole Earth Catalog* incluía uma seleção de livros, de objetos mecânicos e de instrumentos para compreender o mundo (teorias mais ou menos científicas, reunidas na parte intitulada: "Compreender os sistemas") e viver fora da sociedade (fazer cerâmica, montar uma cúpula geodésica nas partes com os títulos: "Abrigos e uso do terreno", "Indústria e artesanato" ou ainda "Comunicações"), mas também um espaço de intercâmbios intelectuais, uma rede social – em suma, um proto-*World Wide Web*. Os leitores podiam inclusive comprar alguns dos objetos ou textos recomendados, fornecer as suas opiniões a respeito de objetos

36. O *Whole Earth Catalog* pode ser consultado em http://www.wholeearth.com

37. *Whole Earth Catalog*, n. 1, outono de 1968 [tr. para o fr. de B.L.; grifo do original]. Na primeira edição, o termo "falhas" (*defects*) tinha sido omitido, mas foi adicionado nas edições seguintes.

e textos, compartilhar as suas experiências e comentar as dos outros. Em 2005, por ocasião de uma cerimônia de graduação na Universidade de Stanford, Steve Jobs, o famoso cofundador da *Apple*, pronunciou um elogio do *Whole Earth Catalog*, qualificado por ele como a "bíblia da sua geração", tendo sido comparado com o motor de buscas Google, mas sob a forma de papel.

Os Novos Comunalistas apresentavam-se, portanto, como os depositários do impulso inicial da cibernética: a faceta mais antiburocrática e humanista – proposta inicialmente por N. Wiener (1894-1964) e, em seguida, por Buckminster Fuller [(1895-1983) teórico dos sistemas, ecologista e arquiteto, conhecido por suas cúpulas geodésicas] ou ainda por Marshall McLuhan (1911-1980) – parecia ressurgir sob uma nova perspectiva, enfatizando a capacidade da tecnologia para liberar a autonomia humana e, até mesmo, tornando possível o advento da paz universal:

> Através dos textos desses autores, os jovens norte-americanos descobriram a visão cibernética da vida, mediante a qual a realidade material é considerada um sistema de informação. Para uma geração que tinha crescido em um mundo atormentado por confrontos militares e pela ameaça de um holocausto nuclear, esse conceito de planeta, formando uma teia única de informações interconectadas, inspirava uma segurança muito mais profunda: uma meada informacional invisível representava para um grande número desses jovens a possibilidade de uma harmonia global (TURNER, 2012, Introdução).

Brand passou seus anos de estudante em Stanford, universidade em que participou tanto de experiências sobre drogas alucinógenas do Departamento de Defesa Norte-americano na década de 1960 quanto da lendária demonstração das novas possibilidades do computador liderada por Douglas Engelbart, em 1968. De acordo com Brand, pela observação dos jogadores de um dos primeiros jogos de vídeo (*Spacewar*, criado em 1962) em um computador no âmbito do Stanford Artificial Intelligence Laboratory, é que ele se deu conta de que a informática poderia se tornar "pessoal"; embora a máquina em si nada tivesse de pessoal, o uso feito dela o era eminentemente, visto que se tratava de se divertir[38]. Ele descrevia, assim, "a apropriação do computador pelo povo"

38. Brand, 1972, apud Ceruzzi, 2003, p. 207-208. Tratava-se de uma enorme máquina DEC PDP-10, ocupando uma sala inteira e custando meio milhão de dólares. Portanto, bastante diferente de nossos microcomputadores atuais. Mas, de acordo com Ceruzzi, algumas de suas características acabaram por torná-la o antepassado do computador pessoal: tendo sido projetada para ser usada de maneira interativa e por várias pessoas ao mesmo tempo, dava a cada usuário a ilusão

como "uma boa notícia, talvez a melhor desde as experiências psicodélicas" (BRAND, 1972). Como sublinha Turner, para Brand e numerosos representantes da contracultura, a computação poderia se tornar, com a ecologia e os movimentos artísticos, uma das peças centrais de uma alternativa às estruturas verticais da "tecnocracia", reatando com as práticas científicas colaborativas e com o projeto original da cibernética: criar uma ordem social estável que, em vez de estar baseada nas cadeias de comando – à semelhança do que ocorria nas forças armadas ou no mundo do trabalho –, estivesse apoiada no vaivém da circulação das energias, da informação e da comunicação.

A infusão da informática na atmosfera libertária das décadas de 1960 e de 1970 teve, portanto, numerosas consequências e, em primeiro lugar, sobre o advento da própria indústria do microcomputador, impulsionada pela ideia mais ou menos explícita de que, ao transformar os indivíduos, por meio da computação, o mundo poderia, por sua vez, ser transformado. Isso implicava concretizar o projeto de um computador para cada um, além de promover a comunicação entre esses computadores. De maneira mais ampla, Turner enfatiza a contribuição decisiva da contracultura no estabelecimento de uma sociedade "pós-industrial" na medida em que ela foi um elo essencial na instauração de uma *continuidade*, ao invés de uma *oposição*, com o mundo do complexo militar-industrial-acadêmico. A "tecnocracia" assumiu efetivamente outro aspecto e o computador foi desligado de suas associações com a burocracia e o mundo militar; além disso, a organização social "em rede" passou realmente por um rápido crescimento à medida que se desenvolvia, concomitantemente, a computação conectada. Ocorreu a emergência de uma síntese inédita entre a cultura científica e a contracultura, cujos herdeiros são, em parte, os estilos de vida e de trabalho "flexíveis" – desvinculados de hierarquia e individualizados –, assim como os modos de produção "em rede" das sociedades contemporâneas.

3.3 Das redes técnicas às "comunidades eletrônicas"

Em paralelo com a Arpanet, cuja utilização havia sido bastante restrita, implantaram-se, no decorrer das décadas de 1970 e de 1980, redes *ad hoc* de diferentes naturezas: assim, redes comerciais (e dispendiosas, portanto, limitadas), tais como *CompuServe* e *The Source*, foram lançadas desde o final dos anos de

---

de dispor, para si mesmo, de todos os recursos da máquina. A partir desse "modelo cognitivo" é que, em seguida, foi projetada a computação pessoal.

1970, ou seja, antes mesmo do advento da World Wide Web que surgiu apenas em 1990-1991. No entanto, as mais emblemáticas das alternativas à Arpanet foram projetadas e gerenciadas de maneira ainda mais "livre" e descentralizada do que esta, fora do âmbito do governo e sem objetivos comerciais, com uma base acadêmica e/ou associativa. Tratava-se, por um lado, da Rede Usenet e, por outro, dos *Bulletin Board Systems* (BBS ou boletins eletrônicos), que constituem os antepassados dos atuais servidores de compartilhamento de arquivos, fóruns de discussão na internet e mídias sociais, tais como Facebook e Twitter.

Usenet foi, antes de mais nada, uma rede acadêmica e um dos numerosos desenvolvimentos oriundos da comunidade dos usuários de Unix, um sistema operacional desenvolvido inicialmente no âmbito dos Bell Labs de AT&T e distribuído livremente para as universidades durante a década de 1970. Os protocolos TCP/IP estavam integrados na Unix, o que explica que ela tenha desempenhado um papel decisivo no desenvolvimento da internet. Unix se impôs rapidamente como um padrão capaz de funcionar em diferentes tipos de máquinas, a partir do qual foram desenvolvidas numerosas aplicações – incluindo protocolos de comunicação e compartilhamento de arquivos entre computadores que não transitavam (ou não necessariamente, de qualquer modo, no início) pela Arpanet (à qual poucas universidades estavam conectadas), mas se serviam essencialmente de canais telefônicos, mesmo que algumas linhas estivessem reservadas a sites importantes. A Rede Usenet foi instalada, em 1979, por estudantes e desenvolvida sem financiamento específico, de maneira autônoma, hospedada em máquinas disseminadas em diferentes centros de pesquisa, de modo que foi qualificada por seus fundadores como a "Arpanet do pobre" (ABBATE, 1999, p. 201).

Tratava-se, no início, de criar um espaço de suporte técnico. Mas, além disso, Unix havia sido concebida no espírito comunitário, tanto da contracultura quanto da pesquisa científica, e os seus usuários estavam acostumados a cooperar, compartilhando os seus programas, tendo implantado nomeadamente um sistema de grupos de discussão (*newsgroups*) através da Rede Usenet. Essa plataforma permitia difundir rapidamente artigos e submetê-los ao debate, mas sempre no âmbito da universidade em que se encontravam as máquinas equipadas de Unix e os seus usuários. Se esses debates estavam bem marcados por um espírito comunitário, à semelhança do que ocorria na Arpanet, as discussões dessas comunidades de usuários, inicialmente, eram, antes de mais nada, de ordem técnica; mas, no final da década de 1980, o intercâmbio dos *newsgroups* se estendeu a um grande número de outros tópicos (temas de sociedade, anúncios classificados, entretenimento – especialmente piadas e sexo), enquanto a porcentagem das temáticas científicas ou técnicas se tornou minoritária.

Os BBS, por sua vez, foram inventados em 1978 por amadores, equipados na maior parte das vezes com microcomputadores instalados em seus domicílios. À semelhança do que ocorreu com a Usenet em seus primórdios, o acesso aos BBS se fazia pela rede telefônica, usando um modem; no início, eles existiram enquanto entidades independentes, mas a partir de meados da década de 1980 os BBS começaram a estar conectados entre si. Na Usenet e nos BBS é que começou realmente a tomar forma a visão descrita por Licklider de comunidades de interesses e, com elas, a implementação de valores de cooperação e compartilhamento que caracterizam os protocidadãos da Net ou "internautas" (*netizens*), esboçando os contornos de um novo mundo apresentado, de maneira entusiasta, como "mais democrático" por ser mais "participativo" e "direto", tal como será descrito especialmente no decorrer da década de 1990 (HAUBEN & HAUBEN, 1997). Pela primeira vez, um paralelo reconhecível podia ser estabelecido com as instituições da democracia moderna, promovendo a liberdade de expressão – a tipografia, a imprensa, assim como os míticos *town meetings* (reuniões locais de cidadãos) da democracia norte-americana e as *soap boxes* (as "caixas de sabão" em cima das quais os oradores podiam se empoleirar) da democracia inglesa. A principal diferença se referia ao fato de que, daí em diante, qualquer pessoa tinha a possibilidade de publicar e difundir os seus textos: essa nova rede foi apresentada efetivamente como muito mais inclusiva, mais expandida geograficamente e mais descentralizada do que as mídias que a haviam precedido, sem estar submetida a nenhuma hierarquia, nem a um poder, capazes de censurar as contribuições de cada qual. Esse tema será, na sequência, profusamente utilizado.

Através de diferentes experiências empreendidas em redes *ad hoc* (geralmente, em uma escala local), desenvolveram-se assim, fora da universidade, os primeiros elementos de uma cultura da "comunidade virtual"[39], que permitiam já testar o potencial e os limites de tais modos de troca. Uma das experiências mais famosas foi The Well, comunidade lançada em 1985 e que reivindicava uma filiação explícita com a contracultura dos anos de 1960. The Well foi fun-

39. Cf. tb. o próximo capítulo. Essa expressão foi popularizada pelo livro de Rheingold (1995), no qual ele descreve a sua experiência na comunidade The Well e com outros intercâmbios no âmago do "ciberespaço" (incluindo o Minitel ou os MUDs, jogos *on line* com multijogadores). Esse autor exerceu uma influência considerável sobre as representações entusiastas a respeito da internet, enquanto espaço de um novo tipo de vínculo social.

dada por Stewart Brand e por um pioneiro da teleconferência, Larry Brilliant; em seguida, foi liderado por personalidades oriundas de uma das mais célebres comunidades *hippies* (The Farm) que, de acordo com o relato de Patrice Flichy, "haviam sido escolhidas por sua capacidade para manter a coerência de um grupo, cujas regras de funcionamento são bastante instáveis" (FLICHY, 2001, p. 92). A ideia consistia em criar comunidades baseadas em uma convergência de valores e interesses, mas Flichy observa que se tratava de levar mais longe a experiência, visto que os coletivos formados desse modo procuravam explicitamente criar um novo espaço público. O autor salienta, no entanto, a homogeneidade sociocultural dos participantes de The Well (a classe média branca instruída), assim como o defeito comum à maior parte das comunidades *on line*: apesar dos dispositivos projetados para colocar todos os usuários em pé de igualdade e facilitar as contribuições de cada qual, o número de participantes ativos é reduzido; com efeito, a maioria dos usuários se contenta com o papel de espectador, a partir do modelo dos meios de comunicação de massa.

É importante sublinhar, neste caso, que a promoção das comunidades virtuais foi obra de uma minoria (os usuários ativos), agindo por sua vez no âmago de uma minoria (geralmente, um público experiente de pesquisadores universitários, amadores de tecnologia e/ou ativistas). Como tal, a extensão da rede a outras categorias sociais suscitou, na sequência, desapontamentos na medida em que a prática da comunicação intersubjetiva mediada por computador, estendida ao maior número possível de pessoas, iria diferir sensivelmente do ideal preconizado por seus primeiros formuladores-usuários. No entanto, Usenet, os BBS e The Well são os principais dispositivos em que foi possível forjar uma cultura do diálogo por intermédio do computador, muito antes dos blogues, wikis e mídias sociais, assim como da invenção dos protocolos da web por Tim Berners-Lee. Esses primeiros espaços de intercâmbio impregnaram a internet, a ponto de se tornarem consubstanciais a essa ferramenta e, com eles, o "imaginário" das comunidades eletrônicas como outros tantos lugares de desenvolvimento da expressão individual, a partir de uma base igualitária.

3.4 Emergência da socialidade em rede e condicionantes do regime da conexão

As interações sociais mediadas por computador se apresentaram rapidamente não só como formas inéditas de socialidade, mas também como uma visão de comunidade escolhida, em que se tornava possível livrar-se das condicionantes de seu ambiente imediato para estabelecer vínculos a partir de uma base puramente voluntária. Com efeito, a comunidade é virtual no sentido em que ela não se impõe, mas está "em potência", sinalizando a abolição de qualquer restrição estruturante consistente em relação ao indivíduo, tais como a vizinhança, a família, a religião, a tradição etc. Para Serge Proulx e Guillaume Latzko-Toth, a ideia construtivista de "comunidade imaginada" proposta por Benedict Anderson para explicar o conceito moderno de nacionalismo (ANDERSON, B., 1996) ou, ainda, a noção de público em Gabriel Tarde (TARDE, 1989), ajudam-nos a compreender o sentido dos coletivos formados na internet. As mídias e, em particular, os jornais diários de grande circulação, desempenham tanto em B. Anderson quanto em Tarde, um papel essencial - considerando que a comunidade é a dos leitores, reunidos por vínculos de solidariedade que se exercem com base em *representações* comuns. Da mesma forma, a mídia na internet permitiria a emergência de tais comunidades de representação, simultaneamente comunidades de interesse e comunidades de obrigação, mas em uma multiplicidade de diferentes escalas. Observemos, enfim, que a noção de comunidade varia de acordo com as tradições sociológicas e culturais, assumindo um sentido bastante particular quando é usada em um contexto anglo-saxão. Cherry Schrecker lembra que, entre os sociólogos ingleses e norte-americanos, ela carrega uma robusta dimensão normativa na medida em que se refere a uma dimensão espacial, a um enraizamento local e à harmonia de relações imediatas entre indivíduos, ao invés de um todo orgânico, como é o caso em Tönnies ou Durkheim (SCHRECKER, 2006). Essa diferença de concepção é que serve de fundamento à articulação política bastante frequente entre comunidades (compreendidas como *local communities*) e liberalismo, principalmente do ponto de vista norte-americano.

Essas novas formas de interações são questionadas igualmente pelas novas formas de cooperação tornadas possíveis por elas. Ora, no decorrer da década de 1980, é reativada uma antiga noção de sociologia e antropologia: a *rede social*. No entanto, em vez de uma simples metáfora que designa as relações sociais, trata-se de um verdadeiro método analítico, distinguindo-se tanto do individualismo metodológico quanto da análise em termos de categorias sociológicas predefinidas (grupos, classes etc.). Essa abordagem "estrutural" das relações sociais (*social network analysis*) tem efetivamente o objetivo de estudar os fenômenos sociais a partir da forma ou da *morfologia* das relações entre indivíduos, tentando avaliá-las e aplicar-lhes um tratamento de natureza matemática (gráficos, matrizes, algoritmos), em vez de se interessar pelos comportamentos e atributos individuais, por um lado, e, por outro, pelos agregados construídos *a priori*. A partir de meados da década de 1990, a noção de rede social foi aplicada aos vínculos estabelecidos no âmago das redes de computador, chegando a suplantar gradualmente a ideia tanto de comunidade quanto de sociedade nesse contexto. As trocas por intermédio de computadores foram consideradas daí em diante como formas de plena socialidade com propriedades específicas e criando formas originais de solidariedade e de intercâmbio no plano pessoal, assim como modalidades inéditas de cooperação e de interação no plano profissional, abrindo bem cedo para uma verdadeira sociologia das práticas *on line* e dos tipos de interações que se desenvolvem nesse contexto (WELLMAN et al., 1996). Inversamente, as práticas *on line* se tornaram, em seguida, um modelo para pensar as novas formas de socialidade em ação no "mundo real".

Longe da clivagem real/virtual, tal como ela se apresentou nos primórdios da comunicação mediada por computador, e embora essa divisão persista ainda hoje em muitas intervenções, é aceito daqui em diante que as "ligações digitais" - para retomar a expressão de Antonio Casilli (2010a) - abrangem articulações diversificadas e, às vezes, bastante sofisticadas entre diferentes registros da experiência social. Além disso, uma das ideias centrais dessa nova sociologia das redes sociais, é que se estas estiveram sempre em ação nas sociedades humanas, elas tomam daqui em diante um aspecto muito mais reflexivo: os indivíduos estão cada vez mais conscientes de seu lugar no âmago das redes, procurando se deslocar em seu interior e, eventualmente, mobilizá-las enquanto recurso - a rede se tornando em si um "capital social", tendo um real valor. Portanto, a internet é vista daí em diante como o reflexo e, ao mesmo tempo, o catalisador de uma sociedade que tece as suas redes de maneira consciente.

Nesse contexto é que emergiu o tema da "sociedade em rede" ou "sociedade de redes" (*network society*), anunciado com vigor pelo sociólogo Manuel Castells (2001), e no âmago do qual se desenvolveu o que podemos designar, com Patrice Flichy, um "individualismo conectado" (FLICHY, 2004). Antonio Casilli observa que "as ligações digitais são permeadas por uma vontade contraditória: construir uma socialidade forte baseada em 'vínculos fracos'" (CASILLI, 2010a, p. 13). O individualismo conectado torna-se, assim, o eco de fenômenos já identificados por algumas sociologias da família que sublinham a sua "desinstitucionalização" (ou seja, a família depende, daí em diante, antes de mais nada, de escolhas individuais e da esfera do privado), assim como por pesquisas empreendidas na área da sociologia do trabalho sobre a empresa "pós-tayloriana", que apontam para o fim tanto da organização em profissões quanto da flexibilização e da autonomização do trabalho. Constata-se desse modo um deslocamento das instituições familiares ou profissionais impostas, em direção às "redes relacionais" e "organizações em projeto" mais selecionadas e menos hierarquizadas, mas também menos duráveis e mais precárias para o indivíduo (DUBAR, 2010). Este último se apresenta como um "autoempreendedor". Às vezes, conquistador; outras vezes, prostrado e fragilizado por novas normas sociais de autonomia que estão sendo implementadas e induzem uma concorrência mais acirrada, assim como uma exigência *pessoal* de *performance* (EHRENBERG, 1991). Inovação técnica e evolução social avançaram concomitantemente, e o uso das tecnologias de comunicação (e-mail, telefone celular etc.) teve efeitos ambivalentes, acompanhando a tendência para uma maior autonomia individual, além de participar das transformações do espaço tanto privado quanto profissional, ao autorizar, por exemplo, novas formas de controle social.

A socialidade conectada também é acompanhada efetivamente de condicionantes e prescrições. As tecnologias da informação e da comunicação contribuem, por exemplo, na opinião de alguns pesquisadores, para uma aceleração da temporalidade social que participa da implementação de um contexto de urgência (JAURÉGUIBERRY, 2005, p. 85-98). Elas também esboçam novas formas de exclusão e de estratificação social: a obrigação imposta aos indivíduos no sentido de maximizarem o seu capital social prolonga formas já existentes de dominação e leva a ampliar a questão da "fratura digital" sem se limitar àquela do acesso às novas tecnologias para ter em conta o fator sociocultural (em particular, a educação), a fim de contextualizar os usos da informática e da internet (GRANJON; LELONG & METZGER, 2009); foram identificadas igualmente condicionantes estruturais consistentes em termos de divisão do trabalho. Manuel Castells sublinhou, por exemplo, o vínculo íntimo entre as tecnologias da informação e a globalização financeira do capitalismo, no âmago desse novo "espaço dos fluxos" (CASTELLS, 2001, p. 473-529). As redes técnicas permitem efetivamente uma concentração e coordenação globalizadas dos fluxos de capitais, enquanto a organização do trabalho, muito mais territorializada por estar situada no cerne de um "espaço dos lugares", submete-se ao processo de "flexibilização" – o qual se traduz por uma fragmentação e individualização que enfraquecem os assalariados, corroendo as possibilidades de negociação coletiva.

Ora, o Vale do Silício e a Baía de São Francisco estavam na vanguarda desse movimento de grande amplitude, em que o trabalho foi em grande parte reorganizado de um modo menos hierárquico, sob a forma de redes "orientadas por projeto", em que a atividade havia sido decomposta em elementos parcialmente independentes e a gestão foi descentralizada. Essas transformações foram estudadas amplamente pela sociologia do trabalho e das organizações; elas estão no centro das preocupações de Luc Boltanski e Eve Chiapello, para quem a configuração da rede retomada pela literatura gerencial, longe de ser o derradeiro instrumento da libertação do indivíduo, participa da legitimação de novas formas de poder: a "ordem conexionista" enquanto "ordem de justificação" no âmbito da "sociedade organizada por projetos", característica do "novo espírito do capitalismo" (BOLTANSKI & CHIAPELLO, 1999, esp. p. 154-238). Assim, esses autores identificam "regras de conduta" que norteiam a ação, não só no mundo do trabalho, mas também nos outros campos do social. A esse respeito, encontra-se, por exemplo, uma formulação sucinta na seguinte passagem:

> O fato de ser uma forma de transição é que faz com que o projeto seja precisamente ajustado a um mundo em rede: a *sucessão dos projetos*, ao *multiplicar as conexões* e ao fazer *proliferar os vínculos*, tem o efeito de *estender as redes*.
>
> A extensão da rede é a própria vida, enquanto a interrupção de sua extensão é assimilada à morte [...]. Aquele que, não tendo nenhum projeto, deixa de tirar partido das redes, está ameaçado de *exclusão*, ou seja, efetivamente de morte em um universo reticular. Ele arrisca ser incapaz de voltar a se inserir em projetos e deixar de existir. O *desenvolvimento de si* e de sua *empregabilidade* [...], que é o projeto pessoal de longo prazo subjacente a todos os outros, nunca mais será levado a bom termo.
>
> Em um mundo conexionista, os seres têm [...] como preocupação natural o desejo de se conectar aos outros, de *entrar em relação* e estabelecer *vínculos*, a fim de não permanecerem *isolados*. Eles devem, para serem bem-sucedidos, *depositar e inspirar confiança*, saber *se comunicar*, *discutir* livremente, além de serem capazes de se *ajustarem* aos outros e às situações, de acordo com o que estas exigem deles, sem serem retidos por timidez, rigidez ou desconfiança. É a esse preço que eles podem se *coordenar* mediante dispositivos e projetos (BOLTANSKI & CHIAPELLO, p. 167-168).

Para alguns autores que adotam uma compreensão foucaultiana do fenômeno, o poder exercido sobre os "novos trabalhadores" se assemelha, assim, a uma "organização pós-disciplinar" da sociedade, na qual "o controle desliza em direção ao autocontrole" por meio de uma "governamentalidade gerencial" (ESTIENNE, 2005). A noção de governamentalidade se refere à concepção do "liberalismo tardio" que Michel Foucault tinha começado a elaborar no final de sua vida e que se traduz por um intervencionismo difuso do Estado e, ao mesmo tempo, por uma incorporação da racionalidade econômica por indivíduos que se tornam "empresários de si mesmos" em todos os aspectos de sua existência (FOUCAULT, 2004a). De acordo com esse autor, tal mudança da relação governantes-governados torna difícil identificar as estruturas de poder e descarrega em cima do indivíduo a responsabilidade inteira de seus sucessos e de seus fracassos.

Além disso, em um contexto em que as estruturas internas e os contornos da empresa se tornaram cada vez mais porosos, e o emprego deve ser cada vez mais "fluido", as redes pessoais e profissionais se tornaram essenciais para assegurar uma continuidade no trabalho. Uma rede bem-estabelecida permite continuar trabalhando, mesmo trocando frequentemente de empregador. Um bom exemplo de semelhante funcionamento é a comunidade de The Well que, aliás, foi erigida como arquétipo das "comunidades virtuais" (RHEINGOLD, 1995). Desde o seu início e para além da "circulação das energias" e do "sentimento de filiação", essa comunidade oferecia a possibilidade de materializar e manter redes com vocação profissional, durante um período bastante longo, assim como de trocar informações, às vezes, estratégicas, como lembra Fred Turner ao evocar a categoria social dos primeiros usuários – antes de mais nada, pesquisadores universitários, jornalistas e consultores. The Well constituía, portanto, um "projeto" por excelência, no sentido de Boltanski e Chiapello; à noção de capital social, tendo assumido aqui todo o seu sentido, essa comunidade tornara-se um espaço de *performance*, em que os colaboradores procuravam se valorizar a fim de se forjarem e manterem uma visibilidade e uma reputação – tratando-se de jornalismo, consultoria ou programação. Para Turner, ela também é emblemática da transição da contracultura para a Nova Economia na medida em que se apresentava simultaneamente como um espaço utilitário de intercâmbio de informações, um lugar para construir a própria reputação pessoal e profissional, além de uma comunidade alternativa que não teria atraiçoado os ideais de juventude de seus protagonistas (TURNER, 2005, p. 510-511). Antes de avaliar todos os efeitos e o sentido dessa transição, vamos interessar-nos, de maneira mais detalhada, pelas utopias de que o ciberespaço, além das comunidades virtuais, havia sido investido.

4 AS UTOPIAS DO CIBERESPAÇO

> *Se a cibernética parece ter sido reduzida, nos dias de hoje, a um prefixo que ressoa com insistência, através de nossa cultura, é porque os seus conceitos fundamentais foram absorvidos profundamente pelo pensamento contemporâneo* (HAYLES, 2010, p. 155 [tr. para o fr. de B.L.]).

A retomada cultural do prefixo "ciber-" não é, de modo algum, fortuita; de acordo com Katherine Hayles, ela é reveladora da marca deixada pela cibernética enquanto nova aliança da biologia e da informação. Ela também constitui um episódio crucial da genealogia política da internet por aquilo que ela revela em termos de aspirações simbólicas construídas a partir da ideia de livre-circulação da informação. Se as grandes linhas de uma "cultura da internet" foram articuladas no momento em que a rede se difundia junto ao público em geral, a partir de meados da década de 1990, na realidade, a ideia da *cibercultura* é anterior a esse período e se inspira em fontes diferentes daquelas relacionadas unicamente às práticas de comunicação *on line* (TOFTS; JONSON & CAVALLARO, 2003). Tendo surgido como uma abordagem principalmente "textual", literária e especulativa – e no contexto mais geral da "tecnocultura" –, a cibercultura se apresenta simultaneamente, desde a década de 1980, como uma "subcultura" e como um espaço privilegiado de reflexão sobre as mutações em curso (BENEDIKT, 1991; DERY, 1994). Tais questionamentos de ordem filosófica, cultural, política, sociológica ou antropológica aprofundaram a análise do suposto advento de uma nova relação com a realidade, de novas identidades e de novas organizações sociais: o que, em sua forma mais marcante, foi designado como o "pós-humano" (cf. esp. HAYLES, 1999; LECOURT, 2003; SUSSAN, 2005), assinalando o sentimento de uma transformação profunda da condição humana em suas relações com a técnica.

Tendo tomado de empréstimo a uma tradição já perfeitamente estabelecida de profecias, que anunciavam a salvação pela tecnologia e convergiam em direção à história da utopia, tal como ela se esboçou na época moderna, a internet se tornou, para alguns autores, a derradeira mídia de uma humanidade finalmente liberada e reconciliada consigo mesma. Ora, antes de ser a expectativa de uma melhor organização social, a utopia se apresenta como um novo mundo, o da sociedade feliz, que constitui uma extensão do horizonte humano e, até mesmo, uma alteridade radical – tratando-se de um *alhures*, como o continente americano e a Ilha da Utopia, sua contrapartida ficcional, ou de um *por-vir* como a futura sociedade prometida pelo socialismo (GAUCHET, 2003). Alhures e por-vir simultaneamente, mas também – e eis o que é sua grande força – em parte, *aqui* e *já aí*, o "ciberespaço" cristalizou, assim, um grande número de projeções, marcadas por um ideal de liberdade.

4.1 O ciborgue: uma utopia do hibridismo ser humano-máquina

A ideia de comunidades eletrônicas e, até mesmo, de "mundos virtuais" que se tornaram possíveis mediante a técnica, tem sido formalizada claramente por certa cultura ou subcultura que dialoga com os avanços científicos e tecnológicos, além de imaginar quais poderiam ser as suas consequências (utópicas, distópicas) ou suas alternativas (ucrônicas) sociais e/ou ecológicas; trata-se, em suma, de pensar a interação entre tecnologia, natureza e social. Essa corrente se materializa em um gênero literário e cinematográfico: a ficção científica ou a antecipação. Esse gênero adquire notoriedade com autores, tais como Jules Verne, H.G. Wells e Ray Bradbury, mas os seus mestres mais recentes – por exemplo, Isaac Asimov, Frank Herbert e Philip K. Dick – foram inspirados grandemente pela cibernética (WARRICK, 1980).

As teorias de Norbert Wiener, após as digressões pela contracultura, deram a impressão de que tomavam *corpo* gradualmente: uma interação e, até mesmo, uma *hibridização* da natureza, do ser humano e da tecnologia em um amplo *continuum* informacional, materializado de maneira mais ou menos metafórica pelo *cyborg* (*cybernetic organism*)[40], em parte, ser humano e, em parte, máquina, semiciência "factual" e semiciência "ficcional". O ciborgue se encontra, portanto, no cerne da interação entre imaginário, discurso e inovação tec-

40. Em relação ao uso do termo *cyborg* como adjetivo, cf. Silva, 2009, p. 99-100, n. 1 [N.T.].

nológica; o próprio termo foi forjado não por escritores, mas por cientistas. Em plena euforia pela conquista do espaço, estes vislumbravam as maneiras de "aprimorar" o ser humano a fim de enviá-lo para o cosmos, propondo-se a aplicar os princípios da cibernética para criar um "sistema ser humano-máquina autorregulado" ou homeostático, capaz de se adaptar a um ambiente hostil: perscrutando o ambiente físico – gravitação, oxigenação, pressão atmosférica etc. – e atenuando, mediante os circuitos de retroação, as carências da fisiologia humana (CLYNES & KLINE, 1960). De acordo com Paul Edwards, o ciborgue constitui, assim, o início da apropriação subjetiva, humana, dessa "simbiose ser humano-máquina" sonhada pela ciência e introduzida pelas forças armadas no contexto da Guerra Fria:

> Enquanto os discursos sobre o mundo confinado determinaram a arquitetura de certa narrativa política e de um sistema tecnológico, os discursos sobre o ciborgue modelaram a cultura e a subjetividade para a era da informação. Os ciborgues, dos quais a mente e o corpo se tornaram processadores de informação, eram capazes de encontrar a flexibilidade, a liberdade e, até mesmo, o amor, no interior dos espaços virtuais confinados da sociedade da informação (EDWARDS, 1996, p. 2-3 [tr. para o fr. de B.L.]).

Após a séria desaceleração da exploração espacial nas décadas de 1970 e de 1980 – e apesar do sucesso das criaturas cinematográficas inspiradas no conceito de ciborgue (*Blade Runner*, em 1982; *Terminator* em 1984 e 1991; *Robocop* em 1987 e 1990) –, este assumiu efetivamente uma significação suplementar. Esse produto da tecnocracia militar-industrial e científica, voltado para a conquista e exibindo atributos exacerbados de virilidade belicosa, chegou a ser redefinido como o seu oposto. Do mesmo modo que o computador tinha passado de um instrumento de opressão e de alienação para uma ferramenta de libertação e de emancipação, o ciborgue foi reinterpretado a partir da afirmação de que todos somos, enquanto indivíduos, mais ou menos ciborgues – na medida em que nossa "natureza" é transformada pela "cultura", compreendida como um conjunto de alterações prostéticas, começando pelo uso da ferramenta e da linguagem, cuja continuidade se faz mediante as tecnologias-ciborgue[41]. Desse ponto

41. Estas podem ser classificadas em quatro grandes categorias: as tecnologias *reparadoras* (próteses na área da medicina), *normalizantes* (vacinação, psicofarmacologia), *reconfigurantes* (servindo-se de um computador) e *aprimoradoras* (desde os óculos de visão noturna até os robôs pilotados a distância). Essa última categoria é a mais propensa ao fantasma de superação das capacidades produtivas ou militares do ser humano (GRAY; MENTOR & FIGUEROA-SARRIERA, 1995, p. 3).

de vista, a tecnologia não é, portanto, exterior ao ser humano, mas constitui esse espaço híbrido, difícil de discernir, de interação entre natureza e cultura. O ciborgue já estaria entre nós, tal como é testemunhado pelos implantes, enxertos artificiais e próteses, pela cirurgia plástica, pelas manipulações genéticas e pela biotecnologia, em que a endoscopia orienta o cirurgião e... o uso de um computador. Nesse aspecto, tratar-se-ia de "circuitos cibernéticos" na interação formada pelo ser humano e pela máquina, engendrando, de acordo com Katherine Hayles, novas formas de subjetividade (HAYLES, 1999, p. 115).

O ciborgue – simultaneamente prática tecnológica e construção narrativa, inovação bem concreta e metáfora – se inscreve plenamente na onda teórica pós-modernista das décadas de 1980 a 1990. Em particular, o "manifesto ciborgue" de Donna Haraway – feminista, bióloga e historiadora das ciências – marcou a reflexão sobre a identidade e a relação entre natureza e tecnologia. Opondo-se às correntes feministas essencialistas ou identitárias, essa autora apresenta o ciborgue como uma "brecha" que permite "desconstruir" as hierarquias e principalmente a "dominação do homem branco": "O ciborgue é um tipo de eu – pessoal e coletivo – pós-moderno, um eu desmontado e remontado. Esse é o eu que as feministas devem codificar" (HARAWAY, 2009, p. 63-64). Em primeiro lugar, um "super-homem" nascido em um contexto de conquista científica e militar, acompanhado por um imaginário belicoso, o ciborgue veio, assim, encarnar um "pós-ser humano", uma inflexão do feminismo e, a partir daí, um novo ponto de partida da política:

> neste nosso tempo, que é um tempo mítico, somos todos quimeras, híbridos – teóricos e fabricados – de máquina e organismo; somos, em suma, ciborgues. O ciborgue é a nossa ontologia; ele determina a nossa política. O ciborgue é uma imagem condensada tanto da imaginação quanto da realidade material: esses dois centros matriciais, conjugados, estruturam qualquer possibilidade de transformação histórica (HARAWAY, 2009, p. 37).

Essa política seria, assim, capaz de superar as suas origens industriais e militares, além de se abrir para um mundo artificial, mas "pós-gênero", "pós-colonial" e "pós-capitalista", transgredindo as fronteiras corporais e sociais, e no qual as identidades (sexuais, étnicas, de classe), em vez de impostas, seriam o resultado de uma opção.

Donna Haraway é marcada abertamente pela cibernética e sublinha que "As ciências da comunicação e as biologias modernas são construídas por uma operação comum – *a tradução do mundo em termos de um problema de codifi-*

cação, isto é, a busca de uma linguagem comum na qual desaparece toda a resistência ao controle instrumental e toda a heterogeneidade pode ser submetida à desmontagem, à remontagem, ao investimento e à troca" (HARAWAY, 2009, p. 64). Assim, de acordo com essa autora, "as velhas e confortáveis dominações hierárquicas" são substituídas por uma "informática da dominação" (HARAWAY, 2009, p. 59). Qualquer política com vocação emancipatória se torna, nesse ponto de vista, "um problema de programação", de modo que a subversão das categorias socioeconômicas "naturalizadas" passa por uma reconfiguração dos fluxos de informação; ou ainda, à oposição entre público e privado, Haraway declara preferir "a imagem de uma rede ideológica – o que sugere uma profusão de espaços e identidades, além da permeabilidade das fronteiras no corpo tanto pessoal quanto político" (HARAWAY, 2009, p. 76). Na esteira do que havia sido postulado por Norbert Wiener, Haraway afirma: "Os organismos biológicos se tornaram sistemas bióticos – dispositivos de comunicação como qualquer outro. Não existe, em nosso conhecimento formal, nenhuma separação fundamental, ontológica, entre máquina e organismo, entre técnico e orgânico" (HARAWAY, 2009, p. 91). Compreende-se o atrativo da abordagem cibernética que, nesse contexto, pode ser assimilada a uma forma de construtivismo – abrindo, portanto, para estratégias de reconstrução "progressistas", das quais o "feminismo socialista" seria a ponta de lança; mais longe, Haraway designa essa política-ciborgue como "política liberal no verdadeiro sentido da expressão" (HARAWAY, 2009, p. 96), em que a noção de liberdade individual assume uma dimensão completamente diferente.

Tendo procurado definir o que seria a *cidadania*-ciborgue, Chris Hables Gray designa muito explicitamente a era tecnocientífica como pós-moderna, antes de reivindicar a sua filiação a Locke e a um "anarquismo jeffersoniano" (GRAY, 2001, p. 23). Antecipando o desenvolvimento de entidades semi-humanas, semimaquinizadas, esse autor propõe, assim, uma "Declaração dos Direitos-ciborgue" destinada a introduzir uma emenda na Constituição dos Estados Unidos para proteger os seus (nossos) direitos digitais e prevenir as novas violações das liberdades a que estão expostas as (nossas) extensões tecnológicas. Essa proposição coincide com a de Bruno Latour de uma "democracia estendida às próprias coisas" (LATOUR, 1997, p. 22 e 194), em que a abordagem em termos de "ator-rede" também enfatiza o seu caráter híbrido. No entanto, Gray rejeita a ideia de conceder direitos às entidades "não humanas", que seriam representadas por cientistas ou peritos no âmbito de um "parlamento das coisas", instaurado por uma nova Constituição, permitindo preencher a separação entre ciência e política[42]. Em vez de uma multiplicidade de "quase-objetos", de acordo com Gray, é antes de mais nada "a inteligência viva" (independentemente de ser "humana, ciborgue ou talvez, um dia, puramente artificial") que deve ser reconhecida e defendida, através de uma "cidadania-ciborgue", a fim de que "a autonomia não se torne um autômato" (GRAY, 2001, p. 31).

Essa formulação, e o que ela abrange, também faz eco às questões éticas e políticas já suscitadas por Norbert Wiener. O ciborgue se situa, para Donna Haraway, "na interface do autômato e da autonomia" – ou seja, entre o autocontrole maquinizado e o autogoverno humano (HARAWAY, 1989, p. 139). Gray e Haraway, na esteira de Wiener, estão bem cientes de que uma "política-ciborgue" não é inevitavelmente emancipatória; pelo contrário, as possibilidades emanando da interação ser humano-máquina, tanto libertam o indivíduo quanto o subjugam de maneira mais completa. Gray aponta, por exemplo, os perigos das tecnologias de vigilância e de cadastro (GRAY, 2001, p. 32-38), que justificam a instauração de uma "Declaração dos Direitos-ciborgue" a fim de proteger a parte digital de nossa identidade. Da mesma forma, numerosos comentaristas observaram bastante rapidamente que, no contexto-ciborgue, não havia motivo algum para extinguir as divisões e as hierarquias humanas, principalmente na "dominação do homem branco". Ao ser levado ao extremo, o fantasma da desencarnação talvez traduza, antes de mais nada, o sentimento de impasse político.

Essa digressão pelos ciborgues permite identificar alguns elementos-chave da cibercultura. Em primeiro lugar, o recurso ao ciborgue *como conceito* permite posicionar a hibridização do humano e da tecnologia no âmago da reflexão política, renovando as categorias teóricas. Além disso, essas representações comportam uma considerável dimensão *utópica* na medida em que elas coincidem com um discurso da emancipação humana e, até mesmo, o fantasma de "regeneração", como é proposto por Antonio Casilli (2006), mas que daí em diante se baseia nas possibilidades abertas pelos sistemas semivivos e semiartificiais. O ciborgue vem se juntar, assim, à longa tradição da vontade de superação da condição humana; em sua forma mais extrema, esta recebe, às vezes, o qualificativo de "transumanismo" (ou H +), que designa a possibilidade de superar as limitações biológicas da existência humana graças à ciência e, deste modo, uma transição da humanidade mortal em direção a uma forma de imortalidade tecnológica. O transumanismo está associado igualmente à ideia de

42. Latour, 1997, esp. cap. 2: "Constitution" (p. 23-70) e cap. 5: "Redistribution" (p. 178-198).

"singularidade", momento em que a evolução tecnológica será acompanhada por um crescimento da inteligência artificial, tal como ela poderia exceder as capacidades de controle pela inteligência humana, conferindo assim, potencialmente, autonomia à técnica.

Tais problemáticas assumiram toda a sua amplitude no contexto do desenvolvimento da "realidade virtual" e do ciberespaço que acabaram suplantando a figura do ciborgue. Katherine Hayles também sublinha que o ciborgue representou uma etapa no advento de uma "coevolução" dos seres humanos e das máquinas, da biologia e da informação, além dos esforços para representar tal mutação; no entanto, essa autora observa que, nos dias de hoje, é mais pertinente evocar uma "cognição distribuída" permeando os indivíduos e a tecnologia, e da qual se deve revelar as lógicas internas (HAYLES, 2006, p. 160).

4.2 Da realidade virtual ao ciberespaço

Com efeito, e embora o imaginário da conquista espacial tenha permanecido pregnante, a reflexão sobre as relações entre ser humano e máquina se orientou para outro universo e para uma "nova fronteira": o ciberespaço (*cyberspace*) ou espaço informacional. Nesse contexto é que se desenvolveram realmente as reviravoltas nas concepções relativas ao corpo, à identidade e às interações sociais, iniciadas pela problemática-ciborgue.

Aspecto que tem sido evocado frequentemente, a imagem do ciberespaço encontra suas origens no *cyberpunk*, um subgênero da ficção científica, inaugurado por Bruce Sterling e, sobretudo, William Gibson, o qual exerceu uma considerável influência cultural[43]; aliás, o termo "ciberespaço" foi popularizado em seu romance, *Neuromancer*, texto em que ele é definido como uma "alucinação consensual" (GIBSON, 1984). Nesse livro, Gibson descreve um futuro apocalíptico, em que alguns indivíduos marginais não deixam de ser capazes, por meio de seus computadores, de abandonar o próprio corpo (que recebe do narrador o qualificativo de "carne") para evoluírem no ciberespaço, metrópole virtual povoada por diferentes sistemas de inteligência artificial e de megacomputadores pertencentes a grandes multinacionais. Nesse texto, é possível se aperceber de uma crítica contra a evolução do capitalismo, em que o *hacker* passa por ser um herói rebelde capaz de frustrar os mecanismos de segurança

43. Friedman, 2005, cap. 7: "Imagining cyberspace", p. 161-170.

de um sistema opressivo, baseado no controle da informação; trata-se, assim, de um indivíduo livre e, até mesmo, de um puro indivíduo, servindo-se unicamente de sua inteligência e dos recursos a seu alcance para improvisar espaços de liberdade no âmago da "matriz" - um tema recorrente, tornado célebre pelo filme dos irmãos Wachowski (*Matrix*, 1999).

Rémi Sussan explica o sucesso da estética e das ideias *cyberpunk*, sublinhando a sua continuidade com os movimentos de contracultura anteriores, nomeadamente a autoexperimentação e a transformação do indivíduo, assim como uma forma radical de liberdade individual: "O mundo de Gibson contém todos os ingredientes para dar origem a uma nova contracultura análoga àquela que ocorreu na década de 1960: uma ferramenta psicodélica que permite viajar em um espaço mental, um espírito anarquista e antiautoritário, assim como uma concepção da tecnologia capaz de contornar as vias habituais do capitalismo" (SUSSAN, 2005, p. 116). Além disso, e à semelhança do que se passa com o ciborgue, uma filiação pode ser estabelecida entre o movimento *cyberpunk* e o pós-modernismo, enquanto *manifestação* ou *crítica* deste último (BUKATMAN, 1993). Ora, Katherine Hayles havia mostrado como as concepções científicas da cibernética, as produções culturais da ficção científica, as elaborações teóricas do pós-modernismo e os desenvolvimentos da informática - todas essas facetas traduzem uma crise do humanismo liberal que abre para um questionamento "pós-humanista"[44].

A ficção do ciberespaço pareceu se concretizar com as inovações da "realidade virtual", particularmente em voga no início dos anos de 1990: ela designa a capacidade para criar ambientes digitais imersivos, engendrados por computador (áudio e vídeo de síntese em 3D, interatividade ao vivo etc.) com o fornecimento, às vezes, aos usuários de interfaces, tais como os "videocapacete" e os macacões ou acessórios com sensores corporais - que lhes dão a aparência de ciborgue. Trata-se, inicialmente, de modelizar a realidade, no quadro, por exemplo, dos simuladores de voo desenvolvidos, há muito tempo, pelas forças armadas. No entanto, o advento de capacidades gráficas avançadas e de interfaces mais sofisticadas pareceu abrir caminho não só a simulações cada vez mais plausíveis, mas também a aplicações lúdicas de última geração e a transformações radicais da experiência humana.

Popularizada por Howard Rheingold, a realidade virtual foi apresentada como uma nova fase da interação ser humano-máquina. Aplicadas principal-

44. Hayles, 1999, cap. 1: "Toward embodied virtuality", p. 1-24.

mente ao *videogame*, essas experiências foram, no entanto, um tanto decepcionantes em um primeiro momento pelo fato de exigirem grandes capacidades de cálculo e de armazenamento para processar imagens de síntese, assim como importantes recursos em pesquisas a fim de criar e codificar universos completos para obter um resultado, muitas vezes, pouco convincente. Todavia, elas suscitaram um sentimento de reviravolta fenomenológica que, apesar de identificado incorretamente, nem por isso deixou de ser menos poderoso: para alguns autores, o ser humano seria capaz de criar, a partir do nada, universos de síntese superiores à realidade imediata, enquanto para outros essas tecnologias, deslastradas da realidade, abriam o caminho para uma era do artificial, do superficial e da manipulação. Muito rapidamente se revelou, além disso, que a realidade virtual assume toda a sua amplitude quando ela não é apenas uma experiência *sensorial*, mas também inclui uma dimensão *social*; ou seja, quando ela permite não somente a um indivíduo evoluir em um ambiente simulado de uma forma credível, mas quando dois ou vários indivíduos podem interagir uns com os outros no âmago desses ambientes.

Lembremos que, nesse momento, a internet para o público em geral era ainda incipiente e confinada amplamente a uma dimensão textual. Portanto, por vias transversas da realidade virtual se implementou um imaginário que, em seguida, veio alimentar as evoluções ulteriores da internet e da web, enquanto começavam a se desenvolver as práticas dos BBS e de Usenet, já mencionadas. Por exemplo, a telemática e, no contexto francês, o Minitel[45]. Assim, além das aplicações – tais como *videogames*, imagiologia científica e computação gráfica para o cinema –, a comunicação "sensorial" por computador deixou entrever oportunidades de interações a distância, recriando interações ao vivo (a "tvpresença", a "tvtrabalho" e a "tvjogo"), assim como uma dimensão crucial nesse contexto que acabou coroando todas essas inovações: a "tvsexo", ou seja, a fantasia latente, mas muito pregnante, de poder simplesmente vestir um macacão para ter acesso a um universo de erotismo "tvdildônico"[46]. Para Rheingold, não havia dúvida de que esse horizonte, embora distante, acabaria sendo alcançado; aliás, a indústria pornográfica, em busca de renovação, tende a confirmar tal prognóstico ao retomar recentemente o paradigma da realidade virtual (CLAIROUIN, 2015). Novamente, a mania pela realidade virtual e pela cibercultura, que repercutiu amplamente nas mídias norte-americanas, pode

45. Rheingold, 1995, cap. 8: "*Télématique* et *messageries roses*: histoire de deux communautés virtuelles".

46. Rheingold, 1993, cap. 16: "Télésexe et autres perspectives", p. 345-379.

ser compreendida como um prolongamento das reviravoltas sociais da década de 1960. A continuidade com a contracultura aparece nitidamente na dimensão sexual, de modo que a "desencarnação" deixa entrever a perspectiva vertiginosa da implementação de um individualismo da conexão e do evitamento, simultaneamente "derradeira revolução sexual" e "abandono definitivo de nosso corpo" (RHEINGOLD, 1993, p. 352).

Sempre em consonância com a contracultura, Rheingold sublinha que a realidade virtual também deixa augurar uma "cibernética psicodélica" e se apresenta como um equivalente de LSD. Para além do êxtase enquanto prazer, encontramos aí a ideia de uma autotransformação, de um neoxamanismo que se modifica em um tecnoxamanismo: "Se pessoas inspiradas e talentosas são impregnadas pelo desejo de alcançar tal vivência, a realidade virtual pode perfeitamente se revelar como a primeira forma de êxtase coerente, completa, e não patológica, capaz de liberar sem qualquer dano as energias dionisíacas, reprimidas durante tanto tempo, em nossas civilizações amplamente apolíneas" (RHEINGOLD, 1993, p. 357). Ideias semelhantes foram defendidas por Timothy Leary, grande promotor dos "estados alterados de consciência" nas décadas de 1960 e de 1970, que se interessou vivamente pela realidade virtual nos anos de 1980, antes de declarar que "o PC é o LSD da década de 1990". Tais discursos fazem finalmente eco ao "processo de retribalização" anunciado por Marshall McLuhan.

4.3 Comunidades virtuais e identidades digitais: uma experiência de liberdade?

O virtual – ao dar a impressão de estar aberto a possibilidades radicalmente novas para o indivíduo e, ao mesmo tempo, a uma desencarnação ou dissolução deste – apresenta-se, portanto, como um profundo e ambíguo questionamento antropológico, o qual se tornou cada vez mais insistente com o desenvolvimento da internet que, por sua vez, se transformou no principal "lugar" do ciberespaço. Desde o início da década de 1990, a imprensa de grande circulação não deixou de sublinhar o exotismo desse novo território, evocando a estranheza de costumes e práticas dos indivíduos que o habitavam. O ciberespaço se apresentava, ora como a renovação da civilização (participação de todos, abolição das fronteiras, solidariedade e compartilhamento na rede, criatividade e inovação), ora como o caminho mais seguro em direção de sua perda (enquanto refúgio da anarquia, da pornografia e de todos os tipos de extremismo). De um ponto de vista menos caricatural, dois grandes eixos foram mobilizados para abordar a cibercultura: por um lado, a noção de *comunidades virtuais*, já mencionadas; e, por outro, um questionamento sobre as *identidades digitais*, cuja precursora foi a psicóloga e socióloga Sherry Turkle.

A noção de realidade virtual deslizou, assim, sub-repticiamente em direção de práticas em curso na rede. Tal deslocamento é perceptível em Rheingold, no intervalo entre a publicação do livro *Virtual Reality* (1993 [1991]) e a de sua obra mais conhecida, *The Virtual Community* (1995 [1993]). Como havíamos sublinhado no capítulo anterior, a comunicação interpessoal esteve no âmago da internet desde o início: e-mail e listas de discussão, assim como fóruns, *newsgroups* ou "conferências por computador" - especialmente por intermédio de Usenet ou The Well - e também chats (IRC ou *internet Relay Chat*). Embora o ambiente estivesse limitado ainda ao textual, foi no âmbito desses espaços desmaterializados de interação que o virtual - e, por extensão, o ciberespaço - acabou sendo finalmente o mais convincente. Rheingold sublinhou, em particular, as formas de assistência mútua e de cooperação que, em sua opinião, se exerciam em tais ambientes.

Os *videogames* também constituíram um terreno fértil de testes; em particular, a experiência de RPG (Role-playing game, "jogo de interpretação de papéis") *on line* exerceu uma influência decisiva, especialmente em sua dimensão "multiplayer", desde os primeiros MUDs (Multi-User Dungeon ou Multi-User Domain)[47] rudimentares até os MMORPGs (Massively Multiplayer Online Role-Playing Game) que lhes acrescentaram uma dimensão gráfica. Esses jogos inspiraram numerosas reflexões sobre a identidade, principalmente por causa dos "avatares" utilizados pelos jogadores - que podem assumir uma identidade diferente, fantasiosa e, até mesmo, várias identidades. Os trabalhos mais famosos foram elaborados pela autora já citada, Sherry Turkle, desde as suas primeiras constatações sobre os vínculos cognitivos, cada vez mais profundos, estabelecidos entre computadores e seres humanos (especialmente as crianças), até o estudo dos jogos de identidade em curso na internet e dos MUDs (TURKLE, 1984, 1995). Ela enfatiza as liberdades à disposição dos jogadores: escolher o nível de interação e o fim da relação a qualquer momento; escolher a sua identi-

47. Inventados por estudantes a partir do final da década de 1970, eles se inspiravam nos jogos tradicionais de interpretação de papéis e especialmente no mais famoso deles: Dungeons & Dragons. Tratava-se de empreender "buscas" em universos imaginários – muitas vezes, criados pelos próprios jogadores – graças a linguagens de programação simplificadas. Durante muito tempo esses jogos foram unicamente textuais, mas permitiam a interação e o passatempo entre vários jogadores.

dade, transformá-la e possuir várias identidades; assim como escolher se filiar a várias comunidades não exclusivas. Ainda neste aspecto – à semelhança do que acorreu com o ciborgue, segundo Haraway – trata-se do poder de ação sobre uma identidade definida como "pós-moderna", de um descentramento além de uma multiplicação do sujeito por meio desses "jogos de linguagens" como eram os jogos textuais de interpretação de papéis em rede:

> Considerando que os autores dos MUDs são os próprios jogadores, milhares de pessoas – às vezes, centenas ao mesmo tempo – ficam conectadas em lugares diferentes; a noção do autor solitário se encontra deslocada e distribuída. As ideias tradicionais sobre a identidade foram associadas a uma concepção da autenticidade que é subvertida ativamente por essas experiências virtuais. No momento em que cada jogador pode criar numerosos personagens em inúmeros jogos, o *self*, além de ser descentrado, é multiplicado sem limites (TURKLE, 1996b [tr. para o fr. de B.L.]).

Independentemente do fato de que a ênfase seja colocada na comunidade ou, então, na identidade, em ambos os casos, portanto, os trabalhos de Rheingold e de Turkle manifestavam interesse pela significação cultural do "individualismo conectado", realçada no capítulo anterior. Um mundo puramente informacional, em que as diferenças experimentadas parecem ser equalizadas; no âmago desse universo da conexão, o indivíduo pode se exibir e desenvolver múltiplas facetas, graças ao anonimato, ao pseudoanonimato e a todas as técnicas de simulação e dissimulação da identidade – sem recear o "poder repressivo" da comunidade social "real", nem da geografia. A flexibilidade, a fluidez, a multiplicidade e o jogo foram percebidos como *libertadores*. Além disso, e à semelhança do que ocorre com a realidade virtual, a dimensão erótica dos MUDs foi sublinhada frequentemente (em particular, por Turkle, mas a temática é central na maior parte dos textos sobre os MUDs) – um tema recorrente para o ciberespaço em geral[48].

No entanto, além dos aspectos lúdicos de autodescoberta e de experimentação social, os rearranjos identitários no ciberespaço e nomeadamente no âmago desses "universos persistentes" – que são os antepassados de jogos, tais como World of Warcraft – foram rapidamente percebidos como tendo consequências IRL (In Real Life ou "na vida real"). Em um artigo citado frequentemente, o jornalista Julian Dibbel questionava, por exemplo, as consequências jurídicas

48. Heim, 1994, cap. 7: "The erotic ontology of cyberspace", p. 83-108. Cf. tb. Dery, 1997, cap. 5: "RoboCopulation. Sexe x technologie = avenir", p. 193-238.

e psicológicas de um "estupro" que viesse a ocorrer no contexto de um MUD: o uso, por um dos jogadores, de um programa que usurpasse a identidade dos outros jogadores e os levasse a proferir comentários inapropriados e a executar atos sexuais[49]; na sequência desse evento, foram implementados procedimentos mais restritivos de autocontrole da comunidade. Turkle, por sua vez, manifestou a sua inquietação com a "fuga no virtual" que os MUDs (e, por extensão, as interações *on line*) poderiam representar para determinados indivíduos com problemas pessoais ou sociais, não deixando de observar que existe outra maneira de apreender as coisas quando se trata de tornar o real e o virtual "mais permeáveis um ao outro" e quando os personagens criados na rede podem se tornar "recursos" para a construção identitária (TURKLE, 1996a, p. 56-57).

Com efeito, a dicotomia real/virtual foi gradualmente abandonada em favor de uma visão mais complexa das interações entre essas duas dimensões, cada vez mais imbricadas uma na outra. Atualmente, a ênfase é colocada nas estratégias, cada vez mais sofisticadas e diferenciadas, de exposição na rede e leva em consideração o fato de que o mais famoso dos sites chamados de "rede social", o Facebook, funciona a partir da identidade real dos usuários – e, portanto, limita o jogo "livre" e "emancipador" sobre a identidade, inicialmente associado ao ciberespaço. Como observa Josiane Jouët: "Com a massificação desses espaços, o endosso de uma identidade digital se banaliza, enquanto as práticas de 'interação duradoura' ['*reliance*'] a distância, de conversações triviais, assim como de compartilhamento de textos multimídia com internautas conhecidos ou desconhecidos, próximos ou distantes, está em via de se tornar uma prática da vida cotidiana que reconfigura o vínculo aos outros" (JOUËT, 2011, p. 65).

Além disso, bem rapidamente foi lembrado que as divisões humanas existentes, longe de serem abolidas, podem se perpetuar e, até mesmo, fortalecer-se na rede, independentemente de se tratar das relações homens/mulheres, das discriminações raciais ou das hierarquias sociais.

4.4 O ciberespaço como "inteligência coletiva": da mística à política

Para Katherine Hayles, a "condição virtual" é "a percepção, de ordem cultural, de que os objetos materiais são interpenetrados por estruturas informacionais" (HAYLES, 2000, p. 69), que vêm, assim, questionar diretamente o que

49. Dibbell, 1994, p. 237-262 [publicado pela primeira vez em *The Village Voice*, em 21 de dezembro de 1993].

constitui a condição humana – ou pós-humana. A realidade e as comunidades são "virtuais" no sentido em que elas estão "em potência": em vez de se limitar a reproduzir o real ou, de preferência, o *atual*[50], trata-se potencialmente de engendrar uma realidade autônoma, dotada de uma lógica específica. Nessa nova relação entre visível e invisível, entre presença e ausência, compreende-se os questionamentos metafísicos e as projeções quase religiosas que a realidade virtual – e, de forma mais ampla, o ciberespaço – foram capazes de suscitar.

O ciberespaço comporta, assim, um vínculo intrínseco com a utopia, a ponto de transformá-lo em um terreno privilegiado para as projeções políticas. De acordo com Rob Shields, o "virtualismo", apesar de reintegrado no *mainstream* e comercializado, constitui um momento de exaltação utópica que exerceu uma influência marcante sobre a cultura do final do século XX. "A explosão de realidade virtual" – que acabou se traduzindo, no plano econômico, pela "bolha da internet" entre 1995 e 2000 – foi um "momento de alegria utópica, talvez o mais significativo movimento de contracultura desde a década de 1960, no Ocidente e, mais especificamente, na América" (SHIELDS, 2003, p. 15). De maneira mais geral, as metáforas utilizadas para evocar a internet – desde as supervias da informação até a biblioteca universal, e da nova fronteira da navegação em um oceano de dados – refletem a força das aspirações suscitadas ou cristalizadas pela rede.

A história nos mostra que o entusiasmo pelas mudanças sociais (e as oportunidades econômicas), tornadas possíveis pela tecnologia, nada têm de novo, desde a eletricidade até o telégrafo, o telefone, a televisão e, atualmente, a internet. Com frequência, os discursos utópicos e eufóricos – muitas vezes, também tecnodeterministas – apoiando-se, em geral, na informática e, em particular, na internet, foram denunciados e, às vezes, analisados igualmente pelo papel preponderante das representações na adoção e difusão das técnicas e da inovação. Para Henry Jenkins e David Thorburn, a utopia da "revolução digital" é reveladora das transformações sociais em curso e das aspirações despertadas por elas: mesmo que se trate apenas de uma "retórica oca", essa utopia deve ser analisada porque "convém mesmo assim explicar o motivo pelo qual uma revolução, nem que seja virtual, consegue exercer uma atração de tamanha amplitude"[51]. Com efeito, em nossa opinião, é importante levar a sério essa dimensão

---

50. A respeito da distinção entre real, virtual e atual, cf. o Posfácio – "L'actuel et le virtuel" – de Deleuze e Parnet, 1996.

51. JENKINS & THORBURN. "Introduction – The digital revolution, the informed citizen, and the culture of democracy". In: Jenkins e Thorburn, 2003, p. 9.

utópica – apesar de seus exageros e de certa fetichização da técnica – no que ela revela da configuração cultural contemporânea e de suas aspirações em termos de organização social. Como sublinha Fred Turner, um "quase-consenso utópico" se desencadeou em paralelo com a web em meados da década de 1990: a internet parecia apresentar os fundamentos técnicos de uma organização social, econômica e política perfeitamente igualitária, mas capaz simultaneamente de deixar conectados os indivíduos e, até mesmo, de levar a espécie humana à comunhão no seio de uma "eletrosfera única e harmoniosa" (TURNER, 2006, p. 257). Essa utopia, apesar de ter abandonado os seus aspectos mais místicos, continua viva ainda hoje, como é testemunhado pelas intermináveis críticas de Evgeny Morozov contra os discursos oriundos do Vale do Silício (MOROZOV, 2014a, 2014b), denunciando a maneira como eles tendem paradoxalmente a *despolitizar* as implicações que lhe são inerentes e, até mesmo, a legitimar o que se assemelha a novas formas de controle social.

Um dos esquemas materializados bem cedo por esse investimento no digital foi o da *inteligência coletiva*, um conceito-chave e congregador que, por trás de aspectos proféticos, designa não apenas uma relação ao conhecimento, mas também uma forma de ordem social bem específica, baseada na auto-organização. Esse tema permeia a cibercultura desde as suas origens até os dias de hoje, sob diversas denominações, tais como o "cérebro planetário" (DE ROSNAY, 1988) e o "planeta das mentes" (QUÉAU, 2000), a "inteligência conectiva" (DE KERCKHOVE, 2000) e a "inteligência colaborativa" (TAPSCOTT & WILLIAMS, 2007), as "multidões inteligentes" (RHEINGOLD, 2005) e a "sabedoria das multidões" (SUROWIECKI, 2008) ou, ainda, o termo profundamente ambíguo de "multidão" (cf. Conclusão). Atualmente, esse tema adquiriu uma forma de evidência para designar a interconexão dos indivíduos e as suas propriedades em termos de autorregulação, de julgamento, de percepção, de aprendizagem ou também de inovação (MALONE & BERNSTEIN, 2014).

Um dos principais promotores da ideia de inteligência coletiva no contexto da internet foi o filósofo Pierre Lévy; em 2000, ele recebeu de Philippe Breton o qualificativo de "teólogo mais comprometido do 'novo mundo'" (BRETON, 2000, p. 7). A religião – *religio*, "o que liga" os seres humanos entre si, mas também a Deus – tem afinidades evidentes com a internet enquanto intermediária da conexão. Mas, ao serem tomados de empréstimo à forma religiosa e ao se transformarem, às vezes, em ideologias, os discursos sobre a internet também se apresentam como uma manifestação tardia – e, talvez, inesperada – da "saída da religião" identificada por Marcel Gauchet como "o fato gerador das sociedades contemporâneas" (GAUCHET, 2001, p. 3); com efeito, eles propõem ora uma reformulação do horizonte religioso, através da mudança sociotécnica, ora um modelo totalizante da organização sociotécnica, decalcado na estruturação religiosa das sociedades e augurando a recuperação da unidade e harmonia da humanidade. Nesse sentido, eles comportam vigorosas dimensões políticas subjacentes, que são o reflexo de transformações antropológicas – novas interações entre tecnologia e sociedade – das quais são os reveladores. A fim de enfatizá-los, os trabalhos tanto de Pierre Lévy quanto de Marshall McLuhan, podem servir de fio condutor, permitindo-nos identificar as principais implicações dessa visão "imponente" do ciberespaço, enquanto lugar de uma auto-organização aguardada e pretendida.

Vale lembrar que Pierre Lévy é um dos herdeiros da "galáxia 'auto'", já mencionada no primeiro capítulo: além de ter escolhido Cornélius Castoriadis para dirigir a sua tese de doutorado em Sociologia, ele foi pesquisador no Crea (Centre de Recherche en Épistémologie Appliquée da École Polytechnique), na década de 1980. Tendo sido fundado por Jean-Pierre Dupuy e Jean-Marie Domenach, em 1982, o Crea se dedica ao estudo e à modelização da auto-organização nos sistemas complexos, assim como à filosofia das ciências e, especialmente, à epistemologia das ciências cognitivas; nesse Centro, é que Lévy publicou nomeadamente vários artigos sobre a cibernética[52], antes de se aplicar às relações entre a informática e a criação (LÉVY, 1987, 1992); em seguida, concentrou-se na internet enquanto materialização da ideia de "inteligência coletiva" (LÉVY, 1997a). Enfim, ele dedicou várias obras a suas implicações culturais, sociais e políticas (LÉVY, 1997b, 2000b, 2002).

Pierre Lévy define a inteligência coletiva como uma "inteligência distribuída" que se coordena a si mesma e cuja finalidade seria o pleno desenvolvimento do indivíduo – o que implica a dissolução das comunidades e instituições que regulam a vida coletiva: O que é a inteligência coletiva? *É uma inteligência distribuída por toda a parte, constantemente valorizada, coordenada ao vivo, que leva a uma mobilização efetiva das competências*. À nossa definição, acrescentemos este complemento indispensável: o fundamento e o objetivo da inteligência coletiva são o reconhecimento e o enriquecimento mútuos das pessoas, e não o culto de comunidades fetichizadas ou hipostasiadas (LÉVY, 1997a, p. 29; grifo do autor).

David Forest, em companhia de outros autores, observa que a ideia de inteligência coletiva pode ser equiparada com as teses de Pierre Teilhard de Char-

---

52. Cf. *Cahiers du Crea*, n. 7 e 8, 1985.

din – paleoantropólogo de renome, mas também filósofo e teólogo jesuíta francês – sobre a "noosfera" ou "esfera do pensamento" (FOREST, 2009). O termo é tomado de empréstimo ao geólogo e químico, Vladimir Vernadski, elogiado como o "pai da ciência" na URSS, na década de 1930. Na noção de noosfera, Teilhard de Chardin reunia as teorias darwinistas da evolução, as teses geológicas de Vernadsky e a teodiceia cristã; ela designa a comunhão da humanidade pela convergência das mentes, dando origem a uma consciência coletiva harmoniosa. Esse conceito é reivindicado explicitamente por P. Lévy, inclusive em sua dimensão teleológica e em termos, às vezes, exaltados quando ele explica – em seu artigo "La montée vers la noosphère" – que "a evolução cósmica e cultural culmina, atualmente, no mundo virtual do ciberespaço" (LÉVY, 2000a, p. 20-21):

> Virtualmente, o ciberespaço é o imenso reservatório dinâmico de todas as formas em interação, a forma das formas, a ideia das ideias. [...]
> Ao organizar o *feedback* coletivo da consciência humana, o ciberespaço acelera tudo. A nossa aprendizagem, daqui em diante, ocorre muito mais rapidamente. Haverá sempre conflitos, tragédias e sofrimento; e tudo isso será conhecido cada vez mais rapidamente. Saberemos, no mínimo, em que situação nos encontramos e seremos capazes de ter conhecimento disso instantaneamente. A noosfera, ambiente em que tudo está em comunicação, ou seja, todos nós, há de acautelar-nos contra as catástrofes, os perigos, as injustiças e os desequilíbrios ecológicos porque não conseguiremos corrigi-los se não tomarmos consciência disso. A noosfera há de manifestar a consciência da Humanidade, da Vida e da Terra, uma consciência no centro de um universo de formas em expansão que irradiará a alegria de viver (LÉVY, 2000a, p. 28-29).

Assim, o mundo se apresenta como um gigantesco organismo cibernético, e a inteligência coletiva como o resultado de uma multiplicidade de circuitos de retroação, possibilitados pelo ciberespaço. Em seguida, P. Lévy desenvolveu a ideia de uma "unificação da humanidade" e de uma "expansão da consciência" em *A conexão planetária* (2000b). Se o tema panteísta da harmonia universal nada tem de inovador, inclusive nas múltiplas declinações da espiritualidade *New Age* derivadas da contracultura, ele encontra um novo vigor com o advento das modernas tecnologias de comunicação e das mídias eletrônicas, cuja trajetória foi esboçada, por exemplo, por Armand Mattelart (MATTELART, 2009). E como mostrou também Pierre Musso, uma das grandes etapas desse movimento foi a "religião universal da comunicação", promovida pelo saint-simonismo, enquanto "Novo Cristianismo" que deveria ter neutralizado o "desencantamento do mundo" e do qual o ciberespaço pode ser visto como a mais recente encarnação (MUSSO, 2000, p. 32).

Em relação a nosso intuito, uma filiação mais estrita pode ser estabelecida, indo de Teilhard de Chardin até Pierre Lévy, passando nomeadamente pela "aldeia global" de Marshall McLuhan – o *pop*-teórico das mídias que também se tornou, após conversão, fervoroso católico. A questão das relações, em particular, entre a Igreja e a tipografia, era central para McLuhan que, no cerne de sua reflexão, havia colocado o paralelismo entre *comunhão* e (técnicas de) *comunicação*; além disso, como observa Mattelart, McLuhan se refere inúmeras vezes a Teilhard de Chardin em *A galáxia de Gutenberg* (1977 [1962]) – e chega a citar explicitamente a noção de noosfera para introduzir a ideia de "aldeia global" (MATTELART, 2000, p. 42-45). Com efeito, para ele, se a comunidade dos fiéis acabou sendo fragmentada pelo advento da tipografia e pela leitura individual, a fórmula de "aldeia global" designa o reencontro da unidade na era da eletricidade; ela foi retomada pelos divulgadores da "sociedade da informação" e se tornou central para o que Mattelart qualifica como "a religião da infosfera".

Ao reinterpretar o programa da cibernética, as teorias da noosfera estabelecem um paralelismo entre o funcionamento social ou sociotécnico e o dos organismos vivos: a informática distribuída vem materializar a imagem do "cérebro global" ou ainda do "sistema nervoso mundial", designado por P. Lévy como "máquina universo". Essa perspectiva foi popularizada igualmente por McLuhan, para quem as mídias eletrônicas eram "prolongamentos tecnológicos do ser humano" e principalmente uma extensão do sistema nervoso humano. Em sua opinião, o computador é "uma promessa de compreensão e de unidade universais engendradas pela técnica, de uma absorção no *logos* que permitiria reunir a humanidade em uma única família e criar uma eternidade de harmonia coletiva e de paz"; ele acrescenta que essa "universalidade de consciência" pode ser interpretada como uma nova configuração do corpo místico do Cristo, porque "o Cristo, afinal de contas, é a derradeira extensão do ser humano" (McLUHAN, 1969, p. 262). Essas observações, que misturam teleologia religiosa e determinismo técnico, levam-no a concluir que nos dirigimos para um "mundo cibernético", em que a cibernética não deixa de ser interpretada em termos de *controle*:

> O computador pode ser utilizado para dirigir uma rede global de termostatos a fim de moldar a vida de maneira a otimizar a consciência humana. Já é possível, do ponto de vista tecnológico, usar computadores para programar as sociedades com fins benévolos.

> [...] A informática pode – e isso acabará certamente por ocorrer – programar ambientes para atender as necessidades sociais e as preferências sensoriais de comunidades e de nações inteiras. O conteúdo do programa, no entanto, dependerá da natureza das sociedades futuras – mas isso depende de nós (McLUHAN, 1969, p. 263-264).

Assim, o ciberespaço não passa de um vetor físico, de uma estrutura reticular que encontra a sua finalidade na ideia de inteligência coletiva – como derradeiro grau da evolução da mente. Mas, para P. Lévy, essa inteligência se apresenta igualmente, do ponto de vista político, como um ideal democrático, cujo ponto culminante seria o ciberespaço. Em seu livro, *Ciberdemocracia* (2002), emana a ideia de um "Estado transparente" em escala mundial, imerso na diversidade cultural e favorecendo a expressão da inteligência coletiva, permitindo assim, uma autêntica gestão coletiva: "Na ciberdemocracia planetária, discutiremos a respeito do sentido e da evolução das leis em um ambiente mental em que os documentos e os fatos nunca estarão mais longe do que um link hipertexto. Para cada problema, as posições e os argumentos hão de ser redistribuídos por múltiplos fóruns virtuais, como em um cérebro gigante iluminando aqui e ali as suas assembleias de neurônios, decidindo por voto eletrônico o direito concebido como formulação provisória de uma aprendizagem coletiva continuamente aberta" (LÉVY, 2002, p. 10-11). Sem deixar de tomar as suas distâncias em relação ao marxismo, ao anarquismo ou ao liberalismo radical – sistemas que haviam sonhado o desaparecimento do Estado percebido, antes de mais nada, como um instrumento de opressão –, Pierre Lévy entrevê a possibilidade da *dissolução* do Estado na sociedade na medida em que a sua única função consiste em ser um "espelho através do qual o conjunto do corpo social [...] poderá se aperceber da unidade complexa e imperceptível de seu processo de funcionamento". Assim, "o Estado transparente irá estimular a inteligência coletiva da humanidade, apresentando-lhe o espelho em que ela possa observar da maneira mais exata possível as suas ações e os seus efeitos. Ele realizará, então, a essência do Estado, que nada é além de permitir que a inteligência coletiva da sociedade humana esteja em condições de refletir, regular-se, aprimorar-se e tornar irreversíveis os seus avanços" (LÉVY, 2002, p. 205).

A inteligência conectiva e a autorregulação pelas redes de comunicação, pensadas a partir do modelo do organismo, levam com efeito à ideia de um encolhimento do Estado, como foi sublinhado por David Forest[53]. Assim, para

53. Forest, 2004, cap. 9: "De l'autorégulation à la dissolution de l'État", p. 153-165.

além das pias resoluções de paz e de harmonia, essa transparência do Estado parece se referir a um tema familiar: o liberalismo econômico. Aliás, o próprio P. Lévy não chega a dissimular tal constatação já que um terço de seu livro, *A conexão planetária*, é dedicado às relações entre internet e economia, assim como a um "elogio do *Homo œconomicus*". Um apelo inflamado em favor do mercado complementa, assim, a ideia de inteligência:

> Os seres humanos têm um apetite extraordinário pela *interconexão*, que envolve a escolha, a liberdade, a solidão, a interdependência e a consciência. Considerando que existe apenas uma humanidade, o mercado único global – que está em via de ser construído a uma velocidade que pega desprevenidos até mesmo os seus mais ardentes promotores – responde de maneira definitiva e irreversível a esse apetite de interconexão. O que não foi conseguido pelas grandes religiões, nem pela instrução pública, nem pela Declaração Universal dos Direitos Humanos, tampouco pelo simples bom-senso – ou seja, a unidade concreta da humanidade – está sendo realizado pelo comércio (LÉVY, 2000b, p. 61; cf. tb. p. 83-84).

> O ciberespaço tornar-se-á o lugar por excelência de competição das ideias e, ao mesmo tempo, o mercado será desobstruído, finalmente, de todos os obstáculos. Deixará de haver qualquer diferença entre o pensamento e o *business*. O dinheiro recompensará as ideias que farão advir o mais fabuloso futuro, um futuro cuja compra será decidida por nós (LÉVY, 2000b, p. 100).

A eventualidade de uma "pós-humanidade" interferindo com o ser humano assumiu a forma dos fluxos de informação digital, cuja dimensão de virtualidade foi assimilada a uma promessa de liberdade, a qual, por sua vez, foi associada de perto à ideia de auto-organização, de que estudamos aqui uma das representações mais características da cibercultura: a "inteligência coletiva". Ela veio completar uma apropriação cultural das contribuições da cibernética, conduzindo do ciborgue e da realidade virtual para o ciberespaço, e que constitui o complemento simbólico das inovações científicas e das práticas sociotécnicas abordadas nos capítulos anteriores. No entanto, esse fenômeno se inspira, como já vimos, em recursos simbólicos mais profundos; especialmente em uma veia especial do misticismo cristão, mas também em determinadas formas de espiritualidade mais difusas, oriundas diretamente do período contracultural. Com o ciberespaço, desenvolvem-se, assim, simultaneamente a ideia de uma "libertação" individual e um fervor pelo suposto advento de um mundo de fusão harmoniosa da humanidade consigo mesma. O hibridismo do ser humano e da máquina, das redes sociais e das redes técnicas, representa uma profunda mutação antropológica que explica, em parte, a intensidade dos discursos sobre o ciborgue, a realidade virtual e o ciberespaço. As projeções entusiastas de Pierre Lévy constituem um exemplo paradigmático do investimento utópico, cujo depositário foi a internet e que pode ser encontrado, ainda hoje, sob formas mais ou menos enfáticas, inscrevendo-se em grande parte no âmago do esquema liberal. Para continuar aprofundando a análise de tal equiparação, vamos nos interessar, na sequência deste trabalho, pelas diferentes maneiras como a livre-circulação de informações veio a se constituir *economia política*.

PARTE II
ECONOMIAS POLÍTICAS DA INFORMAÇÃO

5
SOCIEDADE DA INFORMAÇÃO, INTERNET E MERCADO

Este capítulo tem o objetivo de mostrar como a informação, no contexto da internet, foi capaz de se constituir enquanto estratégia da economia política e, simultaneamente, as implicações dessa transição para o liberalismo informacional. No século XVIII, o liberalismo recorreu à ideia de "sociedade de mercado", a fim de propor um modelo de organização social, reorientando, assim, decisivamente, a ideologia liberal em torno da dimensão econômica das trocas. Esse quadro teórico e discursivo também se impôs no contexto das análises sobre a "sociedade da informação" a partir da década de 1970. Em um primeiro tempo, a difusão da internet fez-se sob o signo desses modelos de economia política, herdados da época industrial. A rede começou por ser compreendida como uma simples continuação do desenvolvimento capitalista, consistindo antes de mais nada em negociar uma transição da produção de bens para a produção de informações, no âmbito das economias mistas do período pós-guerra. No início, a internet foi apresentada, portanto, como uma nova indústria de serviços em relação à qual deveriam ser determinados, de forma bastante clássica, os papéis atribuídos ao Estado, por um lado, e, por outro, à economia – em particular, sob a forma de leis e, eventualmente, de políticas públicas, tendo como pano de fundo uma oposição entre a regulamentação e a desregulamentação. Tal fenômeno acabou sendo designado pela noção de *Nova Economia*, a qual, por sua vez, havia prevalecido durante a década de 1990. No entanto, tornou-se evidente, bem depressa, que as categorias herdadas da economia política clássica eram insuficientes para apreender essas novas formas do capitalismo e para determinar o estatuto a atribuir, nesse contexto, à informação.

5.1 Liberalismo e sociedade de mercado

> A economia política clássica é uma resposta a esta questão central da Modernidade: como estabelecer relações entre os indivíduos sem levar em consideração a força coercitiva do Estado e sem recriar os vínculos arbitrários instituídos pelas antigas formas de cooperação? (RAYNAUD, 2003, p. 396).

Se o liberalismo está longe de se reduzir ao mercado, este forneceu uma base teórica e prática que supera o campo da economia. Em sua história intelectual do mercado, Pierre Rosanvallon (1999) mostrou que essa figura representa não só um modo de gestão da economia (baseada na liberdade de fixar os preços), mas que se trata, também e sobretudo, de um modelo cognitivo para pensar a sociedade, cujas origens são explicitamente políticas e sociais. A noção de *comércio* se generalizou a partir do século XVIII para assumir uma dimensão sociológica e designar qualquer forma de "comunicação entre os seres humanos" (ROSANVALLON, 1999, p. 63-65). Em seu sentido moderno, o mercado só é concebível na medida em que é constituído por indivíduos separados, estranhos uns aos outros; ou seja, no contexto do desenvolvimento do individualismo liberal que torna possível colocar o juro no centro das trocas. A leitura de Rosanvallon se inspira amplamente na abordagem "substantivista" de Karl Polanyi, autor que estabelece a distinção, por um lado, entre a "troca" ou o "comércio" (*trade*) e, por outro, o mercado (*market*), para mostrar que a ideia de um mercado autorregulado e "desintegrado" (*disembedded*) das relações sociais constitui uma modalidade antropológica e econômica da troca que é característica do capitalismo, entre outras possíveis (POLANYI, 1983).

Mas, para Rosanvallon, a ideia de *mercado autorregulador* ou autorregulado faz sentido apenas no contexto da modernidade política e, mais especificamente, tendo em conta a emergência da sociedade civil, que suscita o problema da instituição e da regulação autônomas da sociedade, sem recorrer a uma entidade organizadora superior (principalmente religiosa). Em oposição à noção de contrato social, desenvolvida no século XVII, o mercado esboça uma verdadeira filosofia política alternativa – ou, mais precisamente, uma filosofia *apolítica* no sentido em que o liberalismo econômico "traduz [...] a aspiração ao advento de uma sociedade civil imediata a si mesma, autorregulada", não conferindo nenhuma legitimidade de governo ou simplesmente de autoridade a um princípio exterior (independentemente que este seja de essência divina ou profana): "Essa perspectiva, apolítica no sentido pleno do termo, transforma a *sociedade de mercado* no arquétipo de uma nova representação do social: é o mercado (econômico) e não o contrato (político) que é o verdadeiro regulador da sociedade (e não apenas da economia)"[54]. A noção de mercado permite, assim, aprofundar a análise dos limites da autonomia, propondo radicalizar a rejeição liberal de uma autoridade superior e estender esse princípio a todos os aspectos da vida social.

No lugar dos problemas relativos à autoridade e aos privilégios, o liberalismo adotará, portanto, a ideia de comércio, compreendido no século XVIII em um sentido muito geral, como o autoajuste das sociedades (seja de indivíduos ou de nações). A autonomia, tal como ela emergiu gradualmente no decorrer da Modernidade, encontrou desse modo, através do mercado, uma de suas principais expressões. Trata-se, pura e simplesmente, de dissolver a noção de poder político: "O mercado configura o arquétipo de um sistema de organização anti-hierárquica, de um modo de tomada de decisão em que não há interferência de nenhuma intenção. Os procedimentos e as lógicas profissionais tomam o lugar das intervenções voluntaristas" (ROSANVALLON, 1999, p. V-VI). Para Rosanvallon, esse programa pode ser qualificado como "capitalismo utópico" na medida em que ele apoia a liberdade política no desenvolvimento do mercado e do livre-câmbio. Adam Smith é um de seus mais ilustres teóricos, através de sua famosa obra, *A riqueza das nações* (1776), que é a síntese de numerosas correntes de pensamento, tendo encontrado uma ampla repercussão entre os seus contemporâneos. Com efeito, apesar de outros pensadores antes dele terem permitido a emergência da economia política, os trabalhos de Smith permanecem a referência incontornável de um liberalismo que, no século XVIII, se articula de forma cada vez mais estreita com a dimensão econômica.

Qual seria o fator que leva os indivíduos a *ficarem juntos* no âmbito do desenvolvimento da autonomia? O problema fundamental - em D. Hume (1711-1776), especialmente em seu *Tratado da natureza humana* (1739) e, em seguida, em A. Smith (1723-1790), em sua obra, *Teoria dos Sentimentos Morais* (1759) - consiste em compreender e explicitar o que perpetua o vínculo social no contexto do desaparecimento de uma entidade organizadora superior, tendo em conta a "natureza" das paixões humanas. Os teóricos do contrato social - T. Hobbes (1588-1679) e J.-J. Rousseau (1712-1778) - procuraram uma solução política por meio da instituição de um governo adaptado ao "estado de natureza" dos

54. ROSANVALLON. "Le marché et les trois utopies libérales". 3. ed., 1999, p. II [Prefácio para essa edição].

indivíduos. Smith, por sua vez, foi levado – na sequência das concepções do interesse em B. Mandeville (1670-1733) e D. Hume, mas também se inspirando nos fisiocratas (e em outros pensadores de sua época, tendo chegado a elaborar uma síntese das respectivas teses) – a fundar a organização social na economia e no mercado, considerados como uma harmonização natural desses interesses (ROSANVALLON, 1999, p. 34-62). A satisfação mútua das necessidades, em vez do contrato, constitui o alicerce do vínculo social. Quanto ao papel do Estado, ele deve se empenhar em construir uma verdadeira sociedade de mercado (que se apresenta, portanto, como o aspecto culminante de um ponto de vista tanto social quanto político), antes de seu desaparecimento. Para Michel Foucault, tratava-se nos séculos XVI e XVII de limitar "o abuso de soberania" mediante a lei; e a partir do século XVIII, tratar-se-á de conter "os exageros do governo", estabelecendo um limite interno que assumirá a forma do mercado, posteriormente, racionalizado e justificado pela economia política (FOUCAULT, 2004a, p. 6-15). A economia política se apresenta como "uma espécie de reflexão geral sobre a organização, a distribuição e a limitação dos poderes em uma sociedade" que, além disso, "é fundamentalmente o que permitiu garantir a autolimitação da razão governamental", de modo que as "artes de governar" peculiares do Estado acabam oscilando em direção a um novo "regime de verdade" que vem se materializar no mercado (FOUCAULT, 2004a, p. 20-31).

5.2 A informação como estratégia de economia política

A economia política encontra, portanto, as suas fontes na filosofia moral dos séculos XVII e XVIII, remetendo para as obras de Adam Smith, David Ricardo (1772-1823) ou ainda de John Stuart Mill (1806-1873) – e, posteriormente, de Karl Marx (1818-1883) que desenvolveu uma vigorosa "crítica da economia política"; na origem, ela designa o estudo da produção, distribuição e consumo da riqueza no âmago dos estados-nação e entre eles (enquanto a "economia" diz respeito ainda, nesse momento, apenas à esfera doméstica). Todos esses autores refletem as mudanças sociais associadas à transição para o capitalismo mercantil e, em seguida, industrial, no decorrer dos séculos XVIII e XIX, além de atribuírem um papel propulsor à economia que adquire uma dimensão de autonomia e, mais tarde, torna-se "ciência" na verdadeira acepção da palavra.

Ora, o debate sobre a sociedade da informação foi estruturado, também de imediato, por análises em termos de economia política. A generalidade da expressão "sociedade da informação" conduziu a um dispositivo analítico realmente ambíguo, tendo sido mobilizadas numerosas expressões para designar esse fenômeno – desde a "aldeia global" de McLuhan até a "sociedade do conhecimento" (*knowledge society*), aliás, evocada reiteradamente por ocasião da estratégia decenal estabelecida pelo Conselho Europeu, reunido em Lisboa, em março de 2000. As raízes dessa figura são profundas, mas foi no decorrer da década de 1970 que ela assumiu verdadeiramente toda a sua amplitude no contexto do desenvolvimento das "novas tecnologias da informação e da comunicação". Com efeito, o anúncio do advento de uma "sociedade pós-industrial" e de uma economia marcada por uma passagem "da produção de bens para a prestação de serviços" (BELL, 1973, p. 161-209) foi concomitante a uma nova percepção das relações sociais. No momento em que o modelo industrial entrava em crise – principalmente após os choques decorrentes da cotação do petróleo –, as transformações na organização da produção foram acompanhadas por novas representações sociais, a primeira das quais foi certamente a noção de "sociedade da informação"[55]. A informação deu a impressão de oferecer nesse momento, em contraste com a indústria, não só um novo recurso propulsor de crescimento, mas também uma nova divisão do trabalho e, por extensão, uma nova organização social.

A sociedade da informação se inscreve, em primeiro lugar, em uma evolução que pode ser qualificada, no sentido amplo, como "liberal": trata-se de se livrar de uma centralização política apresentada como opressiva para o indivíduo e, como tal, ela é indissociável da grande renovação liberal da década de 1970 e do subsequente rápido aumento das trocas transnacionais, que tomou o nome de "mundialização" ou "globalização". Aqui o liberalismo se apresenta, antes de mais nada, como uma doutrina econômica que preconiza, nomeadamente, a privatização dos bens e serviços públicos, a desregulamentação das trocas, o aumento do comércio e dos fluxos de investimento no plano internacional, assim como a potencialização da integração econômica; em particular, contra a centralização estatal, o intervencionismo dos poderes públicos e as normas administrativas, essa enunciação do liberalismo dá testemunho de uma *vontade de fazer circular a informação*, baseada na ideia de que a comunicação, além de ser a melhor garantia da liberdade individual, é fonte de desenvolvimento

55. A noção já está presente, p. ex., em Bell, 1973. No entanto, esse autor enfatiza as reviravoltas tecnológicas (especialmente eletrônicas, miniaturização, digitalização, softwares) e o seu impacto sobre a natureza e a divisão do trabalho. Para uma visão panorâmica das principais declinações dessa noção, assim como das implicações que lhe são inerentes, cf. Mattelart, 2009b.

econômico. Ela assinala igualmente que, daqui em diante, além da produção de bens materiais, as formas de *controle* desses fluxos de informação estão no cerne das problemáticas sociais, econômicas e políticas.

À sociedade da informação corresponderia, assim, uma "economia do conhecimento" ou "economia do saber", que seria a sequência do "capitalismo industrial". O "capital imaterial" e as atividades do setor terciário desempenhariam, daí em diante, um papel preponderante no sistema de produção e na criação de valor, tornando assim tanto mais necessária a desregulamentação da economia, "asfixiada" pelo planejamento estatal. A partir dos trabalhos de Daniel Bell, essas teses foram desenvolvidas em inúmeros livros, principalmente em obras de divulgação que, servindo-se de um tom profético, anunciam uma "terceira onda" (TOFFLER, 1980) ou um "pós-capitalismo" (DRUCKER, 1993). A própria Teoria Econômica, ao problematizar a noção de informação e ao se recentrar nela, pretende operar uma mutação e, até mesmo, uma "mudança de paradigma", afastando-se do "paradigma da competitividade" implementado pela escola chamada neoclássica, segundo o qual as leis de oferta e demanda são suficientes para garantir uma alocação "eficaz" ou "ótima" – no sentido de V. Pareto (1848-1923) – dos recursos, e em que a única informação importante é aquela que traduz o sistema de preços (STIGLITZ, 2002). Em particular, a *inovação* e a *criação*, enquanto transformação da novidade em valor econômico, adquirem um papel decisivo – assim como a proteção das mesmas através dos *direitos de propriedade intelectual*: direitos autorais, patentes, marcas registradas etc. Como veremos mais adiante neste capítulo, essa problemática revela-se central na medida em que ela se refere a um dos pilares do liberalismo: a propriedade privada. Por conseguinte, também é uma articulação-chave na definição do liberalismo informacional, tal como este se manifesta na internet.

O sociólogo Manuel Castells se dedicou a caracterizar a transição para a "era da informação" e, ao mesmo tempo, opera um deslocamento da noção de "sociedade da informação" para a ideia de "sociedade em redes". Ele fornece documentos para o que ele designa como a "reestruturação do capitalismo" em um "capitalismo informacional" (CASTELLS, 2001, p. 42), sublinhando que o modo de produção ou "sistema tecnoeconômico" é organizado, daí em diante, em torno da relação com a informação. Esse autor prolonga, assim, as análises dos teóricos da sociedade da informação, tais como Bell; ao mesmo tempo, ele busca depreender uma nova dialética entre rede e identidades. Abordagens semelhantes, apesar de serem mais críticas, também foram elaboradas. Os autores reunidos em torno da revista *Multitudes* – na esteira dos trabalhos de Michael

Hardt e Toni Negri – denunciaram, por exemplo, o novo "capitalismo cognitivo" e as suas lacunas como uma "nova grande transformação"; com efeito, a economia pós-industrial era tratada a partir de uma perspectiva neomarxista como "uma modalidade de acúmulo, em que o objeto de acúmulo é constituído especialmente pelo conhecimento que se torna o principal recurso do valor, assim como o lugar por excelência do processo de valorização" (MOULIER BOUTANG, 2008, p. 94-95). Desse ponto de vista, apesar de terem evoluído os modos de organização e os arranjos institucionais, a questão do acúmulo e da centralização do valor permanece central; faz-se referência, às vezes, aos trabalhos de Luc Boltanski e Eve Chiapello em *O novo espírito do capitalismo* (1999), para sublinhar que, apesar de importantes transformações de seu "espírito" e de sua organização, o capitalismo continua sendo um sistema econômico, orientado para o livre-câmbio e o acúmulo de capital, os quais, por sua vez, acabam engendrando profundas desigualdades (BOLTANSKI & CHIAPELLO, 1999).

De maneira mais ampla, numerosos escritos, já mencionados, mobilizaram as noções de "ideologia", "utopia", "mitologia" ou "profetismo" para revelar o que é apresentado como uma miragem da informação e da comunicação, uma falsa novidade e, até mesmo, um discurso que dissimula os verdadeiros desafios das transformações em curso (SFEZ, 1992; BRETON, 2000, 1997; MATTELART, 2000; FOREST, 2004; NEVEU, 2011). Em suma, uma "grande narrativa" que viria atenuar o "fim das ideologias", sem admitir a sua própria natureza ideológica, enquanto discurso mobilizador. A partir dessa perspectiva, a sociedade da informação se limita a ser o mercado sob outra forma, e o discurso de seus fiéis devotos consiste essencialmente na reformulação de um refrão liberal bastante conhecido, prometendo a prosperidade com a condição de deixar desenvolver plenamente a liberdade individual, mas tendo como resultado a defesa dos interesses de classe e um sistema de favorecimento de uma minoria oligárquica. Armand Mattelart salienta que o tema da informação e da comunicação toma amplitude no decorrer da década de 1970 em um contexto de despolitização traduzida na temática do "fim" (das ideologias, das classes, das sociedades de massa) e do "pós" (sociedade pós-industrial, pós-material, pós-moderna), em que é anunciada uma convergência em direção a "sociedades livres" e desimpedidas das paixões políticas em favor da racionalidade e da tecnologia (MATTELART, 2000, p. 23). Aqui a influência "neoliberal" é denunciada em sua suposta aliança com a racionalidade tecnicizada, de modo que as sociedades pós-industriais também são – de acordo com a expressão de Alain Touraine, retomada por Mattelart – "sociedades programadas":

> Programação linear, simulação, Teoria da Informação, cibernética, teorias da decisão, Teoria dos Jogos, Teoria da Utilidade, todas estas novas "tecnologias intelectuais" cedem o lugar ao algoritmo, em vez dos juízos intuitivos. Ao ajudar a definir a ação racional e a identificar os meios para alcançá-la, elas oferecem a possibilidade de gerenciar a "complexidade organizada": complexidade dos grandes sistemas e organizações, complexidade da teoria que manipula um número cada vez maior de variáveis (MATTELART, 2000, p. 30-31).

Para seus promotores, assim como para seus críticos, a noção de sociedade da informação se assemelha, antes de mais nada, a uma renovação – embora profunda – do capitalismo liberal. Nesse caso, a criação de valor desloca-se da indústria para as trocas desmaterializadas. Nesses termos é que a internet também foi abordada quando se difundiu para um público muito mais amplo do que os cientistas, os militares e outros iniciados que tinham acompanhado o seu desenvolvimento inicial.

5.3 As "supervias da informação" e a World Wide Web

No decorrer das décadas de 1980 e de 1990 abriu-se uma nova fase da evolução da rede que assistiu à sua divulgação junto à população em geral sob o signo de sua privatização. A passagem de um controle militar para o domínio civil e as condições de sua comercialização foram objeto não só de lutas travadas por cientistas, políticos e empresários, cujas visões eram diferentes, além de defenderem interesses concorrentes, mas também de negociações e eventos inesperados (ABBATE, 2010). No entanto, tal evolução foi marcada pelo contexto de desregulamentação iniciado na década de 1970 e pelo rápido desenvolvimento do neoliberalismo. Se os padrões e protocolos da internet foram amplamente "abertos", o que condenou as tentativas de criação de novas redes concorrentes, a rede – cujo início ocorrera em um contexto que havia combinado subsídios militares, pesquisa universitária e práticas de entusiastas – foi investida em breve por interesses capitalísticos em busca de lucro.

A sociedade da informação começou por se materializar na promoção das "supervias da informação". Essa imagem parecia finalmente dar alguma consistência ao que permanecia, até então, bastante abstrato para a maior parte dos indivíduos. Em particular, ela permitia que os atores políticos e econômicos se apropriassem desse novo objeto, apresentando-o sob um prisma mais familiar:

o de infraestruturas materiais, semelhantes à estrada de ferro ou à malha rodoviária; além disso, conviria determinar se elas deviam ser confiadas a interesses públicos ou privados. Em suma, tratar-se-ia de voltar a representar uma oposição clássica entre os apetites econômicos e o poder público – em que este último tenta valorizar o seu papel em termos de regulamentação, de investimento e de missão de serviço público. Com efeito, mediante essa temática, o Estado vislumbrava uma oportunidade para restituir um papel à ação política. Como foi evocado por Patrice Flichy[56], a ideia de uma "nação cabeada" ou de uma "nação-rede" foi teorizada explicitamente nos Estados Unidos, na década de 1970, a partir da televisão e, em seguida, da "comunicação mediada por computador". Mas foi durante a década de 1980 que tomou corpo a expressão "supervias da informação" que redundou em um programa político proposto pelo senador democrata, Al Gore, e votado finalmente em 1991: o *High Performance Computing Act*. No âmago da lei se encontrava a questão do financiamento das infraestruturas técnicas (nomeadamente, a fibra ótica) que permite a implementação de uma rede de banda larga; posteriormente, o tema se tornou um importante eixo da campanha Clinton-Gore para a presidência em 1992, garantindo uma ampla cobertura midiática às supervias da informação.

Foi mobilizado, portanto, um esquema familiar: o das infraestruturas de transporte físico. Do mesmo modo que o *New Deal* tinha relançado, na década de 1930, a economia a partir da construção das infraestruturas de transportes e de energia, a crise atravessada pelas economias desenvolvidas, desde a década de 1970, seria superada graças ao investimento maciço nas tecnologias, permitindo a circulação dos fluxos informacionais. Tratava-se de incentivar a inovação técnica, as trocas econômicas e os serviços de comércio; mas também, em teoria, de promover novos serviços educacionais e administrativos. Além disso, longe de se limitar a uma dimensão econômica, a metáfora da estrada é poderosa no imaginário norte-americano: a ela estão amplamente associados os valores do progresso e da autonomia individual, e os terminais de telecomunicação foram apresentados como novos veículos, abrindo para uma mobilidade ainda maior e participando do esboço de um "alhures" – de preferência, indefinido – que deveria ser alcançado.

O tema foi endossado pela França, Alemanha e Reino Unido ou, ainda, pelo Japão; cada país adotou uma abordagem específica, mas uma vigorosa conver-

56. Flichy, 2001, cap. 1: "Les autoroutes de l'information, ou la difficulté de transformer une utopie en programme technologique", p. 21-42.

gência se torna perceptível na maneira de revestir uma "lógica tecnoeconômica árida e pouco evocadora" com "um imaginário social mais fecundo e mobilizador – evocando, por exemplo, o pleno desenvolvimento dos indivíduos, a compreensão entre os povos para além das fronteiras e o surgimento de uma nova democracia" (VEDEL, 1996, p. 15). Ao proceder desse modo, o campo das telecomunicações foi profundamente recomposto de modo a passar de um sistema baseado em monopólios estatais para uma desregulamentação e um papel de maior envergadura atribuído ao mercado. O peso dos *lobbies* industriais no setor das telecomunicações e das mídias acabou levando finalmente à privatização das supervias da informação e ao fracasso de um projeto público de amplitude nacional imaginado por Al Gore. A ambição exibida de fornecer um novo papel ao Estado cedeu o lugar a um liberalismo econômico mais em consonância com as evoluções em curso em outros continentes. Acima de tudo, a noção de interatividade assumiu uma significação cada vez mais restrita, enquanto predominou a promoção de novos serviços mercantis mais conformes aos interesses das operadoras de cabo já em ação e das indústrias culturais; especialmente o cinema sob demanda, considerado o carro-chefe das "infovias".

Paralelamente a essas evoluções, Flichy faz a seguinte observação: "Nesse contexto de desencantamento é que se começa a notar o surgimento de outra mídia, oriunda não de um ambiente comercial, mas de uma cultura da gratuidade e da troca: a internet (FLICHY, 2001, p. 40). A World Wide Web, em particular, desempenhou um papel decisivo para concretizar promessas que, até então, tinham permanecido latentes; a web é, na verdade, uma *aplicação* da internet que complementa aquelas já evocadas – correio eletrônico, Rede Usenet etc. –, mas cujo destino irá atingir tal amplitude que, na linguagem corrente, a web se tornou quase um sinônimo da internet[57]. Desenvolvida a partir de 1990 por uma equipe do Cern (Organização Europeia para a Pesquisa Nuclear) e, em particular, por Tim Berners-Lee, essa inovação técnica se inscreve na linhagem, por um lado, do "memex" (*memory index*) imaginado pelo instigador do complexo militar-científico, Vannevar Bush[58], e, por outro,

57. Os principais componentes da web – endereços normalizados (ou URL); protocolos de troca de dados (o HTTP); enfim, uma linguagem (o HTML) – permitem criar documentos chamados "hipertexto" formatados e incluindo "hiperlinks" (ou "links hipertexto"); ou seja, links direcionados para outras partes do documento ou para outros documentos dotados de um endereço URL.

58. Bush, 1945. Entre outras projeções sobre as maneiras como a tecnologia afetará a sociedade, Bush imagina efetivamente um sistema de arquivamento, seleção e acesso às informações que esteja mais próximo do funcionamento do cérebro; procede por "associações" no cerne de uma

do ambicioso Projeto Xanadu de Ted Nelson (inventor do termo "hipertexto" no decorrer da década de 1960 e apologista da contracultura pela tecnologia). O princípio norteador desses empreendimentos consistia em facilitar o intercâmbio de informações e conhecimentos, ou seja, em simplificar as condições técnicas da transmissão desses conteúdos entre os usuários a ponto de garantir a participação de cada um: concretamente, isso implicava acrescentar um software que permitisse colocar "à socapa" os sistemas complexos de endereçamento de máquinas e de arquivos, além de ser capaz de propor uma exibição padronizada dos textos, assim como das imagens e dos sons ou vídeos (a "multimídia").

Um pouco mais tarde, foram desenvolvidos os primeiros navegadores (*browsers*), permitindo ter acesso aos novos recursos da web e que, combinados com as interfaces gráficas daí em diante operacionais nos computadores pessoais, abriram o caminho para o uso da internet por toda a população. A consulta às páginas da web foi reduzida ao *point and click* e, portanto, tornou-se acessível a todos; além disso, a produção de conteúdos para a rede, assim como a sua transmissão *on line*, foram grandemente simplificadas. Como sublinha Janet Abbate, a web "completou a mutação da internet, que passou de uma ferramenta de pesquisa para uma mídia popular" e, ao mesmo tempo, consolidou os seus princípios norteadores de descentralização, arquitetura aberta e participação ativa dos usuários, de modo que cada indivíduo pode ser, simultaneamente, o produtor e o consumidor de informações (ABBATE, 1999, p. 217-218). Assim, a web se apresentou em breve como um ponto culminante daquilo para o qual tendia a informática a partir da Segunda Guerra Mundial. À medida que o público em geral tornou-se ciente das possibilidades oferecidas por essa mídia, esta começou, na realidade, a se livrar do domínio exclusivamente tecnológico para ser descrita, cada vez com maior frequência, em termos de transformação cultural comparável, em sua amplitude, à invenção da escrita:

> É difícil evocar a World Wide Web sem ser confrontado com a impressão difusa de que se trata, no caso concreto, do ponto culminante de todos os desenvolvimentos da informática, a partir do relatório sobre o Edvac de Von Neumann em 1945. Ou então se

---

"teia de vestígios" (*web of trails*), e não por meio de sistemas de classificação hierarquizada. Esse autor prossegue com uma impressionante descrição do sistema que ele imagina, o qual, de fato, antecipa numerosos aspectos da web: documentos microfilmados podem ser "visualizados" em monitores e, posteriormente, anotados e "navegados" com a ajuda de teclados e botões. No entanto, a possibilidade de estabelecer *links* diretos entre duas entidades – ou o que é designado por ele como "indexação associativa" – é que constitui a verdadeira originalidade do "memex".

> trata do ponto culminante dos avanços da comunicação a partir da invenção da tipografia? Ou a partir da invenção da escrita? (CERUZZI, 2003, p. 300-301 [tr. para o fr. de B.L.]).

Mas a web, com as suas interfaces gráficas conviviais e mediante protocolos para garantir a segurança das transações comerciais, também se apresentou – e talvez principalmente – como uma oportunidade econômica inédita. Assim, a web teria sido contemporânea do desenvolvimento comercial da internet, tendo contribuído grandemente para torná-la atraente aos usuários. Com efeito, apesar de ter passado ao controle civil durante a transição da Arpanet para a NSFNET em 1983, a internet continuava sob a supervisão do governo dos Estados Unidos (através da NSF ou National Science Foundation) e reservada para fins de pesquisa e educação. A abertura completa se fez, portanto, sob o signo da privatização. Em 1991, as transações comerciais foram oficialmente autorizadas e, em 1992, as estruturas administrativas da internet foram confiadas a uma organização sem fins lucrativos, a Internet Society (Isoc). A Rede NSFNET foi encerrada oficialmente em 1995, sinalizando em teoria o fim de qualquer implicação direta do governo norte-americano nas infraestruturas da internet.

Entretanto, o potencial comercial dos serviços prestados pelas redes de dados se tornou mais manifesto, e, em 1990-1991, numerosas empresas já tinham sido criadas para investir no mercado: os ISP (Internet Service Provider) ou Provedores de Acesso à Internet. Esses operadores desenvolveram as suas próprias infraestruturas de rede e constituíram outras tantas redes autônomas, gerenciando cada um o seu próprio tráfego – os elos mais importantes de uma grande cadeia de redes, capazes em seguida de vender um acesso aos particulares. É estabelecida uma convergência entre esses atores comerciais, a Rede NSFNET (ex-Arpanet), as redes internas das empresas, algumas redes nacionais e as redes de natureza associativa (seja por parte de amadores ou no meio acadêmico), tais como a Usenet e FidoNet, lançando as bases de uma cultura comum da internet, em que a web veio se enxertar. Determinados trabalhos mostraram igualmente até que ponto algumas iniciativas muito rapidamente ultrapassadas – tais como o videotexto nos Estados Unidos, na Grã-Bretanha e na França, mas também o Minitel – permitiram a difusão de determinadas utilizações; por exemplo, o webmail, os serviços de notícias de último segundo ou de venda a distância (JOUËT, 2011).

5.4 A Nova Economia implicará mercados perfeitos?

Apesar de seu caráter radicalmente inovador, a internet começou a ser percebida, antes de mais nada, como um novo mercado a ser conquistado, a partir do início da década de 1990. Sua comercialização foi motivada pelo formidável potencial vislumbrado: redução dos custos de transação (número menor de intermediários, facilitação da logística de distribuição), possibilidade de identificar e atingir diretamente o cliente ou o consumidor pela publicidade e, do ponto de vista do consumidor, um aumento da transparência e da concorrência (facilidade de comparar os preços). Muito rapidamente, a imagem refletida pela internet foi a de um mercado "perfeito" por ser desmaterializado e, portanto, "sem força de atrito", segundo a fórmula popularizada por Bill Gates[59] –, ou seja, sem intermediários, em que as trocas são feitas diretamente entre as partes envolvidas e a informação circula com toda a transparência. Evocou-se uma "Nova Economia" baseada em uma "abolição da distância" e feita de preços reduzidos, de ofertas mais diversificadas e "personalizadas", além de escolhas mais racionais. Gates, à frente do império Microsoft, foi uma figura emblemática dessa economia, à semelhança do que Ford havia sido para o capitalismo industrial – a tal ponto que o neologismo de "gatesismo" foi forjado para fazer eco ao fordismo (TREMBLAY, 1995), situando, assim, a Nova Economia em uma história linear do capitalismo.

Gates ofereceu impressionantes descrições do que seria, em sua opinião, a Nova Economia, inscrevendo-se abertamente na linhagem da economia política liberal clássica – em que a internet é aqui, antes de mais nada, a extensão mais bem-sucedida do mercado:

> Adam Smith, ao descrever o conceito de mercado em *A riqueza das nações*, em 1776, havia elaborado a teoria de que, se cada comprador soubesse o preço de cada vendedor, e cada vendedor soubesse o quanto cada comprador estaria disposto a pagar, todos no "mercado" poderiam tomar decisões com pleno conhecimento do que se passa; deste modo, os recursos da sociedade seriam distribuídos com eficácia. Até agora, não atingimos o ideal de Smith [...].
>
> A internet ampliará o mercado eletrônico e fará dele o intermediário universal e definitivo. Com frequência, as únicas pessoas envolvidas em uma transação serão o comprador e o vendedor. Todas as mercadorias à venda no mundo estarão à disposição

59. Gates [em colab. com Myhrvold e Rinearson], 1995, esp. o cap. 8: "Capitalismo sem força de atrito", p. 201-232.

> para que você as examine, compare e, muitas vezes, encomende sob medida. Quando quiser comprar alguma coisa, você poderá solicitar a seu computador para localizá-la pelo melhor preço oferecido por qualquer fonte aceitável, evidentemente! [...] Isso nos conduzirá a um novo mundo, de um capitalismo com pouca força de atrito e baixo custo administrativo, no qual a informação de mercado será abundante e os custos de transação, baixos. Será o paraíso dos fregueses! (GATES, 1995, p. 201-202).

Faltava apenas concretizar essas brilhantes perspectivas; inicialmente, parecia ser ainda possível continuar aplicando os modelos-padrão da economia industrial. Em um livro que exerceu uma considerável repercussão, dois economistas de primeiro plano se empenharam em mostrar, por exemplo, em que aspecto as teorias microeconômicas neoclássicas são suficientes para explicar a Nova Economia – na medida em que, por um lado, a informação teria um "custo de produção" e, por outro, os indivíduos estariam "dispostos a pagar" para obter tal informação[60]. Tratava-se, portanto, de implementar simplesmente estratégias para lidar com as facilidades de *reprodução* dessa informação, fazendo com que o seu custo marginal (o custo de produzir uma cópia) viesse a ser o mais próximo de zero: tornava-se necessário controlar o preço de venda da informação com base em seu valor para o consumidor, ao invés de se basear no custo de produção. Tal estratégia implicava identificar quem estaria disposto a pagar pelo quê, propor *versões diferenciadas* da informação ajustando o preço (p. ex., dados da Bolsa de Ações que, difundidos em tempo real, serão vendidos por um valor mais elevado do que se eles tiverem sido diferidos – fala-se então de *versioning*), controlar os *direitos de propriedade intelectual*, construir *marcas* bem identificáveis para exercer uma maior atração sobre os consumidores, além de detectar as necessidades destes últimos a fim de *adaptar a demanda* e captar a *atenção* dos mesmos.

Sob o nome de "convergência" foram desenvolvidos principalmente projetos de portais gigantes da internet e de um controle dos conteúdos e da distribuição, a partir do modelo da rádio-televisão (portal MSN de Microsoft, Yahoo!, fusão AOL-Vivendi-Time-Warner). Estes esbarraram, no entanto, muito rapidamente nas especificidades da web e tiveram de rever a sua estratégia. Pelo contrário, algumas inovações cruciais foram empreendidas pelas empresas da primeira onda *dot.com* no decorrer da década de 1990: maior segurança dos

60. Shapiro e Varian, 1999. Hal Varian é atualmente "economista-chefe" (*chief economist*) no Google, enquanto que Carl Shapiro é consultor junto a numerosas agências de governo dos Estados Unidos.

pagamentos (PayPal); instauração de mecanismos de confiança e de "sistemas de reputação" mediante a divulgação de testemunhos dos usuários relativamente ao serviço (eBay); implementação de dispositivos de "recomendação" que exploram espaços de comentário e de avaliação dos produtos, além de novas estratégias para solicitar a compra por impulso (Amazon); enfim, rápido desenvolvimento dos motores de busca com um bônus atrelado à eficácia e à capacidade de distinguir entre os resultados "naturais" e os resultados "patrocinados" (Google, ao qual voltaremos de maneira mais detalhada no capítulo 10). Alguns princípios básicos do comércio na e pela web já foram enunciados, enfatizando a capacidade inédita de *focalizar* os consumidores e *segmentar* a oferta comercial de forma otimizada, sem deixar de insistir tanto sobre a necessidade de se adaptar ao novo contexto digital que fragiliza as indústrias culturais e informacionais quanto sobre a ideia de um "portal" incontornável que estivesse em condições de controlar a economia dos fluxos midiáticos.

Em breve, efetivamente, para além das relações de produção, foi toda a economia que deu a impressão de ter sido desestabilizada pela informação em rede e teve de ser repensada para enfrentar essas novas condicionantes "estruturais". O espírito das transformações em curso foi apreendido, em parte, pelas teses de Jeremy Rifkin sobre a "era do acesso" enquanto "hipercapitalismo" e extensão da "mercantilização" das experiências (RIFKIN, 2000). Do mesmo modo que a internet veio materializar a sociedade da informação, ela parecia abrir, mediante a redefinição do âmbito das práticas de trocas, para uma nova reflexão sobre a economia e, por extensão, para uma nova economia política. De acordo com Rifkin: "Graças às novas tecnologias, os custos de transação tendem a ser igual a zero. Os mercados se tornam anacrônicos" – para serem substituídos pelas redes. O tema falsamente unívoco da Nova Economia dissimulou, em parte, as divergências de interpretação que refletem uma redefinição da própria noção de liberalismo no contexto informacional. Se um referente comum se impôs em um primeiro tempo, marcado pelo entusiasmo resultante do desenvolvimento das tecnologias digitais e de seu potencial em termos de crescimento econômico, as especificidades da economia informacional implicaram bastante rapidamente um questionamento mais profundo. Enquanto a internet – novo modo de troca e de circulação da informação oriunda da ciência, da universidade e da contracultura – era investida daí em diante pelo público em geral no contexto de uma privatização das infraestruturas e dos serviços da rede, parecia que suas implicações iam muito além de uma simples extensão do mercado e da comercialização de novos serviços.

6
O *HACKING*: SOFTWARES E LIBERDADES

Acho que os hackers *– programadores de informática comprometidos, inovadores e irreverentes – são os intelectuais mais interessantes e influentes, desde os autores da Constituição Norte-americana*
(Stewart Brand[61]).

Antes de apresentar a visão alternativa da Nova Economia que se desenvolveu no decorrer da década de 1990, impõe-se uma digressão mediante a análise de determinadas práticas inerentes ao mundo da informática, assim como dos valores que lhe estão associados, na medida em que tais elementos acabam questionando a pertinência do esquema de interpretação inicial dessa economia. Os *hackers*, apesar de seu papel-chave em toda a história moderna da noção de informação, são vítimas de um desconhecimento devido à natureza técnica do objeto ao qual se dedicam e, ao mesmo tempo, de uma imagem em parte fantasiosa, fruto da difração midiática. Mas, por meio das clivagens em que eles se encontram imersos, trava-se uma luta – ainda em curso – relativamente à interpretação deste tema central: a livre-circulação da informação (*the free flow of information*).

Com efeito, se as figuras do engenheiro e do trabalhador foram emblemáticas da economia industrial, os "heróis" da revolução computacional são os *hackers*, de acordo com a fórmula de um livro famoso de Steven Levy, cuja primeira edição é de 1984 (LEVY, 2010). Na confluência da pesquisa universitária, da contracultura e da economia, foi em grande parte através das práticas empreen-

61. Escritor estadunidense mais conhecido pelo catálogo de contracultura, desenvolvido entre 1968 e 1972, *Whole Earth Catalog*. Esta citação se encontra em LEVY, S. "Afterword: ten years after", 2010, p. 455 [tr. para o fr. de B.L.].

didas nessas diferentes áreas que se formalizou a economia informacional. Mas como Stewart Brand sublinhou anteriormente, e de forma enfática, eles também são, em vários sentidos, figuras eminentemente políticas; já evocamos o papel que desempenharam no sentido de permitir que a informática viesse a migrar para fora dos círculos científicos e técnicos no contexto da contracultura norte-americana. Tendo participado ativamente dessa reviravolta, Brand vai compará-los com os "Pais fundadores" da Constituição dos Estados Unidos; com efeito, o *hacking* se revela como um lugar privilegiado de observação das reconfigurações do capitalismo e de suas linhas de fratura na era digital, tornando mais salientes os desafios de economia política que permeiam a informática.

6.1 Figuras do *hacker* e controvérsias relativas à livre-circulação da informação

Observemos, antes de mais nada, que o termo *hacker* é controverso na medida em que está associado a diferentes imaginários, tanto positivos quanto negativos. Ele trocou de sentido no decorrer da década de 1980 ao divulgar junto ao público em geral, para quem ele se refere daí em diante, de maneira geral, a uma forma confusa de delinquência e, até mesmo, de criminalidade na internet, relacionada à figura do "pirata". Mas no meio informacional, e desde a década de 1960, o qualificativo de *hacker* é, antes de tudo, um atributo de fama que se refere aos ilustres antecessores que se inscreveram na onda antitecnocrática e antiburocrática das décadas de 1960 e de 1970, tendo contribuído para abolir a distância entre essas máquinas enormes (em primeiro lugar, os computadores centrais ou *mainframes* e, em seguida, os *mini-computers*) e os seus usuários a fim de instaurar uma relação mais direta com o computador e, sobretudo, para tentar submeter o aparelho à vontade humana, e não o contrário. Considerando o fato de que eles evoluíam essencialmente em um ambiente acadêmico, ao qual estavam vinculados de maneira mais ou menos formal, é-lhes atribuído, também, o qualificativo *academic hackers*. A sua particularidade consiste em ter dessacralizado o computador, ao contornar o "clero" que, até então, se apropriava de máquinas que ocupavam um espaço demasiadamente grande, além de serem demasiadamente dispendiosas (LEVY, 2010, p. 5).

To hack significa literalmente "cortar" ou "picar", e o substantivo *a hack* designa uma solução improvisada, mas eficaz e engenhosa, para um problema mecânico, eletrônico ou software. Os primeiros *hackers* eram, portanto, essencialmente improvisadores, movidos pela curiosidade e dotados de inteligência prática, capazes de desmontar e montar aparelhos (rádios, trens elétricos, telefones, diversos objetos eletrônicos), de repará-los e encontrar dicas para desviá-los de sua função original, tendo acabado por aplicar as suas competências aos computadores. No contexto informacional, o termo designa atualmente quase sempre a criação de notável e, até mesmo, extremamente eficaz, programa de computador, assim como a modificação de um programa existente (ou de um dispositivo eletrônico físico) que permite reconfigurá-lo de modo que venha a executar uma nova tarefa ou a implementar uma nova função imprevista. Dependendo dos casos, pode se tratar de uma solução rápida (e, mais ou menos, "elegante" em termos de programa) para um problema relativo à programação, de uma verdadeira inovação ou, então, do desvio de um software ou de um sistema de segurança. Assim, é possível distinguir entre as diferentes categorias de *hackers*, independentemente de serem motivados pelo desafio intelectual e tecnológico, pela vontade de serem reconhecidos, por questões monetárias ou ainda por motivos explicitamente políticos.

No entanto, além das intenções declaradas ou não dos atores, o *hacking* – simultaneamente, enquanto *conceito* e enquanto *prática* –, em toda a sua diversidade, apresenta-se como o eixo em torno do qual se articula a sociedade da informação da qual os *hackers* são os principais arquitetos – e, ao mesmo tempo, os grandes depreciadores –, criadores de normas sociotécnicas que acabam sendo ludibriadas por eles (JORDAN, 2008). Para Julien Pasteur, o *hacker* define-se, antes de mais nada, como aquele que procura a *falha* para *tirar disso o melhor partido possível* – uma abordagem da técnica que pode ser transposta facilmente para o domínio político:

> A façanha, na terminologia da segurança informacional, é não só a indexação de uma brecha no cerne de um sistema, mas a capacidade para se servir disso para contornar a sua finalidade inicial. Uma grande parte da cultura dos *hackers* se baseia na busca incansável do *bug*, enquanto incoerência, nem que seja mínima, permitindo que o seu descobridor apresente a prova de uma falha em um programa de computação e defina as suas possíveis utilizações. [...] À semelhança dos programas computacionais que contêm falhas de concepção, a democracia possui, por sua vez, de alguma forma, os seus próprios *bugs* que deverão ser denunciados, tirando deles o maior partido possível. A iconografia dos *hackers* leva-os, muitas vezes, a se descreverem como grãos de areia – ou seixos – na máquina informacional: eles impedem o pleno funcionamento do sistema, engendram o sentimento de revolta pela revelação de

> escândalos e oferecem resistência às engrenagens esmagadoras da maquinaria política (PASTEUR, 2004, p. 60-61).

Assim, o *hacking* pode ser compreendido como uma atitude que enfrenta os "sistemas", entendidos em um sentido muito amplo, que restringem e, ao mesmo tempo, tornam possíveis determinadas atividades humanas: os circuitos telefônicos, as redes de computadores, mas também a arquitetura e a segurança dos edifícios – e as instituições da democracia. E, de acordo com Nicolas Auray, a forma de curiosidade e de exame minucioso que caracteriza os *hackers* pode ser associada a um modo de *vigilância democrática* estendida à técnica, enquanto desconfiança em relação à tradição e à autoridade (AURAY, 2000, p. 551-552). Assim, até mesmo em sua acepção positiva, ou seja, enquanto programadores altamente competentes e inventivos, o termo *hacker* não está isento de ambiguidade e designa uma atitude mais geral: a transparência e a liberdade de circulação da informação constituem um contrapoder legítimo e eficaz a qualquer forma de exercício de autoridade.

O exame minucioso ou o desvio criativo das regras técnicas que presidem a utilização ou a circulação da informação entra, às vezes, em conflito com as regras sociais ou jurídicas que regem a vida em comum. Desse ponto de vista, o *hacking* passou por uma importante mudança de imagem a partir do final da década de 1980, à medida que a informática – e, em seguida, a internet – conheceu o seu rápido crescimento comercial; com efeito, esses desenvolvimentos implicaram uma vigorosa reação por parte do governo norte-americano[62]. Nesse momento foi aplicado o modelo da propriedade privada; além disso, as "intrusões" informáticas, assim como a modificação e a cópia de programas foram criminalizadas, sendo assimiladas à transgressão de fronteiras, a prejuízos causados a bens privados e, até mesmo, a roubos. Nessa ocasião é que o tema da pirataria, reivindicado abertamente – ou, pelo contrário, rejeitado –, foi associado ao *hacking*, implicando certa demonização da figura do *hacker*; aliás, esta continua sendo atualmente um dos principais filtros pelos quais ele é percebido – e de que o *hacker* também se serve, inclusive, às vezes, para reivindicar tal qualificativo.

Mas como observou Gabriella Coleman, a significação cultural e o alcance político do *hacking* são obscurecidos por uma vontade de qualificar as suas ações de acordo com categorias morais. Sem deixar de enfatizar a heterogeneidade dos *hackers* – independentemente de terem propensão para contornar os sistemas de segurança, de estarem empenhados em compartilhar de forma ilíci-

62. Tal episódio é documentado na obra de Sterling (1993), além de ser discutido aqui no cap. 7.

ta arquivos e softwares, de serem vidrados em criptografia ou desenvolvedores de softwares livres –, Coleman mostra, mediante análise de seus discursos e de suas práticas, que as ideias liberais desempenham um papel central e permitem caracterizar os *hackers* enquanto grupo pela afirmação "da liberdade de expressão, da meritocracia, da privacidade e do poder do indivíduo"; o liberalismo é aqui entendido como "sensibilidade cultural", em vez de uma noção filosófica, econômica ou jurídica (COLEMAN & GOLUB, 2008). Coleman mostra que as diferentes formas do *hacking* acabam se juntando no sentido em que elas constituem facetas da mesma afirmação do indivíduo em face dos sistemas tecnológicos e de um repertório moral comum, inscrito na cultura liberal - para criticá-la e/ou para realizá-la da maneira mais plena possível.

Essas observações são confirmadas pela famosa "ética dos *hackers*", mencionada por S. Levy em seu livro. Tais princípios datam do final da década de 1950 e foram forjados nomeadamente no MIT, instituição em que se verificou o cruzamento entre os novos computadores centrais, o laboratório de inteligência artificial e as improvisações praticadas pelos estudantes do clube de modelismo ferroviário[63]. A ética *hacker* resume os valores e as práticas evocados anteriormente, e S. Levy vai apresentá-la como uma série de injunções ou mandamentos:

> O acesso a computadores – e a qualquer outro meio que seja capaz de ensinar algo sobre a maneira como funciona o mundo - deveria ser ilimitado e total. Convém sempre acatar o imperativo da "mão na massa" (*hands-on imperative*)! [...]
> Todas as informações deveriam ser livres/gratuitas (*free*). [...]
> Desconfie da autoridade - promova a descentralização. [...]
> Os *hackers* deveriam ser julgados a partir do respectivo *hacking* e não com base em critérios destituídos de qualquer valor, tais como diplomas, idade, origem étnica (*race*) ou posição hierárquica. [...]
> Você pode criar arte e beleza no computador. [...]
> Os computadores podem mudar a sua vida para melhor [...][64].

Esses princípios foram, de alguma forma, "validados" por uma assembleia de *hackers* reunidos por ocasião da Hackers' Conference, em 1984, na sequência da publicação do livro de S. Levy. A abertura, a descentralização, o compartilhamento, a meritocracia e a fé na capacidade dos computadores para transformar os indivíduos são apresentados como valores fundamentais. De acordo com S. Levy, o elemento-chave é "a livre-circulação da informação" que pode

---

63. Levy, 2010, cap. 1: "The Tech Model Railroad Club", p. 3-26.

64. Ibid., cap. 2: "The Hacker Ethic", p. 27-38 [tr. para o fr. de B.L.].

ser relacionada diretamente à tradição científica combinada com o desenvolvimento do liberalismo-libertário. A ética *hacker*, tal como é formulada por S. Levy, constitui, assim, uma expressão central dos princípios do liberalismo informacional, fazendo eco ao movimento contracultural dos anos de 1960.

No entanto, por ocasião dessa Conferência, um importante matiz foi introduzido por Stewart Brand, reproduzido em um livro escrito posteriormente:

> A informação pretende ser livre/gratuita (*free*). Mas seu preço pretende ser igualmente elevado. A informação pretende ser livre/gratuita (*free*) pelo fato de que se tornou tão barato distribuí-la, copiá-la e reorganizá-la – tão barato a ponto de não valer a pena proceder ao seu cálculo; no entanto, o seu preço pretende ser elevado porque ela pode ter um valor inestimável para quem a recebe. Essa tensão há de subsistir (BRAND, 1987, p. 202 [tr. para o fr. de B.L.]).

O início do parágrafo, "a informação pretende ser livre", continua sendo um dos *slogans* preferidos dos ativistas da computação pelo fato de captar o espírito da ética *hacker* – com todos os seus equívocos. O termo "livre" pode, efetivamente, significar aberto, público, mas também indica que a informação teria como que uma vontade própria ou uma propensão natural para "se libertar". Assim, por exemplo, pode-se compreender a aversão dos *hackers* pelos sistemas que "confinam" a informação, ou pelas normas e pelos freios de ordem tecnológica que restringem o seu âmbito. O *hacker* pretende comprovar que a informação *está sempre em devir*, que ela pode escapar de si mesma e se transformar em outra coisa; além disso, por meio da informação, também é a experiência de *sua própria liberdade* que está em jogo.

No entanto, a formulação de Brand insiste, antes de mais nada, sobre as consequências *econômicas* do novo estatuto da informação e sobre a maneira como as trocas irão se reconfigurar em função dessa tensão fundamental. A primeira frase deve, portanto, ser entendida como "a informação pretende ser gratuita" porque, daí em diante, ela pode ser distribuída a um custo menor; enquanto a segunda parte assinala que "seu preço pretende ser igualmente elevado" porque ela pode ser portadora de um grande valor. Simbolicamente, a Hackers' Conference marca, assim, um momento importante do encontro, já sublinhado mais acima, entre a contracultura e a informática – mas também com as implicações econômicas e capitalísticas que iriam se tornar consubstanciais a elas. Como observa Fred Turner, esse é o aspecto em que um grande número de *hackers* associaram os seus interesses aos dos novos empresários oriundos do movimento contracultural (TURNER, 2006, p. 264-265). Se a tendência "natural" da informação é a de "pretender ser livre", será que, para tirar proveito disso, convém distorcer a ética *hacker*, ou seja, instaurar restrições à livre-circulação da informação a partir da introdução de um código e de desigualdades no acesso? As barreiras ao compartilhamento permitem, com efeito, criar um monopólio de exploração, o qual assume principalmente a forma da *propriedade intelectual*.

6.2 Surgimento do software em formato proprietário

Vale lembrar que, apesar de refletir uma imagem de marginalidade, o *hacking* constitui a cultura comum aos atores principais da paisagem contemporânea da informática e da internet. Todos eles têm compartilhado determinados valores e determinadas práticas, pelo menos, em seus primeiros anos: com os pioneiros, tais como Peter Samson, Richard Greenblatt e Lee Felsenstein, S. Levy inclui o instigador do movimento dos softwares livres, Richard Stallman – aliás, descrito como "o último dos verdadeiros *hackers*" (LEVY, 2010, p. 437-453); algumas personalidades, por exemplo, Bill Gates e os fundadores da Apple, Steve Jobs e Steve Wozniack; além do jovem criador do Facebook, Mark Zuckerberg[65]. Nesse aspecto é que novamente emerge toda a ambivalência do *hacking*; a partir dessa base comum se desenvolveram concepções bastante diferentes da informática e principalmente aquela que tem a ver com a maneira como esta deve se articular com a economia.

Lembremos também que Gates, Jobs e Zuckerberg foram *hackers* no sentido já abordado de improvisadores inventivos, de amadores talentosos e apaixonados, mas também em um sentido mais equívoco. Gates, por exemplo, esmerou-se na adolescência em contornar sistemas de segurança computacional, a fim de demonstrar suas habilidades; enquanto Jobs e Wozniack financiaram a criação de sua nova empresa, a Apple, graças ao *phreaking* que consiste em desviar as linhas telefônicas – e que foi uma das primeiras manifestações do *hacking* nos equipamentos de telecomunicação disponíveis junto ao público em geral, nas décadas de 1960 e de 1970 (ABBATE, 1999, p. 138). Zuckerberg, por sua vez, obteve um notável reconhecimento (técnico) depois de ter manipulado o banco de fotos dos estudantes de Harvard, o que lhe forneceu a base para o lançamento de sua empresa, tendo implementado, por exemplo, *hackathons* (sessões de programação coletiva em ritmo desenfreado) que ocorrem com regularidade

65. Ibid., cap. "Afterword: ten years after", p. 463-477.

no Facebook. Gates, Jobs e Zuckerberg manifestaram, portanto, a sua determinação em fazer com que a informática viesse a se tornar um negócio lucrativo – além de sua aspiração relativamente a pretenderem "mudar o mundo" e adotar uma postura de desprendimento pessoal. Segundo eles, a livre-circulação da informação pode e, até mesmo, *deve* ser combinada com um empreendimento rentável, o único verdadeiro meio de incentivar a inovação e de permitir a sua democratização, sem deixar de correr o risco, às vezes, de defender a propriedade intelectual de maneira agressiva e com a ajuda do aparelho legal do Estado. Com efeito, como é sublinhado por R. Durand e J.-P. Vergne, "alguns piratas do passado podem se tornar os líderes dos monopólios do presente" (DURAND & VERGNE, 2010, p. 130).

Com efeito, em seus primórdios, o modelo econômico dominante para a indústria computacional civil consistia na venda do material e da perícia associada, sem comercializar realmente o suporte lógico; este, ao adotar as práticas instauradas pelos cientistas e acadêmicos, era desenvolvido na maior parte das vezes pelos usuários, de acordo com as suas necessidades, além de ser compartilhado gratuitamente. As operações básicas de programação eram distribuídas livremente, e ninguém tinha a mínima intenção de reivindicar a sua propriedade: à semelhança das fórmulas matemáticas, as soluções encontradas para os pequenos problemas entravam no domínio público. Determinados softwares, altamente especializados e produzidos em poucos exemplares, foram realmente comercializados na década de 1950; no entanto, somente em meados dos anos de 1970, e especialmente durante a década de 1980 com o rápido desenvolvimento da microcomputação e dos softwares de empresa, produzidos em massa, é que o software se tornou um importante desafio para a indústria. Foi também o momento em que os grandes conglomerados de telecomunicações começaram a ser desmantelados para instaurar a concorrência nessa área, em um contexto de desregulamentação econômica[66]. Aos poucos, a parte do software adquiriu uma importância econômica cada vez maior, enquanto a parte material assistia à queda drástica de seus custos – o que iria realmente tornar possível o advento do computador pessoal.

Foi no decorrer da década de 1970 que a noção de propriedade intelectual, aplicada aos softwares, foi realmente implementada, criando um mercado autônomo de patentes que, em breve, se tornou no mínimo um negócio tão

---

66. O movimento foi iniciado pelo acórdão da Suprema Corte dos Estados Unidos, em 1983, que impôs o desmantelamento da AT&T. Pouco depois, em 1987, a Comissão Europeia propôs, em um relatório destinado a estimular o debate e a lançar um processo de consulta [*Livre vert*], o cancelamento do monopólio em relação aos correios e às telecomunicações nos países-membro.

polpudo quanto o da venda das próprias máquinas. O famoso episódio que viu a IBM ceder a comercialização do sistema operacional de seus Personal Computers (PC) para a recém-criada empresa Microsoft, em 1981, constitui no caso concreto um ponto de viragem. Nesse momento, para os grandes atores, o mercado da microcomputação não parecia, de modo algum, promissor a curto e médio prazos, e sobretudo era reduzido o número de pessoas que imaginavam o potencial desse mercado em termos de software; mas já alguns anos antes, um evento havia permitido apreender os desafios que iriam estruturar a economia da informática. A empresa Microsoft foi fundada em 1975 por dois estudantes, Bill Gates e Paul Allen, com o objetivo de comercializar o interpretador da linguagem Basic que eles haviam aprimorado para um dos primeiros computadores pessoais, o Altair 8800 da empresa Mits; mas ao invés de vender seu software para a Mits cedendo os seus direitos, eles conseguiram continuar sendo os proprietários, mediante a concessão de uma autorização que lhes permitiu receber uma soma fixa pela venda de cada computador. Em janeiro de 1976, Gates enviou uma carta, ainda hoje famosa – "An open letter to hobbyists" (GATES, 1976) –, para os membros do Homebrew Computer Club, um clube formado por um número reduzido de *hackers* do Vale do Silício que, entre seus filiados, contava com Steve Jobs e Steve Wozniack. Em uma única página, Gates expõe de forma bastante sucinta (e sem rodeios) vários argumentos: 1) sua expectativa é a de que se desenvolva o mercado dos entusiastas pela informática; 2) a maior parte dos *hobbyists* vai "roubar" o software que eles utilizam pelo fato de julgarem que o hardware deve ser comprado, mas o software é algo para se compartilhar; 3) ao se recusarem a pagar, eles impedem o desenvolvimento de bons softwares, os quais exigem uma organização profissional.

> Quem pode ter o luxo de trabalhar profissionalmente sem ser remunerado? Qual *hobbyist* pode investir 3 anos-homem em programação, encontrar todos os *bugs*, produzir a documentação e, em seguida, distribuir tudo isso gratuitamente? O fato é que ninguém, além de nós, investiu tanto dinheiro no mercado de software para entusiastas (GATES, 1976 [tr. para o fr. de B.L.]).

Os *hobbyists* mencionados por Gates estavam entre os primeiros a se interessar por computação fora dos círculos acadêmico e científico. Tratava-se da matriz, bem-identificada por Gates, de um mercado para o público em geral; ela era constituída por entusiastas, dotados de sólidas competências técnicas que ainda eram requeridas, nesse momento, para entender a informática. Uma dezena de anos depois dessa carta, alguns deles enfrentaram o que se lê nos dias de hoje como um desafio e assumiram o objetivo de demonstrar exatamente o oposto: que amadores podem dar efetivamente o seu tempo para programar, encontrar *bugs*, produzir documentos e distribuir softwares de graça, sem serem remunerados e atingindo um nível profissional de qualidade. Essa foi a emergência do movimento dos softwares livres.

6.3 Da ética *hacker* aos softwares livres

> *O GNU foi feito para respeitar a liberdade dos usuários.* (STALLMAN, 2011 [tr. para o fr. de B.L.]).

No momento em que Gates, ao adotar sem rodeios a ideia de que "a informação pretende ter um preço elevado", se tornava um dos defensores mais obstinados, bem-sucedidos e desacreditados da propriedade intelectual no domínio da informática, acabou sendo implementada uma alternativa. Tendo constituído inicialmente um grupo reduzido de membros, os seus adeptos se consideravam os depositários da verdadeira ética *hacker*, segundo a qual "a informação pretende ser livre" - no sentido pleno do termo. A ideia do software "livre" foi assim lançada e defendida aguerridamente, em particular, por Richard Stallman, "o último dos verdadeiros *hackers*" (cf. LEVY, S., 2010; WILLIAMS, 2010).

Aliás, Stallman começa por se rebelar não contra a Microsoft, mas contra as transformações em curso no interior do laboratório de inteligência artificial do MIT, templo do *hacking* cuja história é relatada por S. Levy: ele se opôs, por exemplo, à instauração de senhas para os usuários das máquinas do laboratório e, na virada dos anos de 1970, lutou com obstinação contra a hemorragia de *hackers* recrutados por empresas privadas que os forçavam a assinar cláusulas de confidencialidade, assim como contra a adoção pelo MIT de máquinas e softwares sob licença em formato de proprietário - qualificados por Stallman como "fascistas" pela impossibilidade de modificá-los, além de impedirem o compartilhamento de informações e solaparem assim, em sua opinião, o espírito de cooperação que, até então, tinha presidido a investigação no seio da comunidade dos pesquisadores especialistas em informática. Tais mudanças eram precursoras do novo desafio econômico representado pela ciência da computação, e do qual a Microsoft seria a quinta-essência. Stallman acabou finalmente por abandonar o MIT para dedicar todas as suas forças a um projeto de sistema operacional livre:

o Projeto GNU – um acrônimo recursivo que significa "GNU's Not Unix" [Gnu Não é Unix][67] – a fim de "continuar a se servir dos computadores sem violar os seus princípios", os da ética *hacker* (LEVY, S. 2010, p. 450).

O movimento dos softwares livres se tornou possível mediante os aturados esforços de Stallman, programador de gênio e incansável militante em favor de um programa de computador "livre", de acordo com sua definição bem taxativa. Em 1984 ele lançou a Free Software Foundation (FSF), organismo sem fins lucrativos que lhe permitiu recrutar desenvolvedores e, em 1985, publicou o Manifesto GNU. Ele defendeu as suas posições em numerosos escritos e, muito rapidamente, deu-se conta de que, para proteger a criação de softwares e mantê-los "livres", tinha de implementar antes de mais nada um dispositivo jurídico eficaz. Com a ajuda de Eben Moglen, especialista em informática que se tinha tornado jurista (e, atualmente, professor de Direito na Universidade de Colúmbia), Stallman criou, em 1989, a primeira versão da Licença Pública Geral GNU – em inglês, GNUGPL (General Public License) – que é hoje a licença mais utilizada de software livre. Essa inovação jurídica se baseia na ideia de *copyleft* que, sem deixar de se apoiar no quadro jurídico norte-americano do *copyright*[68], acaba por inverter a sua lógica: a licença *copyleft* não fornece,

67. GNU foi projetado para ser compatível com Unix, que era o sistema operacional mais popular da época. Desenvolvido por Bell Laboratories da AT&T, Unix começou a ser distribuído livremente para as universidades porque, até o início dos anos de 1980, as leis antitruste proibiam que a AT&T comercializasse as suas pesquisas no domínio da informática. Mas, na sequência do processo dos United States *vs.* AT&T, em 1983, que questionava o estatuto de "monopólio natural" de AT&T (cujo apelido era "Ma Bell" ou "Mother Bell"), foi decidido que os operadores regionais da AT&T se tornariam entidades independentes (os "Baby Bells"), abrindo o caminho para uma concorrência mais acirrada no campo da telefonia. Em compensação, AT&T foi autorizada a investir no mercado da informática e a retomar os seus direitos sobre Unix, cuja utilização deixou de ser gratuita e cujo código-fonte deixou de ser distribuído livremente. Seguiram-se operações complexas relacionadas ao estatuto jurídico das diferentes versões de Unix em circulação e em relação à sua falta de compatibilidade técnica. A luta pelo controle de Unix – que opôs principalmente AT&T e Sun Microsystems – ficou conhecida como "Unix wars" e acelerou a emergência do movimento dos softwares livres.

68. Existem importantes diferenças entre o *copyright*, peculiar à *common law* anglo-saxã, e os direitos autorais na França, os quais incluem a noção de *direito de propriedade*, enquanto monopólio de comercialização com prazo limitado, tais como o *copyright* (direitos de distribuição e de reprodução). Além de compreender o princípio de *direito moral* perpétuo (sem limite de tempo), que estabelece a autoria de uma obra intelectual e se destina a garantir a sua integridade. No entanto, as duas interpretações tendem a se aproximar, no âmbito da adoção da Convenção de Berna para a Proteção das Obras Literárias e Artísticas de 9 de setembro de 1886, que harmoniza as disposições relativas à propriedade intelectual, pela maior parte dos países do mundo. [Convenção revista em Paris, em 24/07/1971. No Brasil, promulgada pelo Decreto 75.699, de 06/05/1975, publicado no DOU de 09/05/1975. Em Portugal, diploma de aprovação publicado no Diário da República I, n. 170, de 26/07/1978 [N.T.].] Concretamente, o desafio geral continua sendo, portanto, o mesmo; e sob a expressão mais abrangente de "propriedade intelectual", designamos os

de maneira detalhada, os "direitos reservados" pelo *autor* (nomeadamente, o direito de propriedade), mas torna explícitas as "liberdades" que devem ser garantidas ao *usuário*[69]. O direito de propriedade enquanto *direito de exclusão* é substituído por um *direito de distribuição* (WEBER, 2004, p. 228). Assim, a licença GPL autoriza este último: 1) a *utilizar* o software sem restrições; 2) a *estudar* o seu funcionamento e, eventualmente, a modificá-lo (o que implica o acesso ao "código-fonte" do software); 3) a *distribuir cópias* dele; enfim, 4) a *distribuir versões modificadas* dele (o que implica igualmente o acesso ao código-fonte) – mas, neste caso, impõe-lhe a obrigação de aplicar a mesma licença aos softwares derivados. Ou seja, trata-se do que Stallman designa como as "quatro liberdades" do software livre (STALLMAN, 2010).

Esse dispositivo sofisticado, além de complexo em sua aplicação, permitia concretizar dois objetivos principais: o primeiro se refere ao aspecto em que ele se distingue da licença em formato *proprietário* (que os "livristas" qualificam como licença "privativa") consiste em permitir que, ao serem criados softwares, estes possam "circular livremente", ou seja, executados para qualquer uso, copiados, modificados e redistribuídos sem a obrigação de obter previamente a permissão de quem quer que seja. Para ter a certeza dessa possibilidade impõe-se que os softwares sob licença livre divulguem o seu código-fonte (programa legível e, portanto, compreensível pelo ser humano). Neste aspecto é que intervém igualmente um importante matiz, aliás, sublinhado frequentemente por Stallman: se os softwares são livres, isso significa "free as in free speech, not free beer" ou, ainda, "free as in freedom". O idioma inglês não permite estabelecer facilmente a distinção entre "livre" e "gratuito"; ora, se na prática, os softwares livres são, quase sempre, gratuitos, a ideia importante é que o usuário, em vez de *se submeter* a um software, deve ter sempre a possibilidade de modificá-lo, sem ser forçado a pedir autorização para adaptá-lo a suas necessidades, a seus interesses e às inovações que, eventualmente, viesse a imaginar; assim, é totalmente previsível tirar proveito de um software livre. Por sua vez, o segundo

---

modos de apropriação pelo direito da criação e da inovação. Sublinhemos, enfim, que o *copyleft* age, antes de mais nada, sobre os direitos de propriedade, mas não afeta os direitos morais, que são conservados pelo(s) autor(es) do software sob licença livre (De PATOUL, 2005, p. 106).

69. Stallman, 2003. Assim, o símbolo © é invertido para ↄ⃝; além disso, a legenda "all rights reserved" torna-se "all rights reversed". Por sua vez, a noção de *copyleft* é, às vezes, traduzida pela expressão "esquerdos autorais". No entanto, esta não permite retranscrever a polissemia do termo *left*, que se refere certamente a uma inversão das posições do *copyright*, posicionando-se do lado esquerdo do espectro político, mas também é uma forma verbal de *leave* (deixar); portanto, "cópia autorizada".

objetivo, que é diferente da noção de *domínio público*, consiste em fornecer a segurança aos participantes de um projeto no sentido de que o seu trabalho não seja reapropriado por outro ator que, a partir dessa iniciativa, viesse a decidir a criação de uma versão em formato proprietário. Para evitar tal possibilidade, impõe-se o respeito pela autoria e estipula-se a obrigação de que as eventuais mudanças e melhorias se tornem públicas nas mesmas condições; deste modo, a GPL e o *copyleft* incentivam, em geral, a participação e a colaboração.

Esse exemplo esclarece um ponto-chave: em vez de ser algo isolado, o código de programa computacional tem de se adaptar a determinado ambiente econômico e jurídico, como havia sido perfeitamente compreendido por Stallman. De maneira enfática, ele também se refere à Declaração da Independência dos Estados Unidos para justificar as suas ações, assim como os valores que ele pretende defender, situando a criação de softwares e o código de programa computacional no campo dos direitos *inalienáveis*:

> O movimento do software livre foi fundado em 1984, mas a sua inspiração vem dos ideais de 1776: a liberdade, a comunidade e a cooperação voluntária. Eis o que leva à livre-iniciativa, à liberdade de expressão e ao software livre. [...] Projetei a GNUGPL para apoiar e defender as liberdades que definem o software livre; para utilizar as palavras de 1776, ela as estabelece enquanto direitos inalienáveis para programas cobertos pela GPL. [...] Por uma questão de cooperação, incentivamos os outros a modificar e ampliar os programas que publicamos; por uma questão de liberdade, estabelecemos a condição de que essas versões modificadas de nossos programas devem respeitar a liberdade dos usuários, como é o caso da versão original (STALLMAN, 2001).

Ao invés de aceitar a alternativa entre propriedade intelectual, por um lado, e, por outro, domínio público, Stallman *hackeou* de alguma forma o direito, através da construção de um estatuto adaptado, a meio caminho entre os dois, permitindo que práticas específicas da informática viessem a se desenvolver de forma diferente. Ora, tais inovações, surgidas no campo do software, levaram a reflexões em muitas outras áreas envolvidas pela extensão dos direitos de propriedade intelectual – por exemplo, no domínio da biotecnologia e da farmacêutica (HOPE, 2008), mas também da ciência, das artes e do conhecimento em geral (HESS & OSTROM, 2007).

Com efeito, se considerarmos a especificidade das "ideias" do ponto de vista utilitarista, trata-se – em vez de bens "rivais" (a sua utilidade não diminui se elas forem compartilhadas) - de bens "públicos" cuja natureza, se houver uma, consiste precisamente, de preferência, em se *difundirem*. No entanto, para conciliar o interesse (econômico) do indivíduo e o da sociedade, foi introduzida a noção de propriedade intelectual que constitui, na verdade, um compromisso: decide-se reconhecer um direito de propriedade ao autor de uma criação intelectual, mas apenas de maneira temporária. Para além de determinado prazo, a obra em questão integra o domínio público porque se presume ser do interesse geral que as ideias pertençam a todos e possam circular livremente:

> Essa propriedade limitada no tempo é a constatação de uma evidência: nada é menos natural do que o direito de que dispõe um criador sobre a sua obra. Trata-se, neste caso, de reconhecer-lhe um monopólio temporário, garantido pelo Estado. Esse direito não passa de um compromisso definido pela coletividade; e como qualquer compromisso, está sujeito permanentemente a controvérsias[70].

O objetivo de Stallman consistia precisamente em recriar uma "comunidade" de *hackers*, lançando a primeira pedra de um sistema operacional e protegendo-o, assim, do ponto de vista legal, ou dito por outras palavras, uma fundação suscetível de continuar sendo construída por outros desenvolvedores. No entanto, tais inovações de ordem técnica e jurídica implicaram um modo de organização sem precedentes, cujos aspectos não haviam sido antecipados totalmente por ele. O emblema é o seu Projeto GNU/Linux lançado, no ano de 1991, em um Fórum Usenet por um especialista da informática finlandês: Linus Torvalds. Trata-se de uma continuação do Projeto GNU, que tirou proveito da generalização da internet nesse momento para criar uma verdadeira comunidade de desenvolvimento descentralizada, agrupando um grande número de voluntários dotados de diversas competências, coordenados de maneira informal pelo iniciador do projeto. Esse modo de organização acabou chamando a atenção de forma duradoura, a tal ponto que os próprios desenvolvedores estavam convencidos, até então, de que era muito difícil criar softwares tão complexos e que seria necessário constituir uma equipe reduzida de programadores experientes, bem coordenados, mediante estritos padrões de qualidade e uma gestão eficaz. Em um artigo ainda hoje famoso, o *hacker* Eric Raymond descreveu tal transição como uma passagem do mode-

70. Latrive, 2007, p. 35. Esses prazos não cessaram de crescer: de cinco anos no final do século XVIII, na França, eles se estendem atualmente a 70 anos após a morte do autor e abrangem o "direito de reprodução" e o "direito de representação" (os direitos chamados "autorais") com algumas exceções, tais como a representação no âmbito familiar ou as citações (o *fair use* no direito norte-americano).

lo da “catedral” – aquele da maior parte do mundo comercial – para o modelo “bazar” do mundo do Linux[71].

No entanto, E. Raymond e L. Torvalds, diferentemente de Stallman, insistem sobre a *eficácia econômica* da produção “aberta” de softwares, estabelecendo, assim, a distinção entre os softwares chamados *open source* e os *softwares livres*: “Talvez, no final, a cultura do software, cujo código-fonte é aberto, venha a triunfar não tanto pelo fato de que cooperar seja moralmente bom, nem pelo fato de que manter fechado tal código seja moralmente errado (no pressuposto de que você esteja de acordo com a segunda asserção; entretanto, essa não é a opinião de Linus, nem a minha), mas simplesmente porque o mundo, cujo código-fonte é fechado, não pode ganhar a corrida armamentista contra as comunidades de software livre, as quais estão em condições de resolver um problema, dedicando-lhe um tempo acumulado, consideravelmente maior, de trabalho humano”[72].

A ênfase é colocada aqui na *produção*, em vez de no *uso* dos softwares; nesse caso, a abertura do código de programa computacional torna-se, antes de mais nada, um princípio de organização da ação coletiva. Essa divergência levou à criação de um movimento chamado *open source*, que se distingue dos softwares livres, tal como estes são defendidos por Stallman e pela Free Software Foundation; por conseguinte, estes últimos não endossam tal movimento. Portanto, o uso impõe, muitas vezes, falar de “softwares livres e *open source*” (Free and Open Source Software ou Foss e, até mesmo, Free/Libre and Open Source Software ou F/Loss)[73].

Os softwares livres e *open source* comprovaram efetivamente a sua eficácia em um plano estritamente econômico. Ao constatar o sucesso crescente de GNU/Linux no final da década de 1990, a Microsoft acabou por considerá-lo como uma ameaça aos interesses dos softwares em formato proprietário; aliás, os seus dirigentes chegaram a qualificá-lo como “câncer” da propriedade intelectual (WILCOX & SHANKLAND, 2001). Mas a sua significação foi extrapolada, frequentemente, muito além do âmbito restrito da produção de softwares. A enciclopédia “livre” *on line* Wikipédia, por exemplo, inspirou-se amplamente

71. Raymond, 2000: “The cathedral and the bazaar”, versão 3.0. Texto apresentado pela primeira vez no Linux Kongress, Würzburg, 21 de maio de 1997.

72. Ibid. “O contexto social do software, cujo código-fonte é aberto”.

73. Pelo fato de se referir às origens do movimento e às suas implicações políticas, a expressão “software livre” – embora seja mais restritiva – é adotada neste livro para designar igualmente o movimento *open source*.

nesse projeto, e de maneira mais geral sua importância foi sublinhada enquanto modo de organização inovador e fenômeno cultural crucial. Com efeito, o movimento do software livre é apresentado frequentemente como uma matriz intelectual e prática da internet e, até mesmo, como uma experiência vanguardista de uma colaboração "livre" e, ao mesmo tempo, eficaz entre indivíduos, cujos princípios poderiam ser generalizados para outras formas de organização social. Nesse aspecto, vamos interessar-nos de forma mais detalhada por determinadas implicações dos softwares livres em relação à ideia de "*commons*" (capítulo 8), mas também por sua dimensão organizacional, enquanto dispositivos sociotécnicos (capítulo 12).

6.4 Entre espírito do capitalismo e luta de classes

Para sublinhar as ambivalências inerentes ao *hacking*, observemos enfim que duas interpretações, *a priori* radicalmente diferentes, foram tiradas dessa atividade: a primeira de inspiração explicitamente weberiana, enquanto a outra se declara abertamente marxista. Essas duas abordagens, que se referem a questões da divisão do trabalho e dos modos de produção, permitem circunscrever algumas implicações suplementares do *hacking* no plano da economia política - ou seja, as diferentes dimensões do *trabalho sobre a informação.*

A primeira é defendida pelo filósofo finlandês, Pekka Himanen, sob o patrocínio de Manuel Castells, que identifica a "ética *hacker*" como "a cultura da era da informação"[74]. Assim, segundo Himanen, ela apresentar-se-ia - evocando a fórmula de Max Weber - como uma alternativa à ética protestante enquanto "espírito do capitalismo". Himanen descreve uma passagem da racionalidade como disciplina, organização do tempo e gestão da poupança, para uma racionalidade libertária, centralizada no prazer, na criatividade e na autorrealização. Referindo-se nomeadamente aos *hackers* que colaboram em projetos de software livre, ele descreve uma relação com o tempo dessocializado, enquanto a implicação no trabalho já não depende da necessidade e do dinheiro, mas do desejo pessoal (cf. tb. MIKKONEN; VADÉN & VAINIO, 2007). O *hacker* seria um amador apaixonado, defensor de uma forma de emancipação do capitalismo informacional por meio da institucionalização do trabalho voluntário e de sua articulação com o trabalho remunerado.

74. Himanen, 2001, com prefácio de Linus Torvalds e posfácio de Manuel Castells.

A maleabilidade dos estatutos implica, no entanto, uma forma de concorrência radical: o papel dos colaboradores não é fixado *a priori*, a partir de uma definição de cargo e de um *status* hierárquico, mas depende de sua atividade, a qual, por sua vez, é motivada por uma busca de reconhecimento. A procura de prestígio e de reputação pessoal torna-se não só um incitamento à participação, mas leva a uma maior eficácia, tanto na alocação dos recursos quanto na preocupação com a qualidade: os participantes fazem o que têm vontade de fazer, e da melhor forma possível. Tal esquema se opõe a uma organização econômica hierarquizada, em que as tarefas são distribuídas por um "centro" gerencial e executadas por indivíduos que nem sempre são os mais bem-dotados para efetuá-las (uma vez que o processo de recrutamento é distorcido pela busca de uma remuneração), tampouco são incentivados a fornecer o melhor de si mesmos. Trata-se, assim, de substituir a organização burocrática por uma nova forma de meritocracia baseada nas realizações efetivas: a *do-ocracy*. Essa relação ao trabalho foi estendida para além do código de programa computacional e, por exemplo, anima o movimento *maker* (o "fazer") que, no âmbito de pequenas oficinas, tais como os *hackerspaces* e os *fab labs* (às vezes, equipados com as famosas impressoras 3D), reinveste a fabricação e a reparação de objetos de um modo artesanal e cooperativo (ANDERSON, C., 2012; LALLEMENT, 2015).

É também à luz dessa interpretação que se pode ler a "Carta de intenções", apresentada por Mark Zuckerberg no momento em que, no dia 1º de fevereiro de 2012, ocorreu a oferta pública inicial de ações do Facebook na Bolsa de Valores. Na conclusão, esse texto tem uma seção intitulada *The Hacker Way* – "O Caminho do *Hacker*", mas também "a maneira de proceder do *hacker*" – em que ele apresenta sua visão do *hacking*, enfatizando a ética dos *hackers*, tal como já a apresentamos mais acima:

> O Caminho do *Hacker* é um método que implica contínuas melhorias e iterações. Os *hackers* acreditam que algo é sempre susceptível de ser aprimorado, e que nada está para sempre completamente concluído; eles têm o dever de se empenhar em tal reparação – muitas vezes, a despeito daqueles que dizem que isso é impossível ou que se contentam com o *statu quo* [...].
> O *hacking* também é uma disciplina intrinsecamente "mãos na massa" (*hands-on*) e ativa. Ao invés de ficarem debatendo durante dias e dias para saber se uma nova ideia pode ser concretizada ou qual é a melhor maneira de construir algo, os *hackers* preferem fabricar um protótipo e verificar o que funciona. Nos escritórios

> do Facebook, um mantra de *hacker* é frequentemente evocado: "o código [de programa computacional] é o melhor argumento" (*code wins arguments*).
> A cultura *hacker* também é extremamente aberta e meritocrática. Os *hackers* acreditam que a melhor solução deve ser sempre privilegiada – e não a pessoa mais hábil para transmitir as suas ideias, ou aquela que gerencia o maior número de funcionários (USSEC, 2012, p. 69 [tr. para o fr. de B.L.]).

Além do idealismo um tanto ingênuo e da retórica eivada de bons sentimentos, o *hacking* se apresenta aqui, portanto, como um modo de gestão, uma eficácia que pretende ser pragmática, uma capacidade para produzir (o código de programa computacional) em fluxo contínuo, assim como uma abordagem "meritocrática" a serviço da inovação – ou seja, a definição "weberiana" da organização produtiva na era da informação, de acordo com Pekka Himanen. O Facebook se vangloria igualmente de "abertura" – apesar das críticas recorrentes contra a sua falta de transparência na gestão da coleta de dados pessoais, a qual infringe aspectos importantes da "ética *hacker*".

A segunda interpretação, pelo contrário, é de filiação "neomarxista"; é assim que se deve compreender, por exemplo, o *Manifesto hacker* divulgado em 2004 por McKenzie Wark (2006a), o qual, na forma e no fundo, se inspira no livro de Guy Debord, *A sociedade do espetáculo* (1967) – obra que, por sua vez, constitui, em parte, uma reinterpretação de *O capital* (1867) de Marx. Em seu texto, Wark encena uma luta de classes, surgida da extensão da propriedade privada no campo da informação. Nesse esquema, a classe dos *hackers* se opõe aos "vetorialistas", ou seja, a classe dirigente que detém os meios de produção e procura "monopolizar a capacidade de abstração" dos *hackers* por meio dos direitos de propriedade intelectual (Aforismo n. 20). Esse autor também se refere, de forma profusa, aos trabalhos de Michael Hardt e de Toni Negri (HARDT & NEGRI, 2000, 2004). Em outro texto, ao dar uma definição do *hacker*, Wark escreve que este constitui um desafio para a ordem capitalista, mesmo sem estar envolvido em nenhuma atividade criminosa, na medida em que é "a personificação do trabalho auto-organizado", "um tipo de labor que encontra o seu próprio ritmo, define os seus próprios objetivos e trabalha sobre a propriedade comum para o bem de todos" (WARK, 2006b, p. 321). Assim, de acordo com esse autor, tratando-se do *hacker* em sua forma transgressora ou sob uma forma mais benigna, em ambos os casos, o capitalismo visa manter sob controle esse "trabalhador não alienado" ao comoditizar a informação. O *hacker* destrona, assim, o proletariado para se tornar, de algum modo, o novo tema da história: "O *hacker* poderia ser o sintoma de uma luta de classes em maior amplitude, tendo a informação como objeto e opondo aqueles que a produzem – os *hackers* no sentido mais geral – às grandes empresas, cujo valor tem a ver cada vez menos com os ativos reais de que elas dispõem, mas depende sobretudo de seu portfólio de patentes, direitos autorais (*copyrights*) e marcas registradas" (WARK, 2006b, p. 321).

Nesse contexto, a resposta da cultura *hacker* consiste em se situar fora da lei ou, então, em procurar impor inovações técnicas, jurídicas e sociais. O caso da produção de softwares livres continua sendo um exemplo privilegiado, o que é testemunhado por diferentes obras que evocam tal ferramenta como uma forma de *hacking* do capitalismo (SÖDERBERG, 2007), ou estabelecem explicitamente um paralelo com Marx e com a sociedade industrial ao considerarem a informática e as redes do ponto de vista do controle dos meios de produção, enquanto os softwares livres são vistos como uma via de emancipação (CHOPRA & DEXTER, 2008). Essa também é a orientação dos autores da revista *Multitudes* e de seu diretor, Yann Moulier Boutang, cujas posições se assemelham às de Hardt e Negri. Para estes últimos, o *hacking* – nomeadamente, uma vez mais, por meio dos softwares livres – apresenta-se como uma das principais figuras da alternativa ao "capitalismo cognitivo" na medida em que ele subverte a noção de propriedade intelectual. Assim, André Gorz – autor bem-identificado com as posições de Negri e de Moulier Boutang – considera igualmente os softwares livres como um "polo de radicalismo" no contexto do "imaterial" e fornece uma interpretação muito diferente do texto de Pekka Himanen: "Encontramos [...], na ética e estética dos *hackers*, a aplicação da definição, esboçada por Marx [...], da 'riqueza despojada de sua forma burguesa': em particular, o trabalho em consonância com a 'atividade pessoal', contribuindo para o pleno desenvolvimento do indivíduo em pé de igualdade com a cultura do tempo livre" (GORZ, 2003, p. 95). De acordo com esse autor, os *hackers*, enquanto especialistas de informática de alto nível, são "dissidentes do capitalismo digital" que se juntam ao "neoproletariado pós-industrial", enquanto o software livre é a materialização dessa internacional virtual, uma maneira de realizar "a apropriação coletiva, a colocação em comum e à disposição gratuita para todos" (GORZ, 2003, p. 93).

A questão dos softwares livres – e, mais amplamente, a do *hacking* – não se deixa, no entanto, confinar facilmente em esquemas marxianos; ela também não pode ser resumida a uma nova versão do capitalismo. Enquanto principais arquitetos da informática e da internet, por um lado, e, por outro, como "piratas" que questionam ou tiram partido dos mecanismos, das normas e, eventualmente, das falhas de seu funcionamento, os *hackers* permitem-nos esboçar, em contraponto, determinadas particularidades da economia política na era da informação. Depois de termos abordado a questão da propriedade intelectual e da divisão do trabalho, veremos que os *hackers* também desempenharam papel central para delimitar os contornos, tanto das liberdades fundamentais no cerne do ambiente digital quanto das relações entre a Nova Economia e o Estado.

7
ECONOMIA-REDE E LIBERDADES RADICAIS DO DIGITAL

Muito rapidamente tornou-se aparente que a rede "transbordava" das estruturas clássicas do liberalismo, assim como das concepções que associam o Estado ao mercado. Neste capítulo, mostramos como, por trás da falsa univocidade da expressão "Nova Economia", foi implementada uma economia política alternativa, a qual, sem questionar as finalidades do capitalismo, insiste sobre a necessidade de redesenhar as suas regras. Em oposição à extensão dos direitos de propriedade intelectual e das iniciativas que visam transpor os mecanismos da economia industrial para o domínio digital, um conjunto de proposições procurou enfatizar as características verdadeiramente originais da *economia-rede* – em particular, a facilidade de *cópia* e de *difusão* da informação –, assim como as suas relações com o poder público.

Alguns atores oriundos, em parte, da atmosfera liberal-libertária descrita mais acima, pretenderam atualizar as leis que regem uma nova "economia da abundância"; aliás, a biologia acabou fornecendo um modelo liberal da economia como "ordem espontânea". Identificamos, assim, os embasamentos evolucionistas dessa perspectiva: atribui-se, assim, à informação um verdadeiro desejo vital, ou seja, a vontade de circular, de se propagar, assim como a capacidade de auto-organização decalcada no modelo do ser vivo, à qual os atores econômicos devem *se adaptar*. O ciberespaço é apresentado, então, como um mundo de pura liberdade individual, livre das contingências estatais e exigindo o desaparecimento das formas políticas preponderantes. Ao forjarem uma ideologia ainda viva e que continua irrigando o Vale do Silício, os "ciberlibertarianos" se inspiraram nas raízes políticas profundas da cultura política norte-americana, associando a rede à defesa dos direitos naturais e à obstinada oposição ao Estado. Mas essa sensibilidade também os levou a ficarem atentos, em particular, aos novos riscos no domínio da privacidade e das liberdades fundamentais, assim como à necessidade de repensar os seus termos no contexto informacional. Em companhia dos *hackers*, eles participaram da formalização das implicações inerentes aos "direitos civis digitais", cuja pertinência ressurgiu integralmente após as revelações de Edward Snowden, em 2013, sobre as intercepções de comunicações privadas.

7.1 Uma economia da abundância? – O gratuito, entre compartilhamento e consumo

Cada vez mais pregnante, desde o início na década de 1990, e associada à utopia cultural do ciberespaço de que ela constitui um prolongamento, certa visão da Nova Economia foi defendida por aqueles que foram designados como os *digerati* (os *literati* da era digital)[75]. O termo designa não só os atores das novas profissões relacionadas à computação e à internet (desenvolvedores, *designers* etc.), os empreendedores em novas tecnologias e aqueles da onda *dot.com*, mas também todos os "líderes de opinião" desse setor; especialmente pesquisadores, "futurólogos", consultores e jornalistas. Os *digerati* se inscreveram diretamente na revolução contracultural dos anos de 1960 e de 1970, mas foram os principais vetores da transição para uma defesa do indivíduo que redunda, na segunda metade da década de 1990, em uma aliança breve, mas reivindicada, com a nova direita norte-americana.

Patrice Flichy estudou detalhadamente os discursos de seus representantes, institucionalizados desde os anos de 1992 e de 1993, à medida que a internet se introduzia junto ao público em geral: obras de vulgarização e compêndios, assim como magazines norte-americanos (*Time*, *Newsweek*, *Business Week*), *think tanks*, fundações, associações, ciclos de conferências e círculos profissionais[76]. A visão deles se desenvolveu nomeadamente nas publicações emblemáticas da cibercultura, tais como a revista *Mondo 2000* (inicialmente, chamada *High Frontiers* e, em seguida, *Reality Hackers*) e, sobretudo, *Wired* que acabou

75. Brockman, 1996. Essa obra consiste de um exercício de autocongratulação. Na verdade, uma série de retratos cruzados e bastante complacentes, escritos por aqueles que, afinal de contas, são o assunto do livro.

76. Flichy, 2001, esp. cap. 4: "Du mythe d'Internet au cyber-imaginaire" e cap. 5: "À l'aube d'un nouvel âge de la communication" (p. 113-162), assim como "Vers une nouvelle économie" (p. 239-251).

tomando seu lugar, e os seus prolíficos autores "tecnotranscendentalistas"[77]. "*Rolling Stone* da geração computacional", *Wired* misturava inovações gráficas e editoriais, análises tecnoecológicas e econômicas otimistas, futurismo, retratos elogiosos de empresários-pioneiros e artigos de *lifestyle magazine* sobre as mais recentes engenhocas e tendências[78]. Lançada em 1993, ela deu o tom no decorrer da década de 1990 em companhia de instituições que eram afins a suas ideias, tais como o Global Business Network[79]. Essas entidades receberam a colaboração de personalidades da cibercultura: por exemplo, R.U. Sirius (cofundador da *Mondo 2000* e candidato à eleição presidencial dos Estados Unidos de 2000 pelo "Partido da Revolução", de inspiração libertariana); Douglas Rushkoff (ensaísta, conferencista e professor); Louis Rossetto (cofundador da *Wired* e autoproclamado "libertariano radical"); Kevin Kelly (ex-chefe de redação do *Whole Earth Catalog*, lançado por Stewart Brand); Howard Rheingold (crítico cultural e professor em Stanford e Berkeley, que popularizou as "comunidades virtuais"); ou, ainda, John Perry Barlow (jornalista, militante e ex-letrista da *Grateful Dead* – uma das bandas de *rock* emblemáticas da contracultura – e, em seguida, um dos principais animadores de The Well).

Eles foram os principais artesãos de um "ciberimaginário" liberal-libertariano, tendo exercido influência decisiva por meio de seus próprios textos, palestras e atividades de consultoria, assim como através da seleção de um panteão de personalidades apresentadas como referências intelectuais: os "visionários" Teillard de Chardin e Marshall McLuhan (o "santo padroeiro" da revista); e os "futurólogos", tais como Alvin Toffler (arauto da "terceira onda") e Nicholas Negroponte – fundador do Medialab no MIT e áugure do "homem digital" (NEGROPONTE, 1995) – que se encontrava entre os primeiros a investir na revista; enfim, alguns autores de ficção científica, por exemplo, William Gibson e Bruce Sterling. Ted Friedman observa igualmente que, "na mitologia da *Wired*, a figura ambígua do *hacker* ocupava uma posição central" (FRIEDMAN, 2005, p. 172). Esta revista desenhou um espaço específico de natureza política, econômica e cultural, que marcou de forma duradoura a compreensão das novas práticas sociotécnicas. Em particular, *Wired* foi um dos lugares mais

77. Cf. Dery, 1997, p. 52-60. • Sussan, 2005, p. 138-149.

78. Além das observações contidas nas obras de Flichy (2001, 2004), cf. os trechos que Friedman (2005, p. 171-185) dedica a essa revista; assim como Turner (2012, cap. 7: "*Wired*").

79. O gabinete de consultoria em estratégia e prospectiva, cofundado por Stewart Brand e por ex-funcionários do Stanford Research Institute, em 1987, é formado por centenas de especialistas em domínios bastante diversificados.

emblemáticos da fusão do movimento contracultural *hippie*, preconizando a mudança social através da transformação das consciências individuais, com as "comunidades virtuais" - por exemplo, The Well (aliás, um grande número de seus membros figuram entre os colaboradores da revista) –, com o espírito empreendedor, com uma posição antiestatal bastante marcada e com uma forma de neopositivismo baseado na informática e nas novas tecnologias. Tudo isso no contexto estadunidense do crescimento econômico, da desregulamentação dos mercados e da redução da burocracia estatal, que culminou, em meados da década de 1990, com a maioria dos republicanos no Congresso, liderados por Newt Gingrich, o qual deu várias entrevistas à *Wired*, à semelhança de outros representantes influentes de uma nova direita tecnófila, tais como George Gilder e Esther Dyson[80]. As tecnologias informacionais vieram, assim, dar respaldo a visões heroicas do indivíduo, enquanto a revolução digital se misturava com os mitos fundadores da nação norte-americana.

Como já vimos, as práticas na origem da rede, antes de sua privatização na década de 1990, eram marcadas por uma cultura de liberdade e de abertura entre os cientistas e os *hackers*, que promoveram a ideia da livre-circulação da informação, enquanto condição da inovação e da criatividade. Apesar de ter perdurado, essa cultura parecia ir contra o modelo baseado na propriedade intelectual, tal como foi defendido principalmente por Bill Gates. Ora, para os *digerati* se impunha levar em consideração as especificidades da economia informacional e, em particular, o que Kevin Kelly qualificava como a passagem de uma economia da escassez para uma "economia da abundância" (KELLY, 1998). Como havia observado Esther Dyson, o valor, no contexto da Nova Economia, começaria por ser criado a partir da transformação da informação e pela implementação de serviços associados, e não pela apropriação da própria informação - enquanto dado ou conteúdo (DYSON, 1995 [tr. para o fr. de B.L.]). John Perry Barlow sublinhou igualmente, em um artigo controverso em que ele assimilava o comércio na internet à "venda de vinho sem garrafa" (BARLOW, 1994), que a "cultura da liberdade" peculiar à rede tinha a ver não apenas com as práticas herdadas de seus arquitetos, mas também com a natureza dos bens negociados em um ambiente de "alta liquidez": a digitalização implicava o advento de uma "economia das ideias" que deixara de estar dependente dos suportes ou "recipientes" físicos. A fluidez da informação em contraste com a rigidez material das "garrafas" im-

80. Ambos investidores, além de serem autores de numerosos livros e artigos, escreveram, em parceria com Alvin Toffler e George Keyworth, uma "Magna carta para a era do conhecimento" (cf. p. 159).

punha a revisão completa, em seu entender, das estruturas jurídicas inerentes ao conceito de propriedade. Como os *hackers* haviam mostrado inicialmente, todas as informações são, com efeito, um bem "não rival" (seu consumo não priva os outros potenciais consumidores de se servir dele), além de que o seu custo marginal de reprodução/duplicação é próximo de zero. Assim, a legislação sobre a propriedade intelectual foi apresentada como caduca – o que não evitou a continuação de um debate acirrado, em particular, no domínio cultural, para saber se "a liquefação das obras" deveria levar à "liquidação da propriedade intelectual" (FOREST, 2004, p. 130). O desenvolvimento das redes de compartilhamento de arquivos em *peer-to-peer* (par a par) exacerbou essa problemática com a criação do Napster, em 1999, especializado no compartilhamento de arquivos de música em formato MP3, que se tornou um dos principais símbolos da natureza "disruptiva" da rede e tem sido acusado (além de seus avatares, tais como eMule, Kazaa ou, mais recentemente, BitTorrent) como o coveiro da indústria da música e, em seguida, do cinema (cf. capítulo 11).

O compartilhamento em *peer-to-peer* revelou efetivamente toda a ambivalência da reprodutibilidade "gratuita" dos conteúdos na internet. Por um lado, tais modos de difusão se apresentam como uma subversão dos princípios da propriedade intelectual. A gratuidade pode ser assimilada à vontade de compartilhamento e de livre-circulação da informação a fim de promover o conhecimento, a inovação e a criatividade; essa é a vertente positiva da fórmula – *information wants to be free* – herdada dos *hackers*. Por outro lado, o *peer-to-peer* se inscreve perfeitamente em uma tendência contemporânea para o hiperconsumo, o hiperacúmulo e a comoditização da cultura – na medida em que ele permite ao indivíduo fazer download ou consultar uma quantidade de "conteúdos culturais" muito maior do que aquela que ele poderá razoavelmente "consumir". A gratuidade satisfaz, neste aspecto, a propensão decuplicada para o consumo, em que o bem informacional digitalizado se torna a derradeira mercadoria, substituível facilmente no interior de um mercado totalmente fluido e no qual o preço pode ser "apagado".

Por trás da questão da gratuidade, a "abundância" associada à Nova Economia parece, portanto, apresentar pelo menos duas facetas: a do *compartilhamento* e a do *consumo*. No caso das redes *peer-to-peer*, Jean-Samuel Beuscart observa, de forma resumida, o seguinte: "A diversidade das práticas é organizada em torno de dois polos principais: o dispositivo pode ser lido e praticado como o lugar da obtenção gratuita de bens comerciais, ou de uma cooperação convivial e alternativa às formas existentes de intercâmbio comercial" (BEUS-

CART, 2002, p. 476). Em ambos os casos, a "propriedade intelectual" é um obstáculo, mas por razões diferentes: no primeiro, ela é um limite que se opõe à cultura, ao conhecimento e ao saber; e, no segundo, ela se apresenta como restrição ao consumo desenfreado.

7.2 Avançando em direção à economia-rede: inovação, destruição criadora e adaptação

A concepção da economia política dos *digerati* é resumida em um livro escrito por um de seus principais líderes, Kevin Kelly. Obra em que ele explicita as "novas regras para uma nova economia", sublinhando principalmente a transição para uma "lógica das redes", à qual toda a sociedade - e, em particular, a economia - encontra-se submetida (KELLY, 1998, p. 10-11 [tr. para o fr. de B.L.]). Com efeito, a metáfora das vias e supervias, utilizada inicialmente pelo tandem Gore e Gates, foi substituída gradualmente pela metáfora da *rede*, associada à mobilidade e à fluidez das interações. No entanto, essas trocas sem atritos não são - ou, pelo menos, não unicamente - aquelas imaginadas por Gates; este havia assinalado diferenças mais profundas entre a Nova Economia como prolongamento do capitalismo industrial e uma Nova Economia Informacional, cujas regras seriam transformadas de maneira mais radical.

De fato, Kelly insiste sobre a ideia de que a Nova Economia deve ser entendida como uma "economia-rede" (*network economy*, ou seja, simultaneamente "economia de redes" e "economia em redes") e não apenas uma "economia da informação" (em que a informação seria um novo recurso econômico no sentido de uma mercadoria em um contexto de escassez). Nesse contexto, a riqueza já não depende, daí em diante, de uma melhoria do existente, mas de uma *inovação* perpétua - um tema que se tornou central entre os *digerati* e para além deles. Assim, a inovação é apresentada como um fenômeno *adaptativo* que implica um constante questionamento em face de um ambiente em mudança, as redes, do qual se impõe "alimentar a suprema agilidade e vivacidade" (KELLY, 1997 [tr. para o fr. de B.L.]). As "regras" identificadas por Kelly são, portanto, como que "leis da natureza" que determinam a "sobrevivência" nesse novo ambiente feito de interações coletivas descentralizadas; além disso, esse autor desenvolve suas teses com o apoio de um grande número de exemplos extraídos da biologia. Na verdade, esta constitui um dos principais quadros conceituais para os *digerati*: por exemplo, ao popularizar a famosa frase de Stewart Brand "*information wants to be free*", John Perry Barlow também apresenta a informação como uma "forma vital" (*life form*), em que a ausência de restrições permite o crescimento em liberdade da economia, como organismo ou "ecossistema" (BARLOW, 1994).

Para Kelly, trata-se de adotar, antes de mais nada, o "espírito de colmeia" ou de "enxame", ou seja, uma organização descentralizada em que a inteligência coletiva do todo supera a inteligência individual das partes ("*embrace the swarm*"); de expandir as redes e promover a sua "proliferação" para aumentar o seu valor ("*increasing returns*"); e de inverter as leis da economia clássica, baseadas na escassez, uma vez que o custo marginal da cópia de bens informacionais tende para zero ("*plentitude, not scarcity*"). Nesse novo contexto da abundância, a gratuidade se torna a norma; assim, impõe-se captar e tornar rentável a atenção dos indivíduos ("*follow the free*"). Trata-se de valorizar a rede enquanto ecossistema, e não elementos específicos no interior da rede como ocorre, por exemplo, em uma empresa ("*feed the web first*"); ora, para que a rede se desenvolva e se adapte, é forçoso evitar a todo o custo que a inovação seja freada e, portanto, que métodos, serviços ou produtos obsoletos sejam preservados artificialmente ("*let go at the top*"). Um ecossistema vigoroso apresenta numerosos espaços ou "nichos" que substituem as interações condicionadas pela proximidade física, e dos quais se deve tirar partido ("*from places to spaces*"). À medida que a instabilidade peculiar a qualquer sistema "vivo" se torna a norma, convém igualmente que se evite a tentativa de fixar as coisas; em vez disso, deve-se promover a inovação entendida como "disrupção" permanente ("*no harmony, all flux*"). Impõe-se insuflar a confiança nos indivíduos, ajudá-los a estabelecer vínculos e tentar compreender essas relações a fim de ampliá-las e aprofundá-las, por exemplo, servindo-se de algoritmos ("*relationship tech*"); enfim, é necessário procurar incessantemente novas oportunidades, ao invés de otimizar a eficácia ou a produtividade das soluções existentes, a fim de promover a vitalidade e a capacidade de adaptação global do sistema ("*opportunities before efficiencies*").

Quase vinte anos após as teses de Kelly e dos *digerati*, tais discursos continuam encontrando um verdadeiro eco, embora sejam formulados atualmente em termos mais ponderados. Foi mantida, em particular, a centralidade do motivo da inovação. Esta se refere, com ênfase, ao famoso refrão schumpeteriano, segundo o qual a economia em perpétuo movimento deve deixar a inovação se desenrolar enquanto "destruição criativa", permitindo ao sistema evoluir e, por conseguinte, autorregular-se globalmente, como sublinha Bernard Paulré: "Novas atividades tomam o lugar das antigas. A sociedade é instável localmente, mas algumas de suas características globais são estáveis. Há uma mistura de ordem (global) e de desordem (local). [...] Os processos cumulativos e as interdependências reticulares constituem o argumento - de alguma forma, técnico - que permite justificar a crença em um progresso indefinido e, pode-se dizer, natural, inclusive espontâneo" (PAULRÉ, 2000, p. 64-65).

Figura 4 A prosperidade e a destruição criativa de acordo com *Wired* (à esquerda, número de julho de 1997; à direita, número de junho de 1998)

Com efeito, o recurso a Schumpeter reforça a perspectiva evolucionista que está associada à Nova Economia enquanto sistema "natural" das trocas. O ciberespaço se apresenta, assim, como um organismo edênico e a Nova Economia, uma terra de abundância - na condição de que a destruição criativa venha a atingir o seu termo. Além disso, a defesa da inovação a partir do modelo schumpeteriano implica a oposição aos grandes monopólios e a defesa do empreendedorismo. Por exemplo, através da promoção das *start-ups*, pequenas empresas ainda inviáveis do ponto de vista econômico, mas dotadas de enorme potencial de crescimento, detentoras de uma ideia ou conceito e acalentando a expectativa de encontrar investidores atraídos por um previsível lucro adquirido rapidamente.

Um curto trecho do livro anterior de Kevin Kelly, *Out of Control* (1994), permite fornecer ainda alguns esclarecimentos:

> Quando Darwin andava à procura de uma imagem para ilustrar o fim de seu livro, *On the Origin of Species* (1859) - que não passa de uma longa discussão para mostrar como as espécies emergem a partir das interconexões conflitantes do interesse pessoal de numerosos indivíduos –, ele acaba encontrando a imagem de uma rede emaranhada. Ele viu "pássaros cantando nos arbustos, diferentes insetos voando de um lado para outro, além de vermes rastejando na terra úmida"; uma tela formando "um amontoado confuso em que cada um depende dos outros de maneira complexa".
> A Net é um emblema da multiplicidade, da qual emana o ser em enxame - o ser distribuído - estendendo o ser por toda a rede, de tal modo que nenhuma de suas partes seja capaz de dizer "eu sou o eu". Ela é irremediavelmente social e se afirma como algo constituído por numerosas mentes diferentes. Ela veicula a lógica tanto do computador quanto da natureza - que juntos transmitem um poder para além da compreensão.
> Escondido na Net, encontra-se o mistério da mão invisível - o controle sem autoridade (KELLY, 1994, p. 26 [tr. para o fr. de B.L.]).

Avalia-se aqui até que ponto a rede conseguiu mobilizar o imaginário e se apresentar como um perfeito vetor ideológico, na confluência da biologia, da tecnologia, da economia e do social. Darwin é evocado, de maneira clássica, para consolidar essas representações; tais discursos encantatórios, que combinam especulações pseudocientíficas, referências *new age* e doutrinas econômicas liberais, são representativos desse período e das imagens transmitidas pelos autores de *Wired*, além de fazerem lembrar a tonalidade das obras de Pierre Lévy, já mencionadas.

Jaron Lanier, um dos pioneiros da realidade virtual, é atualmente muito crítico em relação ao que se tornou a internet sob a influência daqueles a quem atribui o qualificativo de "absolutistas da cibernética" (*cybernetic totalists* (LANIER, 2010)); entre os quais é possível encontrar um grande número de seus amigos e principalmente a equipe da *Wired*. Lanier toma como alvo, em particular, as ideias de noosfera e de inteligência coletiva (retomadas com frequência pelos autores da revista), que ele qualifica como "espírito de colmeia" (*hive mind*). Além disso, tal fé depositada na evolução social equiparada à evolução biológica, a partir do modelo do organismo, e servindo para justificar uma economia política de inspiração liberal, evoca outro momento da história em que havia sido "descoberta" a suposta imanência dos processos sociais; com efeito, no decorrer da segunda metade do século XIX, uma enorme ênfase foi dada à congruência entre as teorias darwinianas da "seleção natural" e o desenvolvimento do liberalismo econômico (embora Darwin não tenha sido, com certeza, diretamente responsável de tal equiparação e embora os vaivéns conceituais entre a biologia e a economia se apresentem sob um aspecto complexo)[81].

O termo mais conveniente aqui é o do *evolucionismo*; aliás, já foi mostrado até que ponto ele permeou todo o século XIX (GUILLO, 2003). Essa naturalização do liberalismo, que se apoia nas noções de evolução e de adaptação para justificar, "do ponto de vista científico", a necessidade da liberdade enquanto *laissez-faire*, também constitui o caráter próprio de numerosas abordagens qualificadas como "neoliberais" durante a segunda metade do século XX. A ordem espontânea se apresenta, assim, como uma radicalização da ideia liberal da "mão invisível" e, ao mesmo tempo, como uma noção filosófica baseada na força epistemológica – mas também simbólica – da biologia. A visão da Nova Economia dos *digerati* reativa associações similares, reinterpretadas pelo filtro da herança cibernética e das pesquisas comuns na biologia e na Teoria da Informação. Ela é, assim, subentendida por uma verdadeira filosofia política: a auto-organização apreendida em termos biológicos, traduzindo-se pela oposição a qualquer controle "exterior", principalmente o oriundo do Estado.

7.3 O horizonte libertariano

Como já dissemos, além de terem assumido a missão de continuar a contracultura por outros meios, os *digerati* militantes estão inscritos plenamente na cibercultura, adotando a visão organicista da ordem humana e social, articulada também por Pierre Lévy – uma escatologia apresentada como uma perspectiva de salvação pela tecnologia e, ao mesmo tempo, uma nova conjuntura liberal. A privatização e a comercialização da internet, no decorrer da década de 1990, foram acolhidas com entusiasmo até mesmo por aqueles que celebravam a liberdade da informação, a abertura e a realização da autonomia individual através da computação pessoal: a oposição ao *establishment* e os seus aspectos contestatários eram totalmente solúveis no novo capitalismo que estava em via de se implantar. Os mais fervorosos "tecnolibertários" do período contracultural se transformaram, assim, em "tecnolibertarianos" militantes em favor do mercado (ROSENZWEIG, 1998, p. 1.550).

---

81. Cf., p. ex., Schlanger, 1971, "La circulation des concepts" e "Deux emprunts de la biologie à l'économie", p. 20-24.

Em um artigo que ficou famoso, essa transição foi sublinhada por seus autores que vão caracterizá-la, para denunciá-la, enquanto "ideologia californiana", assumida por uma "associação covarde de escritores, *hackers*, capitalistas e artistas da Costa Oeste dos Estados Unidos, que haviam conseguido definir uma ortodoxia heterogênea para o advento da era da informação" (BARBROOK & CAMERON, 1996). A característica principal dessa era consiste em combinar o espírito libertário dos *hippies* com o espírito empreendedor dos *yuppies*, baseando-se em um entusiasmo comum em favor do potencial "emancipador" das novas tecnologias da informação. Os autores chamam a atenção para o caráter contraditório dessa "ortodoxia híbrida", "mistura de determinismo tecnológico com individualismo libertariano", adotada por uma elite digital qualificada por eles como "classe virtual", e que abrange amplamente os *digerati* mencionados mais acima. De fato, para além dos princípios econômicos, a sua visão da web se apoia em uma verdadeira filosofia política normativa, que pode ser designada como libertariana.

Numerosos atores da internet continuam reivindicando ainda hoje, mais ou menos explicitamente, um libertarianismo "cultural"; trata-se de empresários, tais como Jeff Bezos (fundador de Amazon), Niklas Zennström e Janus Friis (fundadores de Kazaa, Skype, Joost), Scott McNealy (cofundador de Sun Microsystems), Peter Thiel (cofundador de PayPal) ou ainda Craig Newmark (fundador de Craigslist). O Vale do Silício apresenta, assim, de maneira geral, fortes afinidades com a ética libertariana. No entanto, outros atores importantes também se posicionam em uma linha libertariana, sem deixarem de se opor vigorosamente à propriedade privada – e, até mesmo, ao segredo de Estado – em matéria de informação. Por exemplo, Jimmy Wales, fundador de Wikipédia, que foi muitíssimo influenciado tanto por Hayek quanto por Ayn Rand (cf. capítulo 12); ou ainda Julian Assange (fundador de WikiLeaks)[82]. Finalmente, os *hackers* reivindicam frequentemente valores libertarianos: é o caso de Eric S. Raymond – autor de *The cathedral and the bazaar* (1997) – que, tendo sido considerado durante muito tempo como o porta-voz do movimento *open source*, chega inclusive a se apresentar abertamente como "anarco-capitalista", militante do Partido Libertariano, defensor obstinado da liberdade de expressão, e

82. "Seria falso classificar-me em determinado campo filosófico ou econômico porque fiz minha aprendizagem em um grande número deles, entre os quais se encontram principalmente o libertarianismo norte-americano e o libertarianismo de mercado. Portanto, em relação aos mercados, sou um libertariano, mas conheço suficientemente bem a política e a história para compreender que um mercado livre, se não for obrigado a permanecer como tal, torna-se um monopólio" (GREENBERG, 2010).

também como "um homem armado, pronto a usar a força para defender a [sua] vida e a [sua] liberdade" (RAYMOND. "In case you care").

Ora, essas representações são muito poderosas no contexto norte-americano. Na realidade, a defesa das "mídias eletrônicas" já tinha sido elaborada no famoso livro de Ithiel De Sola Pool: ao se inspirar na corrente libertariana, esse autor tomava partido em favor das "tecnologias da liberdade" (POOL, 1983). De maneira mais geral, Philip Agre sublinhou que a cultura do ciberespaço, tal como ela havia sido articulada no decorrer da década de 1990 – especialmente, durante os anos da expansão súbita da galáxia *Wired*, entre 1994 e 1998 –, só faz sentido em uma compreensão mais ampla, ou seja, "o inconsciente histórico da cultura política norte-americana" (AGRE, 2002, p. 175) e, mais especificamente, a mobilização de um imaginário libertariano. Magali Bessone, por sua vez, retorna às fontes "transcendentalistas" da cultura democrática estadunidense, ou seja, o movimento literário e filosófico, assumido por Ralph Waldo Emerson e Henry David Thoreau, que se focalizou na radicalização da liberdade individual, na autossuficiência (*self-reliance*), no igualitarismo democrático, no racionalismo, na comunhão com a natureza e na unidade espiritual do mundo e, enfim, na "transparência a si e aos outros" (BESSONE, 2011). Na opinião dessa autora, tal movimento permite circunscrever em melhores condições a continuidade existente entre a contracultura dos anos de 1960 e a cultura da internet atualmente – em particular, em suas dimensões mais utópicas.

O transcendentalismo e o libertarismo, no contexto da rede, transformam-se mais explicitamente em uma forma específica de *libertarianismo* – um termo para o qual, propositalmente, chamamos a atenção: por um lado, ele se distingue do qualificativo *liberal* no sentido norte-americano (que designa, para simplificar, a franja democrática do espectro político); e, por outro, ele pode incluir simultaneamente as noções francesas de *libertário* (cujas origens estão associadas ao anarquismo, mas que é caracterizado atualmente por um liberalismo em matéria de costumes) e de *liberal* (mais comumente associado, na França, ao liberalismo econômico). O libertarianismo é, portanto, um liberalismo "total" – ao mesmo tempo social, econômico e político – ou *radical*, uma vez que é caracterizado por uma Teoria do Estado Mínimo, assim como pela ideia de que os indivíduos deixados livres são capazes de se auto-organizarem, e não apenas no campo econômico. Os seus defensores – tais como Friedrich von Hayek, David Friedman, James Buchanan, Robert Nozick e até mesmo Ayn Rand – procuraram fornecer, de novo, ao liberalismo uma amplitude filosófica e social. Assim, o libertarianismo se apresenta como uma forma de *utopia liberal* destinada a se reconectar com as suas inspirações fundadoras (CARÉ, 2009).

Para compreender as suas afinidades com a cibercultura convém retornar à posição ocupada pelo libertarianismo na cultura política norte-americana. As diferentes declinações do libertarianismo estadunidense representam uma forma de retorno ao liberalismo clássico; eles constituem uma variante "forte" deste na medida em que se apresentam como uma reafirmação política da ausência de política e no sentido em que se opõem filosoficamente ao poder público. O libertarianismo apoia-se em uma defesa "naturalista" dos direitos individuais: os indivíduos têm determinados direitos – à vida, à liberdade e à propriedade – em virtude de sua humanidade e não devido a simples convenções contingentes. De acordo com os libertarianos, a Teoria dos Direitos Naturais de Locke foi inscrita no âmago da Declaração de Independência de 1776 pelos "Pais fundadores" da nação norte-americana (ZUCKERT, 2005, p. 27-55). Ao mesmo tempo em que defendem uma visão radicalizada da Teoria dos Direitos Naturais, eles se apresentam como os herdeiros mais fiéis ao espírito dessa declaração e do liberalismo clássico de Locke (à semelhança dos Niveladores Verdadeiros do século XVII): "Em sua essência, a Declaração de Independência é um documento libertariano – ela tem a ver com o direito fundamental à liberdade individual para todos aqueles que são cidadãos de uma comunidade política" (MACHAN, 2005, p. 4.). Como também escreve um jornalista estadunidense da área política, em um artigo que não deixa de criticar as ideias libertarianas, "nenhuma ideia é mais central para a história do nosso país" do que o libertarianismo, e todas as principais iniciativas do Estado Norte-americano no século XX constituem um desvio em relação a essa representação fundamental (BEAM, 2011).

Existem numerosas variantes libertarianas, mas todas elas revelam um *topos cultural*, ao invés de uma posição política propriamente dita (embora as ideias libertarianas sejam divulgadas através de *think tanks*, como o Mises Institute ou o Cato Institute, principalmente entre os republicanos que, no entanto, acabam por reduzi-las a uma simples doutrina econômica). Trata-se, em particular, de proteger os direitos individuais em face do poder público, o qual é sempre suspeito de servir-se abusivamente de coerção. Desde Jefferson e Emerson, a tradição democrática norte-americana enaltece a liberdade individual, em uma relação direta com o seu ambiente natural; ora, esse cenário em muitos de seus aspectos, segundo parece, voltou a ser representado no ciberespaço.

7.4 A internet em face do Estado: *hackers*, criptoanarquia e direitos civis digitais

> Em 1990, ocorreu uma repressão (*crackdown*) de amplitude nacional contra os *hackers* informáticos envolvidos em atividades ilícitas, o que levou a prisões, a processos criminais, a uma encenação de julgamento e a várias confissões de culpa, além da apreensão de enormes quantidades de dados e de equipamento em todo o território dos Estados Unidos.
> A repressão contra os *hackers* de 1990 foi mais ampla, mais bem-organizada, além de mais ponderada e determinada do que todas as iniciativas precedentes contra o estranho mundo da criminalidade na área da informática. Os serviços secretos norte-americanos, a segurança telefônica privada e as autoridades nos planos nacional e local de todo o país juntaram as suas energias na tentativa negociada de quebrar o mundo eletrônico subterrâneo nos Estados Unidos; afinal, o resultado desse esforço fascinante acabou sendo bastante minguado (STERLING, 1993, p. 11 da ed. eletrônica).

Antes que a internet estivesse à disposição do público em geral, no final da década de 1980 e no início dos anos de 1990, o governo norte-americano em colaboração com algumas grandes empresas liderou um ataque contra os "piratas" da informática. Esse episódio – narrado por Bruce Sterling em um famoso livro intitulado *Hacker Crackdown* (1993) – foi um momento importante por ter revelado uma ampla controvérsia em torno do uso da criptografia (as *crypto wars*), assim como das questões de privacidade e de liberdade individual no campo computacional. Ele culminou na cristalização de alguns dos principais desafios políticos da rede – principalmente a relação com o Estado –, pelos quais os ciberlibertarianos e alguns *hackers* militantes manifestavam um interesse particular[83]; eles foram os primeiros a colocar na agenda a desconfiança relativamente às possibilidades de vigilância das comunicações privadas por parte do Estado muito tempo antes das revelações feitas pelo denunciante Edward Snowden.

A conjunção de vários eventos havia sido o desencadeador de tal apreensão: operações policiais, às vezes desastrosas e bastante midiatizadas, destinadas a neutralizar e a causar impressão aos cibercriminosos; a vontade declarada pelas agências federais de segurança no sentido de regulamentar a criptografia das

83. Um relato desses desenvolvimentos que afetaram a década de 1990 se encontra em S. Levy, 2001. Cf. tb. Ludlow (2001), que reúne alguns dos textos-chave relativos a essa controvérsia.

comunicações e dos dados computacionais; enfim, a proposta da NSA do governo estadunidense para a introdução obrigatória de "grampos" (*clipper chips*) no hardware. Essas intervenções do poder público foram objeto de importantes debates e de questionamentos de ordem constitucional. Mais tarde, outros eventos também suscitaram forte contestação: por exemplo, o "Livro Branco" sobre a propriedade intelectual, preparado pela administração Clinton, assim como a Communications Decency Act (CDA) adotada em fevereiro de 1996 no contexto da Telecommunications Act, considerada como um atentado contra a liberdade de expressão e inadaptada para a internet.

Todas essas medidas foram tomadas no momento em que a informática desempenhava um crescente papel econômico e social, enquanto a internet começava a sua ascensão. Além disso, a questão da censura, especialmente contra a pornografia, impunha-se de uma forma cada vez mais premente. Enfim, esboçava-se o espectro de uma economia subterrânea, não regulamentada e não tributada pelo fato de estar protegida por técnicas criptográficas – um sonho libertariano de se livrar do controle do Estado, que coincide também com algumas teses anarquistas. O movimento *cypherpunk*, constituído por *hackers* militantes, proclamou uma defesa virulenta da criptografia, situando-a no plano das liberdades fundamentais; além disso, alguns chegavam a defender uma posição "criptoanarquista", ou seja, a anarquia pela criptografia computacional (MAY, 2011). A criptografia foi apresentada, de fato, como uma ferramenta decisiva de proteção da privacidade e, até mesmo, às vezes, assimilada ao direito constitucional de portar armas. Nesse contexto, foram desenvolvidos protocolos cada vez mais seguros de comunicação, tais como Secure Shell (SSH) ou ainda um poderosíssimo software de criptografia e autenticação das comunicações chamado Pretty Good Privacy (PGP). Este último se tornou emblemático por ter implicado uma série de processos sensacionais por "exportação de armas de guerra" depois que, em 1991, o seu autor, Phil Zimmermann, o difundiu livremente na internet. Evocando a Constituição e a Declaração dos Direitos para legitimar o "direito às conversações privadas" no contexto digital, Zimmermann antecipava explicitamente tanto as novas facilidades para a intercepção das comunicações quanto as possibilidades de coleta maciça de dados (ZIMMERMANN, 2013). Para os *cypherpunks*, a ocultação das comunicações privadas, combinada no entanto com a transparência das informações de interesse público (inclusive quando elas envolvem empresas privadas), são as únicas maneiras de reequilibrar as forças entre o Estado (e as empresas monopolísticas em conluio com ele), por um lado, e, por outro, os indivíduos de acordo com o lema: Privacy for the weak and transparency for the powerful. Em particular, Julian Assange, foi um membro ativo desse movimento; aliás, essa convicção está na origem da organização WikiLeaks, fundada por ele[84].

No entanto, se o libertarianismo era completamente concebível, do ponto de vista cultural, no contexto norte-americano, a reviravolta em direção ao anarquismo era algo de menos evidente, como é testemunhado, por exemplo, mediante a seguinte demonstração de Dorothy Denning:

> Por trás da visão dos anarquistas encontra-se a crença de que, se fosse garantida a proteção absoluta da privacidade (*privacy*) e das transações anônimas, a sociedade civil poderia confiar no mercado livre, tal como este era concebido pelos libertarianos. Eles consideram Jefferson e Hayek como seus aliados, enquanto estes últimos ficariam horrorizados com a ideia de que uma sociedade sem controle estatal possa ser civil ou livre[85].

Denning reviu posteriormente a sua posição, relativizando os riscos suscitados pela criptografia, ao indicar com precisão que, afinal de contas, esta não conduz à anarquia – mas não deixa de criar um problema na medida em que, sendo utilizada por razões consideradas legítimas de seu ponto de vista (proteger a propriedade intelectual e as comunicações das empresas privadas, garantir uma maior segurança para as operações bancárias, assegurar a confidencialidade das operações de manutenção da ordem por parte dos governos e, enfim, proteger as comunicações privadas e os dados pessoais dos indivíduos), ela também acaba permitindo que criminosos e terroristas dissimulem as suas atividades[86].

Esses diferentes eventos esbarraram nas sensibilidades libertárias e libertarianas que tinham encontrado refúgio na internet e desencadearam diferentes

---

84. Esse termo faz referência ao gênero *cyberpunk* da ciência ficção, enquanto *cipher* ou *cypher* designa um algoritmo de codificação. De acordo com Assange: "Os *cypherpunks* formavam um grupo informal na Califórnia, Europa e Austrália. Tínhamos a impressão de que poderíamos mudar a natureza da relação entre o indivíduo e o Estado pelo uso da criptografia. [...] A pessoa que disponha de algum talento em matemática pode muito simplesmente – e isso pode parecer muito complexo enquanto abstração, mas é simples quando se leva em consideração a capacidade dos computadores – permitir que qualquer indivíduo manifeste sua oposição ao mais poderoso dos estados. Se você e eu estamos de acordo para usar uma senha de codificação específica, e se esta for robusta sob o prisma da matemática, então as forças de todas as superpotências mobilizadas contra esse código não conseguirão decifrá-lo" (Assange, entrevista concedida a Hans Ulrich Obrist, 2011 [tr. para o fr. de B.L.]). Para aprofundar o assunto, cf. o recente livro coletivo de Assange (colaboração de Appelbaum, Müller-Maguhn e Zimmermann), 2012. Cf. tb. o cap. 11, no qual abordaremos o legado desse movimento e WikiLeaks.

85. DENNING. "The future of cryptography", 2001, p. 85 [tr. para o fr. de B.L.].

86. DENNING. "Afterword to 'The future of cryptography'".

formas de mobilização; acima de tudo, eles foram o sinal de que a informática e a sua extensão através da internet começavam a ser investidas seriamente pela questão tanto da propriedade quanto das liberdades fundamentais - de modo que o seu corolário foi o crescente envolvimento da regulamentação estatal. O episódio cristalizou uma frente de combate e algumas problemáticas, assim como a primeira formulação explícita de uma dialética estruturante da internet enquanto espaço político: a oposição entre a proteção dos dados pessoais e das comunicações privadas, por um lado, e, por outro, a abertura das informações públicas. Os ciberlibertarianos adotaram uma vertente explicitamente política de defesa dos direitos digitais - qualificada como "defesa libertariana dos direitos civis" (*civil libertarianism*) por Bruce Sterling[87]; para esse autor, o advento de reivindicações públicas e políticas era o desfecho de uma longa luta - até então, subterrânea - em torno do ciberespaço.

Um dos emblemas dessa formalização política foi a criação da Electronic Frontier Foundation (EFF) - uma associação que, ainda atualmente, continua promovendo uma intensa atividade -, a qual defende as liberdades fundamentais no domínio digital e propõe apoio jurídico e ações de *lobbying*; sua fundação deve-se a John Perry Barlow e a Mitch Kapor (fundador da empresa Lotus), aos quais se juntaram John Gilmore (um dos pioneiros de Sun Microsystems e ardente libertariano), assim como outras personalidades já evocadas, tais como Stewart Brand e Jaron Lanier. Barlow tinha recebido a visita de um agente do FBI, em 1990, no âmbito de uma operação destinada a identificar um *hacker* conhecido pelo nome de NuPrometheus, acusado de ter "roubado" e transmitido uma parte do código de programa computacional, pertencente à Apple (STERLING, 1993, p. 198 da ed. eletrônica). Além de Barlow, outras pessoas tinham sido tomadas como alvo enquanto participantes da Hackers' Conference, realizada em 1984, mesmo que as ações dos membros da conferência não tivessem qualquer conexão com atividades criminosas; contrariado com essa incursão das autoridades, desprovida de qualquer tipo de discernimento, Barlow acabou divulgando a sua experiência relativamente a esse episódio através da comunidade virtual The Well, da qual ele era uma das celebridades. A história teve grande repercussão, em particular, após a difusão de um "manifesto" (intitulado Crime and puzzlement) escrito em parceria por Barlow e Kapor, em que eles manifestavam a intenção de constituir uma organização política destinada a revelar as práticas arbitrárias e "inconstitucionais" das autoridades.

87. Sterling, 1993, parte 4: "The civil libertarians", p. 195-262 da ed. eletrônica.

7.5 Manifestos ciberlibertarianos e "excepcionalismo" da internet

O impulso inicial para um ciberlibertarianismo explicitamente político foi, portanto, o protesto contra a violação das liberdades individuais na luta travada pelo governo (e pelas grandes empresas) contra os *hackers*. Alguns dos principais temas de uma internet política foram forjados nesse contexto. O caráter "virtual" do ciberespaço parecia implicar a sua total desvinculação de qualquer território – e que ele está, portanto, fora da esfera da política, isto é, do Estado; além disso, qualquer tipo de interferência de sua parte no ciberespaço era apresentada não apenas como ilegítima, mas impossível na prática. Como resume uma célebre fórmula atribuída a John Gilmore: "The Net interprets censorship as damage and routes around it" (A Net interpreta a censura como um prejuízo e vai contorná-la).

A posição libertariana é ilustrada por dois "manifestos" emblemáticos: o primeiro – redigido por alguns dos autores da "terceira onda" e fundadores do *lobby* (marcado por forte tendência republicana) Progress and Freedom Foundation (PFF) – pretende ser nada menos do que uma "*Magna carta* para a era do conhecimento" (DYSON et al., 1994). Nesse texto, o Estado-nação e o governo são apresentados como ameaças às liberdades individuais, especialmente à liberdade de expressão e à liberdade de empreender. Além disso, estipula-se que o "poder da mente" supera "a força bruta das coisas", mas ele só poderá ser alcançado se for instaurada uma *magna carta* para proteger as liberdades individuais. Os direitos de propriedade intelectual, em particular, são apresentados como uma extensão dos direitos de propriedade "clássicos", em vigor na economia industrial e que, nesse aspecto, são inadaptados para a economia desmaterializada. A concorrência mais "dinâmica" da economia informacional também se opõe à concorrência "estática" da economia industrial. Enfim, anuncia-se que as relações humanas serão transformadas porque já não estarão dependentes da geografia, mas dos "interesses compartilhados"; em vez de deplorar o fim do vínculo social, trata-se sobretudo de celebrar o advento de comunidades virtuais, cuja base é o puro interesse privado e não as contingências físicas da proximidade espacial. Um modelo antirregulacionista é preconizado a fim de que possam se desenvolver plenamente os intercâmbios autorregulamentados por meio de regras não escritas e de práticas autoinstituídas. O texto foi denunciado, aliás, como propaganda na medida em que os seus autores estavam envolvidos no movimento sem precedentes da desregulamentação das telecomunicações, iniciado na década de 1980, e que veio a culminar na Telecommunications Act, de 1996[88].

88. Cf. Turner, 2012, cap. 7: "Wired".

Além dos interesses econômicos em jogo, as proposições evocadas anteriormente são baseadas na ideia de que o ciberespaço constitui um espaço à parte; assim, elas procuram legitimar uma visão "excepcionalista" da internet, defendida também na "Declaração de Independência do Ciberespaço", de John Perry Barlow[89]. Como já vimos, Barlow participou da definição da Nova Economia como economia-rede, além de ser cofundador da EFF; conhecido como o "Thomas Jefferson do ciberespaço", ele próprio se atribui o qualificativo de libertariano (DOHERTY, 2004). Sua Declaração foi redigida, em Genebra, por ocasião do Fórum Econômico Mundial e circulou amplamente na internet após o seu lançamento em 1996. Servindo-se de uma prosa que lembra o tom da Declaração de Independência dos Estados Unidos, além de evocar "Jefferson, Washington, Mill, Madison, Tocqueville e Brandeis [juiz da Corte Suprema estadunidense, famoso por sua defesa da liberdade de expressão e do direito à privacidade]", ele afirma categoricamente uma diferença de natureza entre o "ciberespaço" e o mundo "real" no plano tanto político quanto econômico.

No nível político, em primeiro lugar, os "governos do mundo industrial" são apresentados como "gigantes infartados de carne e aço" sem nenhuma legitimidade para exercer a sua soberania sobre esse "espaço social global e independente", semelhante a uma emanação espontânea da liberdade que está em condições de estabelecer um novo contrato social:

> Os governos recebem o seu poder legítimo do consentimento dos governados. Não é algo que nos tenha sido solicitado, tampouco que lhes tenha sido dado por nós. Vocês não foram convidados, nem nos conhecem, além de nada saberem a respeito de nosso mundo. O ciberespaço não é confinado pelas fronteiras traçadas por vocês, nem pensem que possam construí-lo, como se se tratasse de um projeto de construção pública. Vocês são incapazes de fazê-lo; trata-se de um ato da natureza e se desenvolve graças a nossas ações coletivas. [...]
> Vocês julgam que temos problemas e precisamos de vocês para resolvê-los. Vocês se servem desse pretexto para invadir o nosso território. Muitos desses problemas inexistem; ao ocorrerem verdadeiros conflitos e ao serem cometidos erros, vamos identificá-los e resolvê-los com nossos recursos. Estabelecemos o nosso próprio Contrato Social; a autoridade será definida, nesse contrato, segundo as condições do nosso mundo, e não as do mundo de vocês. Nosso mundo é diferente (BARLOW, 2000).

---

89. Barlow, 1996. Para a tradução francesa desse texto, cf. Blondeau e Latrive, 2000.

Na origem dessa declaração se encontra a vontade do governo norte-americano de intervir na rede por intermédio da Telecommunications Act, de 1996, em particular, ao propor medidas de censura contra "a obscenidade e a violência", as quais fazem parte da seção chamada Communications Decency Act (CDA); destinadas a combater a pornografia na internet, essas medidas constituem a primeira tentativa séria de impor uma regulamentação à rede. No entanto, a formulação muito geral e restritiva da lei desencadeou uma onda de protestos entre os defensores das liberdades individuais, mediante petições *on line* e, em seguida, uma ação judicial que mobilizou um amplo espectro de atores: a EFF, a revista *Wired*, a influente American Civil Liberties Union (Aclu), os ISP's, mas também empresas como Microsoft ou Apple. O juiz do Superior Tribunal de Filadélfia declarou, finalmente, a CDA incompatível com a primeira emenda da Constituição dos Estados Unidos; posteriormente, essa sentença foi confirmada pela Suprema Corte.

No nível econômico, a declaração de Barlow esboça uma nítida divisão entre o mundo "virtual" dos bens informacionais e o mundo físico dos bens industriais. Como tal, a aplicação da propriedade intelectual é apresentada como uma heresia:

> As indústrias da informação de vocês, cada vez mais obsoletas, gostariam de se perpetuar por intermédio de leis, na América e em outros lugares, pretendendo definir os direitos de propriedade sobre a própria palavra no mundo inteiro. Essas leis gostariam de transformar as ideias em um produto industrial qualquer, sem outra qualidade além de serem um pedaço de ferro fundido. Em nosso mundo, tudo o que a mente humana é capaz de criar pode ser reproduzido e difundido ilimitadamente sem nenhum custo. Para implementar a transmissão do pensamento, em escala planetária, já não há necessidade de utilizar as fábricas de vocês (BARLOW, 2000).

Ao concluir o seu texto, Barlow denuncia "medidas cada vez mais hostis e colonialistas" que "nos deixam em uma situação idêntica àquela conhecida, outrora, pelos amigos da liberdade e da autodeterminação, os quais tiveram de rejeitar a autoridade de poderes distantes e mal-informados". Assim, ele estabelece um paralelo com a Revolução Norte-americana e a independência arrancada ao colono britânico, antes de projetar a criação de uma "civilização da mente no ciberespaço", desejando que ela seja "mais humana e justa do que o mundo criado pelos governos de vocês".

Essa perspectiva "desterritorializada" foi formalizada em uma série de artigos por dois juristas influentes, David R. Johnson e David Post, que também estiveram na origem do Cyberspace Law Institute, recém-criado para atender a necessidades legais consideradas específicas, e muito próximo da Electronic Frontier Foundation (EFF); no momento em que se difundia o texto de Barlow, Johnson e Post também defenderam uma posição "excepcionalista" da internet, baseada em premissas abertamente libertarianas[90]. Esses dois autores afirmam nomeadamente que o ciberespaço é um lugar distinto, capaz de criar e implementar as suas próprias leis e instituições em um processo de autorregulação: na opinião deles, tratando-se de difamação, de propriedade intelectual, de controle das atividades profissionais na internet, de fraude e, até mesmo, de constituição de monopólios, novas regras devem ser aplicadas às trocas *on line* – e essas regras devem emanar da própria internet. Por meio de convenções de civilidade (a "netiqueta"), além do poder de "exclusão" atribuído aos administradores de sistemas e, enfim, pelo viés dos protocolos técnicos, eles defendem o desenvolvimento, de maneira "orgânica", de um conjunto de regras; aliás, tal regulamentação é comparada por Johnson e Post com o surgimento de uma *lex mercatoria* suprajudicial na Idade Média (JOHNSON & POST, 1996, p. 1.387-1.391). Portanto, o modelo predominante é o do livre-comércio; mas, revelando involuntariamente a influência de um pensamento evolucionista, esses autores também indicam com precisão que, entregue a si mesmo, o ciberespaço é capaz de se autorregular por meio de mecanismos de adaptação, de seleção e de diferenciação.

Desde a sua divulgação, o texto de Barlow foi profusamente criticado[91]; além disso, a sua retórica foi apresentada como um emblema da política ciberlibertariana predominante no Vale do Silício e, até mesmo, um delírio neohippie que perverte a noção de desobediência civil (BORSOOK, 2001, p. 16). De maneira mais geral, a ideia de uma internet em que o exercício da soberania sobre uma jurisdição geograficamente definida se tornasse obsoleto, atribuindo a prioridade a atores "não estatais", não passaria de uma das mais flagrantes manifestações de um discurso sobre a globalização, característico da década de 1990, em que esta é apresentada como algo *necessariamente* desregulamentado, desterritorializado e, portanto, na iminência de dissolver o Estado-nação; tal perspectiva foi amplamente relativizada, inclusive no caso da internet. No próximo capítulo veremos como lhe foi dada, no final dos anos de 1990, uma

90. Cf., p. ex., o artigo de Post (1995), que remete implicitamente ao livro de Nozick (1974).

91. Cf. Morrison (2009) para evocar tanto o eco obtido pela Declaração quanto um leque das críticas que lhe foram dirigidas.

resposta, sob a forma de reflexão, às interações entre direito, mercado e código de programa computacional.

Para Vincent Mosco e Derek Foster, o ciberespaço enquanto criação *ex nihilo* desse código, ao comemorar "o fim da história, da geografia e da política", constitui um grande mito moderno que vê a cultura de liberdade se tornar uma utopia apolítica, o de uma "sociedade horizontal" composta por indivíduos em rede (MOSCO & FOSTER, 2001). Esses indivíduos são apresentados como alguém que persegue os seus interesses sob um modo "orgânico". Nesse caso, a economia aparece como um ambiente "natural" em que a abertura, a adaptação e a "destruição criativa" podem garantir a persistência de uma "ordem espontânea" - com a condição de excluir, dessa ordem, qualquer autoridade externa -, nomeadamente o Estado. Este último retornará, no início dos anos de 2000, como algo recalcado, manifestando os limites da suposta desterritorialização da rede. A cultura de liberdade, peculiar à internet, assumirá uma dimensão muito mais reflexiva: a livre-circulação da informação nada tem de natural, nem de inelutável, mas deve ser *deliberada* - de acordo com modalidades a definir.

A fase ciberlibertariana teve um impacto cultural decisivo, contribuindo para enraizar uma visão, simultaneamente deslumbrada e naturalizada, da Nova Economia que ainda hoje continua bem viva e a respeito da qual, por exemplo, Evgeny Morozov não cessa de denunciar os exageros e o determinismo tecnológico (MOROZOV, 2014a). Por outro lado, ela também permitiu sublinhar algumas singularidades concretas a respeito das trocas na internet e, acima de tudo, incutir uma desconfiança relativamente à intervenção do Estado no campo dos intercâmbios digitais - cujo alcance, em toda a sua amplitude, é avaliado atualmente após as revelações de Edward Snowden. Os desafios de natureza política relacionados à rede se cristalizaram, principalmente, mediante a defesa das liberdades públicas, no contexto informacional, com a oposição entre os *hackers* e o Estado Norte-americano no início da década de 1990. Entretanto, o ciberlibertarianismo por si só não esgota a reformulação da economia política impulsionada pela internet. Para apreender realmente todas as suas vicissitudes, vamos, portanto, interessar-nos por uma "segunda onda" de pensadores na internet: menos eufóricos e mais rigorosos, eles procuraram construir uma genuína teoria política que, de acordo com a nossa análise mais abaixo, implica uma reflexão sobre os desafios jurídicos relacionados com a internet, assim como uma reinterpretação da noção de mercado e um deslocamento da problemática liberal.

8
LIBERDADES SOB CONTROLE?

ENTRE CÓDIGO DE PROGRAMA COMPUTACIONAL E REGRAS DO DIREITO

À medida que a internet se tornou um fator econômico e político cada vez mais relevante, o que era aparentemente uma de suas promessas, ou seja, a liberdade irrestrita, teve de ser revista. Vários eventos na virada da década de 2000 levaram à reafirmação da opção reguladora e, principalmente, do poder estatal: estouro da bolha da internet, processos judiciais espetaculares contra "ciberempresas" e internautas que, afinal de contas, não eram tão "desterritorializados" como se poderia imaginar e, enfim, a vigilância cada vez mais estrita da rede tanto por empresas privadas quanto por agências de inteligência. Na realidade, desde o final da década de 1990, uma inflexão teórica havia sido iniciada relativamente às suas origens, alterando sensivelmente a abordagem naturalizante que apresentava a internet como um organismo, o qual evoluiria, de maneira livre e autônoma, no sentido de uma harmonia econômica e social. Contra os ciberlibertarianos, alguns juristas norte-americanos adotaram uma postura mais explicitamente reflexiva e reguladora. Sem deixar de permanecer no âmbito do paradigma liberal, afirmou-se que, longe de ser um Estado "natural", o código de programa computacional subjacente à internet deveria ser compreendido como um código de lei, ou seja, como um *artifício humano* que rege a vida em sociedade e, nesse aspecto, suscetível de ser modificado. Os desafios de governança relacionados à internet enfatizaram essas questões de uma forma particularmente nítida.

Assim, do ponto de vista jurídico, a internet foi levada a se reposicionar, o que implicou um deslocamento e uma reformulação tanto da problemática liberal quanto das questões inerentes à autonomia individual e à auto-organização social. Reivindicando uma maior fidelidade à herança bastante disputada de Thomas Jefferson, essa atmosfera "ciberconstitucionalista" veio denunciar os grandes monopólios econômicos, assim como a falta de reflexividade política na instauração da "lei" que constitui o "código" que rege as trocas na internet e para além desta. Considerando que o desafio consistia em avaliar, de maneira mais rigorosa, os valores materializados na rede pela bitola dos valores defendidos nos principais tratados de filosofia política – e particularmente na Constituição dos Estados Unidos, que continua, assim, sobredeterminando a reflexão política na internet. Essa forma incrementada de reflexividade permanece, no entanto, associada à tradição autorreguladora da rede, a qual deve ser mais bem-adaptada às outras formas existentes de coordenação das trocas – em particular, o direito e o mercado. Principalmente pela valorização da noção de *commons informacionais*, propõe-se uma articulação mais sofisticada entre liberdade, autonomia individual e auto-organização, que leve em conta a importante fração das trocas "não comerciais" na rede. A esse respeito, o livro *The Wealth of Networks*, de Yochai Benkler (2006), constitui uma proposta fundamental. A economia acaba por ser redefinida profundamente, esboçando uma economia política alternativa para a era da informação, com forte dimensão normativa; aliás, seus defensores argumentam que ela é mais conforme ao *espírito* do ideal liberal clássico.

8.1 Limites da autorregulação e recrudescência do controle estatal

No início da década de 2000, três fatos relevantes contribuíram para deslocar as percepções da internet e para mostrar, em primeiro lugar, que a rede não era (ou tinha deixado de ser) um espaço à parte e, em seguida, que o ambiente de liberdades "naturais" – aparentemente, prometido por ela – era o resultado de uma arquitetura específica, suscetível de ser modificada. O primeiro desses eventos foi o estouro da "bolha da internet" que assistiu ao colapso, no decorrer do ano de 2000, das mais desenfreadas promessas da Nova Economia. A imagem idílica de um crescimento infinito, impulsionado por uma multiplicidade de microempresas a partir do modelo da *start-up*, esbarrou logo em limites. Algumas das empresas sobreviventes se tornaram os mastodontes que conhecemos atualmente, tais como Google ou Amazon. Certamente, a economia digital é daqui em diante um setor florescente e mais sólido, embora também mais concentrado. Esse episódio foi um aviso brutal de que as trocas econômicas na internet não evoluem em uma esfera completamente separada.

O segundo evento foi uma série de processos e intervenções judiciais, destinados a reafirmar a preeminência de um direito territorializado, a lutar contra as violações de direitos autorais relacionadas ao compartilhamento de arquivos em *peer-to-peer* (processo judicial contra o site de compartilhamento de arquivos musicais, Napster, levando a seu fechamento em julho de 2001) e, de forma mais geral, a neutralizar casos cada vez mais graves de cibercriminalidade (pornografia infantil, usurpação de identidade, roubo de dados pessoais e bancários etc.). Nesse aspecto, o processo intentado contra Yahoo!, em 2000, foi emblemático[92]. Na sequência da descoberta de objetos nazistas à venda no site, o Yahoo! foi atacado pelo fato de que a lei francesa reprime os discursos "racistas, antissemitas ou xenófobos" (Lei Gayssot, de 13 de julho de 1990). Para se defender, Yahoo! apresentou o argumento de que sua base de operações estava localizada nos Estados Unidos e, por conseguinte, era incapaz de filtrar os seus usuários, mas a sua argumentação foi rejeitada e, finalmente, Yahoo! foi condenado a remover os objetos incriminados sob pena de pagar multas elevadas; assim, o direito francês acabou sendo aplicado a uma empresa "desterritorializada" e, em 2002, Yahoo! aceitou inclusive as exigências do governo chinês, em matéria de filtragem e censura, em troca da autorização para empreender as suas atividades nesse país. Nessa ocasião, Richard Rogers evoca uma "desforra da geografia" e o fim simbólico da ideia de ciberespaço[93]. De fato, ficou demonstrado que a intervenção estatal não era de modo algum impossível, apesar da cooperação complicada entre jurisdições e a natureza – às vezes, maldefinida – das infrações no campo do "virtual"; mas, em alguns casos, a rastreabilidade inerente ao meio de comunicação torna mais fácil a caracterização dessas infrações e, além disso, as investigações digitais se tornaram atualmente um complemento rotineiro dos inquéritos "clássicos" de caráter judicial e policial.

O terceiro evento foi a ocorrência dos atentados de 11 de setembro de 2001, acompanhada por medidas de segurança cada vez mais estritas. Se as agências de inteligência haviam desempenhado sempre um papel opaco em nome da razão de Estado e da segurança nacional, tais eventos foram a oportunidade para legitimar a implantação de técnicas avançadas de vigilância e de "traçar perfis" de suspeitos, inclusive, para suspender determinados direitos fundamentais sob o pretexto de uma forma de Estado de exceção que acabou por se tornar a regra. Nos Estados Unidos, o decreto conhecido como *Patriot Act*, em particular, tornou consideravelmente mais fáceis os procedimentos de intercepção das comu-

---

92. Cf. GOLDSMITH & WU, 2006. "Introduction. Yahoo!", 2006, p. 1-10.

93. Rogers, 2013, cap. 2: "The link and the politics of Web space", p. 59.

nicações e a obtenção pelas autoridades de dados pessoais em posse de operadoras de telefonia, de provedores de acesso à internet ou dos serviços *on line*, tais como Google ou Facebook. Antes mesmo das revelações do denunciante Edward Snowden, na primavera de 2013, um feixe de indícios levava a suspeitar da amplitude das manobras empreendidas pelas agências de inteligência. O jornalista James Bamford, que tinha revelado a existência da NSA (National Security Agency), desde o início da década de 1980 (BAMFORD, 1982), mostrou como a intercepção das comunicações foi acelerada após o 11 de setembro de 2001, em estreita colaboração com a indústria das telecomunicações (BAMFORD, 2009). Do ponto de vista das autoridades, um dos principais problemas tinha a ver com o fato de que a missão da NSA é, em princípio, direcionada para as ameaças externas; ora, a Constituição Norte-americana, assim como a Foreign Intelligence Surveillance Act (Fisa) proíbem que os seus agentes espionem, sem um mandado, as comunicações de cidadãos estadunidenses – mas essa distinção se tornou cada vez mais precária à medida que o alvo das informações coletadas é cada vez menos bem definido. Desde 2002, agentes dos escalões mais elevados da NSA – tais como William Binney e Thomas Drake – procuram chamar a atenção para os deslizes dos serviços de inteligência norte-americanos. No entanto, imediatamente após os ataques, o Pentágono julgou que tinha chegado a hora de avançar, sem disfarces, para defender o Projeto Total Information Awareness de coleta maciça de informações com a finalidade de antecipar atos criminosos e terroristas; perante o clamor suscitado na opinião pública, o projeto foi oficialmente enterrado em 2003 – no momento em que, na realidade, a NSA estava trabalhando para lhe dar o maior incremento possível (HARRIS, 2012). Em 2005, o *New York Times* revelou a existência de um amplo programa de escutas telefônicas clandestinas em todo o território nacional (RISEN & LICHTBLAU, 2005). Em 2006, graças às informações fornecidas pelo engenheiro da AT&T, Mark Klein, a EFF intentou um processo (Hepting *vs.* AT&T) contra o gigante das telecomunicações por ter conscientemente permitido à NSA "conectar-se" em sua rede; na esteira dos discursos e das práticas estadunidenses, a "luta contra o terrorismo" se estendeu pelo terreno da internet, acabando por legitimar a instalação de "portas dos fundos" (*backdoors*) e de softwares espiões em todos os entroncamentos da rede, o desenvolvimento de amplas infraestruturas técnicas de coleta de dados, respaldadas em uma legislação secreta, assim como o estabelecimento de estreitas parcerias entre as agências de inteligência dos grandes países ocidentais. Aliás, nessa área, a França nada fica a dever na medida em que também dispõe de importantes capacidades de intercepção; além disso, a pretexto dos mortíferos ataques terroristas de janeiro de 2015 – contra o jornal satírico *Charlie Hebdo* e um supermercado kosher –, ela implementou um quadro jurídico destinado não só a legalizar práticas de vigilância das multidões e procedimentos de justiça secretos que, no entanto, são dificilmente conciliáveis com os princípios de um Estado de direito, mas também a estender as missões das agências de inteligência para incluir a espionagem econômica e a prevenção dos movimentos sociais (TRÉGUER, 2015).

Esses três eventos – ao manifestarem, por um lado, a falência de uma internet reduzida a um espaço de simples trocas e, por outro, a reafirmação das prerrogativas do Estado em controlar as modalidades de circulação de bens, indivíduos e ideias – participam da explicação relativamente a uma mutação nas representações da rede, além de permitirem falar de uma "ressurgência" do ascendente exercido por parte dos estados no ciberespaço[94] e, até mesmo, do advento de um "ciber-realismo" que consolida a preponderância dos "interesses superiores do Estado", tratando-se seja de sua autoridade no plano nacional ou dos jogos de poder entre estados. Como foi sublinhado por dois especialistas do controle sobre a rede, Ronald Deibert e Rafal Rohozinski, a displicência da década de 1990 foi substituída por uma "corrida armamentista no ciberespaço" para defender os interesses dos estados e, às vezes, "a unidade nacional" (DEIBERT & ROHOZINSKI, 2010, p. 49). Tal corrida se traduz em um maior intervencionismo e em iniciativas de regulamentação destinadas a proteger a propriedade intelectual e a combater a criminalidade, mas também a defender as infraestruturas vulneráveis a ataques cibernéticos, a empreender campanhas de espionagem no exterior e, até mesmo, em alguns casos, a monitorar a população, a filtrar e censurar os conteúdos – inclusive em regimes democráticos. De acordo com Deibert e Rohozinski, as intervenções do Estado na rede podem assumir diferentes formas, mais ou menos intrusivas (DEIBERT & ROHOZINSKI, 2010, p. 48-55; cf. tb. DEIBERT, 2013): em primeiro lugar, pode se tratar de *medidas legais* destinadas a aplicar um quadro de regulamentação (difamação, direitos autorais), mas que também podem ser utilizadas para intimidar atores e censurar conteúdos; ou de *petições informais*, além de pressões, que podem igualmente ser exercidas contra os "pontos de convergência" da rede, tais como os provedores de acesso, os motores de busca ou as redes sociais. Enfim, determinados métodos de controle mais diretos podem ser implementados, que são terceirizados a empresas privadas, implantadas diretamente por serviços espe-

---

94. GOLDSMITH & WU. Op. cit. Parte 2: "Government strikes back", p. 47-125.

cializados ou, ainda, entregues a *hackers* patriotas ou mercenários contratados a serviço dos estados.

O controle eficaz da internet por determinado Estado revela-se, portanto, perfeitamente possível, como é demonstrado por um número cada vez maior de estudos. É o caso de regimes autoritários, como foi sublinhado, desde 2003, por Shanthi Kalathil e Taylor Boas (KALATHIL & BOAS, 2003), e confirmado posteriormente pelo ex-ativista bielorrusso dos direitos humanos, Evgeny Morozov (2011). Isso igualmente ocorre na maior parte das grandes democracias, a começar pelos Estados Unidos, que sigilosamente desenvolveram recursos de vigilância e de intervenção indireta nas trocas *on line*, muito mais sutis, além de mais perniciosos do que a censura ou a intervenção direta. Constata-se em particular, graças aos documentos vazados por Edward Snowden, a amplitude do poder norte-americano de vigilância e intervenção na internet, através da NSA e da cooperação, mais ou menos voluntária, dos principais atores do setor das telecomunicações e dos serviços da internet[95]. A euforia associada a tecnologias de comunicação que seriam intrinsecamente democratizantes encontra-se, assim, grandemente frustrada, mesmo que uma série de movimentos contestatários, dissidentes e, até mesmo, revolucionários no decorrer do período 2010-2011 (movimento dos "Indignados" na Espanha, *Occupy Wall Street* nos Estados Unidos e, sobretudo, as primaveras árabes), tivessem utilizado, em parte, a internet para difundir a informação e coordenar ações coletivas.

Tais evoluções indicam claramente que a internet não é "naturalmente" – ou seja, em virtude de suas características sociotécnicas – um ambiente de liberdade; pelo contrário, a rede é cada vez mais permeada de problemáticas sociais, econômicas, políticas e geopolíticas, objeto de controvérsias e, portanto, é suscetível de ser investida pelo poder público. Tendo sido regulamentada *de facto*, trata-se de saber a quem atribuir legitimidade para exercer a autoridade sobre ela, em que contexto e com base em que valores.

95. Uma recensão das informações divulgadas, através de Snowden, encontra-se nos sites da EFF e da Aclu, que historicamente, como já vimos, estão bastante envolvidas na defesa das liberdades individuais na internet, além de estarem na origem da maior parte das iniciativas para contestar esse dispositivo de segurança, em particular, no plano jurídico (cf. "NSA spying". *EFF.org* • "The NSA Archive". Aclu, searchable archive of NSA documents released since Edward Snowden's leak). Numerosos artigos podem ser consultados igualmente no site *The Intercept*, criado por jornalistas naquela ocasião.

8.2 A governança da internet, entre regulamentação e autorregulação

Apesar de um maior intervencionismo por parte dos estados e das incursões da "economia real" na Nova Economia, a internet se esforçou em permanecer fiel à sua herança, orientada para a autorregulação – em particular, pela definição consensual de protocolos e padrões técnicos. Para os ciberlibertarianos, a rede não deveria e/ou não poderia ser regulada "do exterior", e os mecanismos de autorregulação eram os mais aptos para garantir o seu bom funcionamento. Mas, em certa medida, as trocas na internet foram sempre, pelo menos parcialmente, regulamentadas mediante um quadro institucional externo, em articulação com dispositivos endógenos à internet (em particular, organismos de padronização técnica), agrupando atores privados, organizações profissionais ou, ainda, associações (RUSSELL, 2014). A regulamentação, aqui, envolve regras de funcionamento destinadas a organizar as prioridades e arbitrar os conflitos; ela abrange simultaneamente as próprias redes e os conteúdos que circulam por seu intermédio, considerando que essas duas questões são interdependentes e exigem ser pensadas em conjunto.

Após a emergência da web, em 1991, a democratização da rede foi acompanhada pela privatização de uma grande parte de suas infraestruturas e pelo estabelecimento de diferentes instituições, mais ou menos informais, destinadas a garantir o seu funcionamento: a Internet Engineering Task Force (Ietf) se dedicava, desde 1986, a definir os padrões e protocolos técnicos da rede com base no voluntariado, e perpetuando a tradição de Request For Comments (RFC) utilizados por Arpanet[96]; a Internet Society (Isoc), uma organização sem fins lucrativos, criada em 1992 por alguns dos fundadores da rede a fim de fornecer uma estrutura administrativa para a Ietf, além de promover e coordenar o desenvolvimento da internet; e o World Wide Web Consortium (W3C), igualmente sem finalidade lucrativa, fundado em 1994 por Tim Berners-Lee, o criador da web, a fim de harmonizar as especificações das tecnologias da rede (HTML, XML, CSS etc.). Todas essas instituições de produção de padrões e de normas se inscreveram no ideal concebido pela "forma canônica" da internet enquanto dispositivo sociotécnico, tal como o descrevemos no capítulo 2; tratava-se de atingir uma adequação entre a *definição técnica* de protocolos destinados a criar e manter uma rede distribuída, por um lado, e,

96. Lembremos que se trata de grupos de trabalho informais que trocam e-mails com o objetivo de estabelecer um consenso a respeito de determinado problema técnico no âmbito de procedimentos específicos.

por outro, o modo de *produção social* desses protocolos através dos procedimentos orientados para o consenso.

No entanto, é apenas no final da década de 1990 que se impôs o problema da "governança da internet" (*internet governance*), sinalizando o questionamento de um ideal de autorregulação da internet que continua sendo, ainda hoje, objeto de acirrados debates e de lutas pelo poder[97]. Como lembra Milton Mueller, um dos principais especialistas sobre o assunto, o termo "governança" se refere às relações internacionais; com efeito, trata-se de designar uma forma de autoridade que permita "a coordenação e a regulamentação de atores interdependentes, na ausência de qualquer autoridade preponderante" (MUELLER, 2010, p. 8-9). A noção de governança traduz, assim, uma intervenção distante, mas reafirmada, das estruturas de regulamentação estatal, combinada com mecanismos de "cogestão" com atores "não estatais" - por exemplo, empresas, associações etc. - e permitindo formas de negociação entre interesses públicos e privados.

Na origem, a governança da internet designava, antes de mais nada, a questão da coordenação dos nomes de domínios e endereços: o DNS ou Domain Name System - com as suas terminações em .com .gov .net .org .mil .edu - traduz os endereços digitais (endereços IP do tipo 91.198.174.192) em linguagem natural (www.wikipedia.org). Ele foi introduzido em 1983, antes da passagem da Arpanet para a NSFNET, a fim de simplificar o uso da rede, e é um dos raros elementos a ter sido centralizado: servidores "raiz" mantêm atualizadas as tabelas de conversão, divulgando-as em todos os servidores secundários e sub-redes ao redor do mundo. A problemática dos nomes de domínio está diretamente relacionada com os desafios de regulamentação porque se trata, por exemplo, de encontrar a solução para as disputas sobre a atribuição de um nome de domínio específico (no caso em que ele estivesse associado a uma marca registrada), ou ainda de determinar se um site que faz a promoção de bens, serviços ou ideias ilegais deve ser "apagado" dos registros. Em teoria, é até mesmo possível "desconectar" - nem que seja temporariamente - todos os sites de determinado país. O DNS reintroduz, assim, um elemento fortemente hierárquico no nível da web - aliás, como foi sublinhado pelo fundador da web, Tim Berners-Lee: "O DNS é um calcanhar de Aquiles centralizado, mediante o qual [a web] pode ser completamente desconectada ou controlada" (apud GALLOWAY, 2004, p. 10).

---

97. Para uma apresentação bastante completa desses desafios, cf. DeNardis, 2014.

Ora, se todas as implicações diretas do governo norte-americano sobre a internet cessaram por ocasião do fechamento da Rede NSFNET, em 1995, mesmo assim foram conservados vínculos estreitos com essa entidade-chave, que é o DNS, através da criação da Internet Corporation for Assigned Names and Numbers (Icann), em 1998. As principais missões dessa sociedade de direito californiano sem fins lucrativos, inicialmente sob a supervisão do Departamento do Comércio estadunidense, são a coordenação e a atribuição dos identificadores na internet, assim como a gestão do sistema dos servidores "raiz" dos DNS; aliás, a implementação da Icann foi exposta, de maneira detalhada, por Mueller (2002). Desconhecida e, ao mesmo tempo, bastante contestada devido a seu papel demasiado técnico, embora essencial, a Icann constitui um interessante estudo de caso em matéria de governança internacional. Para muitos observadores, trata-se de uma experiência fracassada de autogestão democrática de uma instituição com alcance global, que não conseguiu engendrar uma implicação consequente por parte da sociedade civil. Ao contrário da Isoc e, sem dúvida, por causa de seu papel estratégico – mas também porque se trata de uma estrutura institucional "híbrida", cuja transparência relativamente à organização e legitimidade, assim como aos estatutos, deixa a desejar –, a Icann não conseguiu perpetuar os métodos descentralizados e participativos peculiares à cultura da internet (e, em particular, ao estabelecimento de padrões técnicos). Tal conjuntura acarretou uma contestação da Icann entre 2002 e 2005, por ocasião de uma série de conferências multilaterais, organizadas por iniciativa da ONU: a Cúpula Mundial sobre a Sociedade da Informação (Wsis ou World Summit on the Information Society), que se transformou na Cúpula Mundial sobre a Governança da Internet (World Summit on Internet Governance), a partir da proposição que tem como objetivo a "governança multiatores" (multistakeholder governance model), em que todas as partes interessadas estariam envolvidas – sociedade civil, setor privado, governos nacionais e instituições internacionais.

Apesar de não ter encontrado nenhuma resposta para os problemas existentes, a Icann é dotada, desde 2009, de novos estatutos que lhe conferem uma maior independência em relação ao governo dos Estados Unidos, sem deixar de se manter sob a jurisdição estadunidense. Enfim, tendo o objetivo de dar garantias à comunidade internacional, na sequência do escândalo suscitado pela vigilância da rede exercida pela NSA, o governo norte-americano anunciou, no início de 2014, a sua intenção de deixar de supervisionar a Icann e de transferir esse poder para uma entidade multilateral (mas *não* de natureza interestatal).

A relutância do governo dos Estados Unidos em abandonar completamente os seus poderes (indiretos) sobre essa entidade foi fortemente criticada; o exemplo da Icann, que diz respeito a alguns recursos críticos da internet, é apresentado de maneira geral como um compromisso instável encontrado entre uma regulamentação completa por parte dos estados, uma forma de autorregulação técnica, herdada das origens científicas da rede, e uma autorregulação orientada para objetivos industriais e comerciais.

De maneira mais geral, a governança da internet se apresenta sob diferentes formas institucionais, cada uma das quais é dotada de um equilíbrio distinto: abertura e inclusividade do processo a uma diversidade de atores, formato dos procedimentos de produção de normas, impacto das decisões adotadas, assim como avaliação do processo e de seus resultados[98]. Para Mueller, apesar da "contrarrevolução" lançada pelos estados a partir do início da década de 2000, a internet suscita problemas específicos de regulamentação, além de continuar sendo um espaço de inovação institucional e de contestação da soberania do Estado. De acordo com ele, transformações importantes ocorrem em quatro áreas principais, exigindo uma atenção especial, assim como um ajuste dos mecanismos institucionais; trata-se, como já vimos, da gestão de alguns recursos críticos da rede, mas também da proteção da propriedade intelectual, da segurança cibernética e da regulamentação dos conteúdos (tratando-se de sua legalidade ou dos contenciosos que, eventualmente, lhe são inerentes: disputas comerciais, difamação etc.)[99].

8.3 A "neutralidade das redes"

A questão da governança junta-se a outra, surgida também no início da década de 2000 e que cristaliza uma grande parte das estratégias de economia política relacionadas à internet: trata-se da "neutralidade das redes", uma expressão originalmente introduzida pelo professor de Direito, Tim Wu, no contexto do uso generalizado da internet banda larga (WU, 2003a). Ela se apresenta como uma extensão, no campo da internet, da noção norte-americana de *common carrier* – ou seja, regulamentações aplicadas aos transportadores de mercadorias ou pessoas, garantindo uma missão de serviço público e, nesse aspecto, subme-

---

98. Uma tipologia útil se encontra no artigo de Badouard et al., 2012, p. 99-124.

99. MUELLER. Op. cit. 2010, p. 5-6. Nessa obra, um capítulo é dedicado a cada um desses domínios.

tidos a restrições específicas, em particular, a requisitos de não discriminação. Wu também é autor de um livro de história das telecomunicações, no qual coloca em perspectiva tanto as tendências, em sua opinião, inevitáveis à concentração nesse setor – principalmente através do exemplo de AT&T – quanto a necessidade de intervenção do poder público para evitar a formação de monopólios demasiadamente poderosos (WU, 2010).

A neutralidade das redes se apresenta, daí em diante, como um embasamento normativo para a governança da internet e das telecomunicações, além de fornecer-lhe uma orientação geral, embora ambígua. Ora, esse princípio é político no sentido em que ele afirma a necessidade de intervir para defender a livre-circulação de informação, garantindo a igualdade de processamento dos fluxos na rede e impedindo a priorização de determinados conteúdos e serviços: ele se desvincula, assim, da posição de displicência libertariana, mas propõe outra forma de liberalismo, em que a regulamentação estatal é o que permite o estabelecimento de um mercado verdadeiramente competitivo e de um ambiente autenticamente livre e aberto. Está fora de questão abordar aqui todas as implicações que lhe são inerentes. Trata-se, antes de mais nada, de sublinhar que a neutralidade da internet remete diretamente aos valores e ideais que permeiam a rede desde a sua concepção; o que permite compreender como ela se tornou um dos pontos principais do contencioso em relação à liberdade na internet.

Como vimos no capítulo 2, a internet foi concebida, desde o seu início, como um modo de comunicação, descentralizado e aberto, em virtude de sua arquitetura lógica. A comutação por pacotes (*packet switching*) e os protocolos TCP/IP possibilitam a conexão de qualquer aparelho ou sub-rede, e sobretudo a rede não é dotada em si mesma de nenhuma função de controle dos conteúdos: os pacotes circulam de maneira autônoma, e os protocolos garantem que eles são enviados para o destino correto, sem que haja uma função reguladora centralizada. Assim, todos os pacotes são encaminhados da mesma forma, seja qual for o seu conteúdo: é o princípio do "ponta a ponta" (*end-to-end*), a respeito do qual Tarleton Gillespie mostra que ele migrou do domínio técnico e do debate de engenheiros para ter acesso aos campos legais, políticos e econômicos, enquanto representação simbólica de uma internet ideal – a internet "neutra" e descentralizada das origens (GILLESPIE, 2006). A ideia de neutralidade é considerada, portanto, como sinônimo de liberdade, igualdade e justiça; além disso, Gillespie observa que a própria expressão *end-to-end*, enquanto metáfora social e espacial, é evocadora de igualitarismo democrático, de participação popular, de equidade e de inclusividade, além de recusa das hierarquias e da dominação.

No entanto, os problemas de congestionamento surgiram com a chegada da banda larga e com o forte aumento do tráfego que a acompanhou. A banda larga tornou possível, nomeadamente, os fluxos de vídeo, mas também a difusão da televisão e telefonia *via* internet. O debate sobre a neutralidade da rede assumiu, em particular, a forma de uma divergência de interesses econômicos, estabelecendo a oposição entre os operadores, que garantem os investimentos na rede, e os provedores de serviços e conteúdos, tais como YouTube (propriedade do Google) ou, mais recentemente, Netflix: com a utilização do vídeo, aumentou grandemente o volume de dados em circulação. Os operadores manifestaram, por um lado, a vontade de exigir uma taxa aos prestadores de serviços, o que é contestado por estes na medida em que o operador é já remunerado por seus clientes (os usuários); por outro, as evoluções tecnológicas permitem daí em diante sondar o tráfego, a fim de determinar os diferentes níveis de prioridade nos dados encaminhados. Trata-se, portanto, de estabelecer uma "internet a várias velocidades", ou seja, um princípio de "discriminação" do tráfego que implica controlá-lo ou, no mínimo, filtrar os seus conteúdos; além disso, problemas de segurança, cada vez mais graves, acabaram justificando a necessidade de tal filtragem.

Ora, as duas principais questões formuladas – relativamente à *discriminação* e à *filtragem* do tráfego – são, em determinados aspectos, prenhes de potenciais consequências. Com efeito, os riscos de abuso são numerosos: em primeiro lugar, econômicos, considerando que o operador está em condições de promover os seus próprios serviços e conteúdos em detrimento do que é oferecido por seus concorrentes, ou ainda de bloquear alguns serviços e conteúdos, de maneira unilateral (p. ex., no caso dos serviços de download em *peer-to-peer*)[100]. A incidência sobre a inovação, assim como a concorrência são, portanto, diretas. Mas os riscos também são explicitamente políticos na medida em que a filtragem – sob o pretexto, por exemplo, de verificar a sua legalidade – pode assumir a forma de uma "inspeção de pacotes" (DPI ou *deep packet inspection*), assimilável à violação da correspondência privada (como se os correios abrissem todas as cartas e encomendas que transitam por suas agências). A neutralidade das redes está, portanto, relacionada diretamente com as liberdades públicas.

Assim, a questão da neutralidade das redes se tornou o ponto principal do debate político a respeito da internet. Com efeito, ele enfatiza a tensão entre um

100. Um exemplo desse caso é o bloqueio, em 2007, da aplicação de *peer-to-peer* BitTorrent pelo operador norte-americano Comcast (também proprietário de grupos de mídia), o que acarretou punições por parte da FCC [sigla de Federal Communications Commission. Órgão regulador da área de telecomunicações e radiodifusão dos Estados Unidos [N.T.].].

ideal – o da "internet das origens" que supostamente materializava a liberdade absoluta – e a realidade pragmática de seu funcionamento. Ele contribuiu, assim, para "desnaturalizar" a internet, ou seja, para mostrar que o caráter descentralizado e aberto da rede não tinha nenhuma garantia – o que, ao mesmo tempo, permitiu legitimar um debate teórico sobre a regulamentação, a fim de determinar o que era exatamente a "neutralidade" a ser preservada e como proceder para torná-la operacional.

8.4 *Code is law*, ou a afirmação de um liberalismo regulador

Como havíamos evocado no final do capítulo anterior, o ciberlibertarianismo, desde a sua formalização jurídica, foi vigorosamente contestado sob a forma de uma crítica contra o "ciberanarquismo", ao qual ele pode ser comparado, tendo sido avançada também a reafirmação da importância da soberania territorializada, assim como o retorno de certo realismo jurídico. Com efeito, a oposição – ou, no mínimo, o ceticismo – à autorregulação total da internet assumiu nomeadamente a forma de um ataque teórico no plano do direito. Os trabalhos de Joel Reidenberg se encontram entre os primeiros a insistir sobre a especificidade de uma *lex informatica* que desafia as teorias tradicionais da regulamentação (REIDENBERG, 1998). De acordo com esse autor, a regulamentação deve levar em conta a complexidade das interações na internet, assim como a diversidade dos atores (indivíduos, estados, interesses econômicos, desafios tecnológicos, movimentos em favor da cidadania etc.), devendo também reconhecer que as escolhas de arquiteturas de software e hardware constituem regras *de fato* – ou seja, as principais fontes da regulamentação na internet – que deverão ser articuladas com as regras do direito.

Alguns juristas norte-americanos proeminentes – entre os quais Lawrence Lessig, Jonathan Zittrain e Yochai Benkler, professores de Direito em Harvard – começaram a prestar uma atenção especial à internet. Confrontados frequentemente com desafios jurídicos concretos, relacionados ao desenvolvimento da internet e a seus efeitos sobre a cultura, a economia e o direito, eles contribuíram amplamente para estruturar o campo da reflexão sobre a rede após a fase ciberlibertariana. Para além de suas respectivas posições – às vezes divergentes –, eles compartilham uma perspectiva que pode ser qualificada como "ciberconstitucionalista" na medida em que a *lei* é reafirmada em face do *contrato*: longe da displicência ciberlibertariana, trata-se aqui de determinar as condições de realização do liberalismo no contexto digital, admitindo que este não ocorre "naturalmente", mas exige a implementação de mecanismos de regulação específicos.

O ideal jeffersoniano é, assim, retomado aos ciberlibertarianos para insistir principalmente sobre uma famosa carta enviada a Isaac McPherson (13 de agosto de 1813), em que ele afirma a impossibilidade de deixar as ideias e invenções sob o estatuto de propriedade privada. Jefferson – que também foi responsável pela Agência Norte-americana das Patentes sob a presidência de George Washington – manifestava um interesse particular pela questão da propriedade intelectual; ele esteve igualmente na origem da noção de *fair use* (direito de citação e uso educacional de textos protegidos) e da instauração de bibliotecas públicas. Para Lessig, a internet é a verdadeira materialização de um ideal de livre-circulação da informação, herdado do Século das Luzes: "Jefferson disse que as ideias deveriam circular livremente; o que se tornou possível mediante a net [...]. A natureza da net, a sua *arquitetura*, a sua forma permitem o desenvolvimento desse extraordinário poder de criação, fazendo advir a revolução jeffersoniana e concretizando a promessa de criatividade" (LESSIG, 2000b, p. 342 [tr. para o fr. de B.L.]). No entanto, esse autor não deixa de acrescentar que, através da extensão dos direitos de propriedade intelectual e de sua aplicação no domínio digital, essa liberdade está ameaçada:

> A explosão dos direitos de propriedade intelectual [...] engendra enormes custos de negociação e, portanto, beneficia aqueles que têm mais facilidade para negociar. Ela faz com que a criação se torne mais difícil para os independentes, os não afiliados, os críticos ou os pobres; ela fortalece o poder de criação daqueles que fazem parte da instituição, dos afiliados ou dos convencionais. Ela mata o mundo criado pela internet; ela recria o mundo que existia antes do surgimento da internet (LESSIG, 2000b, p. 345-347 [tr. para o fr. de B.L.]).

Apesar ou por causa da retórica ciberlibertariana, Lessig associa os anos de 1990 ao triunfo da propriedade privada na internet – que, em vez de um recuo do Estado, sinaliza um desvio do quadro jurídico em favor de monopólios industriais e comerciais à medida que se verifica um envolvimento cada vez maior dos advogados em relação com a rede.

Ademais, para Lessig, além dos mecanismos da propriedade intelectual, a própria internet enquanto ambiente tecnológico se apresenta, antes de mais nada, como um dispositivo que tem *força de lei* – ou como ele resumiu sucintamente em uma fórmula que ficou famosa: um mundo em que "o código faz a lei" (*code is law*)[101]. A lei é, obviamente, o instrumento de regulamentação por excelência das sociedades humanas; as normas sociais implícitas organizam também as interações entre os indivíduos. E é sobejamente conhecido - pelo menos, desde o Barão Haussmann[102] - que a arquitetura e o urbanismo também são formas de controle da população; eis o que se passa também, diz-nos Lessig, com o código de programa computacional. Sua reflexão converge, assim, para as conclusões tiradas igualmente pela sociologia das ciências e tecnologias, relativamente à natureza *performática* das escolhas de *design* técnico em suas articulações com a vida social (FLANAGIN, A.J.; FLANAGIN, C. & FLANAGIN, J., 2010). Lessig insiste sobre o fato de considerar a internet como um espaço de interações econômicas e sociais, dotado de uma *arquitetura* invisível (o código de programa computacional) que materializa valores e regulariza os comportamentos humanos em plano semelhante a estas três modalidades - as *normas* (culturais), o *mercado* e a *lei* - e em interação com elas[103]. Desse modo, ele reitera que é a *rule of law* (compreendida em sentido lato)[104] que é o garante das liberdades, e não a displicência, que ocultou o controle exercido por algumas grandes empresas comerciais e os estados, tirando partido de tecnologias respaldadas em um direito a serviço de seus interesses. Se, originalmente, o espaço da internet foi construído pelos cientistas e pelos *hackers* como um ambiente de liberdade, daí em diante esse espaço é, segundo Lessig, cada vez mais regulamentado, sob vigilância e sob controle, além de ser vítima de um *déficit democrático* na maneira de estabelecer as regras em vigor na rede.

Assim, Lessig lembra que a internet é regulamentada *de facto*. Por exemplo, de acordo com esse autor, os protocolos TCP/IP da internet, tais como eles haviam sido originalmente projetados, permitem em teoria impedir o contro-

---

101. Lessig, 2000a. Para uma informação mais aprofundada, cf. tb. Lessig, 2006.

102. Trata-se de Georges-Eugène Haussmann (1809-1891), nomeado prefeito de Paris, entre 1853 e 1870, por Napoleão III. Inspirando-se nas teorias higienistas que remontavam ao século anterior, com o objetivo de melhorar a circulação do ar e das pessoas, ele foi responsável pela reforma urbana que subsiste, ainda hoje, na configuração da capital francesa. Cf. Benevolo, 2009 [N.T.].

103. Lessig, 2006, cap. 7: "What things regulate", p. 120-137.

104. A *rule of law* é uma fórmula bastante genérica e objeto de acalorados debates. Originalmente, no sistema anglo-saxão, ela designava a submissão do poder público às mesmas leis aplicadas aos cidadãos. A tradução francesa geralmente adotada, o "Estado de direito", indica uma interpretação específica ao contexto do Direito Romano: o Estado é a garantia da lei e ocupa um lugar especial no sistema jurídico. No entanto, a ideia geral permanece a mesma; trata-se de evitar qualquer exercício arbitrário do poder e de preservar os direitos individuais.

le da circulação da informação pelo fato de dificultarem o conhecimento dos conteúdos, dos remetentes e dos destinatários dos dados que transitavam por ela. Positivamente, esses protocolos protegem, portanto, a liberdade de expressão (ou, como ele escreve, "a Primeira Emenda é codificada na arquitetura do ciberespaço"); e negativamente, eles também podem facilitar a dissimulação de atividades ilegais. No entanto, outras opções de códigos podem autorizar uma regulamentação mais estrita, e, de fato, surgiu uma multiplicidade de inovações que vieram completar os protocolos TCP/IP ou se sobrepor a eles, permitindo principalmente identificar os usuários e os conteúdos. Lessig sublinha que as escolhas da arquitetura de software e hardware, tendo força de lei, materializam nesse aspecto as escolhas de *valores* – e, portanto, as decisões de ordem política, e não só de engenharia (LESSIG, 2006, p. 78). Existe, assim, uma "mão invisível" da arquitetura digital, constituída por interesses políticos e econômicos que transformou o programa inicial para oscilar em direção de um controle cada vez mais acentuado dos usuários:

> Temos todos os motivos para acreditar que o ciberespaço, por si só, não irá cumprir as promessas de liberdade. Entregue a si mesmo, o ciberespaço tornar-se-á uma ferramenta perfeita de controle. [...] Defendemos a tese de que a mão invisível do ciberespaço está em via de modelar uma arquitetura que é o oposto de sua arquitetura original. Essa mão invisível, impulsionada pelo Estado e pelo comércio, constrói uma arquitetura que irá aprimorar o controle e permitirá uma regulamentação extremamente eficaz (LESSIG, 2006, p. 4 [tr. para o fr. de B.L.]).

Esse autor reivindica sua filiação, em particular, a John Stuart Mill (1806-1873). Ser um liberal consequente, de acordo com Lessig, implica não só questionar o controle exercido pelo Estado (como é pretendido pelos libertarianos), assim como as restrições impostas pelas normas morais (como foi o caso na Inglaterra do século XIX, no momento em que foi escrito o texto de Mill), mas também impedir a manifestação das tendências predatórias dos interesses econômicos privados, apoiados por dispositivos jurídicos (LESSIG, 2006, p. 120-121). Isso pressupõe prestar atenção às formas de poder que se exercem atualmente por intermédio da tecnologia:

> Em cada época há um regulador potencial e uma ameaça que pesa sobre a liberdade. Nossos fundadores temiam o poder do novo governo federal; a Constituição foi redigida para responder a esse receio. John Stuart Mill estava preocupado com o peso das normas sociais no século XIX; o seu livro, *On liberty* (1859), foi escrito

> contra tal controle. No século XX, numerosos progressistas ficaram preocupados com as injustiças do mercado. A resposta consistiu em alterar o seu funcionamento mediante a introdução de grades de segurança.
>
> Nossa época é a do ciberespaço, o qual também dispõe de um regulador. E este também ameaça as liberdades. [...]. Esse regulador é o código [de programa computacional] – os suportes lógicos (*software*) e o equipamento material (*hardware*) que compõem o ciberespaço. Esse código, ou arquitetura, determina a maneira como a vida no ciberespaço será vivida. Ele determina a dificuldade, ou não, para proteger a sua privacidade (*privacy*), ou ainda para censurar a expressão oral. Ele decide se a informação será acessível em todo o lado, ou fragmentada em diferentes áreas. Ele afeta quem assiste ao quê, e o que pode ser monitorado. O código do ciberespaço regulariza e, para isso, vai se servir de inúmeras maneiras; no entanto, só será possível começar a entrevê-las a partir do momento em que o indivíduo começa a compreender a natureza desse código (LESSIG, 2000a [tr. para o fr. de B.L.]).

Para Lessig, ocorreu, portanto, um deslocamento da problemática liberal; esse autor defende, assim, o confronto entre as escolhas da "arquitetura do ciberespaço" e a Constituição dos Estados Unidos, a fim de identificar os *valores substanciais* que devem ser garantidos (os direitos à liberdade de expressão, à propriedade, à justiça, como faz o *Bill of Rights* norte-americano) e determinar algumas escolhas de ordem *estrutural* (inspiradas na divisão dos poderes ou *checks and balances*). Na medida em que Lessig se baseia, em parte, na força de coerção do Estado para empreender uma "ação coletiva" e defender uma "causa comum", ele acabou sendo acusado de "cibercoletivista" pelos ciberlibertarianos (POST, 2000, p. 1.458) – com os quais ele continua, no entanto, dialogando – o que é revelador do terreno político compartilhado por esses dois "campos"[105].

Lessig fornece exemplos das formidáveis possibilidades de identificação, vigilância, rastreabilidade e controle, elaboradas desde meados da década de 1990 pelo aditamento de camadas de softwares, e antecipa o fato de que estes hão de continuar a se desenvolver e a se aperfeiçoar[106]. O distanciamento de que dispomos atualmente, em primeiro lugar, sobre os métodos utilizados com fins comer-

---

105. Cf. os estudos de Thierer, McCullagh, Zittrain e Lessig no dossiê organizado por Kuznicki (2009) para a revista *Cato Unbound*, publicação do Cato Institute, um dos principais *think tanks* libertarianos nos Estados Unidos.

106. Lessig, 2006, p. 31-80. Cf. tb. Zittrain, 2008.

ciais pelas grandes empresas da internet e, em seguida, relativamente às estratégias divulgadas por Edward Snowden de coleta e análise de grandes quantidades de dados pelas agências de inteligência, veio confirmar esses receios. Se, hoje em dia, é muito mais fácil determinar quem está usando a rede, por que motivos e em que local, tal monitoramento será, no dia de amanhã, ainda maior.

8.5 Em prol dos *commons* informacionais

A reformulação da problemática liberal também leva Lessig a se interessar de forma mais detalhada pelas mutações da economia. De maneira clássica, ele começa por reafirmar a sua fé nos mecanismos do mercado:

> Alguns de nós (a começar por mim) gostariam que uma maior parte de nossas vidas fosse orientada pela lógica simples dos mercados [...]. A economia mercantil constitui uma parte central da vida moderna; talvez, mais do que qualquer outra instituição criada pelo homem, ela tem contribuído para o bem-estar da humanidade. Não há sentido algum em se opor ao rápido desenvolvimento do mercado (LESSIG, 2008, p. 121 [tr. para o fr. de B.L.]).

No entanto, ele observa que a economia não se limita a seu componente comercial e que algumas dimensões das trocas se baseiam, antes de mais nada, no "compartilhamento" – aspecto que é consubstancial a uma grande parte das atividades na internet e de que Wikipédia é, em sua opinião, a forma "paradigmática" (LESSIG, 2008, p. 156-172); no entanto, tais atividades são reprimidas por um excesso de regulamentação que visa proteger os interesses de alguns atores da economia comercial, contribuindo para consolidar um capitalismo financeiro. Em Lessig, essa sensibilidade está diretamente relacionada à sua experiência profissional e ao papel fundamental que ele desempenhou (em parceria com o colega Jonathan Zittrain), enquanto perito, por ocasião do processo *antitrust* intentado contra a Microsoft, acusada de práticas anticoncorrenciais no final da década de 1990, assim como em vários outros casos relacionados com a duração e a natureza dos *copyrights* nos Estados Unidos. Lessig se opôs, portanto, de forma bastante concreta, ao modelo da Nova Economia segundo Bill Gates, tal como a descrevemos no capítulo 5, e à amplitude sem precedentes do número de patentes, licenças, marcas registradas e direitos autorais, durante as décadas de 1980 e de 1990. Além disso, Lessig é um dos fundadores das licenças *Creative Commons*, inspiradas nos softwares livres, e que pretendem ser uma alternativa mais flexível e modulável ("*some rights reserved*") aos *copyrights* clássicos ("*all rights reserved*") para os conteúdos culturais. O futuro, argumenta Lessig, será favorável às "economias híbridas" que hão de conseguir conciliar compartilhamento e comércio, baseando-se no modelo das empresas que criaram atividades comerciais a partir do software livre[107]. Esse autor manifesta interesse pela capacidade de inovação e de criação, engendrada pela internet, tal como ela havia sido concebida inicialmente, mediante uma redução das barreiras a seu acesso: ora, para preservar esse ambiente virtuoso, a rede como um todo – assim como uma parte, pelo menos, das informações que circulam por seu intermédio – devem ser consideradas um "bem comum".

A metáfora do ciberespaço enquanto "lugar" separado, que serviu para deslegitimar a intervenção estatal, também dissimulou as maneiras como a rede está cada vez mais enraizada em práticas bem-localizadas, tendo ocultado a influência excessiva de algumas entidades privadas sobre a propriedade intelectual: o fato de tratar a internet como um "espaço em branco" acabou por torná-lo "apropriável" do ponto de vista do direito, adotando nesse aspecto uma racionalidade inspirada em John Locke (1632-1704). Com efeito, para este filósofo inglês e ideólogo do liberalismo, a passagem da lei natural para a propriedade, que determina o sistema das trocas, está baseada inicialmente no trabalho: ao tirar lucro de um pedaço de terra, este é arrancado do estado de natureza e acaba justificando que um bem comum possa se transformar (pelo menos em parte) em um conjunto de propriedades privadas[108]. Por analogia, a "nova fronteira eletrônica" pode se apresentar, à semelhança do que se passa com Bill Gates, como um recurso natural que, ao ser transformado pelo trabalho (intelectual), torna-se a propriedade de quem despendeu os esforços para essa transformação. Outra justificativa comumente fornecida para a propriedade, a "tragédia dos *commons*" (HARDIN, 1968), procede de uma lógica semelhante, segundo a qual um recurso compartilhado (no exemplo que serve como ilustração, as pastagens) será necessariamente sobre-explorado pelos indivíduos que o utilizam, levando à destruição do recurso

107. Lessig, 2008, p. 177-224. A própria internet constitui um exemplo de hibridismo, enquanto infraestrutura "livre" (inicialmente, financiada por fundos públicos) a partir da qual se desenvolveram empresas comerciais (p. 231).

108. "A superfície da terra que um homem trabalha, planta, melhora, cultiva e da qual pode utilizar os produtos, pode ser considerada sua propriedade. Por meio do seu trabalho, ele a limita e a separa do bem comum" (LOCKE, 1994, cap. V, par. 32, p. 44). No entanto, a "cláusula lockeana" – que o filósofo libertariano Robert Nozick identificou no par. 33 – estabelece alguns limites à apropriação dos recursos, estipulando que esta é legítima "desde que ainda reste bastante para os outros e de tão boa qualidade" (NOZICK, 1974).

em questão através dos fenômenos de congestionamento, de uso intensivo, de *free riding* (passantes clandestinos), de conflito ou ainda de poluição. A análise - que não deixa de confundir *propriedade coletiva* e *acesso livre* - baseia-se na maximização do interesse individual e da falta de comunicação entre os indivíduos; assim, a solução apresentada para evitar tal desfecho é a introdução da propriedade (privada ou pública, por intermédio do Estado).

No entanto, os estudos de Elinor Ostrom - primeira mulher a ganhar o Prêmio Nobel de Economia, em 2009 - sobre "a governança dos *commons*" (OSTROM, 1990) que haviam sido aplicados inicialmente aos recursos naturais, enfatizaram claramente os limites dessa fábula e, de forma mais geral, do individualismo metodológico que a subentende. Essa autora mostra que a tragédia dos bens comuns, à semelhança do que ocorre com o dilema do prisioneiro, assim como da maior parte das abordagens de natureza econômica, apresentam cada qual um modelo da ação coletiva em que o indivíduo há de perseguir sistematicamente o seu interesse individual em detrimento do interesse comum, culminando em prescrições políticas, formuladas em termos seja de privatização ou de estatização dos recursos compartilhados[109]. Ora, na sequência de investigações empíricas sobre problemáticas relacionadas às pastagens, mas também à irrigação, à pesca ou às florestas, Ostrom demonstrou que, em numerosos casos ao redor do mundo - em que não há propriedade individual, tampouco propriedade coletiva dos recursos -, a gestão destes últimos poderia alcançar o maior rendimento econômico possível, mediante arranjos institucionais apropriados, baseados em regras consuetudinárias coletivas[110]; as principais características desses arranjos que são diversificados e, às vezes, frágeis, foram identificadas por essa autora[111].

Tais características esboçam, na opinião de Ostrom, um modelo original de ação coletiva, apresentado por essa autora como "auto-organizado e auto-

109. Ostrom, 2010, cap. 1: "Réflexion sur les biens communs", p. 13-42.

110. Ibid., cap. 3: "Analyse des systèmes de ressources communes durables autoorganisés et autogouvernés", p. 77-127.

111. E. Ostrom enfatiza, em particular, oito aspectos importantes: 1) o recurso é claramente delimitado; 2) as regras da comunidade são estabelecidas em conformidade com as necessidades e condições locais; 3) os indivíduos que são afetados por essas regras têm a possibilidade de modificá-las; 4) as autoridades externas respeitam o direito segundo o qual a comunidade estabelece as suas próprias regras; 5) existe um sistema de autovigilância dos comportamentos; 6) este é acompanhado por um sistema de punições graduadas; 7) também existe um sistema de mediação que permite resolver facilmente os conflitos de baixa intensidade; 8) enfim, no caso de recursos bastante extensos, cria-se uma estrutura feita de pequenas empresas interligadas (p. 112-127).

governado". Esse modelo também parece suscetível de ser aplicado a algumas dimensões da internet, sem deixar de abrir uma acepção diferente da noção de auto-organização: ao insistir sobre as *instituições* (mesmo informais) existentes, assim como sobre a participação ativa e "democrática" nas decisões de todos aqueles que estão envolvidos na produção coletiva, ela se afasta da concepção "evolucionista" e da displicência ciberlibertariana. Dedicadas inicialmente aos recursos naturais, as pesquisas de Ostrom foram estendidas ao "conhecimento" – sublinhando, ao mesmo tempo, as especificidades deste último, enquanto recurso compartilhado[112]. Em vez de abordar o conhecimento como "um bem privado" (propriedade de um indivíduo) ou como um "bem público" (enquanto propriedade do Estado ou de qualquer outra entidade administrativa), trata-se de considerá-lo um "*common*" que designa simultaneamente determinados recursos e as regras coletivas postas em prática para garantir a perenidade desses recursos. Existe atualmente um amplo campo de pesquisa que se inscreve nessa perspectiva e que tira partido da necessidade de se opor à extensão da propriedade intelectual (ou, pelo menos, de modificar profundamente a sua natureza) enquanto ela serve de estrutura à oposição entre bem privado e bem público, por exemplo, no domínio da agricultura (registro de patente de sementes e genes), mas também nos domínios da investigação científica (restrições nos modos de publicação e registro de patente das descobertas), da cultura (*copyright* e direitos autorais cada vez mais restritivos em relação às obras), da saúde (acesso aos medicamentos)... e, evidentemente, do software. O desafio principal consiste em determinar as condições e os limites em que a cópia e a circulação de informações devem ser autorizadas, enquanto elas permitem o acesso ao conhecimento e o seu compartilhamento.

A parábola da "tragédia dos *commons*", em que a problemática dos recursos é ilustrada pelas pastagens, junta-se a um tema mais amplo: o movimento de *enclosures* na Inglaterra, entre os séculos XVI e XVIII, quando os campos foram confinados gradualmente por cercas e sebes, e novas legislações cancelaram o direito de uso por parte dos agricultores mais pobres. Assim, trata-se de uma redefinição fundamental da posse da terra que, tendo contribuído para abolir o sistema feudal, também constitui um dos atos de nascimento do capitalismo. Autor já mencionado no capítulo 5, Karl Polanyi vai considerá-lo como a pedra de toque tanto da "grande transformação" analisada por ele quanto do papel central adquirido pela ideologia do mercado autorregulador (POLANYI,

112. Hess e Ostrom, 2007. A diferença mais notável é baseada no fato de que a informação, como já vimos, é em si um bem "não rival".

1983). Desse ponto de vista, os estudos de Locke sobre a propriedade podem ser lidos como uma racionalização filosófica *a posteriori* da prática de *enclosures* no plano nacional, na Inglaterra, e da colonização no exterior (WOOD, E.M. & WOOD, N., 1997, p. 133). Ora, alguns autores – como Lawrence Lessig, Yochai Benkler, mas também James Boyle – identificaram o que se assemelha, na opinião deles, a um segundo movimento de *enclosures*, interessado desta vez pelos "*commons* da mente", por meio da extensão dos direitos de propriedade intelectual, exigindo pensá-los explicitamente em termos de economia política (LESSIG, 2005; BOYLE, 2008); embora ela seja baseada, em parte, em uma visão um tanto distorcida da história da posse da terra (GREER, 2015), essa analogia veio apoiar uma defesa ativa da rede enquanto "ecossistema" frágil, cujos equilíbrios virtuosos devem ser preservados.

O tema dos *commons* conheceu, nos últimos anos, um importante ressurgimento, e tem sido declinado em vários campos enquanto contramodelo à "ideologia do formato proprietário" (CORIAT, 2015). Ele foi mobilizado especialmente para apoiar diferentes abordagens críticas. Assim, para Pierre Dardot e Christian Laval, o *common*, antes de ser um "bem" (p. ex., um recurso natural ou informacional), constitui uma "coatividade": perante o direito de propriedade, trata-se de insistir sobre as práticas que fazem advir o *common*, e de reafirmar o direito de uso na medida em que decorre dessas práticas – neste caso, a participação em atividades produtivas está associada estreitamente ao processo de tomada de decisão (DARDOT & LAVAL, 2014). De acordo com esses autores, tal "práxis instituinte emancipatória" constitui, portanto, um princípio sobretudo político (em vez de econômico ou jurídico); através de tais formas de autogoverno, ela permite alavancar, na opinião deles, a superação simultaneamente do capitalismo neoliberal (reino da propriedade privada) e do comunismo enquanto coletivização sob a forma da burocracia estatal (primazia da propriedade pública).

Mesmo que a interpretação de Dardot e Laval tenha enfatizado as importantes dimensões do potencial emancipador dos *commons*, ela parece exagerar a radicalidade do conceito, chegando, às vezes, a contemporizar com os estudos empíricos existentes (p. ex., as pesquisas de Ostrom), além de colocá-lo de maneira um tanto artificial em completa oposição ao capitalismo neoliberal – recusando-se, assim, a ver os modos como ele emana, em parte, da tradição liberal ou, pelo menos, articula-se com esta. Sem deixar de compartilhar uma parcela importante dessa constatação, um grande número de autores que haviam mobilizado tal noção no contexto da informação digital, acaba tirando disso conclusões bastante diferentes. Com efeito, em vez de abandonar o quadro liberal, trata-se, de certa maneira, de concretizá-lo mais plenamente através da coexistência de diferentes regimes de propriedade e de diversos modos de produção.

8.6 *The Wealth of Networks* [A riqueza das redes]: um tratado de economia política para a internet

Um livro é particularmente revelador da vontade de fundar uma nova economia política, de inspiração liberal, mas baseando-se nos *commons*, como resposta à crescente influência dos governos e das grandes empresas comerciais; trata-se da obra de Yochai Benkler, *The Wealth of Networks* (2006), que se refere evidentemente à *Riqueza das nações* (1776) de Adam Smith, de quem Benkler reivindica ser, em alguns aspectos, o representante contemporâneo. Ele se apresenta como um dos artesãos da alternativa que levaria realmente em conta as reviravoltas causadas pelas novas formas de circulação da informação; assim, o livro comporta uma forte dimensão normativa, assumida pelo autor (BENKLER, 2009, p. 46-54).

Nos capítulos 5 e 6 já vimos que, por um lado, a noção de propriedade intelectual tinha sido mobilizada para manter sob controle as trocas no contexto informacional, aplicando-lhes noções herdadas do capitalismo industrial. Essa abordagem se materializa especialmente na questão do software formato proprietário e na figura emblemática de Bill Gates, contestada pelos defensores do software livre que lhe opuseram o modelo alternativo do *copyleft*. Por outro lado, no capítulo 7 vimos que a ideia de gratuidade já tinha sido identificada, desde o final da década de 1990, como um conceito central, mas não isento de ambiguidade no contexto da Nova Economia, compreendida pelos ciberlibertarianos como uma "economia do compartilhamento", implicando dinâmicas de reconhecimento e, ao mesmo tempo, como uma "economia da atenção" em que os conteúdos circulam de maneira profusa. Benkler, por sua vez, propõe uma abordagem da economia informacional que enfatiza os novos modos de organização descentralizados, caracterizados pela redução dos custos de transação, pela cooperação horizontal e pelo que ele designa como os "*efeitos coordenados de ações não coordenadas*".

Na sequência da economia política clássica, trata-se, portanto, para ele de retomar a questão central da Modernidade: como alcançar uma livre-associação dos indivíduos e fazer com que o interesse individual venha a corresponder ao interesse coletivo, sem recorrer a uma ordem social arbitrária (por ser baseada na religião e na tradição), nem a uma força de coerção, tal como o Estado? Nesse aspecto, o livro pode ser visto como um desmentido à constatação formulada, em 1999, por Luc Boltanski e Eve Chiapello; com efeito, esses autores não haviam conseguido identificar um "texto canônico" na raiz da "ordem conexionista" associada ao "novo espírito do capitalismo" e na qual viesse a se apoiar realmente um empreendimento de legitimação ou "justificativa" dessa ordem[113]. O trabalho de Benkler é particularmente interessante por "criar sistema"; em seu texto encontra-se a articulação, de maneira coerente e detalhada, de uma lógica precisa, baseada em uma teoria liberal da autonomia individual e da organização por meio do intercâmbio, extrapolada para outros campos da vida humana - divisão do trabalho, vida social, justiça etc. - ou seja, uma verdadeira economia política no sentido em que esta podia ser entendida por Adam Smith, John Stuart Mill ou Marx.

Para apreender em melhores condições a abordagem de Benkler, sublinhemos que a sua concepção do liberalismo *inclui* os mecanismos do mercado, mas pretende *superá-los* para reatar com o espírito da economia política clássica. Se esse autor admite que o Estado tem um papel importante a desempenhar - principalmente no que diz respeito à educação, pesquisa e saúde pública (BENKLER, 2009, p. 52-54) -, ele se limita a criticar o mercado na medida em que este não promove o desenvolvimento da autonomia humana. Assim, o "fora do mercado" não se opõe ao mercado, mas permite estender a noção de comércio e expandir a temática liberal clássica da auto-organização mediante a troca, seja esta monetizada ou não. Formula-se a questão, portanto, de impedir que as regras de propriedade, oriundas da economia clássica, venham a prejudicar o desenvolvimento do que está fora do mercado. Da mesma forma, no novo contexto informacional, os "custos de transação" são drasticamente reduzidos, de modo que a empresa centralizada, característica do capitalismo industrial, aparece como uma aberração que já não tem razão de ser (BENKLER, 2009, p. 99-100 e 155-167). Diante da influência cada vez maior da propriedade privada através da extensão do *copyright* e da multiplicação das patentes, tra-

---

113. "Não há, em nosso conhecimento, obra mestra que tivesse visado estabelecer a possibilidade de um mundo harmonioso e justo com base na rede. O tipo de ordem conexionista, cuja formalização chegou a ser esboçada por nós, não foi objeto - à semelhança do que ocorreu, p. ex., com as ordens no plano doméstico, cívico ou comercial - de uma construção sistemática na tradição da filosofia política" (BOLTANSKI & CHIAPELLO, 1999, p. 226).

ta-se daí em diante de defender a informação enquanto "*commons*" contra os "direitos de exclusividade" reivindicados pelos atores mais poderosos.

Para Benkler, assim como para os *hackers* e os ciberlibertarianos, apesar dos discursos sobre a "economia da informação" desde a década de 1970, esta permaneceu principalmente organizada de acordo com modelos herdados da era industrial e, portanto, apresenta-se como uma camisa de força em relação à produção de informações. A economia da informação em rede permite escapar desse empecilho, oferecendo, assim, a todos a possibilidade de realizarem finalmente o seu potencial: "Os indivíduos podem daí em diante levar a cabo muito mais coisas interessantes a seu gosto, interagindo socialmente uns com os outros, enquanto seres humanos e seres sociais, em vez de atores do mercado, por meio de um sistema de preços" (BENKLER, 2009, p. 35). À semelhança de Lessig, Benkler sublinha que esse potencial, ao se concretizar, assume nomeadamente a forma de uma "produção fora do mercado", engendrada por "motivações e formas organizacionais não mercantis e sem o formato proprietário" (BENKLER, 2009, p. 33).

Os trabalhos de Benkler juntam-se igualmente, em parte, aos da sociologia econômica, que manifestou interesse pela questão da cooperação e, há muito tempo, integra a dimensão social da ação econômica, criticando a sua redução ao mercado – ou seja, a autonomização das relações mercantis diante das relações sociais em geral –, assim como o domínio do individualismo metodológico; tal sociologia enfatiza os vínculos de confiança e cooperação, mas também de poder e obediência, que proíbem reduzir as motivações da ação ao simples interesse individual[114]. A noção antropológica de dom/contradom também foi mobilizada nesse contexto[115] para compreender a possibilidade de ações "gratuitas", do ponto de vista do mercado, mas imbuídas de fortes incentivos à reciprocidade e, eventualmente, para detectar modelos de "economia solidária".

Para Benkler, no entanto, em vez de se opor ao mercado, como já dissemos, trata-se de estender o objeto da economia a algumas atividades fora do mercado que, apesar de tudo, criam valor, permitindo que o indivíduo criativo

---

114. Granovetter, 2008: "Action économique et structure sociale: le problème de l'encastrement".

115. Lévesque, Bourque e Forgues, 2001, cap. 1: "De l'anti-utilitarisme au paradigme du don", p. 31-56. Os colaboradores da *Revue du Mauss* (Mouvement Anti-Utilitariste en Sciences Sociales [Movimento Antiutilitarista nas Ciências Sociais]), reunidos em torno de Alain Caillé, defendem essa perspectiva há muito tempo. O seu eixo orientador é a célebre obra de Marcel Mauss: *Essai sur le don* (1923).

venha a realizar o seu pleno potencial. Benkler, assim como os ciberlibertarianos, reata com o adágio schumpeteriano da "destruição criativa", segundo o qual a *inovação* é, no longo prazo, o verdadeiro motor econômico e social; em compensação, ele propõe que, nesse aspecto, seja necessário desfazer os monopólios de poder herdados dos precedentes modelos econômicos, tecnológicos e organizacionais - com o objetivo de libertar simultaneamente o *valor social* e a *eficácia econômica*. O caso dos softwares livres se apresenta como o exemplo mais notável desse projeto político.

8.7 A "produção colaborativa baseada nos *commons*" e o projeto de autonomia

> *Open source* é uma experiência que visa estabelecer uma economia política - ou seja, um sistema sustentável de criação de valor e um conjunto de mecanismos de governança. Neste caso, trata-se de um sistema de governança que reúne uma comunidade de produtores em torno de uma noção contraintuitiva, segundo a qual os direitos de propriedade podem incentivar a distribuição (WEBER, 2004, p. 1 [tr. para o fr. de B.L.]).

Com efeito, a maior conquista da economia informacional em rede - para Benkler, assim como para Lessig e muitos outros autores - é a emergência dos softwares livres[116]. Essa ideia é desenvolvida ainda em um livro mais recente, no qual tais softwares são apresentados como a figura arquetípica da cooperação, contra o postulado de uma inevitável "guerra de todos contra todos", exigindo o advento de um grande Leviatã centralizador (BENKLER, 2011). Na opinião de Benkler, a ideia de um indivíduo egoísta que cria a veia "utilitarista" do liberalismo é uma profecia autorrealizável que só muito parcialmente descreve a realidade; para desenvolver a cooperação, basta juntar as condições necessárias - e, em particular, defender o princípio dos *commons* informacionais contra a extensão da propriedade intelectual. Dessa maneira, "torna-se possível a coexistência entre cooperação e lucro" (BENKLER, 2011, p. 28).

Vale lembrar, antes de mais nada, o seguinte: mesmo que o sistema operacional GNU/Linux seja o mais famoso dos projetos de softwares livres, eles também constituem uma parte dominante da infraestrutura software da in-

116. Benkler, 2009, cap. 2: "Production collaborative et partage", esp. p. 104-109. Em relação às origens dos softwares livres, cf. cap. 6; e às suas características organizacionais, cf. cap. 12.

ternet. Além disso, de acordo com Benkler, existem outros tipos de produção colaborativa no domínio da informação e do conhecimento, e ele cita especialmente a enciclopédia livre e colaborativa Wikipédia, o motor de busca Google ou ainda o site Slashdot, no qual os usuários cooperam para apresentar, avaliar e comentar artigos (BENKLER, 2009, p. 109-136). Veremos, nos capítulos 10 e 12, que diferenças fundamentais – e profundamente *políticas* – estabelecem a distinção entre um projeto, tal como Wikipédia, e o serviço de consultas proposto pelo Google. Benkler sublinha, no entanto, que o modelo organizacional dos softwares livres se apresenta como a forma mais bem-sucedida por ser "radicalmente distribuído, colaborativo e sem formato proprietário". Ele autoriza o que Benkler qualifica como "produção colaborativa baseada nos *commons*" (*commons-based peer production*), cuja configuração se aparenta a uma espécie de "metamercado": à semelhança do mercado, ela é "descentralizada" e está baseada na ação voluntária de agentes individuais; no entanto, diferentemente do mercado, ela não implica um sistema de preços, nem estruturas gerenciais hierárquicas para assegurar a sua coordenação (BENKLER, 2009, p. 102-103).

A ênfase atribuída a esses modelos alternativos também leva a repensar numerosos pressupostos. A noção de interesse é assim ampliada: o "*status* social", compreendido em um sentido muito geral de construção da identidade através da gratificação intelectual ou emocional, complementa o "*status* econômico" enquanto motivação-chave; as relações não mercantis respondem a necessidades "sociais e psicológicas" de acesso a um *status* social ou de reconhecimento (BENKLER, 2009, p. 144-146). No entanto, Benkler vai além da análise das motivações para se empenhar na demonstração de que, em numerosos casos, é até mesmo *mais eficaz* do ponto de vista econômico instaurar relações não mercantis – em particular, quando se trata de criações culturais e de inovações. Com efeito, esse modo de produção permite simultaneamente a participação do maior número possível de pessoas, a satisfação da necessidade de reconhecimento por parte dos indivíduos, mas também a alocação dos recursos informacionais nas melhores condições possíveis. Segundo esse autor, a "autodesignação" leva os indivíduos mais qualificados a assumir determinada tarefa, sem deixar de respeitar a sua liberdade de ação; por outro lado, o compartilhamento social permite uma melhor "realocação da sobrecapacidade" (particularmente no que diz respeito ao cálculo, ao armazenamento e à comunicação (BENKLER, 2009, p. 163-167)) – um esquema que se junta à ética e à divisão do trabalho entre os *hackers*, de acordo com Pekka Himanen, como vimos no capítulo 6. Todas essas características parecem augurar o advento de uma nova economia "híbrida", combinando concorrência e cooperação, doações e trocas comerciais, interesses individuais e projetos comunitários; apesar de não substituir a economia clássica, ela acaba modificando, pelo menos, substancialmente, os seus parâmetros de funcionamento.

Mas o intuito de Benkler pretende ser mais ambicioso. Em sua opinião, trata-se, como já dissemos, de elaborar os contornos de uma nova economia política e, portanto, de avaliar os efeitos desse novo contexto informacional sobre algumas dimensões relevantes das democracias liberais:

> A viabilidade da produção da informação, do conhecimento e da cultura por meio das relações sociais, em vez das relações mercantis e sob o formato proprietário (recorrendo à produção colaborativa e à ação individual coordenada), é que cria as oportunidades de uma ação autônoma de grande envergadura, de uma cultura mais crítica, de uma república comprometida de maneira mais discursiva e mais bem-informada, e talvez de uma comunidade mundial mais equitativa (BENKLER, 2009, p. 138).

Em primeiro lugar, a informação em rede se revela benéfica na medida em que garantiria um maior *pluralismo*. Benkler opõe, assim, o "espaço público em rede" ao "espaço público comercial" dominado pelos "*mass media*". Estes últimos, que desempenham tradicionalmente o papel de "porteiros" (*gatekeepers*), são acusados de exercer um poder desproporcionado na seleção e divulgação de informações, além de restringir a diversidade dos conteúdos. Ao diminuir o custo de acesso, a rede facilitaria o envolvimento dos cidadãos no debate público e a participação dos mesmos na vida cívica. A autoridade editorial das mídias é defendida, muitas vezes, por meio da objeção chamada de "Babel" (a cacofonia engendrada pelo excesso de informações oriundas de toda a parte), mas Benkler vai descartá-la por duas razões principais.

Por um lado, ele mostra que a estrutura mercantil dos grandes atores midiáticos conduz necessariamente a uma seleção da informação que tem a ver, em particular, com os interesses econômicos em jogo – retomando, assim, um argumento clássico defendido por Jürgen Habermas (1978). Apesar de permitirem um ambiente informacional mais "legível", eles constituem, portanto, certa barreira à autonomia. Por outro lado, Benkler enfatiza um ponto crucial: o da filtragem *a posteriori* – e ainda, nesse aspecto, *auto-organizada* – que se efetua, em sua opinião, no âmbito da informação em rede, com base em mecanismos de agregação automática "não mercantis e colaborativos" que determinam a pertinência dos conteúdos. Ao evocar diferentes exemplos, tais como a organização dos debates sobre Wikipédia ou o sistema PageRank utilizado pelo Google, ele coloca no centro de sua demonstração o que ele apresenta como um dos mecanismos fundamentais da internet, baseado na ideia de que "a consulta de determinado conteúdo por um grande número de pessoas constitui um motivo suficiente para julgar que esse conteúdo é interessante"; assim, "o comportamento coordenado de numerosos indivíduos faz surgir certa ordem" (BENKLER, 2009, p. 230-231). Esse mecanismo pode ser aprimorado ao decliná-lo no âmbito de comunidades mais específicas de pessoas cuja opinião é previamente selecionada como pertinente – por exemplo, em um site de especialistas de determinado assunto ou no seio de um grupo de amigos. Essa organização da informação permite, portanto, simultaneamente se livrar do poder dos "porteiros" (editores e proprietários dos meios de comunicação de massa), diversificar as fontes de informação e efetuar uma triagem. Ela constitui o que o sociólogo Dominique Cardon designou também como a "razão prática" da internet (CARDON, 2010).

Além disso, Benkler defende que, ao colocar produtos informacionais à disposição de todos, a economia da informação em rede forneceria recursos para aprimorar a igualdade de oportunidades, contribuindo, assim, para fazer progredir "a justiça e o desenvolvimento humano". Enfim, a economia da informação em rede permitiria o surgimento de uma verdadeira cultura popular, na qual os indivíduos podem tomar parte ativa, seja para criar conteúdos, interpretá-los ou se apropriar dos mesmos e, às vezes, transformá-los (cultura do *remix*). Neste caso ainda, trata-se de libertar o "potencial", a "criatividade" e as "capacidades individuais".

Essa concepção da autonomia é central[117], servindo de fundamento para o discurso de Benkler sobre a democracia. O "fortalecimento da autonomia" que se encontra "no âmago de todas as outras melhorias" é compreendido como um "incremento das capacidades concretas dos indivíduos", ou seja, do *empowerment* ("poder de agir"). A autonomia individual é uma "liberdade de ação", compreendida como a capacidade para ser "o autor de sua própria vida", dependendo o menos possível das contingências socioeconômicas: "Podemos daí em diante viver uma vida dirigida mais amplamente por nossa vontade e por nossa imaginação do que pelas condições materiais e sociais que nos rodeiam" (BENKLER, 2009, p. 192). Ao proceder assim, de maneira classicamente liberal,

117. Cf. Benkler, 2009, cap. 4: "Liberté individuelle: autonomie, information et droit", p. 185-234, que constitui o pivô teórico do livro.

ele ignora - ou, pelo menos, não leva realmente em conta - as assimetrias de poder que atravessam a vida social concreta e contribuem para perpetuar as relações de dominação. À semelhança de Lessig, ele se esforça por identificar as barreiras contra a liberdade, compreendidas como *restrições à autodeterminação*. Assim, para Benkler, "a questão de saber se, para um tipo de recurso específico, o fato de estar submetido a um regime de *commons*, e não a um mercado baseado na propriedade, favorece ou impede a liberdade de ação e a segurança, deve ser avaliado de acordo com o contexto" (BENKLER, 2009, p. 198). A propriedade *privada* se justifica na medida em que permite garantir que uma vontade externa não virá se impor ao indivíduo e abocanhar o seu livre-arbítrio. Ele também observa que, em numerosos casos, o fato de que os bens sejam *públicos* acaba permitindo uma maior liberdade de ação e de exercício da vontade individual: por exemplo, estradas, calçadas para pedestres e parques. Mas no caso da informação - e uma vez que se trata, muitas vezes, de "bens não rivais" -, os *commons* constituem a melhor garantia da autonomia, tal como ele a concebe: "Quanto maior for a quantidade de *commons*, mais ampla será a autonomia individual" (BENKLER, 2009, p. 200).

Yochai Benkler, juntamente com outros autores, formalizou portanto um novo quadro da economia política que daqui em diante nos é familiar e que se baseia na figura da rede, ao invés de generalizar a do mercado, à semelhança do que havia ocorrido com a economia política liberal clássica. Ao proceder assim, Benkler também insiste, por um lado, sobre a natureza bastante peculiar dos bens informacionais e sobre a necessidade de assegurar a sua gestão enquanto *commons*; e, por outro, ele apresenta os contornos de uma nova organização social tornada possível por uma "economia informacional" bem compreendida. A sua tese constitui, assim, uma versão mais sofisticada da internet enquanto lugar da auto-organização e, sem dúvida, o exercício mais bem-sucedido de uma teoria global do liberalismo informacional; ela intervém na sequência de um esforço comum por parte de um conjunto de juristas norte-americanos que se tinham distanciado da posição ciberlibertariana, embora tivessem concordado em retomar algumas de suas premissas. Com efeito, todos eles se inspiram nas fontes da cultura política estadunidense, baseada principalmente nas implicações inerentes à liberdade individual; no entanto, longe da displicência ingênua dos ciberlibertarianos, eles também definiram com precisão as condições sob as quais essa liberdade, no contexto informacional, poderia ser exercida ou, pelo contrário, obstruída. Assim, eles trabalharam em vista de uma desnaturalização da rede, permitindo avaliar a sua fragilidade e a necessidade de uma maior reflexividade na relação com o código de programa computacional que, em parte, dirige as interações sociais.

No entanto, se Benkler baseia a sua demonstração em numerosos fenômenos em ação na rede, ele também acaba negligenciando um grande número de outros casos que vêm invalidar ou, pelo menos, abordar de maneira diferenciada o panorama da "economia informacional em rede", assim como o papel que lhe atribui Benkler enquanto alicerce da autonomia individual nesse novo contexto. A sua tese comporta, efetivamente, uma forte dimensão normativa que enfatiza as formas mais positivas da auto-organização, mas acaba convergindo, em parte, para uma forma de determinismo tecnológico. As páginas subsequentes deste nosso estudo se apresentam, portanto, como um empreendimento de *crítica da economia política* do liberalismo informacional em suas formas contemporâneas.

PARTE III
REDES E AUTO-ORGANIZAÇÃO EM REGIME DIGITAL

9
REDES, COMPARTILHAMENTO E VIRALIDADE

A figura da rede dispõe de profundas raízes, a partir da matriz cibernética – identificada no início deste livro, em que a informática dialoga com a biologia – até a economia política da informação, tal como esta já foi exposta mais acima. Para discernirmos perfeitamente todas as suas implicações, voltaremos neste capítulo a duas dimensões importantes das redes: enquanto estruturas de *ordem* e enquanto dinâmicas de *difusão*.

Vamos nos interessar, em primeiro lugar, pelas contribuições recentes da "Ciência das Redes" (ou Teoria Matemática das Redes), permitindo que as representações unitárias da internet e de sua suposta "horizontalidade" se tornem complexas. Com efeito, a abordagem matemática – oriunda principalmente da física teórica e da sociometria – permitiu revelar fenômenos de assimetria, de hierarquização e de difusão, inerentes à internet e à web. Essas abordagens elucidam de uma nova forma a relação estabelecida entre rede e igualdade, além de permitirem identificar em melhores condições os parâmetros que presidem a circulação de conteúdos na rede. Enfim, elas questionam as conclusões de Yochai Benkler em diferentes aspectos, além de atenuar a sua concepção das trocas na internet. Em segundo lugar, e para complementar esses estudos, voltaremos a abordar de maneira mais detalhada as dinâmicas socioculturais concretas que se desenvolvem na internet. Vamos indicar com precisão o alcance da "cultura do compartilhamento" que, em geral, lhe está associada, mobilizando a sociologia dos usos. Tratar-se-á de compreender mais profundamente o que designa a noção de contágio social ou *viralidade*, que é, aliás, o conceito mais frequentemente mobilizado para explicar a circulação da informação em rede.

9.1 Redes e complexidade

A ideia de rede se encontra no âmago das construções ideológicas e teóricas que já apresentamos; ela está associada às noções de descentralização, circulação, fluxo, emergência ou ainda complexidade que se opõem à rigidez centralizadora das entidades sociais e políticas – e, em primeiro lugar, o Estado. Como mostrou Pierre Musso, a figura da rede forneceu um modelo simbólico no decorrer da história, mas a sua materialização pela internet parece que, hoje em dia, desempenha um papel peculiar, segundo o qual "a verdade da sociedade atual, ou seja, a estrutura oculta explicativa de sua complexidade, seria [...] a Net" (MUSSO, 2003, p. 39). Esse autor também demonstrou que – se os paralelos entre biologia e sociedade, entre corpo humano e corpo social, foram recorrentes no passado (e particularmente na história da computação, começando por suas origens cibernéticas) – a rede desempenha um papel central nesse tipo de analogia.

Além das imagens e representações, no entanto, a noção de rede reflete uma tendência para apreender a realidade social como um conjunto de *sistemas complexos*. A complexidade, teorizada inicialmente por John von Neumann (1996), é, em determinados aspectos, o prolongamento do programa da cibernética e principalmente das questões relacionadas à auto-organização. Ela diz respeito tanto à matemática quanto à biologia (neurociência, desenvolvimento da célula, ecossistemas), à química e à física (estruturas dissipativas, termodinâmica, magnetismo), à geologia (terremotos), à climatologia ou ainda aos sistemas de informação e, por extensão... aos sistemas sociais. Abordagens comuns são, desse modo, desenvolvidas para estudar as epidemias, a evolução urbana ou, até mesmo, os mercados financeiros.

A complexidade estabelece que alguns fenômenos têm necessidade de recorrer a modelos de matemática não lineares (BYRNE, 1998, p. 19), implicando que os comportamentos das entidades individuais, até mesmo, bem identificáveis, são insuficientes para prever a evolução do todo. As explicações do tipo determinista são inoperantes, e tais sistemas são normalmente descritos em termos de probabilidade. Além disso, no caso dos sistemas distribuídos, a dinâmica é ainda menos óbvia, e a defasagem entre os comportamentos individuais e a forma assumida pelo todo pode inclusive ser perfeitamente contraintuitiva. A análise estatística revela, no entanto, configurações recorrentes na distribuição. Assim, a complexidade pode ser abordada sob a forma de modelizações de natureza matemática, conhecidas sob o nome de "Ciência das Redes". Alguns físicos e matemáticos – cujos estudos são publicados essencialmente nas principais revistas científicas, tais como *Nature* ou *Science* – exerceram uma considerável influência no sentido de consolidar a topologia das redes como um método; trata-se especialmente de Duncan Watts e Steven Strogatz, Albert-László Barabási ou ainda Mark Buchanan, os quais também publicaram uma série de livros de divulgação (WATTS, 1999, 2003; BARABÁSI, 2002; BUCHANAN, 2002).

Como lembra Duncan Watts (2004), esse campo emergente veio se juntar a uma tradição já bem-estabelecida de trabalhos na área da sociologia e da antropologia, mobilizando a Teoria dos Grafos e a sociometria para estudar os sistemas sociais (principalmente os sistemas de parentesco). Aliás, como já evocamos, tal tradição tinha sido incentivada, em grande medida, pela chegada da internet enquanto materialização de uma sociedade do "individualismo conectado" (cf. capítulo 3). Mas Watts sublinha que essa nova onda de Teoria das Redes propõe técnicas inéditas de coleta e análise, incidindo sobre grandes quantidades de dados que indicam a necessidade de uma maior interação entre as ciências sociais e esses novos métodos de quantificação (WATTS, 2004, p. 263-264). Essa proposição acabou inclusive por se tornar um programa científico propriamente dito, que foi apresentado sob o nome de "ciência social computacional" (LAZER et al., 2009), juntando-se às tendências atuais para a análise dos *big data*, de que a internet (em particular, a web) constitui um dos principais objetos e, ao mesmo tempo, um dos instrumentos-chave (HENDLER et al., 2008).

Inicialmente, as redes complexas eram abordadas de acordo com o paradigma "clássico" na Teoria dos Grafos ou "Modelo de Erdös-Renyi", que modeliza uma distribuição aleatória e traduz uma situação de equilíbrio. Ora, esses pesquisadores revelaram – principalmente a partir de exemplos extraídos da natureza, da sociedade e dos sistemas de informação ou de uma combinação dessas três entidades – a existência de redes que apresentam estruturas diferentes; eles observaram que, em vez de se encontrarem em uma situação de equilíbrio, as redes complexas *evoluem*. Em particular, ficou demonstrado que os elos nesse tipo de redes não estão distribuídos de maneira igual (ou seja, aleatória, em termos de matemática), mas também não estão organizados de maneira ordenada. A organização das redes complexas apresenta três características principais: trata-se de redes 1) "em pequenos mundos" que são igualmente 2) "sem escala" e que 3) promovem a propagação viral.

1) Como foi demonstrado por Duncan Watts e Steven Strogatz mediante o que se tornou o "Modelo de Watts-Strogatz" (WATTS & STROGATZ, 1998), essas redes tendem, por um lado, a se agruparem em pequenas sub-redes de

elos densamente conectados, chamados *clusters*; por outro, um reduzido número de conexões torna-se necessário para ligar dois elos no interior da rede. Embora esta última característica também esteja presente nas redes aleatórias, ela é apresentada como uma manifestação do fenômeno de "mundo pequeno" (*small world networks*), fazendo referência à famosa experiência do psicólogo Stanley Milgram que, na década de 1960, havia demonstrado que dois indivíduos detectados ao acaso estavam apenas a alguns "graus de separação" um do outro (em média, seis pessoas eram suficientes para estabelecer a ligação entre eles)[118]. Enfim, essas propriedades foram inicialmente observadas no interior de três tipos de redes, sugerindo que esse gênero de configuração pode ser generalizado: a rede de colaborações entre atores de cinema, a rede de energia dos Estados Unidos e a rede neuronal de um verme (*C. elegans*), bem conhecido dos biólogos e dotado de propriedades bastante simples a serem observadas. Também ficou comprovado que a rede da internet, assim como a web, têm características semelhantes (FALOUTSOS, M.; FALOUTSOS, P. & FALOUTSOS, C., 1999; ALBERT; JEONG & BARABÁSI, 1999; cf. em relação ao reino vegetal, WOHLLEBEN, 2017).

2) Além disso, Albert-László Barabási e Réka Albert colocaram em evidência que, em numerosos tipos de redes complexas, naturais ou artificiais – e singularmente aquelas formadas pela rede física da internet, pelos hiperlinks da web, pelas redes de citação na literatura científica ou, ainda, por algumas redes sociais –, o caminho para conectar dois elos detectados por acaso passa geralmente por "grandes elos" ou *hubs*, que concentram uma grande quantidade de links: esse é o "Modelo de Barabási-Albert"[119]. Com efeito, as conexões são distribuídas de forma bastante desigual no interior da rede: uma minoria de elos apresenta uma grande quantidade de links, enquanto a maioria de elos tem apenas um reduzido número de links, o que permanece invisível nos modelos de Erdős-Renyi e de Watts-Strogatz. Ficou, portanto, demonstrado que o número

118. Essa experiência, também designada "seis graus de separação", consistiu em distribuir cartas a indivíduos detectados ao acaso, pedindo-lhes para enviá-las a determinada pessoa. Se desconhecessem a pessoa em questão, eles deveriam transmitir a carta a alguém de suas relações, suscetível de conhecer o destinatário final, e assim por diante. O comprimento médio da cadeia de conexões – necessárias para que as cartas chegassem ao destino – cifrou-se em torno de seis pessoas (MILGRAM, 1967).

119. Barabási e Albert, 1999. No entanto, esse fenômeno já é observável na experiência de Milgram. Com efeito, quase dois terços dos cartões-postais chegaram ao destinatário final por intermédio de uma só pessoa, ou seja, um comerciante de roupas particularmente bem-relacionado.

de links em relação aos elos não segue uma distribuição "normal" (gaussiana ou em "curva de Bell"), mas uma distribuição em *lei de potência*[120]. Essas redes foram chamadas *scale-free networks* ("redes sem escala" ou "redes invariantes de escala") porque a sua topologia não segue uma escala linear. Barabási opõe, por exemplo, a rede norte-americana de rodovias – enquanto rede aleatória, em que a maioria das grandes cidades estão ligadas pelo mesmo número de rodovias, correspondendo, portanto, a uma curva de Bell – à rede de transporte aéreo que possui *hubs*, ou seja, aeroportos nos quais há um tráfego muito mais denso, e cuja representação pode ser a de uma distribuição em lei de potência:

Figura 5 Rede aleatória e rede sem escala; extraído do livro de A.-L. Barabási: *Linked* (2003, p. 71)

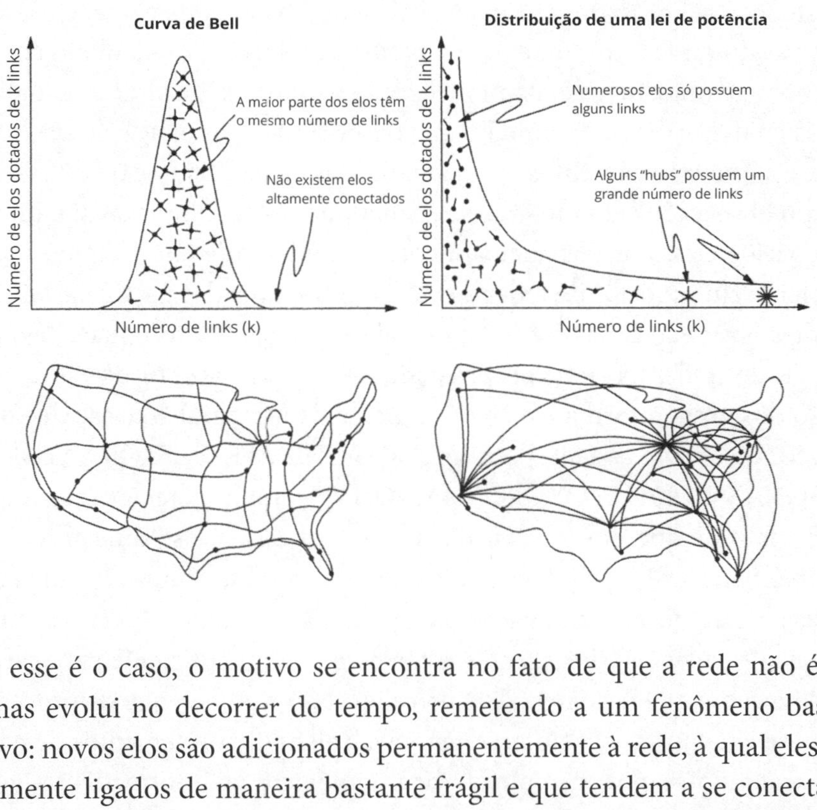

Se esse é o caso, o motivo se encontra no fato de que a rede não é estática, mas evolui no decorrer do tempo, remetendo a um fenômeno bastante intuitivo: novos elos são adicionados permanentemente à rede, à qual eles estão inicialmente ligados de maneira bastante frágil e que tendem a se conectar aos *hubs*, ou seja, os elos mais antigos e ligados de maneira bastante sólida. Portan-

120. Tais conexões também são designadas como "distribuições de Pareto", na sequência das observações feitas pelo economista italiano Vilfredo Pareto (1848-1923), a respeito da distribuição do capital no interior de diferentes populações, no final do século XIX, tendo concluído que uma minoria – entre 10 e 30% – possuía entre 90 e 70% da riqueza nacional.

to, esse modelo também é designado como *conexão preferencial*. Tal propriedade está associada, às vezes, ao que o sociólogo Robert Merton designou como o "efeito Mateus" no campo das citações científicas e que pode ser resumido pela fórmula "os ricos ficarão cada vez mais ricos"[121]. A conexão preferencial, enquanto "vantagem cumulativa", remete portanto a uma desigualdade *estrutural* da rede que será cada vez maior com o decorrer do tempo e com a adição de novos elos. De forma mais geral, a "Ciência das Redes" se apresenta, inclusive, em determinados casos, como uma "ciência das desigualdades", cuja mobilização é proposta por alguns autores a fim de compreender a distribuição das riquezas nas sociedades, além de promover os meios para solucionar tal situação.

3) Dessa propriedade segue-se outra que diz respeito à difusão no âmago de tais sistemas. A noção de "fenômenos críticos", oriunda da física, é usada para estudar as dinâmicas de contágio – em epidemiologia, mas também em sociologia, por exemplo, no caso da modelização de motins, inspirado na modelização das epidemias[122] –, ou ainda para compreender a propagação da "influência" (ideias, comportamentos, moda etc.). Mas os fenômenos de difusão ou de contágio observados em um grande número de redes complexas são diferentes dos cenários clássicos – principalmente em epidemiologia –, que se apoiam geralmente em modelos de redes aleatórias. Ora, uma das particularidades importantes observadas nas redes sem escala é que não há (ou quase não existe) "patamar de epidemia". Essa propriedade foi revelada a partir do estudo da circulação dos vírus informáticos na internet, e de um paralelo estabelecido com os modos de difusão bastante peculiares do vírus da Aids (PASTOR-SATORRAS & VESPIGNANI, 2001; LLOYD & MAY, 2001). Segundo parece, ela está relacionada ao fato de que, no interior das redes sem escala, os "conectores" (*hubs*) desempenham um papel-chave: eles irão "infectar" um número suficiente de pessoas para a difusão e circulação da "epidemia". Assim, nesses casos, qualquer que seja a "virulência" dos agentes, a forma da rede é suficiente para garantir a disseminação e a persistência das infecções. Isso significa que os processos de difusão se encontram em situação favorável; além disso, elementos de natureza viral – tratando-se, por exemplo, de vírus biológicos ou informáticos – poderão se propagar facilmente, seja qual for o seu grau de virulência. A *dinâmica da*

121. Merton, 1968. De acordo com o Evangelho segundo São Mateus (25,29), "ao que tem muito, mais lhe será dado e ele terá em abundância; mas ao que não tem, até mesmo o que tem lhe será tirado".

122. Granovetter, 2008: "Modèles de seuils du comportement collectif".

difusão é otimizada e está dependente da arquitetura da rede, em vez da natureza dos conteúdos em circulação. Para Barabási, leis comuns regem portanto a disseminação das modas, ideias e epidemias no âmago de redes complexas:

> Essas leis se tornaram objeto de intensas pesquisas pelo pessoal do *marketing* que tenta adivinhar como colocar seus produtos nos bolsos de vocês; pelos sociólogos que procuram compreender as manias, as modas e os motins; pelos cientistas políticos que controlam a estrutura do voto e o futuro dos políticos; pelos médicos e epidemiologistas que esperam conter tanto o vírus Ebola quanto a gripe sazonal; pelos adolescentes que elaboram vírus informáticos com o objetivo de destruir os produtos da Microsoft; e pelos administradores de sistema, cuja determinação consiste em impedir a ação desses vírus (BARABÁSI, 2002, p. 126-127 [tr. para o fr. de B.L.]).

Tais conclusões parecem reforçar, de novo, a centralidade dos *hubs*. Desde então, a identificação dos mesmos se torna um desafio central porque ela permitiria focalizar os esforços nos fenômenos de contágio social no contexto das redes complexas – tratando-se de suscitar um movimento de adesão em uma campanha política, de incrementar as chances de sucesso comercial de um produto ou, pelo contrário, de conter algumas epidemias de natureza sanitária. Como veremos no caso da internet, no entanto, se determinadas lições podem ser tiradas efetivamente da estruturação da rede, isso não basta para engendrar diretamente dinâmicas específicas.

9.2 Da Ciência das Redes às "leis" da internet

As diferentes características das redes complexas, identificadas rapidamente mais acima, constituem um campo científico bastante amplo, submetido também a controvérsias. Essas teorias foram igualmente aprimoradas e matizadas desde então, e nenhum dos modelos permite uma explicação completa das realidades observáveis. Mas para Barabási, tais descobertas mostram que uma "arquitetura semelhante" rege os sistemas complexos, e a topologia das redes se apresenta como "universal": "Numerosas redes reais, desde a célula até a internet, convergem para arquiteturas semelhantes, independentemente de sua idade, de sua função e de sua amplitude. Essa universalidade permitiu que pesquisadores de diferentes disciplinas adotassem a Teoria das Redes como paradigma comum" (BARABÁSI, 2009). Esse autor prossegue indicando com precisão que a topologia das redes é insuficiente e que uma verdadeira "Teoria da

Complexidade", capaz de *predizer* e antecipar o curso dos fenômenos nas redes, deverá nomeadamente levar em conta a diversidade das dinâmicas atuantes nos diferentes tipos de redes sem escala (BARABÁSI, 2009, p. 413). Ora, essa busca depende essencialmente, segundo ele, da possibilidade de coletar e processar, de maneira adequada, grande quantidade de dados – particularmente, em um contexto social, em que os indivíduos e os objetos estão cada vez mais bem equipados com tecnologias de rastreamento das atividades e conexões. Assim, as interações humanas são cada vez mais apreendidas como uma "física social" (PENTLAND, 2014); elas seriam regidas por leis suficientemente explicitadas pelas regularidades estatísticas, e cuja caracterização bem delimitada será permitida, no futuro, mediante os dados coletados a partir do ambiente digital.

Essas pretensões universalizantes, a redução a uma essência de natureza matemática (o grafo) e a ênfase nos aspectos vitalistas das redes levaram alguns observadores a afirmar que tais abordagens científicas se assemelham a uma "metafísica das redes" (GALLOWAY & THACKER, 2007, p. 118). A Aids, o terrorismo ou a internet são efetivamente processados aí no mesmo plano, além de serem apresentados como fenômenos submetidos a "leis" de natureza física e matemática, sem que exista preocupação suficiente com a diversidade das práticas sociais concretas, nem de seu caráter situado. No entanto, essas abordagens permitiram mostrar, no caso da internet, que a rede pode se apresentar sob diferentes facetas, e que ela também manifesta certa "ordem", apesar das aparências segundo as quais ela limitar-se-ia a ser caos, desordem e arbitrariedade (HUBERMAN, 2001, p. 97). A abordagem em termos de Teoria das Redes fornece, além disso, uma elucidação sobre dois componentes principais da internet enquanto fenômeno auto-organizado: a maneira como se opera uma triagem e uma *hierarquização* das entidades que o compõem, por um lado, e, por outro, as interações entre essas entidades enquanto movimentos de *difusão*.

As características de uma rede sem escala ou *scale-free* foram particularmente colocadas em evidência por Barabási e Albert no âmago da rede virtual, formada pelos hiperlinks da web. Na medida em que cada um segue os seus próprios interesses na decisão de exibir determinado link em sua página, e considerando a diversidade dos interesses pessoais e das páginas suscetíveis de serem acessadas, eles acalentavam a expectativa de enfatizar o caráter aleatório das conexões; ora, esses autores acabaram descobrindo que o modelo aleatório não era aplicável na medida em que 80% das páginas visitadas continham menos de quatro links, enquanto uma reduzida minoria de sites (menos de 0,01%) comportava mais de 1.000 links (BARABÁSI & ALBERT, 1999, p. 52).

Essa minoria de sites constitui os *hubs* da rede. Eles também demonstraram que o crescimento dos sites (avaliado pelo número de conexões de entrada e de saída) seguia um mecanismo de conexão preferencial, descrito mais acima, e que tendia a promover os sites já bem-estabelecidos; um fenômeno similar foi identificado no caso mais geral da internet (FALOUTSOS, M.; FALOUTSOS, P. & FALOUTSOS, C., 1999).

Essas observações foram aprimoradas por outras pesquisas, mediante as quais ficou demonstrado que a velocidade de crescimento dos sites não depende unicamente de sua antiguidade, mas segue também uma dinâmica intrínseca, correlacionada grandemente a seu número de páginas e ao investimento material (p. ex., custos com a publicidade) de que eles são objeto (HUBERMAN & ADAMIC, 1999). Foi sublinhado igualmente que é necessário ter em conta as diferentes categorias de sites existentes (empresas, universidades, comércio, indivíduos, imprensa etc.) porque algumas apresentam distribuições mais lineares (PENNOCK, 2002). Da mesma forma, uma modelização mais bem definida da distribuição da internet, enquanto infraestrutura material, deve levar em consideração as especificidades técnicas de sua arquitetura (DOYLE et al., 2005). Mas, de um ponto de vista geral, a internet – e, especialmente, a web – enquanto sistema complexo apresentaria assimetrias estruturais que podem ser compreendidas como uma hierarquização das entidades que a compõem. As leis de potência, em particular, permitem identificar e descrever importantes disparidades na distribuição dos sites web, em seu crescimento e número de páginas, assim como nas trajetórias de navegação dos internautas ou em seu grau de atividade, como sublinha Bernardo Huberman; esse autor evoca, assim, "uma espécie de mecanismo universal que não apenas subentenderia o crescimento da web, mas também produziria distribuições de acordo com a lei de potência mediante algumas de suas características" (HUBERMAN, 2001, p. 28-29). Por exemplo, no contexto do e-comércio, constata-se igualmente uma distribuição logarítmica, às vezes, resumida pela fórmula *winner-takes-all* ("o vencedor leva tudo")[123], que está associada à estrutura da web em geral: um reduzido número de sites concentra a maior parte do tráfego com evidentes efeitos de saturação.

A livre-circulação da informação seria acompanhada, portanto, por mecanismos de triagem, e essas distribuições parecem ser contrárias ao suposto caráter "igualitário" da rede: se qualquer pessoa pode criar um site (inclusive

123. Huberman, 2001, cap. 8: "Markets and the Web", p. 83-95.

um site comercial) com recursos relativamente modestos, o acesso a uma parte importante do tráfego será atingido apenas por um número ínfimo de sites. Da mesma forma, se qualquer pessoa pode se expressar em uma página da web ou em um blogue, um patamar importante de visibilidade será superado apenas por uma minoria de sites. A web não é uma rede aleatória e, de acordo com Barabási, essas propriedades nos obrigam a reavaliar a ideia geral segundo a qual a web seria intrinsecamente um espaço de liberdade de expressão, de justiça e de "democracia": mesmo que todas as opiniões pudessem ser publicadas, "a topologia da web permite-nos ver apenas uma ínfima parte dos bilhões de documentos que a compõem" (BARABÁSI, 2002, p. 56-57 [tr. para o fr. de B.L.]). Essas observações reafirmam a centralidade da *atenção* no interior da economia-rede. As contribuições dessas teorias mostram que a web não seria fundamentalmente igualitária, mas em vez disso, é dominada por um reduzido número de *hubs* que desempenham um papel decisivo (tais como Amazon ou Yahoo!) e por formas de distribuição bastante desiguais. Essas observações também parecem ser contrárias ao que designamos como a "forma canônica" da internet, tal como ela se forjou nas décadas de 1960 e de 1970, enquanto rede distribuída (cf. capítulo 2).

Os resultados dessas abordagens de natureza matemática que procuram estabelecer a topologia das redes foram discutidos por Yochai Benkler[124], que reconhece o problema formulado desse modo. Esse autor detecta principalmente as suas implicações para a formação de um espaço público liberal:

> Esse fenômeno representa um sério desafio teórico e empírico em relação à ideia de que as comunicações da internet [...] descentralizam, de maneira significativa, o discurso democrático. Trata-se do tipo de problema que não pode ser resolvido por uma regulamentação. É impossível forçar as pessoas a ler algo diferente do que elas tiverem escolhido para ler; aliás, essa tentativa seria inútil. Se os usuários evitam a sobrecarga de informação – concentrando-se em um reduzido subconjunto de sites em uma rede que não deixa de ser aberta, o que lhes permite ler mais ou menos o que elas pretendem e tudo o que foi escrito por outros –, qualquer intervenção pública que visasse forçar um modelo diferente seria dificilmente justificada do ponto de vista da Teoria Democrática Liberal (BENKLER, 2009, p. 307-308).

124. Benkler, 2009: "Sur la distribution en loi de puissance, la topologie des réseaux et les moyens de se faire entendre", p. 307-330.

Em sua resposta, Benkler afirma que, se o espaço público tal como ele é estruturado pela internet (o "espaço público em rede") não é perfeito, ele suplanta apesar de tudo aquele que está associado aos meios de comunicação de massa tradicionais: "As questões descritivas de ordem normativa consistem em se indagar se o espaço público em rede fornece um acesso mais amplo e a possibilidade de participar na filtragem, além de plataformas relativamente incorruptíveis, atribuindo uma posição preponderante ao público. Minha resposta seria afirmativa" (BENKLER, 2009, p. 314). Várias características são, com efeito, peculiares ao espaço público em rede e tornam a web um espaço certamente estruturado, mas não tão hierárquico quanto o espaço midiático clássico. O agrupamento de sites de reduzida envergadura (nomeadamente os blogues) pelos jogos de *cross-links* e de citações mútuas, baseadas em afinidade (*clusters*), formam comunidades de interesse (ou "blogosferas"). No interior desses *clusters* de tamanho reduzido, ou seja, em uma escala menor, as leis de potência se aplicam de maneira menos nítida; numerosos relés existem direcionados ao conjunto formado pelos sites muito conectados; enfim, os efeitos do "mundo pequeno", que já evocamos, podem permitir que entidades afastadas das partes densamente conectadas de uma rede sejam de repente propelidas em sua direção (se, p. ex., um site importante vier a estabelecer um link).

Assim, segundo Benkler, existe uma atividade mais horizontal, sem deixar de ser estruturada, nas "camadas inferiores" da web, longe dos *hubs*, ou seja, os sites que drenam a maior parte do tráfego e constituem pontos de controle centralizados. Além disso, essa atividade localizada na "longa cauda" da web pode encontrar o seu caminho até chegar às camadas superiores, fazer emergir informações e comentários, contribuindo, assim, para dar forma à agenda midiática. A auto-organização, aqui, designa as formas de agrupamento "em torno de temas, instituições ou outras características comuns" que, a partir de determinado patamar, podem divulgar informações para além de seus próprios círculos (BENKLER, 2009, p. 322-323). Podemos descobrir que o "grupo reduzido densamente conectado" faz lembrar as "comunidades" e "associações" que ocupam uma posição central no pensamento liberal norte-americano e são reinterpretadas por Benkler pela bitola da internet e no contexto de uma topologia da rede. Para esse processo ele utiliza o qualificativo de *filtragem cooperativa*, tirando daí a conclusão de que a auto-organização na internet não conduz necessariamente, ou não somente, a grandes desigualdades na distribuição da informação; em um nível intermediário, ela torna possível o surgimento de formas alternativas de discurso, manifestando-se de maneira mais "orgânica" a partir das preocupações individuais e, em seguida, suscetíveis de subir na hierarquia da visibilidade.

Assim, "a economia da informação em rede, tal como ela se desenvolve atualmente, tem a capacidade de coletar, filtrar e sintetizar as observações e opiniões de uma população, cujo número é bastante superior ao público drenado pelos meios de comunicação de massa". Para Benkler, "em relação ao modelo de tais meios, o esquema dos fluxos da informação nessa rede oferece uma maior resistência ao exercício de um controle ou de uma influência". No entanto, ele não deixa de reconhecer o seguinte: "As coisas poderiam se modificar. O Google poderia se tornar tão poderoso para a informática, para a troca de mensagens e para a web, que haveria de se transformar efetivamente em um superelo suscetível de implicar o retorno do modelo dos meios de comunicação de massa" (BENKLER, 2009, p. 330). Ora, como veremos no próximo capítulo, é isso precisamente o que aconteceu: juntamente com outros, o Google assumiu efetivamente uma importância decisiva enquanto "superelo" na rede.

9.3 A web e a cultura do compartilhamento

Para circunscrever mais profundamente as dinâmicas sociais atuantes na internet, a abordagem em termos de Ciência das Redes exige ser complementada por trabalhos que se interessaram pelas interações sociais efetivas. A sociologia dos usos, em particular, procedeu à ampla análise sobre a variedade das práticas sociais na rede, sejam elas atividades de interação e comunicação, de cooperação e trocas econômicas, ou ainda práticas culturais (BEUSCART; DAGIRAL & PARASIE, 2009). Qualquer que seja a perspectiva adotada, a noção de troca na internet foi apreendida, muitas vezes, antes de mais nada, pelas categorias do "compartilhamento" e da "participação", as quais constituiriam dimensões estruturantes da "cultura da internet". Nesse aspecto, foi sublinhado nomeadamente que as "mídias participativas" ou "mídias sociais" entram em interações complexas com as indústrias culturais e as grandes mídias. Igualmente foi detectado que a dimensão performática da participação individual constitui um fenômeno ambíguo, fonte de inovações individuais e de formações coletivas fecundas, mas também de restrições e de normatividade.

A ideia de participação na internet designa, antes de mais nada, a colocação em circulação de conteúdos originais, mas também a retomada de conteúdos culturais existentes, processados ou não. Novos serviços ou "plataformas" com funcionamentos e modelos bastante diferentes (pagos ou não, em formato proprietário ou não etc.) apareceram, assim, a fim de responder a essa demanda – sejam eles vídeos (YouTube, Dailymotion), fotos (Flickr), música (MySpace) ou ainda conhecimento (Wikipédia). Mesmo que o número de colaboradores efetivos seja limitado, muitas vezes, a uma minoria de usuários, a linha nítida entre produção/difusão de conteúdos culturais, por um lado, e, por outro, consumo desses conteúdos, a partir do modelo dos meios de comunicação de massa ou *mainstream medias*, parece estar sendo objeto de contestação. Além disso, argumenta-se que a internet permite uma diversificação de ofertas culturais, possibilitando a valorização da "cauda longa" (*long tail*), ou seja, todos os bens culturais que não eram rentáveis no âmbito de uma indústria cultural de massa, preferindo se concentrar em um reduzido número de *blockbusters*, os quais daí em diante poderiam encontrar seu público[125].

Para um apologista da internet, tal como Clay Shirky, a rede permite tirar partido do "excedente cognitivo" dos indivíduos, diferentemente das mídias tradicionais que os deixam imobilizados em uma posição de espectadores passivos (SHIRKY, 2010). No entanto, para André Gunthert, historiador das imagens e da cultura, a oposição esquemática entre indústrias de meios de comunicação de massa "tradicionais" e uma autoproclamada "revolução dos amadores" deve ser atenuada. As mídias do "web 2.0" permitem tanto divulgar e arquivar conteúdos oriundos das indústrias culturais (principalmente clipes, programas de TV, músicas e filmes) quanto colocar em circulação conteúdos produzidos pelos próprios usuários (GUNTHERT, 2009). Para esse autor, o que caracteriza, antes de mais nada, a participação na internet é a noção de *compartilhamento* dos conteúdos e das *interações* agregadas em torno dos mesmos (comentários, relatórios e advertências, índices de audiência e de notoriedade etc.). Esse fenômeno se manifesta com todo o vigor na complementaridade entre suportes clássicos e "novas mídias": a imprensa *on line* torna-se, por exemplo, a partir de 2006, a maior fonte de tráfego para vídeos *on line* hospedados nas plataformas do web 2.0, e integrando também dispositivos daí resultantes (espaços de comentários que acompanham os artigos, classificação dos artigos mais vistos etc.). É igualmente o que Mirko Schäffer designa sob o nome de "cultura bastarda" (SCHÄFFER, 2011), que abrange práticas heterogêneas de "criação cultural em parceria", eventualmente reapropriadas pelas indústrias culturais.

---

125. Anderson C., 2009a. No entanto, essa tese ainda precisa ser validada, considerando que ao mesmo tempo a lógica dos *blockbusters* também parece ser fortalecida pela internet. Cf., p. ex., Elberse, 2008.

A influência das grandes mídias continua sendo dominante, mas se confunde com as possibilidades de criação e apropriação dos conteúdos culturais, oferecidas pelas novas mídias em um amplo movimento de "convergência midiática" (JENKINS, 2013). Para numerosos sociólogos dos usos da internet, esse movimento de partilha se inscreve em um contexto mais geral de autoprodução ou "produção pelo indivíduo de atividades autônomas não submetidas ao trabalho assalariado". De acordo com Laurence Allard e Frédéric Vandenberghe, esses fenômenos de criação e apropriação na rede estão a serviço de um intuito de afirmação e formalização das identidades individuais através de uma "narrativa do eu", além de serem qualificados como "individualismo expressivo" (ALLARD & VANDENBERGHE, 2003). No entanto, em vez de contestar um exibicionismo ou narcisismo do indivíduo, trata-se de retomar a ideia goffmaniana da "representação do eu" que se encontra aqui levada a seu extremo (GOFFMAN, 1973). Dominique Cardon e Hélène Delaunay-Teterel evocam, no caso dos blogues, uma "técnica relacional" que é possível declinar em diferentes grandes tipos com base em enunciados e públicos aos quais eles são dirigidos (CARDON & DELAUNAY-TETEREL, 2006). De maneira mais geral, de acordo com Cardon, é a função de *ligação* que é primordial no caso tanto dos blogues quanto dos meios de comunicação sociais, além de completar a compreensão da rede como um vetor do individualismo contemporâneo (CARDON, 2011, p. 144).

Esses fenômenos da representação do eu, assim como da elaboração de uma narrativa identitária, também foram analisados em termos de acesso a formas de *reconhecimento* da singularidade individual, em particular, do ponto de vista da sociologia crítica que, por exemplo, foi adotado por Fabien Granjon e Julie Denouël (GRANJON & DENOUËL, 2010). Para Josiane Jouët, a busca por reconhecimento que é enunciada nessas diferentes plataformas e no âmago desses diferentes coletivos torna a internet simultaneamente em um "espaço de expressão livre" e em um "espaço de normatividade" (JOUËT, 2011, p. 74). Com efeito, se as interações na web permitem contornar alguns canais midiáticos e mercantis "oficiais", Jouët também constata que os internautas estão em uma avaliação permanente, tanto de sua presença na rede quanto da atenção que eles acabam suscitando. As numerosas avaliações propostas pelas plataformas de compartilhamento de conteúdos e pelas redes sociais incentivam a objetivar a noção de "reputação" ou "e-reputação", reflexo não só da natureza e da amplitude da inscrição dos indivíduos na rede, mas também do *valor* que lhes é atribuído enquanto indivíduos únicos.

A autorrepresentação pode, assim, levar ao que Granjon e Denouël designam como uma "autorreificação" ou o que Fanny Georges chama uma "padronização do eu" (GEORGES, 2011, p. 31-48), em razão das restrições decorrentes da autovigilância generalizada e dos comportamentos estereotipados que ela é susceptível de engendrar (GRANJON, 2011). Além dessa autoavaliação permanente que implica certa padronização dos comportamentos e das produções, Jouët observa, enfim, que uma avaliação de maior amplitude está em ação porque as plataformas e os motores de busca, pelos quais transitam os internautas, implementaram dispositivos sofisticados de rastreamento, captura e avaliação do tráfego. Os enormes bancos de dados, gerados dessa forma, permitem encontrar o "perfil" dos usuários e atingi-los de maneira focalizada (publicidade, campanhas de *marketing* etc.). Assim, as manifestações ativas e performáticas da identidade são incentivadas pelos grandes atores da web na medida em que elas lhes permitem também "conhecer" em melhores condições os seus usuários, além de engendrarem substanciais lucros a partir dessas informações – lidando frequentemente com os limites do "socialmente aceitável" em matéria de proteção dos dados pessoais, tanto mais que uma grande parte desses dados não lhes foi confiada explicitamente, mas "coletada" e armazenada pelo serviço. A natureza e as formas assumidas pelo compartilhamento na internet são, portanto, consideravelmente tributárias das especificidades do dispositivo sociotécnico implementado – tratando-se, por exemplo, de YouTube ou Facebook, mas também do *peer-to-peer* ou ainda de Wikipédia, que remetem a modelos fundamentalmente diferentes, como veremos nos capítulos seguintes. A dinâmica da participação na internet acaba alimentando os dispositivos no âmago dos quais ela se inscreve, sem deixar de ser extremamente circunscrita e orientada por esses mesmos dispositivos.

9.4 Viralidade e contágio social

A dinâmica do compartilhamento na internet também foi caracterizada, antes de mais nada, por seus aspectos de contágio social e enquanto fenômeno *viral*, quando uma informação ou um conteúdo é objeto, de repente, de uma difusão muito ampla e, portanto, ganha uma enorme visibilidade. No entanto, a ideia de que os mecanismos de contágio se encontram em ação no seio da sociedade é anterior às redes de computadores; ela é frequentemente associada a Gabriel Tarde (1843-1904), o qual opõe à sociologia de Émile

Durkheim (1858-1917) uma abordagem em termos de psicologia social. Para Tarde, "a realidade social" é "composta, essencialmente, de estados psicológicos" (TARDE, 1901, p. 461); além disso, é a imitação que "estabelece vínculos" e, até mesmo, "institui a sociedade" entre os indivíduos. Contra a concepção de Durkheim que considera o vínculo social como "coerção" fixa, tendo como pano de fundo um modelo de coesão orgânica, tal vínculo é, em Tarde, um exercício dinâmico de interações entre indivíduos: "O fato social elementar é a comunicação ou a modificação de um estado de consciência pela ação de um ser consciente exercida em outro" (TARDE, 1898, p. 64).

Esse autor, que já havia sido mobilizado principalmente no âmbito da sociologia da opinião e das mídias para a qual a questão da "influência" e da difusão é, muitas vezes, central. Parece ter encontrado uma nova atualidade no contexto das redes, em particular, tratando-se da análise estrutural das redes sociais (MUCCHIELLI, 2000). Além disso, Bruno Latour reconhece ser tributário de Tarde ao elaborar a sua abordagem em termos de ator-rede (LATOUR, 2002, p. 117-132). Com efeito, assiste-se ao surgimento de novos modos de contágio social que estão associados às dinâmicas de compartilhamento de conteúdo na internet: para Jussi Parikka, a cultura-rede se apresenta sob o aspecto de uma lógica feita de "contágios digitais", permeada de interações culturais complexas entre diferentes regimes de significação (PARIKKA, 2007a). Aliás, o vírus informático é o seu exemplo mais marcante, como foi demonstrado por esse autor por meio de uma "arqueologia midiática" da emergência de tal figura (PARIKKA, 2007b); ele também testemunha que a disseminação das práticas computacionais nas décadas de 1980 e de 1990 foi acompanhada de pânicos de natureza sanitária (e moral) associados a epidemias, tais como a Aids[126], e de um corpo humano que é percebido como algo de cada vez mais vulnerável à "contaminação" no contexto das "sociedades do risco" (VAN LOON, 2002). A coevolução da biologia e da informática levou a numerosas extrapolações na ordem das representações, estabelecendo paralelos entre o corpo e o computador à medida que a computação se tornava mais "pessoal" (CASILLI, 2010b). Eis o que é comprovado por inúmeras metáforas biológicas usadas para designar fenômenos relacionados com a informática conectada: vírus; mas também: replicação, disseminação, ecossistema, infecção, epidemia, clone, parasita, verme etc. (LUPTON, 1994).

---

126. Casilli, 2010b. De acordo com esse autor, tais ansiedades constituem um prelúdio às utopias da realidade virtual enquanto "regeneração digital" do corpo humano.

A biologia exerceu influência principalmente sobre os discursos e as representações da rede, mediante as teorias da evolução aplicadas à cultura. Uma versão muito geral e popular disso pode ser encontrada na própria rede mediante a ideia do *meme*: uma abreviação do neologismo "mimema" - termo que designaria uma "unidade de imitação" - foi forjado na década de 1970 por Richard Dawkins, um dos papas da biologia evolucionista. O meme, introduzido de maneira bastante explícita a partir da analogia com o termo "gene", designa entidades culturais dotadas de uma capacidade de replicação em virtude de suas qualidades intrínsecas[127]. Desse ponto de vista, em vez de ser o resultado do processo secular da *mimésis* da qual os seres humanos são os atores, a cultura é, de preferência, um processo sem sujeito, do qual os verdadeiros agentes são os memes, e do qual os seres humanos se limitam a ser os vetores. Ora, desde a sua primeira formulação, a "memética" defendida por Dawkins se apoiou no contexto técnico da informática, assim como na circulação da informação em um ambiente midiático, cujo objetivo consiste em capturar a atenção - em suma, em tirar partido do "tempo de cérebro disponível" (DAWKINS, 2003, p. 267). Aliás, um artigo desse autor começa por discutir os vírus computacionais enquanto "modelos para uma epidemiologia informacional" (DAWKINS, 1993, p. 13-27). Os vírus são descritos aqui como um princípio de difusão da informação, cuja finalidade pode ser tanto negativa (instalar um software malicioso) quanto positiva (sincronizar uma bibliografia compartilhada por um grupo de pesquisadores). Prosseguindo sua descrição, Dawkins apresenta os "cérebros humanos" como "máquinas destinadas a replicar", susceptíveis portanto de serem infectadas pelos "vírus da mente" que são, em sua opinião, as ideologias, as modas e - em particular, para um ateu convicto, tal como Dawkins - as ideias religiosas ou o que ele designa como "o vírus mental da fé".

As pretensões científicas da memética estão, em grande medida, sujeitas a caução em virtude de seu reducionismo, em particular, relativamente à natureza do meme enquanto "replicador cultural" e ao uso do conceito de seleção (GUILLO, 2009). No entanto, a ideia de meme tem conhecido um grande sucesso no contexto da internet - na medida em que a rede pode

127. "Exemplos de memes podem ser encontrados em melodias, ideias, *slogans*, estilos de roupa, maneiras de fazer potes ou de construir arcos. Do mesmo modo que os genes se propagam no estoque genético, saltando de um corpo para outro através dos espermatozoides e óvulos, assim também, os memes se propagam no estoque memético, pulando de um cérebro para outro mediante um processo que, em sentido lato, poderia ser qualificado como imitação" (DAWKINS, 2003).

ser vista principalmente como uma gigantesca máquina destinada a copiar e difundir informações. Na internet, o meme designa um link ou um site web, um vídeo, uma imagem ou, até mesmo, uma frase que se espalha pela rede mediante um simples compartilhamento ou por "mutação" – ou seja, depois de ter sido modificado, transformado, parodiado, "remixado"[128]. Os memes fazem, assim, parte integrante da cultura da web, além de exprimirem em alguns aspectos a sua quintessência. Limor Shifman estabeleceu uma tipologia sumária deles – adaptada por nós (cf. Figura 6) –, permitindo distinguir, por um lado, os *fenômenos virais simples* (que são bastante compartilhados e comentados, sem acarretarem alterações, ou quase nenhuma, do conteúdo; p. ex., eles vão das correntes de e-mail até a circulação de vídeos, que podem ser tão anedóticos quanto o espirro de um panda) e, por outro, os *memes* (cujo conteúdo é compartilhado, mas também transformado) que podem ser de duas categorias diferentes. Pode se tratar de uma parte de *memes com origem única*: um conteúdo bem definido é distorcido ou parodiado – por exemplo, uma sequência do filme *A Queda: as últimas horas de Hitler* (2004) em que se vê o ditador encolerizado e cujas legendas serão alteradas. Ou então uma foto insólita ou impressionante que será retomada, tal como o *Pepper Spraying Cop*, o policial californiano que lançou gás lacrimogêneo em direção de estudantes que faziam o seu protesto permanecendo sentados, e cuja imagem será reproduzida em todos os tipos de situações. Por outro lado, pode-se tratar, também, de *memes estilísticos*: ao invés de um conteúdo específico, o meme designa um tipo integral, por exemplo, os famosos *LOLcats* ou ainda os *rage faces*, os rostos de personagens irritados, desenhados de maneira sumária. Mas a fronteira entre essas categorias é tênue: por exemplo, muitas vezes é um fenômeno viral que também será reapresentado, remixado, parodiado, como foi o caso do vídeo *Gangnam Style* do cantor sul-coreano Psy, o qual tinha sido visualizado, em janeiro de 2015, mais de 2,3 bilhões de vezes no YouTube, tendo dado origem, também, a múltiplas imitações e distorções (a dança bem peculiar do cantor obteve um grande sucesso a ponto de ter sido retomada por numerosas personalidades).

128. Uma ampla amostra de memes, acompanhados por seu histórico, poderá ser encontrada no site Know Your Meme [http://www.knowyourmeme.com].

Figura 6 Quadro adaptado de L. Shifman: *Memes in Digital Culture* (SHIFMAN, 2014, p. 59)

	Fenômeno viral	**Meme com origem única**	**Meme estilístico**
Número de versões	Única	Numerosas	Numerosas
Distribuição da popularidade	O conteúdo inicial é visualizado milhões de vezes	Um conteúdo (às vezes, já viral) lança o meme	Popularidade distribuída de maneira igual entre as diferentes versões
Orientação dos derivados	Poucos derivados ou nenhum	Os indivíduos se referem especificamente ao conteúdo inicial	Os indivíduos adotam uma fórmula geral
Implicação dos usuários	Compartilhamentos e comentários	Modificação do conteúdo	Modificação do conteúdo
Exemplos	*Sneezing Baby Panda*	*Pepper Spraying Cop*	*Rage faces*

A noção de meme implicaria que a contagiosidade do conteúdo fosse imputável ao próprio conteúdo: é em virtude desta ou daquela característica – insólita, chocante, engraçada etc. – que ele entra em circulação. Além disso, e como já havia sido observado por Douglas Rushkoff, a partir da ideia mais geral de "vírus midiáticos", o meme pode ser compreendido como um "conteúdo" que o vírus "injeta" (RUSHKOFF, 1996). Ora, como sublinha Henry Jenkins, do ponto de vista do *marketing*, das relações públicas e da comunicação em geral, é evidentemente sedutor pensar que seria possível "inocular" uma mensagem a propósito de uma marca, empresa ou político mediante uma entidade cultural atraente e suscetível de ser compartilhada (JENKINS, 2009). No entanto, em vez de um conteúdo oculto, um meme parece corresponder de preferência a uma *forma cultural* que obtém sucesso em determinado momento e é usada para se divertir, para dar uma forma à expressão e comunicar um sentido. Assim, todos aqueles que procuram ganhar maior visibilidade visam produzir conteúdos a fim de engendrarem tal circulação, mas tratar-se-á em geral para eles de parasitar um fenômeno existente, enquanto em outros casos, pelo contrário, o fenômeno conterá em seu bojo um alcance crítico (*culture jamming*)[129] e, até mesmo, subversivo.

Como sublinha Jussi Parikka, a ideia de meme está em harmonia com a ideia de uma economia neoliberal pós-industrial, produzindo bens ima-

129. Cf. https://en.wikipedia.org/wiki/Culture_jamming

teriais – e particularmente "conteúdos culturais" – em competição entre si e lutando pela própria "sobrevivência" (PARIKKA, 2007a). Implicitamente, o meme, e a "naturalização" da rede que lhe é inerente, podem funcionar, portanto, como uma justificativa da economia-rede enquanto sistema emergente auto-organizado e "ordem espontânea". Apesar de suas limitações, os conceitos de viralidade, contágio social, sincronização dos afetos, pânico e jogos de influência são reveladores da maneira como é percebida a realidade midiática e principalmente a internet.

Uma impressionante ilustração do paralelo entre fenômenos virais na internet e viralidade biológica se encontra nas ferramentas fornecidas pelo Google para identificar as tendências (Google Trends). Com efeito, essa plataforma permite consultar as estatísticas de resultados de consultas que constituem um indicador do interesse manifestado por determinado fenômeno: em alguns casos, elas representam, portanto, barómetros do contágio social, uma vez que refletem "surtos de atenção" (o *buzz*) que se assemelham a "surtos de febre" em torno do fenômeno em questão. Ora, Google propõe uma ferramenta semelhante, chamada Google Flu Trends, que foi apresentada, durante muito tempo, como um dispositivo que permite não só "acompanhar" a evolução das epidemias sazonais de gripe, a partir das consultas efetuadas no motor de pesquisa em torno do tema da gripe, mas também antecipar a sua propagação de maneira mais eficaz do que as autoridades sanitárias. Essa abordagem é apresentada explicitamente como uma manifestação da "inteligência coletiva", como se o organismo global estivesse em condições, graças ao Google, de fazer advir rapidamente à sua "consciência" as patologias que o afetam (GINSBERG et al., 2009, p. 1.014). Esse exemplo se tornou emblemático do suposto poder do processamento de grandes volumes de dados, que a plataforma digital parece fornecer em abundância e da qual seria possível inferir diretamente modelos preditivos. Na realidade, entretanto, essa ferramenta revelou ser bastante imperfeita, ilustrando os limites da redução do real a suas manifestações digitais, assim como uma forma de "hubris" suscitado pelo *big data* (BUTLER, 2013; LAZER et al., 2014).

O cruzamento com abordagens mais sensíveis às dificuldades sociológicas encontradas permite alcançar resultados que, apesar de serem certamente mais modestos, também são eventualmente mais sólidos. Por exemplo, Thomas Beauvisage et al. (2011), apoiando-se em uma diversidade de estudos no campo das ciências sociais (inclusive do *marketing*), identificaram três definições da viralidade *on line* atuantes no contexto da "economia da atenção" e principalmente das plataformas de autopublicação e dos sites de redes sociais.

Uma primeira abordagem se empenha em compreender a natureza da "concentração temporal da atenção sobre um conteúdo" que se apresenta, portanto, como uma análise bastante clássica em termos de audiência e de recepção. Ao estudar determinados sites de agregação e identificação de conteúdos – tais como Digg (no qual a audiência cresce e fica saturada muito rapidamente) –, assim como algumas plataformas de compartilhamento de vídeos, por exemplo, YouTube (no qual a audiência é construída, de preferência, a longo prazo), ou ao analisar os ciclos de vida dos temas de atualidade em blogues e na imprensa *on line*, trata-se de compreender como se produz a "alocação da atenção" que opõe dois fenômenos contraditórios: a atração seja por aquilo que já chama a atenção ou pela novidade. O resultado é um fenômeno de picos de popularidade, em que "a atenção prestada a alguns itens se concentra e, em seguida, se dispersa e se desloca em direção a novos itens" (BEAUVISAGE et al., 2011, p. 154). Enfim, essa abordagem se limita a avaliar a audiência ou a popularidade de determinado conteúdo, certamente com precisão, mas sem tirar conclusões decisivas sobre os motivos do sucesso.

Outra abordagem procura estabelecer a distinção entre a atenção prestada a um conteúdo enquanto consequência de uma interação direta entre indivíduos, ou seja, um "puro contágio"; e a atenção orientada por dispositivos na web (advertências automáticas, índices de avaliação, classificações etc.). Trata-se, por exemplo, de diferenciar entre diversos tipos de picos de atividade de vídeos no YouTube em função da origem do tráfego: em primeiro lugar, procede-se à identificação de vídeos, cuja audiência é adquirida artificialmente (p. ex., mediante uma campanha de *spam*) e que não conhecerão uma difusão "viral", ou seja, por meio de um compartilhamento "social"; em seguida, aqueles que conhecem um afluxo de audiência em razão de sua "qualidade" e de sua adequação a uma atualidade candente; enfim, aqueles que são autenticamente "virais", ou seja, que se servem de uma difusão baseada, antes de mais nada, em uma transmissão social "endógena".

Finalmente, a terceira abordagem está interessada principalmente pelos mecanismos de transmissão – ou seja, pela própria rede – apoiando-se no acervo de conhecimentos da "Ciência das Redes", analisado anteriormente. Se as características *formais* de um conteúdo desempenham um papel importante em sua "atratividade", as teorias das redes enfatizam as características *estruturais* do ambiente que permite a sua difusão:

> A linha focal se desloca a partir da trajetória do conteúdo, para o próprio mecanismo de transmissão; despendem-se esforços para

> compreender o que leva – na estrutura da rede e nas características dos indivíduos – um conteúdo a ser, ou não, transmitido entre os pontos da rede. Esses trabalhos se empenham em estabelecer não tanto a viralidade do conteúdo, mas a contagiosidade dos indivíduos (BEAUVISAGE et al., 2011, p. 157).

Essa abordagem parece, portanto, em um primeiro momento, reativar os trabalhos clássicos na área da sociologia das mídias e da opinião sobre "a influência das relações interpessoais" na decisão individual e na ação coletiva (KATZ & LAZARSFELD, 2008). Ela torna especialmente plausível a ideia de que também há "líderes de opinião" no contexto da internet, renomeados "influenciadores" (*influentials*) pelo *marketing*, que correspondem aos elos da rede através dos quais transita o maior volume de informações ou a informação mais pertinente para determinado público. Mas essa interpretação foi contestada abertamente a partir do interior da própria "Ciência das Redes": por exemplo, Duncan Watts e Peter Dodds mostraram que, se os indivíduos altamente conectados podem em teoria "exercer influência" sobre um grande número de outros indivíduos, eles se situam em geral no seio de uma sub-rede que é, por sua vez, densamente conectada, na qual a influência deles entra em competição com a de seus vizinhos, de modo que só poderá superá-la de maneira bastante moderada (WATTS & DODDS, 2007). De forma mais geral, na opinião desses autores, a mudança social enquanto fenômeno de contágio ocorre sobretudo quando existe uma situação favorável, e é apenas retrospectivamente que será identificada a sua origem – à semelhança de um grande incêndio florestal que pode ser desencadeado por uma simples faísca no momento em que estiverem presentes as condições de vento, temperatura, umidade e materiais combustíveis; na ausência de tais condições, pelo contrário, nenhuma flama seria passível de desencadear um incêndio (WATTS & DODDS, 2007, p. 454). Thomas Beauvisage et al. sublinham, portanto, "a multiplicidade e a contextualidade dos fatores de difusão e de influência no âmago das redes de socialidade" e o fato de que "a definição da influência é indexada, em geral, a uma situação ou a um objetivo definido e [...] as diferentes definições não se sobrepõem necessariamente"; esses autores também enfatizam que "Katz e Lazarsfeld (1955) já haviam demonstrado que os líderes de opinião são diferentes de acordo com o assunto em questão – política, consumo, moda ou cinema –, além de limitarem a sua influência a grupos constituídos por alguns indivíduos (família celular, amigos próximos, vizinhos)" (BEAUVISAGE et al., 2011, p. 160). Em sua conclusão, eles afirmam que, se "existem realmente formas típicas de focalização temporal da atenção [...], é difícil, em compensação, identificar a pura viralidade, ou seja, a transmissão direta de um conteúdo entre dois indivíduos, sem outra mediação": em primeiro lugar, porque variam consideravelmente as propriedades das plataformas e a sua concepção enquanto dispositivo sociotécnico (BEAUVISAGE et al., 2011, p. 160-161). Assim, o ambiente "exterior" à internet (mídias, comunidade) e a natureza intrínseca do conteúdo interagem de maneira complexa com a rede social. Essas conclusões também coincidem com as de Jussi Parikka para quem "o importante não é tanto os objetos virais ou os indivíduos infectados, mas a vulnerabilidade em relação às infecções do mundo em rede, no qual se espalha o contágio" (PARIKKA, 2011, p. 246). Mesmo que certo número de parâmetros possam ser reunidos para induzir esse tipo de fenômenos, os quais constituem um dos objetivos dos procedimentos de comunicação e de *marketing on line*, parece arriscado pretender "programar", de maneira precisa, a difusão viral das informações na web.

As abordagens em termos de "Ciência das Redes", combinadas com os trabalhos nas ciências sociais, permitem, assim, especificar o quadro estruturante da circulação das informações na internet, além das dinâmicas de interação que se desenvolvem nesse ambiente. Estas se apresentam, com efeito, como um processo sem sujeito, um fenômeno cujo caráter "auto-organizado" pode ser relacionado com duas dimensões principais: a constituição de *hierarquizações* intrínsecas da informação disponível; e a colocação em circulação de tais informações, a partir das dinâmicas de *contágio social* baseadas principalmente nas dimensões performáticas das ações do indivíduo em rede. Ora, os diferentes dispositivos sociotécnicos que compõem a internet se apoiam nesses elementos estruturais e nessa dinâmica; no entanto, eles também a orientam de maneira decisiva.

Como veremos em primeiro lugar, os fenômenos de hierarquização inerentes à web foram identificados com precisão pelos fundadores do Google e, daí em diante, utilizados pela maioria dos motores de busca a fim de ordenar os resultados de consultas. A natureza "sem escala" da rede é apreendida, então, como um conjunto de ordens e de subordens *imanentes*, do qual o motor de busca se apresenta como o simples reflexo, sem deixar de contribuir realmente para incrementá-la. Pelo contrário, para outros atores, essas hierarquizações transgridem o espírito inicial da internet e exigem ser "achatadas": esse é o sentido das redes *peer-to-peer* que, em seguida, serão objeto de nossa análise. Desse ponto de vista, a estruturação desigual da rede deve ser reequilibrada a fim de impedir que alguns elos – os *hubs* – venham a controlar a circulação das informações na rede. Trata-se, assim, de reinsuflar aleatoriedade e diversidade na rede a fim de aproximá-la do ideal da rede distribuída. Enfim, veremos como se estabelecem determinados modos mais reflexivos de estruturação e de circulação de informações, inspirados no movimento dos softwares livres; estes se apresentam como um modelo alternativo, propondo um controle refletido, sem deixar de ser descentralizado, dos fluxos de informação.

10
A *CAPTAÇÃO*: RECENTRALIZAÇÃO DAS REDES E CONTROLE ALGORÍTMICO

O CASO GOOGLE

A economia digital, que havia suscitado inicialmente um entusiasmo desmesurado por sua pretensa capacidade para desintermediar as trocas, permitiu realmente a instalação de novos intermediários que, no entanto, parecem emanar diretamente da rede. Com efeito, a abundância de informações acarretou a necessidade de simplificação, de triagem e de formalização – ou seja, um trabalho de redução da complexidade. Alguns atores, "gigantes" da internet, conseguiram, assim, ocupar uma posição estratégica no ecossistema informacional, permitindo-lhes *captar* os seus fluxos a fim de filtrá-los e, desse modo, extrair daí uma utilidade social, além de um valor econômico. Como veremos, o Google – em particular, enquanto motor de busca e agência publicitária – constitui a sua principal manifestação.

Google propõe, com efeito, um serviço de gestão algorítmica da informação que se baseia, em grande parte, na estrutura existente da rede de links da web, à qual são aplicadas regras dinâmicas automatizadas – os *algoritmos* – definindo o que irá chamar a atenção. O modelo proposto pelo Google se assemelha às concepções da organização social, baseadas no individualismo metodológico; de alguma forma, ele acaba por radicalizá-las e levá-las a um grau inédito de sofisticação, não deixando de operar uma recentralização da rede da qual ele se torna um "intérprete" incontornável. Trata-se aqui de questionar as hierarquias que são estabelecidas, de maneira invisível, pelos algoritmos utilizados para filtrar, classificar e priorizar a informação – e que são baseadas na coleta prévia dos vestígios deixados pelos usuários. Finalmente, veremos como o modelo de captação pode ser generalizado para outros atores da web, tais como as redes sociodigitais e nomeadamente o Facebook.

10.1 Domar a economia-rede

Como já vimos, a economia da informação é caracterizada por uma "abundância" de bens informacionais, circulando sob diversos regimes de propriedade e de legalidade, em virtude de sua propensão a serem copiados. Foram adotadas estratégias diferentes a fim de engendrar valor em um contexto dominado tanto pela "reprodutibilidade digital" quanto pelas contribuições dos usuários, em que os bens não rivais da economia da informação podem ser simultaneamente compartilhados e consumidos sem limites. Uma dessas estratégias tomou forma a partir da década de 1990 e se apresenta de acordo com três dimensões complementares: ela consiste, 1) a montante, em tomar nota da circulação gratuita das informações e em se apoiar nos mecanismos de compartilhamento atuantes na rede para coletar uma parte do valor; 2) em não adquirir quotas de mercado, mas em se apoderar de um espaço no interior de uma rede informacional; e 3) a jusante, em tirar partido dessa posição intermediária, seja diretamente ao propor serviços pagos aos usuários, ou indiretamente ao se servir das informações pessoais coletadas (nomeadamente para fazer publicidade) – e, até mesmo, ao propor uma mistura sutil dessas duas alternativas. Essas três dimensões podem ser resumidas em três axiomas: 1) capitalizar a partir do compartilhamento; 2) criar "efeitos de rede"; e, enfim, 3) tirar partido das "trocas de utilidade".

Tal lógica, descrita aqui de maneira sumária, preside sempre as estratégias desenvolvidas por atores que vão desde o Facebook até o TripAdvisor, passando também pelo Uber ou Airbnb – ou ainda pelo Google. O desafio a enfrentar consiste na criação de redes informacionais ou simbólicas, construídas em torno de uma posição estratégica que permitirá extrair daí um valor econômico em diferentes níveis: trata-se de atrair os colaboradores-clientes que, por sua vez, podem estar em situação de concorrência no espaço digital de visibilidade – a economia-rede também se apresenta sob o aspecto de uma economia da atenção que, aliás, supera o âmbito da internet (DAVENPORT & BECK, 2001; CITTON, 2014). Os aspectos colaborativos das interações em rede, assim como as aspirações à expressão individual, foram rearticulados de maneira a estar a serviço de finalidades comerciais.

10.1.1 Capitalizar a partir do compartilhamento

O gratuito se encontra no âmago da economia-rede, em virtude da facilidade de cópia dos bens informacionais, mas também por razões sociológicas relacionadas com a vontade de compartilhamento e de expressão que incentiva os internautas a difundirem – e, até mesmo, a produzirem – conteúdos na rede. A criação de um site web, dotado de um endereço público (URL) e conectado aos outros sites por hiperlinks, constitui já uma forma de compartilhamento de informação, em que um ator, tal como o Google, se apoiou para criar o seu motor de busca. Arquivos de vídeo ou de música são postos em circulação nos sites de download, dicas práticas são trocadas em fóruns e blogues etc. Ora, essa contribuição espontânea de informações pode ser em si um recurso que permite criar valor agregado, por exemplo, em um site comercial. Assim, no caso da venda *on line*, a capacidade para tirar partido das colaborações voluntárias pode se apresentar como uma vantagem competitiva decisiva, conforme demonstra a Amazon, cujo sucesso, em parte, está vinculado às notas e aos comentários inseridos pelos usuários. Esse aspecto é ainda reforçado no contexto do que Lucien Karpik designou como a "economia das singularidades" (KARPIK, 2007), ou seja, os bens e serviços (principalmente a oferta cultural), cujo preço não é somente o reflexo de um valor de uso e de um equilíbrio entre a oferta e a demanda, mas é em grande medida determinado por uma avaliação de sua qualidade, de seu valor simbólico e de sua conformidade com expectativas específicas. Os fóruns e espaços de comentários inscrevem-se, portanto, aqui no contexto dos numerosos dispositivos de ajuda ao julgamento, destinados a fazer circular o conhecimento, reforçar a confiança e minimizar a incerteza: eles constituem, com efeito, um prolongamento do que se diz à boca pequena que, por sua vez, é complementado por marcas, rótulos, denominações controladas, prêmios e recompensas (p. ex., os prêmios literários), guias (guias de turismo) etc. As "avaliações profanas" (PASQUIER, 2014) fornecidas pelos usuários para orientar as escolhas de consumo se apresentam como uma garantia suplementar de confiança, embora elas também sejam, em parte, questionáveis (há um mercado dos falsos comentários, em que um grande número deles estão longe de serem espontâneos).

A implementação de sites e de plataformas destinados a coletar e promover o compartilhamento de conteúdos pelos internautas – opiniões, comentários, dicas, mas também imagens, vídeos etc. – se tornou um dos aspectos mais visíveis da economia da internet, principalmente sob a forma do "web 2.0", a partir de 2004. Nesse aspecto é que foram utilizadas, da maneira mais eficaz, as dinâmicas sociais peculiares da rede. Mas, se esses serviços atendem a uma verdadeira demanda e fornecem ferramentas inéditas de compartilhamento da informação, dos conhecimentos e da cultura, os internautas se encontram nesse mesmo movimento, recrutados como "mão de obra gratuita" para engendrar conteúdos, sendo incentivados a colocar *on line* informações pessoais que também são "comodificadas" na medida em que elas são "consumidas" pelos outros usuários do serviço; e, enfim, os dados oriundos da observação de seus comportamentos na rede podem ser utilizados para fins de *marketing*. De acordo com alguns autores, a "cultura participativa" pode, assim, ser desviada para o mecanismo de criação de valor, a baixo custo, associado a uma nova forma de apropriação do trabalho cognitivo (*digital labor*)[130].

10.1.2 Criar "efeitos de rede"

Olivier Bomsel sublinhou que a associação entre digital e gratuito abrange realidades bastante diversas, que vão desde o compartilhamento puro e simples até a remuneração pela publicidade. Esse autor insiste principalmente sobre o fato de que o valor é dissociado, daí em diante, do custo de produção. O gratuito é, muitas vezes, um expediente de "captar" consumidores, a fim de produzir "efeitos de rede" (mediante os quais a utilidade de um produto aumenta à medida de sua difusão) – mecanismos que adquiriram um papel central no contexto digital (BOMSEL, 2007, p. 29). Essa mutação também é observada fora da internet, e, por exemplo, os "efeitos de moda" podem ser considerados parcialmente como efeitos de rede: a consideração dada aos tênis de determinada marca aumenta o seu valor, o que desloca a criação de valor para a publicidade e para a comunicação, ao invés do controle do custo de produção – o qual, apesar de tudo, continua desempenhando um papel importante (BOMSEL, 2007, p. 73). Para um bem tecnológico, o valor do efeito de rede é mais direto: um telefone vê a sua utilidade decuplicada com a extensão do número de usuários, enquanto um computador ganha um valor completamente diferente quando está conectado à internet. Levando em conta o enraizamento da gratuidade nas práticas *on line*, acabou por se instalar a ideia de que, para iniciar um comércio desmaterializado, é necessário criar as condições do compartilhamento, propor plataformas eficazes e "oferecer" o núcleo do serviço ou do conteúdo: colocá-lo à disposição gratuitamente e fazer com que ele circule. Assim, em vez de impedir o fluxo dos conteúdos, convém pelo contrário incentivar o seu desenvolvimento viral, tirando partido dos "efeitos de rede", a fim de atingir um volume de difusão crítica que permita estabelecê-los como padrões.

---

130. Terranova, 2004: "Free labour", p. 73-97. Cf. tb. Scholz, 2012.

10.1.3 Tirar partido das "trocas de utilidade"

Após a captação dos clientes, o valor pode ser engendrado diretamente ou de maneira mais indireta. Trata-se, com efeito, seja de gastar dinheiro (ao propor bens ou serviços adicionais pagos); ou de vender os próprios clientes, isto é, negociar o "acesso" ao cliente e/ou às informações coletadas a seu respeito com outras empresas - em particular, na área da publicidade. Os bens, tanto gratuitos quanto comerciais, podem, assim, revelar-se complementares e, por conseguinte, uma economia pode ser implementada: através da venda de serviços afins; por mecanismos de subsídios cruzados; ao propor uma oferta *premium* por meio da prestação de serviços ou conteúdos suplementares, mais recentes ou de melhor qualidade (a combinação gratuito/pago toma, assim, o nome de *freemium*, contração de *free* e *premium*); ao associar tudo isso com publicidade ou pelo princípio da "afiliação"[131]; enfim, por meio de contribuições pura e simplesmente voluntárias. Esses princípios foram resumidos por Chris Anderson, que foi o editor-chefe da *Wired* de 2001 a 2012, em um livro publicado em 2009 (ANDERSON, C., 2009b).

Assim, no âmbito da economia informacional definida de maneira mais estrita, o gratuito serve muitas vezes para instaurar uma troca de utilidade: a fruição de um serviço é fornecida "gratuitamente" ao consumidor que, em troca, se "entrega" enquanto consumidor bem-identificado, alvo potencial para outros serviços prestados pela plataforma e/ou pela rede, e suscetível também de ser alvo de anunciantes por seu "consentimento-em-pagar" - correndo mesmo o risco de fornecer dados pessoais ou comportamentais. Em tal contexto, a utilização desses dados - coletados pela plataforma e/ou rede - é que acaba sendo a mais importante fonte de valor, aliás, um modelo que tem sido implementado com uma extrema eficácia pelo Google[132], a tal ponto que esse caso se tornou paradigmático. Observemos incidentemente que a principal contrapartida da gratuidade compreendida deste modo - além do caráter intrusivo de tais procedimentos e das potenciais violações das liberdades individuais - consiste em fazer desaparecer o valor e em dissimular o verdadeiro custo de um produto ou serviço. Assim, a sofisticação desses mecanismos

---

131. A afiliação designa uma forma de parceria, em virtude da qual um site da web que engendra tráfego irá exibir links ou dicas para ofertas específicas, referindo-se aos produtos ou serviços de um site comercial. Em seguida, esse site paga uma comissão ao site afiliado, com base no número de visitas ou compras.

132. Cf. Bomsel, 2007, cap. 8: "À la recherche de l'utilité: Google", p. 229-252.

de troca de utilidade também se inscreve na lógica do crédito, combinada com as narrativas publicitárias, a respeito das quais Jean Baudrillard constatava, no final da década de 1960, que elas eram destinadas, antes de mais nada, a fazer esquecer o caráter mercantil da troca[133].

10.2 Captar os fluxos da web – O advento do Google

> Google domina a World Wide Web. Nunca houve eleições para determinar os líderes da web. Nenhum Estado designou Google para ser seu agente, procônsul ou vice-rei. Google se limitou a preencher um vazio no momento em que nenhuma outra autoridade estava interessada pela web, tampouco era capaz de torná-la em algo estável, utilizável e seguro. Essa etapa era indispensável na época. A questão daqui em diante é a de saber se o predomínio do Google é a melhor coisa para o futuro de nosso ecossistema informacional (VAIDHYANATHAN, 2010, p. 13 [tr. para o fr. de B.L.]).

Na opinião de Siva Vaidhyanathan, Google preencheu um espaço deixado vago pela web enquanto espaço libertariano, supostamente ingovernável. Lançado em 1998, esse motor de busca foi ganhando importância à medida que se constituía a “bolha da internet”, não tendo encontrado nenhuma resistência; inversamente, a maior parte das empresas criadas nesse período foram severamente depreciadas no início da década de 2000. Google, pelo contrário, continuou crescendo – até mesmo durante a recessão norte-americana em 2008-2009 – e consolidando sua excepcional posição no cerne da economia da informação, cujo sentido profundo é manifestado, em alguns aspectos, por essa plataforma.

Na realidade, é difícil apresentar uma imagem completa do Google que deixou de ser um simples motor de busca para propor, atualmente, uma grande diversidade de serviços[134], além de ter investido em um grande número de ativi-

---

133. Baudrillard, 1968: “Le crédit” (p. 218-228) e “La publicité” (p. 229-274).

134. Entre os quais podemos citar os seguintes: e-mail (GMail), cartografia (Google Maps, Google Earth), agenda (Google Calendar), rede social (Google+), navegador (Chrome), agregador de sites de informação (Google News), digitalização de livros (Google Books) e de obras de arte (Google Art Project), tradução automática (Google Translate), sistema operacional para telefones celulares (Android), portabilidade de documentos (Google Docs), ferramentas de publicação e hospedagem de sites (Google Sites), de blogues (Blogger), de imagens (Google Photos), de conteúdos de vídeo (YouTube) etc. Para a lista exaustiva dos serviços, cf: https://pt.wikipedia.org/wiki/Lista_de_ferramentas_e_servi%C3%A7os_do_Google

dades que vão desde telecomunicações até biotecnologias, passando pela saúde ou domótica[135], daqui em diante agrupadas em uma *holding* chamada Alphabet. Do ponto de vista mais estrito da organização da informação, de acordo com a proposição de Vaidhyanathan (VAIDHYANATHAN, 2010, p. 46-48), é possível, no entanto, identificar diferentes graus de implicação, que vão desde (1) a *indexação* e triagem de informações que não são hospedadas pelo Google (essa é a função principal, correspondente ao motor de busca) (2) até a *hospedagem* e a colocação à disposição de conteúdos gerados pelos usuários (esse é o caso, p. ex., do serviço de vídeos YouTube ou da plataforma de blogues Blogger); e 3) a *coleta* e digitalização ativa de conteúdos para colocá-los à disposição (os livros escaneados para o Google Books, as ruas fotografadas para o Google Street View). Todos esses serviços permitem ao Google aumentar a sua atratividade, tornando-se cada vez mais incontornável na web, além de constituírem um formidável banco de dados, proporcionando a essa plataforma a possibilidade de conhecer em melhores condições os seus usuários.

Aqui vamos nos concentrar, antes de mais nada, no que fez o sucesso do Google e que permanece sendo o seu ponto forte e estratégico, ou seja, o motor de busca. É nesse aspecto que ele se apresenta principalmente como uma das materializações mais arquetípicas do liberalismo informacional na internet. O quadrado branco com fundo branco, cujo cabeçalho é um neologismo em letras coloridas, extraído diretamente de uma cantilena para crianças ou da grande tradição do contrassenso anglo-saxão, tornou-se atualmente uma das principais janelas para enxergar o mundo. E embora o Google seja *de facto* um regulador do tráfego, cobrando de passagem uma taxa sob a forma de um sistema sofisticado de publicidade, o funcionamento desse motor de busca pretende ser perfeitamente neutro, simples revelação de uma ordem que seria imanente à livre-circulação da informação.

10.2.1 Motores de busca e sites de conteúdo

Os motores de busca são atores-chave da web na medida em que fornecem ferramentas para orientar o usuário na grande quantidade de hiperlinks, além de apresentarem, nesse aspecto, um grande valor econômico. Sua finalidade consiste em oferecer informações suscetíveis de interessar o internauta – seja

135. Para se ter uma ideia, cf.: http://en.wikipedia.org/wiki/Google_Ventures • http://en.wikipedia.org/wiki/List_of_mergers_and_acquisitions_by_Google

diretamente ou direcionando-o para outros sites. No entanto, eles são confrontados com um dilema: por um lado, devem direcionar rapidamente o usuário para conteúdos que sejam de seu interesse; e, por outro, à semelhança do que ocorre com os sites de conteúdos, eles pretendem que os usuários passem o maior tempo possível em seu serviço, por exemplo, para propor-lhes publicidade. Um motor de busca irá apostar na eficácia de seu serviço a fim de ser o ponto de partida para qualquer investigação empreendida na net: o usuário voltará ao mesmo site para cada nova consulta se o motor corresponder a suas expectativas. No extremo oposto do espectro encontramos portais – mas também, em geral, sites de conteúdos – que procuram maximizar o tempo passado e o número de páginas visionadas em seu próprio site, direcionando para outros conteúdos oferecidos pelo site e desenvolvendo um verdadeiro sistema de links cruzados e de sugestões internas ao site (dicas de conteúdos semelhantes, classificação dos conteúdos mais visualizados etc.).

Os portais e sites de conteúdos, quando isso é possível, hão de procurar também se estabelecer como "ponto de entrada", mas essas posições são raras: assim ocorre quando os usuários julgam que a maior parte dos conteúdos são pertinentes, e consultam diretamente a home page de um site (às vezes, pelo fato de terem "registrado" o site, p. ex., por meio de um favorito) para encontrar o que eles procuram sem passar por um motor de busca. Esse é o caso do Yahoo! ou do MSN (que, além dos conteúdos, propõem igualmente serviços, tais como o e-mail a fim de gerar o tráfego), mas também de sites que vieram a adquirir uma posição dominante em áreas específicas: por exemplo, LeMonde.fr no campo do jornalismo, na França. A maior parte dos sites adota, no entanto, uma posição mediana, combinando duas estratégias: otimizar, por um lado, seu *ranking* nos motores de busca para coletar o tráfego por seu intermédio e, por outro, o tempo gasto e/ou o número de páginas visionadas pelo usuário em seu site, apresentando links internos para outros conteúdos atraentes.

10.2.2 O tráfego em vez da audiência

Como lembra Elizabeth van Couvering (VAN COUVERING, 2008), os principais meios de comunicação de massa, tradicionais organizadores da informação, sofreram gradualmente a concorrência dos motores de busca, sinalizando um deslocamento do valor atribuído às "mídias de conteúdos" para as "mídias de navegação". A fase inicial identificada por essa autora, entre 1994 e

1997, apresentava uma diversidade de atores, além de dois grandes modelos de organização da informação: por um lado, os *diretórios* ou *repertórios web* (tais como Yahoo! e Magellan) em que links eram selecionados e categorizados "a mão" por uma equipe editorial em diferentes rubricas (artes, entretenimento, política, páginas pessoais, esportes etc.), constituindo portanto um prolongamento da organização tradicional das informações; e, por outro, os *motores de busca* (p. ex., Lycos, Excite e AltaVista), procurando automatizar o processo ao se apoiar em tecnologias que permitem percorrer as páginas web, indexá-las e apresentá-las distribuídas pelas diferentes rubricas para atender aos pedidos formulados pelos usuários. A pesquisa improvisada de modelos econômicos constituiu outra característica nessa fase inicial, antes de se orientar principalmente para a publicidade.

Na segunda fase, entre o final de 1997 e o final de 2001 (ou seja, o núcleo da "bolha da internet" até o seu estouro), *canais* que propunham conteúdos fornecidos pelos anunciantes (finanças, consumo, viagem, música etc.) foram adicionados à home page dos diretórios e motores de busca; essa evolução em direção ao modelo do *portal* chamou a atenção dos principais conglomerados das mídias (Disney, NBC, Time Warner, Vivendi), das telecomunicações (AT&T) e da informática (Compaq), os quais procuraram se aliar com esses serviços ou, até mesmo, adquiri-los, injetando, assim, uma enorme soma de dinheiro na economia incipiente da web e atraindo com eles outros investimentos. Tratava-se de se apropriar do valor na internet buscando captar a audiência da web por meio de uma integração vertical do acesso, dos sites e dos conteúdos, assim como de um "confinamento" da web destinado a promover conteúdos e serviços próprios ou afiliados. A web era, desse modo, percebida como um canal de distribuição suplementar, com base na ideia de que, tornando esses portais suficientemente atraentes, o usuário não teria nenhum incentivo para abandoná-lo, servindo-se dele para efetuar todas as suas atividades (e-mail, busca de informações, entretenimento, compras etc.); na sua maior parte, essas fusões acabaram fracassando, aceleradas pela acentuada queda da cotação de ações nas Bolsas de Valores na primavera de 2001.

Foi então que ocorreu uma inovação importante, permitindo converter realmente os motores de busca em modelos de negócios: a busca patrocinada. Esta acabou encontrando a forma ideal com a decisão de um motor de busca – GoTo (que se tornou, em seguida, Overture) – segundo a qual ele introduziu, por um lado, um sistema de leilões em tempo real para vender seus anúncios e, por outro, remunerou os anunciantes ao se basear não no número de vezes em que o seu produto ou serviço era exibido, mas na quantidade de cliques efetivamente suscitados: trata-se do *pay-per-click* ou "custo por clique", cujo princípio foi retomado posteriormente por todos os principais motores de busca[136]. Essas inovações marcaram uma importante reviravolta no modelo publicitário dos motores de busca, e da publicidade em geral, que se tornou possível pela capacidade de rastrear a navegação na web: daí em diante, o valor – em vez de estar associado à audiência, conforme acontecia nas mídias tradicionais ao venderem espaços publicitários aos anunciantes – estava relacionado com o tráfego, ou seja, o fluxo quantificável de visitantes de um website para outro. O desafio já não consistia em atrair e manter os usuários em determinado site – uma tarefa irrealista em um contexto tão volátil quanto o da web –, mas se tratava, preferencialmente, de inscrever-se no âmago dos fluxos e de engendrar o maior número possível de passagens, o que levou a uma revalorização das tecnologias de motores de busca e, em seguida, a uma consolidação do setor a partir de 2002, em torno dos atores que estavam organizados em função desse procedimento (VAN COUVERING, 2008, p. 196).

10.2.3 Uma economia de intermediários – Advento do Google

De acordo com a observação de Kevin Mellet (2011), há um *marketing* de *outdoors* na web derivado do que se designa "suportes publicitários", sendo abordado principalmente, de maneira clássica, em termos de audiência. Ele consiste em "considerar o internauta como se fosse um leitor de imprensa escrita ou um telespectador" e, nomeadamente, em colocar *banners* ao lado dos conteúdos propostos pelos portais, sites de notícias, fóruns etc. Para os sites, trata-se de atrair tráfego e de identificar a sua natureza, a fim de fazer corresponder a audiência aos diferentes "alvos" visados pelos anunciantes. Mas, na opinião de Mellet, a economia de mercado *on line* se inspira sobretudo no modelo já existente do *marketing* direto – aquele que não utiliza a publicidade nas mídias tradicionais –, acabando por fortalecê-lo. Trata-se "de detectar, entre o acervo das ações dos internautas, aquelas que revelam uma intenção de consumo; de se inserir nos interstícios de sua busca por informações e de sua escolha para desviar

136. A tecnologia de GoTo/Overture foi utilizada especialmente pelo Yahoo! e MSN/Microsoft, permitindo-lhes continuar registrando lucro, apesar do estouro da "bolha da internet". Google lançou, paralelamente, o seu sistema de AdWords, dando origem a um processo judicial por falsificação. Yahoo! comprou finalmente, em 2003, Overture por US$ 1,63 bilhão e regularizou o litígio com o Google ao conceder-lhe uma licença "perpétua" mediante troca de ações.

seu percurso; e, eventualmente, de reativar a flama do consumidor, antes que esta se extinga". Assim é que veio a se desenvolver "uma economia de intermediários especializados em gerenciamento de informações, tais como os motores de busca ou os comparadores de preços"; esses intermediários fornecem um serviço-chave na medida em que permitem "delegar algumas operações cognitivas que se tornaram bastante dispendiosas em um ambiente informacional profuso". Em compensação, no entanto, eles se apoiam nessa posição estratégica para "inserir dispositivos de captação particularmente performáticos", ilustrados pelos links publicitários visados.

Esse modelo foi desenvolvido, de forma singularmente eficaz, pelo Google, fundado em 1998 por dois estudantes da Universidade de Stanford, Sergey Brin e Larry Page. Oriundo de pesquisas acadêmicas, Google começou por se concentrar na qualidade e eficácia dos resultados de consulta, superando gradualmente os seus concorrentes. Aliás, em sua maioria, esses eram constituídos por portais. Google procurou principalmente propor uma triagem mais "objetiva": ao contrário dos portais, cujos motores e diretórios propunham sobretudo links "patrocinados", Google enfatizou a busca "natural" ou "orgânica". Esses links patrocinados, os AdWords, foram introduzidos a partir de 2000 e ampliados em 2003 com o programa de afiliação AdSense; eles se tornaram a principal fonte de receitas para o Google[137]. Mas diferentemente das práticas vigentes em seus concorrentes na época, eles permaneceram pouco invasivos por se limitarem a um texto simples e, sobretudo, separados nitidamente dos resultados da busca "natural". Enfim, os princípios do *pay-per-click* e dos leilões foram retomados e aperfeiçoados a partir de 2001, tendo garantido aos anunciantes que, além de ser contabilizada apenas a publicidade clicada efetivamente pelos internautas, só teriam de pagar a soma correspondente ao segundo lance mais elevado[138]. Uma avaliação da "qualidade" dos anúncios (*quality score*) foi igualmente introduzida, não só para evitar que a publicidade viesse a ser dominada pelos lances de valor mais elevado, mas também para que fossem tidos em conta determinados critérios, tais como a sua pertinência para o usuário ou a sua rapidez no download.

---

137. Em 2014, eles geraram mais de US$ 59 bilhões em receitas, ou seja, 90% do rendimento total da empresa. O lucro líquido do Google, após dedução dos custos, elevou-se a US$ 14,4 bilhões (cf. https://investor.google.com/financial/tables.html).

138. Esse sistema é chamado *generalized second-price auction*, uma variante do leilão de Vickrey ou "leilão de segundo-preço"; o lote é atribuído ao licitante que apresentar o lance mais elevado, mas só pagará o valor correspondente ao segundo lance mais elevado.

Assim, a separação nítida entre o serviço prestado e o financiamento pela publicidade permitiu revalorizar a ideia do motor de busca e consolidar a ideia de um serviço "imparcial" - sem deixar de tirar partido da busca efetuada pelo usuário com o objetivo de lhe apresentar anúncios "contextuais", dotados de uma formidável eficácia. Google organiza, assim, não só a informação, mas também um sistema de *especulação sobre a linguagem* em uma escala planetária, do qual ele se tornou o principal intermediário (KAPLAN, 2011). O segredo foi bem guardado, e a amplitude da rentabilidade desse sistema só foi revelada no momento em que, no 1º de abril de 2004, houve a oferta pública inicial de ações do Google na Bolsa de Valores, implicando que as suas informações financeiras se tornassem públicas (LEVY, 2011, p. 70-71). As grandes inovações técnicas de que Google era portador se desenvolveram de tal modo, que essa plataforma se transformou no principal ator no mercado dos motores de busca (com exceção notável da China, assim como do Japão, da Coreia do Sul e da Rússia).

10.3 Da análise dos hiperlinks à rastreabilidade dos comportamentos

O "ponto forte e estratégico" do Google é a organização e a busca de informações, antes de mais nada, na web. Tal operação consiste, em primeiro lugar, em enviar softwares "rastreadores da internet", chamados *crawlers* ou *spiders*, que vasculham a web seguindo os hiperlinks de uma página para outra, além de analisarem o conteúdo dessas páginas com o objetivo de indexá-las[139]. Esse trabalho preliminar e as inovações do Google em termos de estruturação dos dados coletados, assim como os investimentos materiais em gigantescos centros de dados (*data centers*), permitem obter tempos de resposta bastante rápidos por ocasião de consultas. Enfim, é necessário *classificar* as páginas a fim de selecionar aquelas que respondem mais adequadamente a determinada consulta. Várias centenas de critérios ou *sinais* - cuja "fabricação", para a maioria deles, permanece "sigilosa" -, são, assim, adotados pelo Google para determinar as páginas da web que devem ser propostas aos usuários e, sobretudo, a sua ordem de aparição (sabendo que a maioria dos usuários se limitam a consultar

139. Na realidade, uma triagem prévia também é exercida na medida em que, após análise pelos *crawlers*, algumas páginas não serão indexadas pelo Google, permanecendo, assim, "invisíveis" para quem utiliza o serviço; por serem inacessíveis (*deep Web*), ou serem deliberadamente "ocultadas" pelo operador do site em questão, ou devido a um problema técnico ou jurídico, ou ainda pelo fato de a indexação de determinada página ter sido considerada indesejável pela análise prévia dos rastreadores do Google.

as primeiras respostas da lista); além disso, os algoritmos de classificação são continuamente atualizados. No entanto, a espinha dorsal do motor de busca é conhecida, visto que ela foi apresentada nos estudos tornados públicos por seus fundadores, Sergey Brin e Larry Page, nos quais eles explicam as suas intenções de "colocar ordem na web" (BRIN & PAGE, 1998; PAGE et al., 1999). Nesses textos, são expostos especialmente os mais importantes princípios do algoritmo - patenteado sob o nome de PageRank - que determina a "importância relativa" ou o "valor" geral das páginas hierarquizadas pelo Google, e por meio do qual este começou a se distinguir dos outros motores.

Com efeito, a fim de determinar a "pertinência" das páginas, Google usa um grande número de avaliações relacionadas principalmente ao próprio conteúdo; uma abordagem clássica de pesquisa documental já utilizada por todos os motores de pesquisa que o haviam precedido: detecção de palavras-chave presentes em uma página, de sua frequência, de sua presença no título, do tamanho das letras etc. Mas PageRank permitiu abordar matematicamente outro aspecto da busca que se refere à questão espinhosa da "importância" das páginas ou de sua "autoridade", baseando-se em uma análise da estrutura dos links da web. Assim, Google propõe determinar a ordem das coisas, mas, em vez de se interessar, em primeiro lugar, por suas características peculiares, leva em consideração, antes de mais nada, a estrutura de suas relações: a "substância" dos conteúdos é menos importante do que os links existentes entre eles.

Essa abordagem também foi teorizada pelo cientista da computação e matemático, Jon Kleinberg, em estudos publicados durante o mesmo período e que haviam inspirado Brin e Page. Kleinberg descobriu efetivamente uma maneira de tirar partido da estrutura das redes de links da web, criando um algoritmo precursor de PageRank que permite determinar a "autoridade" de determinado link, deduzindo a "importância" de uma página pelo número de links que lhe são direcionados[140]. Esse pesquisador apresenta inclusive alguns paralelos entre essa abordagem e a bibliometria científica: o cálculo, a partir das *citações* de artigos, dos "fatores de impacto" dos artigos e das revistas científicas, do qual

---

140. Kleinberg, 1999. O algoritmo de Kleinberg é chamado Hits (sigla de Hyperlinked-Induced Topic Search). O embrião de motor de busca criado por ele foi apresentado a um grande número de dirigentes da IBM, os quais foram incapazes de utilizá-lo. Finalmente, uma terceira pessoa teve a ideia de aplicar, a partir de 1996, esses princípios de bibliometria à pesquisa na web. Trata-se de Robin Li, fundador do Baidu, o principal concorrente do Google na China (LEVY, S. 2011, p. 25-27).

deriva a sua "autoridade" – assim como a dos respectivos autores[141]. De acordo com os termos de Kleinberg, a análise estrutural dos hiperlinks permite, assim, revelar um "*julgamento humano latente*" que se encontra "codificado" nos hiperlinks, permitindo caracterizar as páginas independentemente de seu conteúdo. Mais tarde, esse autor observará que, desse modo, é possível compreender a auto-organização atuante na web, enquanto resultado *estruturado* das "ações não coordenadas de dezenas de milhões de indivíduos"; ora, uma de suas principais aplicações é a busca e a triagem das informações (KLEINBERG & LAWRENCE, 2001).

Sem deixar de sublinhar os vieses inerentes ao sistema da bibliometria científica – corrida às publicações, inflação de citações, intercâmbios e estratégias de citações, e sobretudo efeito cumulativo para os artigos mais citados[142] –, John Battelle observa que a web constituía já para o seu inventor, Tim Berners-Lee, uma extensão e uma "democratização" das trocas de conhecimentos científicos – à qual Google imaginou, portanto, aplicar alguns princípios bibliométricos, tendo procedido previamente à respectiva adaptação (BATTELLE, 2006, p. 60-61). PageRank aprimora a abordagem de Kleinberg apoiando-se também na ideia de "grafo de citações" e transpondo determinados princípios-chave da bibliometria científica: cada documento ou cada página da web representa uma publicação, e cada link direcionado para uma página representa uma citação desta; ora, Brin e Page interpretam tal operação como "uma avaliação pelos pares" (PAGE et al., 1999, p. 15). Além disso, um peso diferente é atribuído aos diferentes links, dependendo da "importância" das páginas que os estabeleceram; enfim, uma página será valorizada tanto pelo número de links que lhe são direcionados quanto pelo valor das páginas que estabeleceram tais links.

Na realidade, o processo é muito mais complexo pelo fato de ter sido necessário corrigir algumas falhas: em particular, a criação artificial de links que direcionam para determinado site a fim de melhorar a sua qualificação (*link spamming*). Enfim, o principal problema suscitado pela abordagem de PageRank, é que esse mecanismo de triagem enfatiza as desigualdades estruturais das redes, tais como foram identificadas no capítulo anterior, e é capaz inclusive de *incrementá-las*. Assim, a eficácia do Google é criticada, há alguns anos, por numerosos observadores na medida em que os resultados de consultas feitas

141. Essa abordagem (e particularmente os estudos de Eugene Garfield, a partir dos anos de 1950) implicou a implementação do Science Citation Index (SCI), que se tornou um dos principais instrumentos para a avaliação da pesquisa científica.

142. Cf. a problemática da "conexão preferencial" no capítulo anterior.

por meio dele constituem principalmente um importante fator econômico. Por exemplo, verificou-se que sites como Wikipédia ou Amazon apareciam de maneira recorrente. Mas, para contrabalançar o peso excessivo dos índices de popularidade e atenuar algumas de suas limitações, foi vislumbrado bastante rapidamente "personalizar" os algoritmos de busca para tornar mais adequados os resultados com base no perfil e nos interesses da pessoa em causa, otimizando, assim, a "pertinência" dos resultados.

De fato, como dissemos, para além de PageRank, dezenas de outros fatores são tidos em conta pelo Google, os quais permitem aprimorar os resultados: análise textual que leva em consideração as palavras-chave, assim como as palavras associadas a um link (*anchor text*); análise das associações de palavras utilizadas em uma consulta; detecção dos nomes próprios; monitoramento da localização geográfica do usuário etc. Além disso, Google introduz um grande número de mecanismos de retroação a fim de autoavaliar a pertinência de seus resultados, baseados em uma análise detalhada do comportamento dos usuários e não apenas na estrutura dos links da web (p. ex., a classificação dos resultados é anulada ou confirmada pelos cliques efetivamente registrados e o tempo passado na página consultada).

De maneira mais geral, Google, em virtude de seu posicionamento estratégico, procede à coleta de uma grande quantidade de informações ao analisar os comportamentos de seus usuários, os quais permitem aprimorar incessantemente os algoritmos. Como dissemos, Google também propõe daí em diante uma série de serviços anexos que lhe permitem tanto se inscrever como intermediário de um grande número de atividades relacionadas à internet quanto coletar uma quantidade impressionante de dados (LEVY, 2011, p. 167-212). Esses serviços e dados constituem o que John Battelle qualifica como "o banco de dados de nossas intenções" que, na origem, designava uma coleção de "desejos, necessidades, expectativas e apreciações" revelados pelo histórico dos dados de consultas (BATTELLE, 2006); ora, esse banco de dados se refere atualmente a um campo muito mais amplo que abrange a maior parte dos aspectos da identidade individual, das relações sociais e das funções profissionais. Para além das próprias consultas, como já dissemos, o comportamento *on line* do usuário é esboçado da maneira mais detalhada possível: os endereços IP são armazenados, determinados *cookies* são introduzidos no navegador do usuário, o fluxo de cliques (*clickstream*) e o histórico de navegação são reconstituídos etc. Isso complementa as informações confiadas voluntariamente ao Google ou que transitam por ele, tais como e-mails ou os dados da agenda, por exemplo, que também são objeto de análise.

O acervo dos dados coletados, assim como os métodos utilizados para efetuar essa operação, são conhecidos apenas parcialmente, enquanto o essencial permanece relativamente opaco. No entanto, sabemos que essa grande quantidade de dados é submetida a um processamento detalhado a fim de extrair deles uma caracterização e classificação dos comportamentos individuais – aliás, operação qualificada por Felix Stalder e Christine Mayer como "segundo índex", que complementa a indexação das páginas da web e a análise da estrutura dos links através da constituição e atualização dos diferentes tipos de *perfis*: informações consultadas, rede relacional, geolocalização etc. (STALDER & MAYER, 2009). Tais informações permitem ao Google "otimizar" os seus serviços, ao focalizar os seus usuários. O outro fator da personalização é obviamente o do financiamento pela publicidade. Os dados pessoais coletados e o seu processamento computacional (*data mining*) permitem, assim, não só melhorar a pertinência das consultas, mas também fornecer uma melhor adequação dos anúncios apresentados.

10.4 Google sob a perspectiva da política: vieses da informação, *big data* e criação de perfis

O interesse e a força do Google se manifestaram inicialmente pela tentativa de dissipar uma parte do viés comercial, ao estabelecer uma separação, como dissemos, entre os resultados da busca e os anúncios. No entanto, o acúmulo em um único ator dos papéis de organizador da informação e da publicidade, aos quais devem ser adicionadas as múltiplas atividades em que Google está empenhado, deu origem a fortes suspeitas de deslizes (SIRE, 2015). Sabemos também que o algoritmo do Google pode fazer e desfazer o sucesso de uma atividade comercial, por exemplo, quando esta é propulsada para o topo dos resultados da consulta ou, pelo contrário, relegada subitamente para a parte inferior da classificação na sequência de uma mudança do algoritmo, atribuindo-lhe, assim, um poder econômico desmesurado[143]. De maneira mais geral, após a euforia do início, os aspectos menos brilhantes do papel desempenhado pelo Google, no ecossistema informacional, acabaram suscitando numerosas

143. Battelle, 2006, cap. 7: "Économie de la recherche sur le Web". Para um exemplo recente, devido provavelmente a um "bug" do algoritmo no Egito, cf. Nour, 2015 [https://medium.com/@eyadnour/meet-the-egyptian-technician-who-is-currentlyranked-at-1-for-google-and-hedoesn-t-even-know-6cf1040efeab – Acesso em 05/06/2015].

reservas críticas (IPPOLITA, 2011); além disso, o seu papel desconcertante na política e geopolítica norte-americanas levou Julian Assange a evocar um "imperialismo tecnocrático"[144].

Em uma primeira análise "política" dos motores de busca, Lucas Introna e Helen Nissenbaum já tinham procurado avaliar o seu funcionamento do ponto de vista das exigências democráticas – na medida em que tais motores ocupam um lugar central no acesso à informação, e pelo fato de proporcionarem a "visibilidade" de alguns conteúdos em detrimento de outros (INTRONA & NISSENBAUM, 2000). Esses autores – que escrevem em um momento em que o predomínio do Google ainda não se tinha imposto realmente – sublinham, antes de mais nada, que essas plataformas estão submetidas ao mercado, o que orienta de maneira categórica o seu funcionamento para a satisfação das necessidades dos anunciantes. Na medida em que a web pode ser considerada, cada vez mais, como um "espaço público", é necessário avaliar, na opinião deles, se esses motores não restringem a *inclusividade* desse espaço, nem dissimulam a sua *diversidade*, ficando a serviço de interesses comerciais. Para atingir tal objetivo eles preconizam a regulamentação dos motores de busca pelo poder público, além de uma maior transparência dos algoritmos utilizados. Como já vimos, o funcionamento de PageRank se baseia, antes de mais nada, em uma análise da estrutura dos links entre os sites, que constitui uma desigualdade inerente à web enquanto rede "sem escala"; ora, o Google limitar-se-ia a enfatizar tal conjuntura. No entanto, os algoritmos, em certa medida, reforçam e perpetuam determinadas assimetrias de visibilidades existentes. Essa constatação levou o cientista político Matthew Hindman a questionar o "mito da democracia digital" na medida em que a auto-organização da web se apresenta, em sua opinião, como uma "googlearquia" (HINDMAN, 2008). Esse autor, portanto, também questiona a diversidade e a inclusividade da web enquanto espaço público, principalmente enquanto espaço público *político*, mediante a circulação da informação categorizada explicitamente como tal.

---

144. Assange, 2014: "Beyond Good and 'Don't Be Evil'". Este texto é a íntegra da entrevista, solicitada inicialmente em 2011, por Eric Schmidt – na época, CEO do Google – e Jared Cohen, influente consultor no Departamento de Estado dos Estados Unidos. Esses autores pretendiam coletar informações para o próprio livro, verdadeira defesa em favor de "uma nova era digital" (SCHMIDT & COHEN, 2013). No entanto, o depoimento de Assange, bastante esclarecedor sobre o funcionamento e a filosofia de WikiLeaks e dos movimentos de ativismo digital, foi deformado. Por conseguinte, Assange decidiu publicar a entrevista na íntegra, acompanhada por uma análise incisiva do papel e dos interesses servidos atualmente pelo Google.

Tais críticas juntam-se àquelas, já clássicas, que podem ser dirigidas contra as mídias tradicionais inscritas em uma lógica de audiência. Estas correm o risco de serem incapazes de atender aos critérios de uma esfera pública como lugar de deliberação, principalmente em razão da falta de diversidade dos pontos de vista, assim como da ausência de opiniões minoritárias, impedidas de se manifestarem. Os motores de busca comportar-se-iam, enfim, como os meios de comunicação de massa que desempenham o papel de "porteiros" (*gatekeepers*) da informação. Além disso, a posição ocupada pelo Google implica fenômenos de "superexposição" e "subexposição" de determinados acontecimentos e de algumas pessoas, dando origem a reclamações e pedidos de modificação dos resultados de busca em um sentido ou no outro. Google normalmente se opõe a qualquer intervenção, sob o pretexto de que, por um lado, ele não hospeda as informações incriminadas – e, portanto, não é responsável por sua publicação – e, por outro, os resultados das consultas são o "puro" cômputo dos dados e algoritmos que lhes são aplicados; entretanto, na sequência de uma decisão do Tribunal de Justiça da União Europeia, em 2014, Google foi obrigado daí em diante a se conformar ao "direito de esquecimento" e a permitir, sob determinadas condições, a remoção de alguns sites[145].

Outro desafio de natureza política, suscitado pelo Google, diz respeito às informações acumuladas sobre os usuários de seus serviços. A constituição de imensos bancos de dados não tem a ver unicamente com Google; o poder público, em diferentes países, também produz dados no âmbito da gestão das populações e da segurança interna, além de ser possível encontrar tal situação igualmente, em particular, no comércio de grandes superfícies, nos bancos e nas instituições de crédito, nas companhias de seguro ou entre as operadoras de telecomunicações, tendo como finalidade a segmentação e direcionamento de *marketing* (GARFINKEL, 2000). Esse acúmulo dá origem a um "dilúvio de dados" que é designado, frequentemente, sob a denominação de *big data* (MAYER-SCHÖNBERGER & CUKIER, 2014). A coleta de dados e o seu processamento não são, propriamente falando, uma evolução negativa: por exemplo, os partidários de *open data*, em consonância com as práticas oriundas do desenvolvimento

145. Além disso, alguns links podem ser removidos na sequência de decisões judiciais; principalmente links considerados ilegais por serem direcionados a downloads de conteúdos submetidos aos direitos autorais. Mas Google expurga raramente os resultados de uma consulta específica, preferindo aprimorar o próprio algoritmo quando determinados resultados criam um problema. P. ex., ao atribuir menos peso a certos tipos de site (tais como os sites de download ilegal, mas também, em particular, os sites de natureza pornográfica), o que também não deixa de constituir uma forma de "censura".

de softwares livres, defendem que o acesso aos dados públicos coletados pelas diferentes administrações seja livre e que eles sejam apresentados em formatos abertos e suscetíveis de um processamento facilitado. No entanto, essa evolução suscita novas dificuldades: é possível constatar, por exemplo, certa "fetichização" dos dados, independentemente do fato de que estes sejam "abertos" ou em formato proprietário. Muitas vezes, a maneira como esses dados são *produzidos* é dissimulada, e não se leva em consideração os vieses introduzidos pelo dispositivo utilizado, nem as escolhas metodológicas implícitas para obtê-los, nem o processo de depuração e processamento, tampouco o fato de que esses dados possam ser efetivamente parciais e incompletos. Além disso, problemas de várias ordens podem surgir quando as empresas privadas ou administrações públicas procedem à concentração de dados privados sobre os utilizadores ou usuários, cujos desafios serão evocados rapidamente por nós ao focalizarmos o que diz respeito, mais diretamente, ao Google e aos motores de busca.

O primeiro problema se refere, evidentemente, ao *fichamento*, ou seja, o simples armazenamento de dados pessoais, e as possíveis violações de privacidade, eventualmente, daí resultantes – sejam elas voluntárias ou não. Com efeito, esses dados, eminentemente confidenciais, podem ser, por um lado, requisitados (mais ou menos abertamente) pelas autoridades de determinado país no âmbito de processos judiciais, de inquéritos policiais ou por razões de segurança nacional. Nesse sentido, são dirigidas regularmente solicitações ao Google, e agora é do conhecimento público que a NSA tem acesso direto a suas infraestruturas (principalmente ao Programa Prism). Por outro lado, eles também podem ser objeto de furto, conforme atestam as intrusões recorrentes em sistemas de informação, das quais Google também não está a salvo[146]. Enfim, eles podem ser divulgados por acidente ou por erro: em 2006, um episódio famoso em que as consultas efetuadas por usuários "anonimizados" no motor de busca de AOL foram tornadas públicas; ora, foi muito fácil, unicamente a partir dessas consultas, reconstituir não só o perfil geral desses usuários, mas às vezes inclusive a sua real identidade civil (BARBARO & ZELLER, 2006).

O segundo aspecto, que diz respeito à *criação de perfis*, é mais insidioso; ele também se refere a uma problemática mais geral, qualificada pelo campo dos

146. Esse foi o caso quando *hackers* chineses foram capazes de invadir os servidores do Google a fim de identificar, segundo parece, dissidentes. Cf. Levy, 2011, parte 6: "GuGe – Google's moral dilemma in China", p. 267-314. A questão é tão sensível, que Google, para garantir mais segurança a seus dados, colabora com a Agência de Segurança Nacional dos Estados Unidos (NSA) – e atualmente sabe-se que a NSA faz processamento dos dados do Google também para seus próprios fins.

estudos sociológicos sobre a vigilância (*surveillance studies*) como *triagem social* (LYON, 2003), e que se realiza por meio da constituição de duplos digitais dos indivíduos – o que Gilles Deleuze designou com o termo de "dividuais"[147] e o que David Lyon descreve como "dados pessoais" (*data subjects*). Em um contexto de fragmentação social e de incremento da mobilidade dos indivíduos, trata-se de reconstruir microcategorias sociais por intermédio dos dados e metadados coletados e com base em correlações observadas (*data mining*), a fim de extrair daí projeções estatísticas e de restaurar um poder preditivo das intenções e dos comportamentos dos usuários. O desenvolvimento em grande escala de infraestruturas informáticas com o objetivo de implementar tal coleta e de processar de maneira detalhada os resultados obtidos está atualmente cada vez mais documentado, além de implicar tanto o poder público quanto as empresas privadas (SCHNEIER, 2015). Tomando Michel Foucault como referência, Antoinette Rouvroy e Thomas Berns falam a este respeito da "governamentalidade algorítmica" dos "corpos estatísticos" no contexto digital, sem deixarem de salientar diferenças importantes em relação aos fenômenos descritos por Foucault no âmbito das "sociedades disciplinares". Assim, na opinião desses autores, "o governo algorítmico já não visa controlar o atual [...], mas estruturar o possível" (ROUVROY & BERNS, 2010, p. 157-184). A busca de objetividade absoluta traduz, desse modo, uma procura de segurança e certa intolerância à indeterminação, ao imprevisível e à incerteza embutidos no futuro – "uma espécie de racionalidade pós-moderna puramente indutiva que renuncia à busca das causas dos fenômenos e visa simplesmente prever, mais ou menos, a sua ocorrência"[148].

No caso mais específico dos motores de busca, corre-se o risco, entre outros, de um "confinamento" do indivíduo nas categorias assim construídas, o que tem o corolário de reduzir a exposição a informações divergentes e, até mesmo, de orientar consideravelmente as escolhas individuais, além de contrariar, assim, a autonomia individual. Por um lado, com efeito, essa crítica junta-se àquela formulada, bem cedo, por Cass Sunstein contra a internet em geral, ao chamar a atenção para um risco de "balcanização" do espaço público na medida em que a web permitiria filtrar *a priori* as informações às quais

---

147. Deleuze, 2008: "*Post-scriptum* sobre as sociedades de controle", p. 222.

148. Rouvroy e Stiegler, 2015. Tal deslocamento desencadeia, assim, uma crise da representação. Com efeito, "se as coisas falam por si e se nós somos considerados apenas como coisas – ou melhor ainda, até mesmo, fragmentos de coisas, ou seja, dados –, e se estes dados falam por nós, nesse caso, nada mais teremos a dizer".

um internauta deseja ser exposto (SUNSTEIN, 2001); até recentemente, esse argumento de Sunstein poderia ser contestado pela natureza, afinal de contas, bastante parcial desse tipo de filtros, além do fato de estes coincidirem com uma tendência preexistente que consiste em selecionar os conteúdos em função do interesse pessoal ou político (p. ex., a opção de alguém pela leitura de *Le Figaro*, cotidiano de tendência conservadora, ou de *L'Humanité*, órgão do Partido Comunista Francês, ocorrerá de acordo com as suas inclinações). Assim, a internet não se distinguiria radicalmente do contexto midiático em geral; ora, o desenvolvimento da criação de perfis algorítmicos sugere, em alguns casos, a possibilidade de automatizar o que dependia de decisões controladas pelo indivíduo. No que se refere ao Google, Eli Pariser mostrou, por exemplo, como consultas efetuadas no início de 2011 para o termo "Egito", por dois usuários, haviam apresentado para um deles, acima de tudo, sites turísticos, enquanto para o outro tinham sido encaminhadas informações sobre a revolução em curso nesse país (PARISER, 2011). Pariser qualifica esse fenômeno de "bolha de filtragem" (*filter bubble*), que existe também em um site, tal como Facebook, através de formas de comunicação com conteúdo atualizado frequentemente – embora seja delicado estabelecer a distinção entre o que tem a ver com as preferências individuais e o que é atribuível ao algoritmo (TUFEKCI, 2015).

Por outro lado, como as categorias forjadas pela criação de perfis não são explícitas e se rearticulam dinamicamente, sem o conhecimento dos indivíduos, é legítimo se questionar sobre o grau de autonomia deixado aos sujeitos que enfrentam os "agentes automáticos" inscritos na arquitetura dos serviços a que eles recorrem. Por trás de uma aparência de neutralidade, efeitos normativos profundos estão em ação, os quais deveriam ser revelados de maneira sistemática. Google se inscreve efetivamente no contexto mais geral da extensão dos "sistemas inteligentes" (*smart systems*) que suscitam numerosas questões sobre a articulação entre autonomia e automatização. Essa tensão se refere às ambiguidades da cibernética, já evocadas no capítulo 1, e uma vez mais indica que o aperfeiçoamento das interações ser humano-máquina orientado para a liberdade humana também comporta uma dimensão intrínseca de *controle* potencial. Baseando-se em entrevistas com Page e Brin, além de dezenas de funcionários do Google, Steven Levy mostrou que a empresa é concebida como uma gigantesca experiência de inteligência artificial, cujo projeto consiste em "aumentar o intelecto humano"; como escreve Levy, os fundadores do Google aderem às teses do transumanismo, e na opinião deles, está bem encaminhada a convergência dos cérebros individuais com esse cérebro global artificial ("destinado a ser implantado nos indivíduos")[149].

10.5 Um modo de coordenação *agregativo-segmentável*

As "missões" reivindicadas pelo Google capturam o essencial das pretensões "democráticas" defendidas pelo programa do motor de busca: "organizar as informações, em uma escala planetária, a fim de torná-las acessíveis e úteis a todos"[150]; e, para isso, apoiar-se na própria web enquanto "democracia", em que os hiperlinks criados pelos usuários são assimilados a "votos" atribuídos às páginas que compõem a web[151]. Google defende implicitamente, portanto, o papel central da informação em uma democracia liberal e, sobretudo, enfatiza a ideia de que a organização – ou seja, a hierarquização – dessa informação deve emanar, para ser democrática, daqueles que produzem informações e tecem links na web. Ao assimilar os hiperlinks a *julgamentos* e os algoritmos a um mecanismo de *eleição*, a força simbólica do Google consiste, assim, em se apresentar como o simples "parteiro" de uma organização da informação que se encontra em potência, através da rede formada pelos links da web.

A organização seria, na verdade, uma auto-organização na medida em que ela emergiria da própria informação, sem a implicação (exceto em casos excepcionais) de uma instância tomadora de decisões ou editorial, em conformidade com os princípios da Nova Economia, tais como estes haviam sido enfatizados pelos ciberlibertarianos. Por um lado, incentiva-se a abundância de informações, a qual é gerida de acordo com as especificidades da economia-rede, ou seja, sem tentar criar, de maneira artificial, escassez. Por outro, a hierarquização e a ordem emergem dessa pura circulação: assim, quanto maior for a quantidade de informações em circulação, mais "justa" será essa ordem. Em primeiro lugar, a partir do uso da estrutura de links da web; em seguida, pelos mecanismos sofisticados de retroação que permitem ao sistema "aprender" em permanência; enfim, pela indexação de quantidades incalculáveis de dados aos quais são aplicadas técnicas avançadas de processamento de dados e de busca de correlações (*data mining*).

---

149. S. Levi, 2011, p. 66-67. Um dos principais teóricos do transumanismo, Ray Kurzweil, foi contratado pelo Google em 2012. Além disso, a empresa também participa do financiamento da Singularity University (em parte, centro de formação e, em parte, *think-tank*), cofundada por ele.

150. https://www.google.co.uk/about/company/

151. https://www.google.com/intl/pt/about/company/philosophy

A auto-organização, de acordo com o Google, apoia-se, assim, na coleta do maior número possível de dados trafegando na internet, assim como em uma confiança absoluta na capacidade dos algoritmos para fazer surgir, de maneira dinâmica, a significação desses dados. O cálculo matemático é aqui objetivado pela técnica, enquanto predomina uma lógica indutiva, em que nenhum critério *a priori* deve orientar a seleção da informação. Da mesma forma que as estatísticas acabaram sendo investidas de um poder de verdade científica e objetiva - e até mesmo de neutralidade política -, assim também, a verdade se apresenta aqui como um processo de *emergência*, cujo teor é revelado pelos algoritmos do Google. O modo de coordenação, associado com a captação, pode ser qualificado como *agregativo-segmentável*: Google associa uma definição "plebiscitária" ou "majoritária" da racionalidade coletiva, oriunda das preferências individuais (*agregação*), com uma essencialização do indivíduo cujo perfil é esquadrinhado, da maneira mais detalhada possível, a fim de antecipar as suas preferências futuras com base em suas preferências do passado (*segmentação*).

O método do Google pode ser equiparado a concepções de organização social baseadas no individualismo metodológico e nas teorias da escolha social (*social choice*)[152], as quais são de certa forma radicalizadas e levadas a um grau inédito de sofisticação por essa plataforma, sem deixar de operar uma centralização da rede de que ela se torna um "intérprete" incontornável. Desse ponto de vista, as preferências ou as escolhas coletivas são o resultado de uma *agregação* de preferências ou escolhas individuais; as regras que presidem essa agregação assumem, portanto, aqui uma importância decisiva. O caráter simultaneamente essencial e problemático das regras que determinam a agregação foi enfatizado, em primeiro lugar, pelo filósofo e matemático francês, Condorcet (1743-1794), considerado frequentemente como um precursor das teorias da escolha social e grande promotor de uma "matemática social"[153]; as decisões políticas são apresentadas por ele, antes de mais nada, como o resultado de ações suscetíveis de serem apreendidas mediante ferramentas da matemática.

---

152. Arrow, 1951. Kenneth J. Arrow, economista estadunidense, recebeu o Prêmio de Ciências Econômicas em memória de Alfred Nobel (Prêmio Nobel de Economia), em 1972.

153. Granger, 1989. Condorcet experimentou diferentes métodos de votação, enquanto estes se apresentam como construções continuamente insatisfatórias da vontade geral. O "paradoxo de Condorcet" foi seminal nesse aspecto, ao mostrar as incoerências que podem ocorrer entre as escolhas individuais e o resultado de uma votação por maioria. Ele foi generalizado por Kenneth J. Arrow, e seu famoso "Teorema da Impossibilidade", segundo o qual o paradoxo é, na realidade, insolúvel.

A força do Google consiste, além disso, em se apoiar em um argumento epistemológico, a "sabedoria das multidões", que se refere a determinadas teorias (agregativas) tanto da democracia quanto do mercado, e segundo o qual a racionalidade de um julgamento se baseia, antes de mais nada, na "diversidade cognitiva" dos indivíduos que exprimem as suas escolhas, em vez de suas aptidões individuais (LANDEMORE & ELSTER, 2012). Assim, a diversidade coletiva seria mais sólida do que a inteligência e a perícia individuais, o que remete à ideia de Friedrich Hayek segundo a qual cada indivíduo possui, em sua escala, uma compreensão parcial, embora significativa, e que seja qual for o indivíduo, ou entidade, não deve, portanto, levar a melhor – a solução consiste em implementar uma arquitetura "objetiva" de agregação das preferências; ora, na opinião desse autor, o que está mais próximo desse modelo é o mercado (HAYEK, 1986).

O motor de busca procura, assim, neutralizar a subjetividade do observador, o que explica as suas reivindicações relativamente à imparcialidade, assim como a sua relutância em intervir para suprimir resultados manipulados, mesmo que eles sejam desagradáveis e, inclusive, ilegais (sites racistas, conteúdos hackeados etc.), ou para corrigir "manualmente" o seu algoritmo em face dos comportamentos estrategistas dos internautas. Para o Google, os "julgamentos" ou preferências que, supostamente, se exprimem pelos links da web são tanto mais sólidos, na mesma proporção em que eles não se concebem como tais: caso contrário, eles correm o risco de se prestarem a *estratégias de indexação* por parte dos atores (uma possibilidade também reconhecida pelos teóricos da escolha social). Aliás, é isso que acontece: os mecanismos agregativos são susceptíveis de serem distorcidos por aqueles que estão conscientes da operação em curso, e que pretendem exercer influência sobre os resultados. Google implementa, portanto, importantes recursos para limitar tais vieses, modifica regularmente o seu algoritmo de classificação dos resultados e exige que os internautas se concentrem na qualidade dos conteúdos, ao invés de procurar entender os algoritmos para melhorar a visibilidade de seu site. No entanto, a prática do SEO (*search engine optimization*) é corrente, e a maior parte dos atores da web procura implementá-la. Como afirma Dominique Cardon, o "Golias" PageRank fica fragilizado perante o "ardil" dos inumeráveis Davi que tentam distorcer a classificação em seu favor, o que cria ao Google um problema "de natureza simultaneamente matemática e moral" (CARDON, 2013b, p. 85-86). Verifica-se, assim, o confronto entre "duas éticas contraditórias": por um lado, uma forma de neutralidade processual e "meritocrática" e, por outro, um julgamento substancial sobre as citações consideradas como legítimas.

10.6 Generalização do modelo da captação: Google, Facebook e os outros

Existem numerosos outros desafios, além dos aspectos documentais já evocados, assim como muitas outras entradas para os fluxos de informação além da busca textual. A estruturação em termos de hiperlinks, processada originalmente pelo Google, atribuía um peso importante às publicações efetivas e à sua inscrição no ecossistema da web. Ora, atualmente os modos de publicação se diversificaram – integrando principalmente formas de expressão identitária nas redes sociodigitais –, e numerosas atividades transitam pelo ambiente digital e pelas redes, exigindo a intervenção de dispositivos de hierarquização. A geolocalização, assim como os múltiplos captores daí em diante incorporados nos telefones celulares, permitem introduzir novas dimensões.

A "web social" implica, por exemplo, a necessidade de organização da circulação da informação, mediante mecanismos automatizados que se inscrevem no âmago das trocas, procedem à sua triagem e a seu encaminhamento, além de permitirem, de passagem, centralizar o seu valor. O objetivo das plataformas dedicadas às redes relacionais (Facebook, Twitter, LinkedIn...) consiste, assim, em levar os usuários a conseguirem o maior sucesso possível em suas ações de busca, de escolha, de compartilhamento e de conselho através dos respectivos serviços; elas incluem ferramentas e funcionalidades que formalizam uma série de ações e interações, que vão desde o "Eu gosto" para responder a um *post* no Facebook ou a um vídeo no YouTube, até o *retweet* para redirecionar uma publicação no Twitter, passando por instrumentos de votação e por espaços de comentários sob os artigos dos jornais *on line*. O uso dessas funcionalidades é avaliado com precisão: seja para detectar sinais permitindo proceder à triagem da informação, que serão mobilizados para reenviar ao usuário uma seleção pertinente de conteúdos, ou para gerar serviços de promoção de conteúdos (p. ex., os *trending topics* do Twitter, que indicam os assuntos mais mencionados); e, por outro lado, para acumular dados de comportamento relativamente aos usuários que poderão ser utilizados com fins de *marketing*. O link, o clique ou o *like* podem ser recuperados como outras tantas manifestações de interesse e, até mesmo, de intenções, além de serem agregadas para construir perfis, *patterns*, hierarquias, além de divisões em grupos e subgrupos – eventualmente, para identificar comportamentos "patológicos" que se desviam das normas da maioria e estão associados a formas de transgressão ou contestação.

Como escreve Dominique Cardon: "As informações são listadas pelos motores de busca, agregadas por trás de um *hashtag*, temporalizadas por uma *timeline*, visualizadas em nuvens de tags, recomendadas e avaliadas em sites de venda *on line*. [...] De um modo discreto, implícito e silencioso, a navegação dos internautas é orientada continuamente pelas ferramentas de classificação que tornam as informações disponíveis à sua atenção". Assim, esse novo ambiente introduz a necessidade de investigar "a política dos algoritmos" que se desenvolve em segundo plano, especialmente ao se tratar de suas implicações para o espaço público:

> Os motores de busca e os múltiplos tipos de avaliação da internet é que hierarquizam a visibilidade das informações, trazendo à tona determinados depoimentos e, ao mesmo tempo, dissimulando outros. Ao decidir o que deve ser visto, eles incentivam ou desencorajam o confronto e a discussão, participam da construção da agenda pública e selecionam os bons interlocutores (CARDON, 2013a, p. 9 e 11).

Desse modo, revela-se como decisiva uma melhor compreensão, tanto do *design* desses serviços quanto das maneiras como eles induzem ou impedem determinados comportamentos através da formatação da informação, assim como do papel de plataforma centralizada que eles conseguiram ocupar.

Google conseguiu se intrometer no âmago do "grafo documental", embora esteja em condições de captar também, daí em diante, toda a espécie de informações. Facebook, por sua vez, acabou por se infiltrar entre as malhas do que ele designa como "grafo social"; ele também implementa um algoritmo destinado a proceder à triagem da informação, cujo conteúdo é atualizado frequentemente (*news feed*), disponível para o usuário com base, antes de mais nada, na *afinidade*. As notícias do último segundo, localizadas na página inicial, constituem o cerne do dispositivo Facebook, enquanto o algoritmo determina os conteúdos – compartilhados pelos "amigos" e pelas "páginas" a que o usuário está conectado – que irão chamar a atenção[154]. De maneira simplificada (uma vez que o algoritmo se tornou algo muito complexo), os conteúdos mais "visíveis" são o resultado de uma combinação entre aqueles que suscitaram o maior número de reações (comentários, compartilhamentos, cliques no botão "Eu gosto" etc.: essa é a pontuação relativa ao *peso*); aqueles que são oriundos dos contatos mais próximos do utilizador (com os quais as interações são mais numerosas: essa é

154. Cf. Facebook, 2015. Alguns filtros podem ser igualmente aplicados pelo usuário.

a pontuação relativa à *afinidade*); e, enfim, os conteúdos mais recentes (essa é a contagem de *tempo*). Como declarou Mark Zuckerberg, em 2010, esse algoritmo revelará eventualmente que "um esquilo moribundo à frente da casa do internauta seja, talvez, algo que corresponde mais a seus interesses momentâneos do que a morte de pessoas na África". A questão permanece, assim, saber em que medida exata tais plataformas, por seus efeitos prescritivos, afetam a pluralidade da informação, a conflituosidade social e a constituição do espaço público. Isso é tanto mais verdadeiro que uma plataforma, tal como Facebook, já se tornou um dos principais vetores de difusão da imprensa[155]. A "equação do esquilo" suscita, assim, questões bastante concretas e, por exemplo, durante o verão de 2014, numerosos usuários norte-americanos observaram que os tumultos raciais de Ferguson (expressão de uma efetiva clivagem nos Estados Unidos) haviam suscitado menos interesse do que, por exemplo, o "Ice Bucket Challenge", fenômeno viral que apresentava indivíduos despejando baldes de água gelada sobre a própria cabeça em benefício de uma instituição de caridade (JOHNSTON, 2014).

À semelhança dos motores de busca, Facebook propõe, portanto, um modo de coordenação que leva em conta, por um lado, a atividade geral suscitada por um conteúdo para determinar a sua "autoridade" (esse é o aspecto *agregativo*) e, por outro, a rede relacional e as interações passadas do usuário para "personalizar" a seleção dos conteúdos (esse é o aspecto *segmentável*), atribuindo, além disso, um bônus à *novidade*. Ele também constitui um desafio estratégico para as marcas e para todas as organizações que procuram maximizar a sua visibilidade no âmbito da "economia da atenção". O princípio da *captação*, enfatizado por nós para caracterizar o Google, pode ser, portanto, generalizado e assume um duplo aspecto: no mesmo movimento, por um lado, esses dispositivos imprimem certa forma às trocas (que depende, em grande parte, dos algoritmos implantados) e, por outro, eles tentam analisá-los para tirar deles um ganho do ponto de vista comercial. Esses serviços também se apresentam como agências de publicidade e institutos de pesquisa de mercado: trata-se de captar tanto a *atenção* dos indivíduos quanto as suas *intenções*.

A vontade de todos os grandes atores de estar a serviço da maior quantidade possível de tráfego e de hospedar gratuitamente o máximo de dados relativos aos usuários em seus servidores remotos (*cloud computing*) explica-se, em parte, pelo valor que eles tiram da análise desses dados. O problema do fichamento e da criação de perfis exercido pelos motores de busca se estende às

---

155. Cf. o estudo *Digital News Report 2015*, do Reuters Institute for the Study of Journalism.

redes sociais ou às plataformas de compartilhamento de conteúdos; ele é tanto mais sério na medida em que a natureza e a quantidade de dados coletados, assim como a utilização dos mesmos, desenrolam-se, em grande parte, sem o consentimento explícito dos usuários. Aqueles que eventualmente tivessem desejado aprofundar o seu conhecimento a esse respeito esbarram, em geral, na opacidade de uma "caixa-preta", cujo funcionamento é protegido pelo segredo industrial e pela propriedade intelectual.

Para alguns comentaristas, os atores-chave da intermediação na era digital se assemelham, assim, a "novos senhores feudais" que concedem a seus vassalos, os usuários, alguns hectares de terra sob a forma de um espaço de armazenamento "seguro" e acompanhado por serviços atraentes para tirar o melhor partido possível dos dados e metadados que serão depositados nesse espaço (SCHNEIER, 2012). Além disso, na esteira do complexo militar-industrial das origens, alguns vínculos estreitos foram estabelecidos entre o Vale do Silício – a agência de inteligência e o Departamento de Defesa dos Estados Unidos – a partir de uma base imposta, mas às vezes também voluntária; eis o que ficou amplamente demonstrado pelos documentos de Snowden e de WikiLeaks, mas apreende-se igualmente essa proximidade a partir dos numerosos contratos assinados entre as empresas e a administração militar, os investimentos cruzados (aqueles da CIA, p. ex., através de seu fundo In-Q-Tel destinado a adquirir tecnologias estratégicas) ou, ainda, a mobilidade de executivos de nível superior (o chefe de segurança do Facebook, Max Kelly, foi assim recrutado pela NSA em 2010, enquanto em 2012 Regina Dugan, diretora da agência Darpa, era contratada pelo Google). Esse novo complexo militar-*informacional*, ao qual foi entregue voluntariamente um considerável volume de dados, é portanto fonte de preocupações: no caso concreto, a "livre-circulação da informação" está a serviço de decisivos desafios de controle em um plano político e geopolítico.

Se os links estabelecidos pelas interações e pelo compartilhamento de conteúdos são uma das principais características da internet, um grupo de atores conseguiu, assim, concentrar uma grande parte do tráfego na rede. Ao mesmo tempo em que fornecem serviços que se tornaram essenciais para a maioria dos usuários da internet, para os quais eles desempenham uma tarefa essencial na *redução da complexidade informacional*, eles acabam acentuando uma tendência centralizadora inerente às redes complexas. Google se apresenta como um acesso direto à ordem espontânea das trocas: essa entidade organizadora pretende ser um simples reflexo da auto-organização, um "lugar vago" substituído pelo cálculo "objetivo" das forças em presença e do interesse individual, sem reconhecer o viés político de tal iniciativa. Apesar de seu desempenho e do valor inestimável que ele representa para os seus usuários, o "bom gigante" Google também se assemelha a uma nova forma de *tecnocracia*, na medida em que a sua proposta consiste em articular automaticamente as preferências individuais e as escolhas coletivas por intermédio de dados e algoritmos. Enfim, essas mudanças transtornam profundamente as definições tanto da privacidade quanto do espaço público, na medida em que elas implicam uma maior porosidade entre esses dois campos da experiência humana e, ao mesmo tempo, deixam a atores privados, tais como Google ou Facebook, a incumbência de definir esses novos limites – além de captar a sua substância para fins comerciais e, até mesmo, políticos ou geopolíticos.

11
A *DISSEMINAÇÃO*: DESCENTRALIZAÇÃO RADICAL E CRIPTOGRAFIA

DO *PEER-TO-PEER* AO WIKILEAKS

A segunda grande forma da auto-organização suscetível de ser colocada em evidência é aquela que consiste, desta vez, em *disseminar* os fluxos da informação na rede, que se apresenta como uma forma radicalizada de um ideal da rede descentralizada. A sua instância mais conhecida é a mobilização de tecnologias *peer-to-peer* (par a par ou p2p), a fim de facilitar o compartilhamento de arquivos – especialmente o download de conteúdos submetidos a direitos autorais –, assim como o sistema criptomoeda descentralizado Bitcoin. Como veremos, no entanto, o investimento político nessas tecnologias é, na realidade, mais profundo; deste modo, uma filiação pode ser estabelecida entre o *peer-to-peer* e o fenômeno WikiLeaks.

No aspecto em que o modelo de captação visa exacerbar e tirar partido das tendências para a concentração das informações ao redor dos *hubs* da rede, além de se manifestar como intermediário incontornável do acesso a essas informações, o modelo disseminativo procura nivelar as assimetrias e representa uma proposição maximalista da livre-circulação da informação. Vamos mostrar que ele opera, assim, um retorno a determinadas ambições da origem da internet enquanto rede *distribuída*, em que cada elo é igual aos outros elos e em que nenhuma entidade centralizadora coloca em ordem previamente as informações em trânsito. A disseminação constitui assim uma verdadeira filosofia política, em particular quando a criptografia é colocada a serviço de um ideal de divulgação das informações de interesse público, combinado com a proteção estrita das comunicações privadas.

11.1 Compartilhamento entre pares, soluções técnicas e modelos políticos

O *peer-to-peer* se tornou um enorme desafio entre 1999 e 2001, no contexto do sucesso do Napster: trata-se de software e serviço "gratuitos" que permitem colocar em circulação, de maneira bastante eficaz, arquivos de música no formato MP3, sem remunerar os representantes legais dos respectivos autores (ALDERMAN, 2001). O objetivo inicial consistia simplesmente em compartilhar música com os amigos; mas, no final, acabou gerando receita tanto de publicidade quanto da venda de versões mais sofisticadas do software, no contexto da Nova Economia - da qual Napster também apresenta como uma de suas manifestações. A reação das *major companies* e empresas de produção foi imediata, tendo sido lançadas ofensivas jurídicas de grande envergadura. O poderoso sindicato da indústria da música norte-americana (Recording Industry Association of America, ou Riaa) empreendeu, em primeiro lugar, a tentativa de fechar o site, assim como de impor pesadas sanções - "para servir de exemplo" - aos utilizadores, evocando a falsificação (cf. LESSIG, 2004, p. 48-52); posteriormente, tais ameaças também se fizeram sentir em Hollywood, que procurou igualmente implementar medidas dissuasivas.

Embora o Napster tenha sido encerrado, antes de ser convertido em um site pago, o *peer-to-peer* enquanto compartilhamento de arquivos continuou a prosperar, mesmo que existam atualmente outros serviços para conseguir acesso a música (ou filmes, softwares etc.) mediante uma diversidade de modelos técnicos (*streaming*, download direto), econômicos (compra, aluguel, assinatura, publicidade) e jurídicos (legais ou ilegais). As iniciativas de repressão visando os simples usuários dos diferentes serviços de download evitam agora respostas demasiado brutais que viessem a dar a impressão de "criminalizar o compartilhamento" e procuram implementar respostas "adaptadas" - tais como a Lei Hadopi na França –, mas sua eficácia a longo prazo e sua legitimidade continuam sendo objeto de debate[156].

156. A lei francesa "Création et Internet", de 12 de junho de 2009, e a autoridade administrativa que a acompanha – Hadopi ou Haute Autorité pour la Diffusion des Oeuvres et la Protection des Droits sur Internet (Autoridade Suprema para a Difusão das Obras e para a Proteção dos Direitos na Internet) – constituem, nesse aspecto, algo emblemático. Essa iniciativa instaura um dispositivo de "resposta graduada", que vai da simples advertência ao infrator até a supressão de sua conexão à internet. Ela suscitou numerosas controvérsias que dizem respeito principalmente aos aspectos de "punição automatizada", à dificuldade técnica para identificar o autor da infração em determinados casos e às implicações de interrupção de acesso à internet. Algumas medidas-chave da lei foram suprimidas por terem sido declaradas contrárias à Constituição

O *peer-to-peer* se apresenta como um exemplo extremo da propensão para copiar e divulgar, inerente à digitalização – com toda a sua ambivalência. De fato, por um lado, essa forma de livre-circulação de informações é uma manifestação de compartilhamento, de colocação em comum e, até mesmo, de formação de "comunidades", evitando os mecanismos legais de propriedade intelectual que restringem a difusão de criações da mente originais. Por outro lado, no entanto, ela pode ser considerada como uma forma de hiperconsumo, cujos efeitos nefastos sobre o modelo econômico das indústrias culturais e intelectuais são apontados pelos críticos. Ao exacerbar as possibilidades de compartilhamento de informações digitalizadas, o *peer-to-peer* contribuiu amplamente para a reflexão sobre a legitimidade dos mecanismos legais e técnicos da proteção da propriedade intelectual, que é um desafio crucial do liberalismo informacional, como já sublinhamos várias vezes neste trabalho; por enquanto, as soluções propostas estão longe de ser satisfatórias, mas esse debate não será abordado diretamente aqui. Gostaríamos de introduzir a questão do *peer-to-peer* de maneira mais ampla na medida em que a significação social e política desse dispositivo vai além do âmbito do compartilhamento de arquivos submetidos à propriedade intelectual.

De acordo com Andrew Oram, "as tecnologias *peer-to-peer* reconduzem a internet à sua versão original, em que cada um era tanto criador quanto consumidor" (ORAM, 2001a, Prefácio, p. IX). Com efeito, em vez de se limitar aos conteúdos culturais, as redes *peer-to-peer* se inscrevem em um contexto mais amplo. Essas tecnologias foram investidas de um conteúdo social, econômico e político na medida em que permitem a instauração de vínculos diretos entre os participantes, tornando difícil qualquer controle centralizado da circulação dos conteúdos. Nesse aspecto, elas reativam e radicalizam algumas projeções associadas ao que designamos como a "forma canônica" da internet enquanto dispositivo sociotécnico (cf. capítulo 2) e se referem às formas mais libertárias e, até mesmo, anarquistas, do liberalismo informacional: a rede nada deve "saber" do que transita nos elos que a compõem.

Além disso, o uso do termo *peer* ("par") se generalizou para se tornar emblemático do *status* ideal do indivíduo no contexto das trocas na internet; o par

---

Francesa pelo Conseil Constitutionnel. [Instituído em 1958, por ocasião da promulgação da Constituição da Quinta República, na França, ele garante a regularidade das eleições nacionais e plebiscitos, pronunciando-se sobre a conformidade com a constituição das leis e de outras regulamentações que são submetidas a seu julgamento. Cf. www.conseil-constitutionnel.fr [N.T.].]. Um histórico bem-documentado desse debate sobre a Hadopi pode ser encontrado no site da Associação La Quadrature du Net: http://www.laquadrature.net/fr/HADOPI

é um igual, mas também é reconhecido explicitamente como tal pela comunidade na qual se inscreve. Como já vimos, por exemplo, em Yochai Benkler, a "riqueza das redes" se situa nas interações entre pares, baseadas na colocação em comum dos bens informacionais, e na produção daí resultante (*commons-based-peer production*). Alguns autores, tais como Michel Bauwens, consideram o *peer-to-peer* como o alicerce de uma alternativa cooperativista ao capitalismo (BAUWENS, 2015). Da mesma forma, o prospectivista midiatizado Jeremy Rifkin convoca a figura do *peer-to-peer* para descrever o que ele designa como "poder lateral" e principalmente "produção descentralizada de energias renováveis". Desse modo, por exemplo, cada indivíduo, enquanto "par", está equipado com painéis solares e turbinas eólicas, colocando a eletricidade, assim produzida, em comum na rede. Essa corrente, portanto, opõe-se aos esquemas centralizados de produção de energia (RIFKIN, 2012).

A comunidade dos *peers* se apresenta como um modo de produção emanando diretamente da sociedade civil. Ao par estão associadas as ideias de *liberdade* individual e de *igualdade* dos participantes, reunidos pela circulação desenfreada de informações, a que todos têm o mesmo acesso. O sentido do *peer-to-peer* desliza, assim, entre os diferentes campos de significação: o que é, na origem, essencialmente um modo de estruturação técnica das trocas torna-se uma das principais materializações da cultura do compartilhamento na internet para se apresentar, finalmente, como um modelo emblemático de natureza social e política do liberalismo informacional - e, até mesmo, uma utopia equívoca, reivindicando uma liberdade total de circulação da informação, seja ela qual for, entre *peers* autônomos.

Para compreender esse movimento e apresentar em detalhe as suas implicações, é necessário retornar a determinadas características técnicas do *peer-to-peer*. O princípio fundamental consiste em permitir a comunicação direta entre as máquinas que constituem a rede: "Uma rede par a par é um modelo de rede distribuída em grande escala, dinâmica e autônoma, formada de um conjunto de elos chamados pares que possuem uma ou várias funções semelhantes. Esses pares são identificados de maneira exclusiva e colocam em comum uma parte de seus recursos para atender a uma necessidade" (BOURGEOIS, 2010, p. 28). Essas redes diferem, portanto, da arquitetura habitual da web, que funciona a partir de um modelo clássico "cliente-servidor": as máquinas clientes enviam consultas para servidores centrais que, por sua vez, lhes fornecem os dados solicitados (cf. Figura 7).

Figura 7 **Arquitetura cliente-servidor e arquitetura *peer-to-peer*; extraído do livro de D. Barkai: *Peer-to-Peer Computing* (2001, p. 4)**

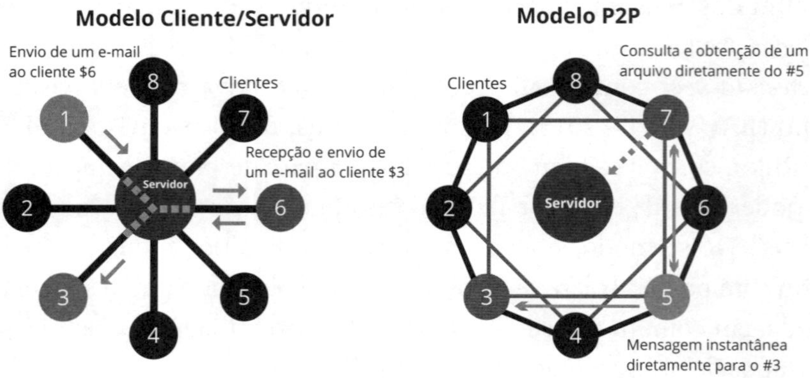

Além disso, as redes *peer-to-peer* fazem intervir uma dimensão criptográfica na medida em que o sistema se apoia em sua capacidade para associar cada conteúdo a um identificador único ou "pegada". Ele mobiliza, portanto, algoritmos (ou "funções hash") destinados a implementar um endereço confiável, que permitirá localizar os diferentes elementos em circulação na rede e otimizar o funcionamento geral do sistema, reduzindo o tempo de processamento da informação.

Nas definições de redes *peer-to-peer* são sublinhadas, muitas vezes, as seguintes propriedades: o compartilhamento de recursos, a interconexão, a descentralização, a simetria das funções entre cada um dos pares, a autonomia dos participantes, a capacidade para a auto-organização do sistema, uma extensibilidade (*scalability*) da rede e, finalmente, a estabilidade do funcionamento (BUFORD & YU, 2010). Na prática, todas essas propriedades nem sempre são totalmente satisfeitas. Em si, a transferência de informações em *peer-to-peer* não requer nenhuma infraestrutura especial e consiste em uma simples aplicação dos protocolos TCP/IP: a internet, originalmente (em sua "forma canônica"), é, *em si*, uma rede *peer-to-peer* à semelhança das primeiras implementações de Usenet (MINAR & HEDLUND, 2001). Mas por várias razões, as camadas aplicativas (*overlays*) que permitem a implantação dessas redes apresentam opções técnicas divergentes: existem diferentes tipos de redes *peer-to-peer*, mais ou menos descentralizadas, em que cada uma é dotada das respectivas vantagens em termos de extensibilidade, segurança, anonimato, congestionamento da rede ou, ainda, de tolerância a defeitos de funcionamento etc. (BOURGEOIS, 2010, p. 28-41). As redes *peer-to-peer* são utilizadas para compartilhar recursos materiais: ciclos dos processadores, capacidade de armazenamento, rapidez da conexão etc. Assim, é possível implementar serviços distribuídos: compartilhamento seja das capacidades de cálculo (*grid computing*), de fluxos multimídia (*peer-to-peer streaming*), ou dos fluxos de comunicação (telefonia IP, chamada de VoIP, ou *voice over* IP, tal como Skype) – e, evidentemente, compartilhamento de arquivos que é a sua aplicação mais comum e conhecida.

As redes *peer-to-peer* procuram, em particular, evitar o "ponto crítico de falha" (*single point of failure*), multiplicando os locais de armazenamento de dados e as vias de acesso. Com efeito, ao utilizar uma arquitetura rede que evita o máximo possível incluir servidores que concentrem a informação (cuja falha viesse afetar a rede inteira, ou cujos proprietários fossem responsabilizados do ponto de vista jurídico), o *peer-to-peer* apresenta uma grande resiliência às falhas técnicas ou intervenções legais: assim, as comunicações podem ser particularmente difíceis de controlar. Essas propriedades eram inicialmente, como já vimos, aquelas associadas ao *packet switching* e aos primeiros protocolos TCP/IP; um dos atrativos do *peer-to-peer* consiste, portanto, de algum modo em se apresentar como um "retorno às origens" da internet, reativando também o ideal de um espaço imune a qualquer jurisdição, que foi afirmado vigorosamente durante a fase ciberlibertariana.

Além disso, como sublinham John Buford e Heather Yu, ao contrário dos motores de busca (e, em particular, o caso do Google estudado precedentemente), as trocas em *peer-to-peer* ainda não encontraram um modelo econômico eficaz. Alguns softwares de compartilhamento de arquivos são vendidos ou então incluem publicidade ou programas-espiões (*spyware*) que recuperam informações sobre os usuários para revendê-los. Por outro lado, os sistemas de comunicação ou de difusão de mídias apoiados em *peer-to-peer* podem ser rentabilizados pela venda de serviços *premium* ou pela inclusão de anúncios, mas essas soluções não são muito eficazes no contexto dos sistemas descentralizados (BUFORD & YU, 2010, p. 7-8). Se é, portanto, perfeitamente possível obter algum valor comercial do *peer-to-peer*, a natureza do dispositivo parece se opor, na maior parte das vezes, a essa meta, na medida em que ele torna difícil qualquer centralização desse valor.

11.2 Um modo de coordenação *protocolar-técnico*

Como já dissemos, e embora todos os tipos de arquivos possam circular no âmbito das redes *peer-to-peer*, essas se tornam realmente atraentes, antes de mais nada, pelo compartilhamento ilegal de conteúdos submetidos aos direitos da propriedade intelectual. Ao combinar protocolos de comunicação que estabelecem um contato direto entre cada ponto da rede com determinadas funções hash [de dispersão] criptográfica, garantindo que as informações em circulação serão dotadas de um identificador exclusivo, eles permitem estabelecer bancos de dados descentralizados, à disposição dos usuários; estes, por sua vez, colaboram com esses bancos ao compartilharem os próprios arquivos.

Nenhum computador hospeda a totalidade das informações, uma vez que elas estão disseminadas em todos os computadores da rede; se um usuário solicitar dados armazenados em outros lugares, esse material ser-lhe-á transferido diretamente. Um dos principais problemas consiste, portanto, em descobrir se determinada informação está disponível na rede e, no caso afirmativo, em que máquina; esse é, tipicamente, o papel desempenhado pelos motores de busca, tais como o Google na web, implicando uma forma de "recentralização". A maneira mais simples é, com efeito, a de criar um índice das informações armazenadas e manter esse índice em um servidor central: eis a solução adotada, em seu tempo, por Napster; no entanto, ao recentralizar a rede, ela vai torná-la então vulnerável (mesmo que o próprio site Napster não forneça conteúdos). Basta, de fato, chegar a esse servidor central por meios legais ou técnicos para "desligar" a rede – o que acabou sendo feito no caso do Napster.

Soluções mais sofisticadas foram, portanto, postas em prática mais tarde, comportando sistemas de indexação e de consulta mais distribuídos; entre eles, as redes mais emblemáticas são Gnutella e, em seguida, BitTorrent que já não dispõem de índice centralizado uma vez que os seus computadores "transmitem" as consultas de par a par. Mas essas opções têm igualmente as suas desvantagens: assim, no âmbito de redes chamadas "híbridas" existem na prática "superelos" (*super peer*) através dos quais transitam as consultas, a fim de não engendrar um grande volume de tráfego inútil. Ou então, mesmo que a própria rede seja completamente distribuída, determinados sites da web são, apesar de tudo, implementados a fim de facilitar o acesso aos conteúdos: no caso de BitTorrent, mencionemos, por exemplo, o famoso site sueco *The Pirate Bay* que indexa links (chamados *trackers*) e propõe um motor de busca para identificar mais facilmente os conteúdos disponíveis. Esse site já passou por numerosos dissabores jurídicos desde a sua criação em 2003. Seus administradores foram condenados várias vezes e o site bloqueado em alguns países; mas, ao contrário do Napster, ele continua em atividade – mostrando que, mesmo quando alguns recursos são centralizados, as infraestruturas do *peer-to-peer* podem continuar suscitando problemas técnicos e jurídicos que impedem o seu encerramento puro e simples.

Outra vulnerabilidade das redes *peer-to-peer*, desta vez, interna a seu funcionamento, é que o compartilhamento de recursos pode sofrer dificuldades que se assemelham à "tragédia dos *commons*" – o dilema do prisioneiro ou Teoria dos Jogos aplicada aos recursos naturais, já evocado mais acima no contexto dos "bens comuns informacionais" (capítulo 8). De acordo com essa teoria, a ausência de controle central implica a exploração excessiva dos recursos e a falência do sistema. No caso de compartilhamento de arquivos, foi demonstrado que, se nenhuma restrição for instaurada, uma minoria de usuários compartilhará um grande número de arquivos, enquanto a maioria dos outros usuários irá colocar pouco (ou nenhum) material à disposição do coletivo: para tomar de empréstimo um termo à economia, a maioria se comporta, portanto, como *free rider* (passageiro clandestino; ADAR & HUBERMAN, 2000). Duas importantes vulnerabilidades podem então se apresentar: 1) efeitos de funil com a saturação da largura de banda pelo reduzido número de usuários que fornecem os conteúdos aos outros; e 2) em um contexto de "risco" para os usuários (p. ex., violação dos *copyrights*), os raros "fornecedores" que centralizam os conteúdos e alimentam a rede podem ser identificados e incomodados (por ações judiciais, intervenções diretas da polícia ou ataques cibernéticos). Eis também, para simplificar, o que aconteceu com a Rede Napster.

Esse aspecto do *peer-to-peer* implica, portanto, uma reflexão de natureza tanto econômica em sentido lato (sobre a questão da cooperação) quanto técnica: os desenvolvedores de redes *peer-to-peer* fizeram evoluir a infraestrutura de software a fim de integrar certas restrições e incentivos que levam os usuários a uma participação mais ativa no funcionamento da rede (cf., p. ex., MANZATO & DA FONSECA, 2010). Estes são, por exemplo, forçados ou vigorosamente estimulados a compartilhar os próprios conteúdos e/ou a servir de espaço temporário de armazenamento de conteúdos (em *cache*) quando eles estão conectados, ou ainda a compartilhar a sua largura de banda; aqueles que compartilham o maior volume de arquivos poderão obter velocidades de download mais elevadas. Enfim, a restrição também pode ser de ordem moral – "*don't be a leech*" ("não seja uma sanguessuga")[157] – e é muito comum criticar aqueles que "não cumprem as regras preestabelecidas". Assim, nesse tipo de rede, quanto mais um arquivo for difundido, mais facilmente estará à disposição; ao contrário de uma rede cliente-servidor, cuja largura de banda pode ficar saturada se um arquivo for bastante solicitado.

Assim, o lugar do Napster foi ocupado por outros serviços, tais como Gnutella, Limewire, Kazaa ou ainda BitTorrent, que procuraram aperfeiçoar o princípio segundo o qual "cada cliente também é um servidor"; os três indicados em primeiro lugar, à semelhança do Napster, perderam a batalha judicial que travaram contra os detentores de direitos. Atualmente, o *peer-to-peer* enfrenta a concorrência dos sites de difusão direta (*streaming*), alguns dos quais propõem fórmulas legais para o consumo de música (Spotify, Deezer) ou de vídeo (Netflix). O download direto (*direct download*) também chegou a obter um enorme sucesso, mas a sua popularidade diminuiu após a repercussão da operação empreendida pelo FBI, em 2012, para fechar o site MegaUpload.

Mas como sublinha Philip Agre, o discurso de natureza tecnológica que apresenta o *peer-to-peer* como uma forma de otimizar os recursos cibernéticos é completado por um discurso político, reativando um poderoso *topos* cultural da internet: a promessa de uma rede plenamente descentralizada e, portanto, "livre" de qualquer coerção oriunda de uma entidade superior e centralizadora (AGRE, 2003). Por exemplo, esses princípios também se encontram na base das redes comunitárias ou redes Mesh, que são redes sem fio *ad hoc* implantadas localmente, a baixo custo, e sem recorrer a provedores de acesso à internet (ISP). Os computadores que as compõem estão conectados diretamente uns aos outros e se adaptam às diferentes alterações eventuais (banda curta, desaparecimento de alguns elos etc.), o que torna essas redes particularmente "robustas" (mesmo que as taxas de fluxo sejam geralmente, de preferência, baixas). Elas são, portanto, úteis em situações em que a rede "normal" deixa de funcionar, além de permitirem restaurar uma infraestrutura de comunicação básica; em algumas áreas geográficas cujo serviço seja precário, em situações de catástrofe natural ou ainda no contexto de movimentos insurrecionais (o que se verificou especificamente com a aplicação móvel FireChat, capaz de funcionar inclusive em caso de corte da rede telefônica, e utilizada pelos manifestantes em Taiwan por ocasião da "revolta dos guarda-chuvas" na primavera de 2014 (HUGUET,

157. *Seed* (semente) e *leech* (sanguessuga) são os dois *status* possíveis por ocasião de uma troca em *peer-to-peer* na Rede BitTorrent. O participante que "dissemina" seus arquivos é valorizado, ao contrário daquele que se limita a fazer download.

2014)). Na mesma ordem de ideias, o Projeto Freedom Box, lançado em 2010, pelo jurista militante da Free Software Foundation, Eben Moglen, destina-se também a permitir o estabelecimento de redes distribuídas, funcionando a partir de softwares livres; a Freedom Box, uma caixinha que pode ser conectada em qualquer lugar, é descrita explicitamente como uma alternativa ao Facebook ou Twitter, permitindo armazenar localmente conteúdos criptografados e compartilhá-los, sem que estes sejam centralizados em servidores pertencentes a um único ator. O projeto é apresentado como uma "rearquitetura da rede", destinada a "redistribuir os serviços em direção às periferias" e "devolver a autonomia aos usuários" (MOGLEN, 2010).

Assim, o *peer-to-peer* se apresenta como um modo inovador de auto-organização da informação que, ao contrário do Google, não procura se apoiar em tendências agregativas inerentes à web, nem obter informações sobre os seus usuários a fim de segmentá-las. Em vez disso, a finalidade de uma rede *peer-to-peer* consiste em nivelar o máximo a topologia da dita rede, baseando-se em restrições técnicas. Assim, os protocolos implementados forçam modalidades de circulação mais horizontais na medida em que elas transitam o menos possível por um ponto central, tendo operado uma pré-triagem. Além dos desafios técnicos relativos à segurança, confiabilidade e eficácia da rede, o que está em jogo é conseguir implementar um sistema de trocas que garanta um nível suficiente de confiança para incentivar a participação, evitando tanto quanto seja possível a implementação de mecanismos de coordenação centralizados.

Em grande medida, os protocolos técnicos têm aqui verdadeiramente "força de lei", no sentido compreendido por Lawrence Lessig: seu poder regulador pode ser tão poderoso que ele ultrapassa o do direito, tratando-se seja dos mecanismos legais para a proteção da propriedade intelectual ou para o enquadramento da fala pública. Como é mostrado por Tim Wu no caso do *copyright* e das indústrias culturais, o *peer-to-peer* é um dispositivo de *evitamento* do direito pelo código do programa computacional (WU, 2003b). Ao tirar partido do fato de que o sistema da propriedade intelectual é baseado em intermediários centralizados, e ao criar redes de distribuição alternativas descentralizadas, o *peer-to-peer* propõe um regime de trocas que escapa ao controle dos intermediários tradicionais. Os protocolos dão forma à rede e conferem-lhe certas características de ordem política na medida em que eles favorecem a disseminação de informações. Assim, propomos atribuir ao modo de coordenação associado à disseminação, tal como a descrevemos, o qualificativo de *protocolar-técnico*.

Philip Agre sublinha, no entanto, que uma estrutura técnica descentralizada não conduz necessariamente a uma sociedade descentralizada; se as especificidades da arquitetura das redes de telecomunicação comportam de fato uma dimensão eminentemente política, esta deve vir articular-se com a dimensão institucional no âmago da qual ela se insere (AGRE, 2003, p. 42). O investimento, às vezes, excessivo em tecnologia, em detrimento de qualquer apoio institucional, fragiliza portanto alguns projetos *peer-to-peer*.

11.3 *Peer-to-peer*, criptografia e anonimização: redes encobertas a serviço da transparência?

O *peer-to-peer* como *princípio* pode ser enunciado em numerosos domínios: por exemplo, o DNS, como vimos no capítulo 8, faz parte de alguns "recursos críticos" da internet que permanecem hierárquicos, e aos quais poderia ser fornecida uma alternativa *peer-to-peer*; determinadas iniciativas se destinam inclusive a suplantar o Google no campo da busca de informações (HANDLEY, 2013). O *peer-to-peer* também se encontra no âmago de um empreendimento, tal como Bitcoin, apresentado como o "Napster do sistema bancário" (FALKVINGE, 2011) pelo midiático fundador do Partido Pirata Sueco. Esse sistema de pagamento distribuído mobiliza técnicas de compartilhamento de arquivos em *peer-to-peer*, assinatura criptográfica e temporização dos cálculos (para evitar a simultaneidade de prestações), além de se apresentar como um registro público e "infalsificável" de transações (a *blockchain*), atualizado constantemente pelos computadores que compõem a rede. Assim, ele contém o histórico de cada Bitcoin em circulação e permite que os usuários efetuem pagamentos diretos sem recorrer a um "terceiro fiador", tais como as instituições bancárias e financeiras no sistema clássico. Como afirma o seu misterioso inventor no documento que expõe os seus princípios técnicos, Bitcoin constitui "um sistema de transações eletrônicas que não se apoia na confiança" (NAKAMOTO, 2008) – na realidade, esta, em vez de ser depositada nas instituições, apoia-se na tecnologia.

Bitcoin suscitou um grande entusiasmo – inclusive por parte dos economistas e investidores –, assim como desapontamentos, sob a forma de ataques cibernéticos (principalmente em suas plataformas de câmbio, como MtGox), de volatilidade das cotações, das possibilidades de lavagem de dinheiro e de sua utilização em mercados que vendem produtos ilícitos (incluindo drogas), tais como a Silk Road. Além dos aspectos polêmicos, no entanto, Bitcoin contém reais inovações tecnológicas de que ainda não foram extraídas todas as consequências; assim, o princípio da *blockchain*, enquanto registro distribuído das transações, seria suscetível de conhecer uma grande diversidade de aplicações, tais como o registro de documentos com assinatura privada, um sistema de DNS alternativo, a transmissão de mensagens ou ainda sistemas de votação, deixando até mesmo entrever a possibilidade de uma forma de *autonomização* dos contratos (*smart contracts*), assim como dos agentes econômicos (*decentralized autonomous organisations*) (DE FILIPPI & MAURO, 2014).

Nesses diferentes casos a técnica se apresenta, de alguma forma, como uma *alternativa* e, ao mesmo tempo, como uma *extensão* das áreas do direito e do mercado, buscando desenvolver as interações diretas entre os indivíduos e produzir regras, restrições e incentivos sem recorrer a um terceiro fiador, principalmente prescindindo do Estado e de sua burocracia enquanto avalistas do direito e do mercado. Nesse aspecto, trata-se uma vez mais de radicalizar o programa liberal, mas essa via não está isenta de equívocos na medida em que ela abre, por um lado, para uma forma de "anarco-mutualismo" e, por outro, também pode estar a serviço de uma forma de "anarco-capitalismo" que prolonga as pretensões ciberlibertarianas[158]. Além dessa faceta, e contrariamente à ideia segundo a qual Bitcoin, enquanto "criptomoeda", serviria antes de mais nada para dissimular as trocas, o ponto-chave consiste, pelo contrário, em permitir uma maior *transparência* – todas as transações são anotadas em um registro público, o qual é apresentado como algo impossível de alterar.

O *peer-to-peer* também chegou a ser mobilizado de maneira mais explicitamente política. As especificidades das redes *peer-to-peer* têm o condão de tornar o seu controle mais difícil, o que é um de seus objetivos, na medida em que elas procuram implementar uma distribuição irrestrita das informações. Mas alguns tipos de redes chamados "anonimizados" apresentam características que lhes permitem oferecer garantias suplementares em relação à resiliência da rede e especialmente sobre o anonimato dos participantes; aliás, entre as numerosas variantes, as duas redes mais famosas são certamente Freenet[159] e TOR[160]. Mas

---

158. Além disso, *The Economist* lembra que o economista monetarista Milton Friedman tinha proposto abolir o Federal Reserve System (mais conhecido como Federal Reserve e, informalmente, como The Fed) dos Estados Unidos para substituí-lo por um sistema automatizado – e que o Projeto Bitcoin se inscreve, sob certos aspectos, em uma lógica semelhante. Cf. "Bits and bob: Bitcoin has got geeks excited", 2011.

159. "O que é Freenet?" [https://freenetproject.org/index.html].

160. Acrônimo de The Onion Router, baseado na tecnologia do "roteamento em onion [cebola]", chamada assim porque faz transitar o tráfego por relês específicos que permitem a imple-

também nesse aspecto, a ideia é a de que o anonimato das partes está a serviço da transparência pelo fato de permitir a circulação de todas as informações – incluindo as mais subversivas – e, portanto, acaba fortalecendo a liberdade de expressão. O objetivo explícito dessas redes consiste em oferecer resistência, tanto quanto isso seja possível, à censura, dissimulando as suas atividades com a ajuda de tecnologias de codificação dos conteúdos e das comunicações. A codificação dos dados é combinada com diferentes técnicas que consistem em fazer com que cada elo na rede seja, simultaneamente, um transmissor e um receptor que "deixa passar" as comunicações e os conteúdos, sem que seja possível identificar o elo do qual emana a informação, nem qual é o elo destinatário visto que todas as informações estão constantemente em movimento. À dificuldade de controlar os elementos em circulação em uma rede *peer-to-peer*, acrescenta-se, portanto, uma barreira técnica que protege o anonimato daqueles que compartilham tais conteúdos, assim como as suas comunicações.

Essas possibilidades de estabelecer redes seguras acabaram por torná-las em instrumentos privilegiados para os dissidentes em países autoritários, tais como a China e o Irã. No entanto, esses sistemas também se apresentam como recursos para o crime organizado, o que é objeto frequentemente de crítica contra eles. No entanto, as desvantagens inerentes a uma falta de censura são julgadas de menor valia do que os benefícios. Freenet defende, assim, por um lado, que a "boa" censura implica necessariamente um risco de censura "ruim" e, por outro, que até mesmo a "boa" censura é contraprodutiva na medida em que impede a exposição, o debate e a desqualificação de informações e argumentos falaciosos[161]. TOR se distingue um pouco de Freenet na medida em que é utilizado sobretudo para dissimular as atividades de um usuário na internet "normal", principalmente a navegação na web e as comunicações (e-mail, mensagens instantâneas etc.), assim como o uso de redes *peer-to-peer* clássicas, por exemplo, BitTorrent. Ele se apresenta como uma "rede de túneis virtuais" que permitem "melhorar a segurança e a proteção da privacidade na internet" no que se refere aos indivíduos, jornalistas, dissidentes políticos e *whistleblowers*, além das empresas para as suas comunicações internas, ou ainda dos funcionários do governo que tiverem a intenção de monitorar sites sem serem detec-

---

mentação de várias "camadas" sucessivas de codificação e decodificação. Essa tecnologia foi financiada inicialmente pelo US Naval Research Laboratory e, em seguida, pelo EFF, antes de se tornar uma organização sem fins lucrativos com sede nos Estados Unidos, em dezembro de 2006. Cf. "Tor Project: overview" [https://www.torproject.org/about/overview].

161. "A filosofia por trás da Freenet" [https://freenetproject.org/about.html#philosopy].

tados. Tratava-se, na origem, de um projeto da Marinha dos Estados Unidos, destinado a impedir a intercepção das comunicações, e apesar de não ser infalível, ele é hoje amplamente utilizado tanto por militares, agentes do serviço de inteligência e das embaixadas, ativistas, militantes e dissidentes – e, finalmente, por criminosos.

Se essas redes "encobertas" suscitam o problema da vigilância das atividades criminosas, elas são em muitos aspectos as herdeiras dos *cypherpunks* evocados no capítulo 7, que estiveram envolvidos nas *crypto wars* da década de 1990. A defesa da privacidade e dos dados pessoais na internet (*privacy*), pelo recurso à codificação dos dados, apresenta-se como uma condição essencial para a revelação das irregularidades dos poderes político e econômico, que permite responsabilizá-los por suas atividades (*accountability*). Ou como é resumido pela fórmula dos *cypherpunks* citada anteriormente: "*Privacy for the weak and transparency for the powerful*" (ASSANGE, 2012; cf. tb. GREENBERG, 2012). Muito mais do que uma simples técnica, a criptografia é, assim, investida como uma forma de opor a matemática à violência (principalmente à violência do Estado) e, portanto, como "a derradeira forma da ação direta não violenta" (ASSANGE, 2012, p. 5). Um dos principais argumentos dos *cypherpunks* é o de que a liberdade de expressão, para ser plena e completa, deve ser anônima a fim de evitar que pressões e, até mesmo, repressões sejam exercidas sobre os indivíduos que difundem informações contra poderosos interesses particulares (em particular, em matéria de corrupção). Evidentemente, essas posições não deixam de suscitar uma série de paradoxos – por exemplo, a circulação na rede de conteúdos que violam a privacidade e, até mesmo, a dignidade humana. Assim, a transparência se apresenta como um princípio cardeal inscrito nesses protocolos, mas que deve ser compreendido em um sentido específico; na verdade, tudo é implementado a fim de proteger a integridade dos indivíduos com a instauração, se for necessário, de mecanismos sofisticados de anonimização. Trata-se também de inscrever a ausência de centro no interior do sistema, além de impedir todo o tipo de captação, diluindo qualquer forma de poder – econômico ou político.

11.4 Do *peer-to-peer* ao WikiLeaks: disseminação e democracia

Em nossa opinião, também é no contexto do *peer-to-peer*, enquanto *princípio político*, que deve ser compreendido o advento do WikiLeaks. Essa organização, fundada pelo australiano Julian Assange em companhia de outros parceiros, no final de 2006[162], apresenta-se como uma rede que permite arquivar e divulgar informações consideradas "sensíveis", garantindo o anonimato das fontes mediante um sistema de codificação das comunicações com o objetivo explícito de combater a censura e a corrupção. Em primeiro lugar, foram reveladas, por exemplo, informações sobre o desvio de enorme quantidade de dinheiro por figuras políticas no Quênia, sobre os processos da Igreja da Cientologia, sobre os protocolos utilizados pelos militares norte-americanos no campo de prisioneiros de guerra de Guantánamo, ou ainda sobre a sonegação fiscal do banco suíço Julius Baer nas Ilhas Caimã.

Mas em 2010 é que a organização se tornou realmente conhecida, em primeiro lugar, mediante a divulgação de um vídeo (*Collateral murder*, de abril de 2010), rodado a partir de um helicóptero militar norte-americano e mostrando civis iraquianos (incluindo dois jornalistas da agência de notícias Reuters e duas crianças) trucidados pelos disparos oriundos desse mesmo helicóptero. Em seguida, foram publicados, em parceria com alguns dos principais meios de comunicação – principalmente *The Guardian* e *The New York Times* –, dezenas de milhares de relatórios militares norte-americanos, classificados como "secretos", oriundos da guerra no Afeganistão (*Afghan War Diary* ou *Afghan War Logs*, de julho de 2010) e da Guerra no Iraque (*Iraq War Logs*, de outubro de 2010); todos esses textos fornecem, em particular, numerosos detalhes sobre a morte de dezenas de milhares de civis e sobre a prática de tortura no contexto desses conflitos. Enfim, centenas de telegramas diplomáticos norte-americanos (*Cablegate*, de novembro de 2010) foram apresentados ao público com a ajuda da imprensa (*El País, Le Monde, Der Spiegel, The Guardian* e *The New York Times*). De fato, aos poucos, WikiLeaks teceu vínculos complexos com alguns dos mais importantes jornais, a fim de propiciar especialmente a maior visibilidade possível à sua ação e lhe garantir certa legitimidade, mas também para ajudar na interpretação e autenticação das fontes, além de permitir uma contextualização das informações divulgadas.

As reações oscilaram, em geral, entre violência ("Assange é um espião e um terrorista que coloca em perigo a política externa norte-americana") e minimização ("os vazamentos são realmente importunos, mas nada foi revelado que seja

162. Entre os quais John Young, que já se encontrava na origem do site Cryptome.org que hospeda informações sobre a criptografia, os serviços de inteligência e a espionagem, além das atividades do governo e das forças armadas estadunidenses, assim como outras informações de natureza semelhante.

particularmente sensível"). No entanto, elas foram acompanhadas por numerosas peripécias a começar por imponentes ações de retaliação por parte do governo norte-americano, pelos problemas judiciais de Julian Assange, pela identificação da pretensa fonte dos vazamentos na pessoa do jovem soldado, Chelsea Manning, pelas divisões internas no WikiLeaks, pelos conflitos entre WikiLeaks e os jornais que haviam sido seus parceiros[163] etc. Esses acontecimentos participaram de uma ampla tomada de consciência em relação às vulnerabilidades da rede, mostrando até que ponto medidas eficazes poderiam ser empreendidas na internet através de alguns intermediários privados: o bloqueio do nome de domínio, as pressões exercidas sobre o hospedeiro (Amazon rompeu seu contrato com WikiLeaks), enfim, as pressões sobre os organismos de operações financeiras (Visa, MasterCard, PayPal etc. cancelaram os seus serviços).

As implicações para a democracia foram sublinhadas e amplamente discutidas: alguns comentaristas fizeram rapidamente a denúncia de uma manifestação da "ditadura da transparência" (ROUDINESCO, 2010), ou ainda apontaram a ilusão de que WikiLeaks viesse a ser como que a materialização do "mito da transparência" (VILLENEUVE, 2010). Para outros, pelo contrário, entre os quais Yochai Benkler, trata-se nesse caso de uma importante evolução do jornalismo, que redesenha radicalmente as suas fronteiras, sem deixar de embaralhar as linhas com o ativismo, mas WikiLeaks merece ser protegido, tanto quanto as mídias "tradicionais", pela 1ª Emenda da Constituição Norte-americana (BENKLER, 2011b). O que está em jogo, afinal, é o seguinte: ou WikiLeaks participou do *roubo* de documentos confidenciais e corre o risco, portanto, de ser processado por espionagem (é o que o governo dos Estados Unidos pretende comprovar) ou, então, essa organização se limitou a *divulgá-los* e, nesse caso, pode exigir a proteção reconhecida a qualquer meio de comunicação de massa.

O nome "WikiLeaks" induz em erro: a ideia original se inspirou na Wikipédia; no começo, tratava-se de fornecer uma plataforma para edição colaborativa (*wiki*) impossível de ser censurada, altamente segura e anonimi-

---

163. Em particular, *The New York Times*, através de Bill Keller – um de seus chefes de redação encarregado das relações com WikiLeaks –, foi muito crítico posteriormente contra essa organização e contra Julian Assange (KELLER, 2011). Tal distanciamento (WikiLeaks é qualificado como simples "fonte", enquanto Assange é visto como personagem excêntrico que "usa meias sujas" e cujo comportamento é "imprevisível") foi interpretado como se fosse, em parte, resultado de pressões exercidas pelas autoridades dos Estados Unidos, quando, afinal, o diário tinha tirado partido de sua colaboração com o WikiLeaks; nos quatro primeiros meses de 2011, o *The New York Times* se apoiou em mais da metade de alguns de seus artigos nos documentos de WikiLeaks (DICKSON, 2011). *The Guardian* também acabou dispensando a sua colaboração depois de ter se beneficiado das informações disponibilizadas por WikiLeaks.

zada, na qual informações confidenciais viessem a ser publicadas, discutidas e autenticadas de maneira coletiva. Muito rapidamente, no entanto, uma equipe foi constituída para proceder à verificação e ao cruzamento das informações e, em seguida, prepará-las para a publicação e divulgá-las. Em 2010, a parceria com os grandes jornais foi realizada com o objetivo deliberado de maximizar o impacto das revelações, abandonando de passagem a ideia de uma gestão colaborativa dos documentos vazados. Atualmente, WikiLeaks se define claramente como uma mídia que faz parte integrante da instituição jornalística, ou seja, que coleta informações para difundi-las. Para atingir esses objetivos, WikiLeaks se apoia, antes de mais nada, em defesas de natureza técnica: "na fachada, um sistema distribuído com um grande número de diferentes nomes de domínio, a capacidade para trocar rapidamente esses nomes, um sistema de *caches* [cópias intermediárias da informação, destinadas a acelerar a sua disponibilidade] e, como pano de fundo, túneis mantidos em segurança que transitam pelo TOR em direção a servidores seguros" (ASSANGE, 2014, p. 71-72). Do ponto de vista técnico, em vez de ser exatamente uma rede *peer-to-peer*, trata-se, portanto, de uma "caixa de correio" que se apresenta como uma rede altamente segura, graças a técnicas avançadas de codificação e anonimização. Mas os *princípios* do *peer-to-peer*, que visam descentralizar a circulação da informação, continuam sendo o âmago do Projeto WikiLeaks.

De um modo geral, como explica Assange, WikiLeaks se inscreve em uma economia da informação que consiste em fazer transitar a partir daqueles que observam fatos localmente (as fontes) até aqueles que hão de agir com base nessa informação (o público); Google, à semelhança da imprensa, enquanto intermediários, estão implicados nesse movimento que está submetido, no entanto, a diferentes formas de censura (incluindo a autocensura), em razão de "gargalos de estrangulamento" – aos quais WikiLeaks pretende remediar ao se apresentar como um *sistema alternativo* destinado a garantir uma melhor circulação da informação, compreendido como um pré-requisito para uma maior justiça (ASSANGE, 2014, p. 68-69). WikiLeaks procura, portanto, melhorar dois aspectos relacionados à publicação de informações no contexto digital: a censura tanto *a priori* quanto *a posteriori*. Para combater a censura *a priori*, é necessário proteger em melhores condições as *fontes* suscetíveis de divulgar informações importantes. Nesse sentido, os meios tradicionais de comunicação experimentam uma dificuldade cada vez maior para suscitar a confiança necessária para vazamentos espontâneos maciços, nem que fosse por causa de seu frágil controle das técnicas de proteção das comunicações[164], da atenção de que eles venham a ser objeto e de disposições suscetíveis de questionar a proteção jurídica das fontes (p. ex., na França). Para lutar contra a censura *a posteriori*, é necessário implementar um *registro público permanente*, garantindo que informações publicadas não sejam removidas do espaço público - ou, no mínimo, que qualquer retirada ou modificação de informação deixe um rastro.

Nos dois casos, em virtude dos princípios do *cypherpunk*, mobiliza-se a criptografia para construir soluções robustas; em parte, com o objetivo de permitir a codificação das comunicações. Mas Assange explica também como ela pode ser utilizada para implementar um sistema de autenticação de identificadores únicos, que sejam independentes dos protocolos de comunicação e permitam "assinar" documentos antes de transferi-los - por um site da web, por BitTorrent ou, até mesmo, pelos correios - para o espaço público (KELLER, 2011, p. 102-103). Assim, essa "construção intelectual" permitiria a qualquer indivíduo publicar determinada informação sem recorrer a uma organização e com a certeza de que a informação publicada deixaria um rastro indelével no espaço público, a partir do modelo da *blockchain* de Bitcoin, aliás, mencionada pelo próprio Assange.

Portanto, esse projeto se inscreve perfeitamente no âmbito do liberalismo informacional. Como Assange já havia assinalado com precisão, trata-se em primeiro lugar de *reformar* o capitalismo no interior do paradigma liberal, ao invés de revolucioná-lo: "Minha opinião relativamente ao capitalismo é ambígua, mas aprecio demais os mercados. [...] WikiLeaks foi concebido para tornar o capitalismo mais livre e ético" (GREENBERG, 2010). Além disso, o objetivo não é o de promover uma sociedade mais transparente, mas consiste em fazer advir uma sociedade mais *justa*, de modo que a transparência é apenas uma ferramenta para atingir essa finalidade:

> Desde 2006, estamos trabalhando a partir de uma filosofia segundo a qual as organizações que cometem abusos deveriam ser submetidas a um julgamento público. Se as suas atividades suspeitas se tornam conhecidas de todos, elas têm apenas duas opções: a primeira é a de se reformarem para que possam ter orgulho não só de seus empreendimentos, mas também de compartilhá-los com o público. A segunda é a de se manterem confinadas em si mesmas

164. Assange desdenhou especialmente a superficialidade manifestada por *The New York Times* em suas correspondências. Além disso, de acordo com Bill Keller – responsável pelas relações com WikiLeaks –, as mensagens eletrônicas do jornal tiveram de enfrentar ataques cibernéticos (KELLER, 2011).

> e de se fragmentarem, deixando de lado, por conseguinte, é claro, a sua eficácia. Em minha opinião, trata-se de um resultado muito bom porque as organizações podem ser eficazes, abertas e honestas ou, pelo contrário, fechadas, conspiratórias e ineficazes. [...] Nosso objetivo, em vez de nos orientarmos para a promoção de uma sociedade mais transparente, consiste em atingir uma sociedade mais justa. E na maior parte do tempo, a transparência e a abertura levam nessa direção porque há oposição aos projetos ou comportamentos abusivos (STENGEL, 2010).

WikiLeaks revela, portanto, um descompasso entre os valores exibidos da representação democrática (os governantes, agindo em nome de seus eleitores, assumiriam a obrigação de nada lhes ocultar) e a realidade opaca dos operadores que conservam uma margem de manobra, dissimulando uma parte do processo (o que implica, frequentemente, estratégias complexas de comunicação, que vão desde a preservação do sigilo até a saturação do espaço midiático). Em certo sentido, o Projeto WikiLeaks – cujo lema inicial era "we open governments" – se apresenta sob um aspecto eminentemente kantiano na medida em que visa articular de maneira conjunta a ética e a política através de uma noção da justiça baseada no direito. Trata-se, com efeito, de incrementar o máximo possível um ideal liberal, que é o da transparência dos assuntos *públicos*, ou seja, o que está relacionado com a realização política da liberdade. A auto-organização, tal como ela é concebida por Assange, não implica, portanto, o desaparecimento do Estado, mas a necessidade de compensar o poder por formas distribuídas de circulação da informação que devem necessariamente escapar de seu controle.

Essa conclusão emana de uma lógica semelhante àquela mediante a qual WikiLeaks, por intermédio de Assange, concebe o seu papel e o ambiente em que evolui a organização. O Estado, assim como as grandes empresas privadas, é apreendido nesse contexto de acordo com o seu posicionamento em uma rede e com a topologia dessa rede: conforme essa maneira de ver, trata-se de grandes elos opacos que filtram a informação e contribuem para criar arquiteturas de retenção da informação – o que Assange designa como "redes clientelistas" (*patronage networks*; cf. ASSANGE, 2006). Contra isso, outros tipos de redes devem ser promovidos: o futuro dos vazamentos de informações reside em *uma maior descentralização*, que também é um pré-requisito para um mundo mais justo. Assim, a matemática se apresenta como um contrapoder a serviço dos indivíduos, o que dissimula a denúncia de uma suposta "ideologia da transparência". Com efeito, diferentemente dos que preconizam a transparência individual (JARVIS, 2011), os *hackers* radicais, à semelhança de Assange, desconfiam dos dispositivos de captação evocados no caso do Google ou Facebook, que construíram o seu sucesso mediante uma intrusão cada vez maior na privacidade, além de incentivarem os usuários a compartilhar os seus dados pessoais; segundo eles, todos esses dispositivos são tão suspeitos quanto as incursões do Estado na vida e nas comunicações dos indivíduos. Em geral, os monopólios econômicos são denunciados com um vigor semelhante àquele que é utilizado contra os monopólios políticos - ou seja, os estados; trata-se de quebrar o que Assange designa como "o ecossistema da corrupção" (GREENBERG, 2010). No lugar de uma forma de anarquia, WikiLeaks se apresenta como uma manifestação de *desobediência civil*. Desse modo, Assange reitera a sua admiração relativamente à Constituição Norte-americana, à *Bill of Rights* e à Suprema Corte dos Estados Unidos, sem deixar de estabelecer a distinção entre esse Estado de direito ideal e o que ele considera como um desvio e abuso do direito por parte do Estado; em particular, de acordo com esse ativista, a Suprema Corte não honraria essa tradição se, ao interpretar a 1ª Emenda, deixasse de proteger WikiLeaks[165].

Se o *peer-to-peer* designa, antes de mais nada, uma solução cibernética que permite colocar em comum diferentes tipos de recursos, ele também se refere aos fundamentos da implementação em rede na internet. As aplicações derivadas daí parecem, assim, permitir a realização de uma das promessas originais associadas à internet em sua "forma canônica": a circulação da informação que, por meio de sua arquitetura técnica - a de uma rede radicalmente distribuída -, procura minimizar a possibilidade de um controle centralizado. Já mostramos que os *protocolos técnicos* são aqui os principais modos de coordenação da informação; por assim dizer, a rede é programada para facilitar a colocação em circulação das informações. Pelo recurso a sistemas de endereço autônomos, pela implementação de protocolos de comunicação direta entre as entidades da rede e através de um conjunto de restrições e incentivos inscritos nesses proto-

165. "Não é Hillary Clinton - tampouco os bancos - quem vai dizer o que é o direito. Este é, de preferência, o que a Suprema Corte de um país decide em última instância e, no caso dos Estados Unidos, a Suprema Corte dispõe de uma Constituição notável em que baseia as suas decisões. E esta Constituição é oriunda de um movimento revolucionário e dispõe de uma Declaração dos Direitos que foi ponderada por James Madison [quarto presidente dos Estados Unidos, entre 1809 e 1817, considerado um dos 'Pais da Constituição'] e por outros juristas, além de integrar uma compreensão modelada do equilíbrio dos poderes entre os estados e o governo federal. Resta saber se a composição da atual Suprema Corte será fiel às suas tradições, ou irá propor uma reavaliação radical do poder da 1ª Emenda e da Constituição dos Estados Unidos" (STENGEL, 2010).

colos, a rede se autorregula e, ao mesmo tempo, incentiva o compartilhamento e a transferência de informações. Ela permite a implantação de um espaço de comunicação paralelo, alocado às interações diretas entre os indivíduos e que, combinado com diferentes tecnologias de anonimização e de codificação das informações, pode iludir a vigilância das autoridades. Assim, as formas clássicas de controle social são curto-circuitadas; principalmente, o aparato legal é evitado ou contornado. O *peer-to-peer* constitui, portanto, uma zona dúbia do regime das trocas em rede, em que a auto-organização é simultaneamente a consequência e o resultado da aplicação de determinado número de normas técnicas, concebidas por alguns e disponibilizadas a todos.

12
A *AUTOINSTITUIÇÃO*: UM PROJETO DE AUTONOMIA PELAS REDES

OS SOFTWARES LIVRES E WIKIPÉDIA [A ENCICLOPÉDIA LIVRE]

Outro modo, o terceiro, de vislumbrar a circulação da informação na internet se encontra materializado em um modelo que já tem sido questionado, muitas vezes, neste trabalho: o dos softwares livres, cuja ampla família acolhe uma grande diversidade de projetos, entre os quais podemos incluir a Wikipédia. Os softwares livres podem, em parte, ser equiparados ao *peer-to-peer* na medida em que se trata de evitar a centralização, seja da organização ou do valor econômico, a fim de abrir tanto quanto isso seja possível o acesso para incentivar o compartilhamento, a criação e a inovação; além disso, alguns projetos *peer-to-peer* podem estar sob uma licença livre. Ao contrário do *peer-to-peer* como princípio de organização da informação, os softwares livres não constituem, antes de mais nada, uma arquitetura técnica. Como veremos, eles podem fazer intervir um conjunto de regras e procedimentos, orientados para a negociação e a busca de um consenso, visando oferecer uma influência sobre as regras da auto-organização no âmago dos coletivos reunidos em torno de um projeto cooperativo. Essas regras e esses procedimentos vêm portanto acompanhar a técnica; entretanto, na medida em que eles estão submetidos à discussão e, em alguns casos, à modificação, introduzem uma forte dimensão de reflexividade entre os participantes. Essa forma da auto-organização pode, assim, ser qualificada como *autoinstituição*. Nesse sentido, ela também apresenta alguns defeitos clássicos, associados às formas organizacionais administradas, especialmente o da burocratização, assim como o da formação de elites.

12.1 Softwares livres no âmago da internet

> As pessoas veem muitas vezes, no movimento *open source*, a política tal como gostariam que ela fosse – um devaneio libertário, uma meritocracia perfeita, uma utopia da cultura do dom que enaltece a economia da abundância ao invés da economia da escassez, uma prova virtual ou eletrônica da existência dos ideais de comunidade, um movimento político que visa substituir estruturas capitalistas obsoletas, herdadas do século XIX, por novas "relações de produção" mais adaptadas à era da informação.
> É quase fácil demais criticar as suas pretensões mais exorbitantes. Como um grande número de outras coisas na época da internet, os softwares *open source* são uma mistura curiosa de badalação exagerada e de profunda inovação; convém passar por cima, pelo menos em parte, dessa badalação. O fenômeno de *open source* é, de alguma forma, o primeiro exemplo e, sem dúvida, o mais saliente, de uma declaração política intrínseca ao mundo digital. [...] As raízes de *open source* remontam aos primórdios da computação moderna; trata-se de um movimento produtivo intimamente ligado à economia dominante, além de se apresentar de maneira cada vez mais explícita como uma comunidade que define as próprias normas e os próprios valores (WEBER, 2004, p. 7 [tr. para o fr. de B.L.]).

Para Steven Weber, apesar de alguns excessos de entusiasmo, os softwares livres e a ideia associada (embora menos exigente) de *open source* são portadores de inegáveis inovações, cujas interpretações são múltiplas e, às vezes, contraditórias. Com efeito, vimos que esse movimento havia sido especialmente mobilizado como uma nova divisão do trabalho e como uma forma de resistência às relações de produção da economia capitalista. Ele havia estado na origem de uma inovação jurídica, permitindo atribuir ao código do programa computacional um estatuto de não proprietário e, no entanto, protegido contra qualquer apropriação individual (*copyleft*), contribuindo para o desenvolvimento da ideia de "*commons* informacionais". Enfim, ele é a materialização mais manifesta da internet enquanto "economia do dom", apresentado como vanguarda de uma nova forma de economia política, dotada de dimensão mais "social" e, no entanto, liberal, pelo fato de respeitar em melhores condições a autonomia individual (especialmente em Yochai Benkler).

A literatura sobre os softwares livres (e sobre Wikipédia) é abundante, e a atenção de que eles são objeto é proporcional ao entusiasmo que suscitam, ocorrendo algo parecido em relação a uma de suas propriedades fundamentais, que é precisamente a da abertura – do código do programa computacional, das trocas entre os participantes e dos procedimentos adotados. É, portanto, muito fácil estudar o seu funcionamento. Os softwares livres desencadearam um interesse bastante amplo em virtude das formas sociais que lhes estão associadas, das motivações dos atores e das originalidades organizacionais e, até mesmo, gerenciais que eles implicam. Eles também têm sido estudados, de forma mais específica, do ponto de vista de suas inovações jurídicas e das concepções do saber, do conhecimento e da cultura que são veiculadas deste modo; do ponto de vista das relações de força econômicas e políticas que eles revelam, e das maneiras de habitar um mundo técnico que eles deixam entrever; do ponto de vista dos modelos econômicos alternativos que eles tornam possíveis; enfim, do ponto de vista de seu alcance político em geral e das maneiras como eles poderiam inspirar diferentes formas de exercício do poder.

Além disso, os softwares livres demonstraram a sua fiabilidade técnica, o seu elevado grau de segurança e a sua enorme flexibilidade de utilização – do ponto de vista tanto jurídico quanto técnico, na medida em que as licenças incentivam a distribuição e tendo em conta o fato de que o código-fonte, sendo "aberto", pode ser facilmente modificado para se adaptar a necessidades específicas. Ademais, empresas importantes – tais como IBM, Sun Microsystems e, até mesmo, Microsoft, além de um grande número de outras de menor porte – compreenderam daí em diante o verdadeiro interesse que elas poderiam encontrar no desenvolvimento dos softwares livres e, por conseguinte, vão contribuir com somas cada vez mais elevadas para o seu financiamento. Numerosos desenvolvedores do "mundo *open source*" são, na realidade, assalariados em empresas da indústria do software. Várias dezenas de milhares de projetos de softwares livres são recenseados nos principais sites de hospedagem, tais como Freecode ou SourceForge[166], mesmo que o download e o uso sejam limitados efetivamente a um reduzido número desses projetos; além disso, uma ínfima minoria destes é que engendra um interesse suficiente para que se constitua um verdadeiro coletivo em torno de seu desenvolvimento.

Os principais projetos de softwares livres são aqueles construídos em torno do GNU/Linux e dizem respeito aos sistemas operacionais (que controlam as funções essenciais de um computador), assim como os softwares aplicativos associados: por exemplo, o sistema operacional para celulares proposto pelo Google (Android) é construído também a partir de um núcleo Linux (*Linux*

166. Em meados de 2015 mais de 430 mil em SourceForge [http://sourceforge.net/about].

Kernel), à semelhança de um grande número de outras variações, que vão desde alguns *boxes* da internet até softwares embarcados em satélites. Em geral, numerosos softwares livres estão presentes em diferentes níveis da internet, por exemplo: Apache (presente em mais da metade dos servidores web ao redor do mundo); MySQL (sistema de gerenciamento de banco de dados utilizado pela Wikipédia, mas também pelo Google, YouTube, Facebook, Twitter, Flickr etc.); WordPress (ferramenta de edição e de gerenciamento de blogs); Mozilla (que propõe nomeadamente o navegador Firefox) etc. Como também sublinha Tim O'Reilly, o papel de *open source* foi crucial desde a implementação dos protocolos TCP/IP na versão de Unix, distribuída por Berkeley, até a web que poderia inclusive ser reivindicada como o maior sucesso dos softwares livres; os protocolos e as linguagens de programação que o definem (HTTP, HTML etc.) não são em "formato proprietário", assim como numerosas realizações de softwares que foram construídas a partir dessa base (O'REILLY, 2005, p. 469).

Há, portanto, um vínculo direto entre a internet e os softwares livres, em primeiro lugar, por causa das numerosas infraestruturas que são o seu produto, e cuja natureza aberta permitiu o rápido desenvolvimento: com efeito, a interoperabilidade dos diferentes componentes da rede foi grandemente facilitada pela utilização de protocolos de comunicação e de linguagens de programação padronizadas e suscetíveis de serem livremente utilizadas, copiadas e modificadas. Mas, por outro lado, se a internet é realizada, em grande parte, graças aos softwares livres, em contrapartida, a rede também é o que tornou possível o seu forte desenvolvimento, permitindo a estruturação das formas de colaboração distribuída. Com efeito, embora os softwares livres tenham sido lançados por Richard Stallman no decorrer da década de 1980 – ou seja, antes que o acesso à internet tenha sido generalizado –, eles só se desenvolveram realmente durante a década de 1990, graças à adoção cada vez maior de e-mail e das listas de difusão, do *chat* (IRC), da utilização de Usenet e de outros tipos de fóruns. O desenvolvimento de plataformas cada vez mais sofisticadas, permitindo criar e editar em comum textos (*wiki*) e códigos de programa computacional (softwares de gerenciamento de versões ou *version control systems*), também desempenhou um papel decisivo. Esses softwares, cujo princípio também foi adotado pela Wikipédia, permitem criar facilmente conteúdos, submetê-los a modificações, mantendo um histórico das versões anteriores e, até mesmo, fundir diferentes versões do conteúdo por meio da detecção de eventuais conflitos; trata-se, portanto, de elementos indispensáveis para permitir a coordenação de uma multiplicidade de atores.

12.2 De uma reviravolta do direito até a formação de comunidades auto-organizadas

Os softwares livres não são destinados, em primeiro lugar, a criar redes, mas a produzir o código do programa computacional. No entanto, à semelhança das redes distribuídas do *peer-to-peer*, eles exibem objetivos de abertura, de inclusividade, de garantia de igualdade dos participantes e de livre-circulação da informação. Eles implicam, porém, uma exigência suplementar, que consiste em assegurar um *estatuto jurídico* aos softwares produzidos deste modo: trata-se da licença livre ou *copyleft* que se refere à definição, daí em diante, clássica, proposta inicialmente por Richard Stallman e já evocada por nós (cf. capítulo 6). Existem diversas licenças que se conformam, mais ou menos, com esses princípios, mas a ideia geral continua sendo a de que se torna necessário estabelecer um quadro que permita ao software, enquanto criação intelectual, *ser inapropriável* e que, por conseguinte, seja impossível aplicar-lhe restrições de uso, de modificação ou de distribuição. Trata-se, na origem – e especialmente em Stallman –, de um projeto ético segundo o qual a inovação do software e, mais amplamente, a criação intelectual constituem um bem e um recurso comuns. Nesse aspecto, eles podem ser compartilhados sem a necessidade de autorização. Mas também é uma exigência de autonomia para o usuário (STALLMAN, 2009), que não deve ser dependente de "caixas-pretas", cujo funcionamento é ignorado por ele, sendo incapaz de adaptá-las às suas necessidades – e que são suscetíveis de exercer uma vigilância e, até mesmo, um controle em sua vida pessoal, como já vimos em relação ao Google ou Facebook.

Como já foi evocado anteriormente, as inovações jurídicas suscitadas pelo software livre foram retomadas em um grande número de outros contextos, que dão testemunho de sua influência. O *copyleft* pretende proteger, da maneira mais estrita possível, a criação e a inovação, preservando-as dos mecanismos restritivos da propriedade, no próprio interior do direito que é deste modo *invertido* e, portanto, distorcido. Por contraste, as redes *peer-to-peer* e o modelo disseminativo, na medida em que eles são utilizados para fazer circular conteúdos suscetíveis de serem submetidos à propriedade intelectual (Napster, BitTorrent), para criar uma moeda alternativa (Bitcoin) ou ainda para difundir informações de natureza confidencial (WikiLeaks) implicam frequentemente uma *transgressão* do direito tal como ele existe ou, pelo menos, um questionamento em relação a seus limites. A partir dessas bases jurídicas, os softwares livres procuram não só criar um objeto técnico que respeite os valores de liberdade e abertura, mas também produzir esse objeto através de mecanismos sociais e, até mesmo, políticos correspondentes a tais valores, que podemos qualificar como formas institucionais. Estamos, assim, designando um modo de organização que comporta um *regime normativo explícito sobre o qual os atores podem exercer um poder de retroação* e que se apresenta, portanto, como uma enunciação específica da noção de auto-organização[167]. Esta, diferentemente das formas captativas e disseminativas já abordadas anteriormente, autoriza e incentiva um elevado grau de envolvimento por parte dos atores, sem deixar de atribuir-lhes uma autonomia bastante ampla. O modelo dos softwares livres indica certa forma de conciliar estes diferentes aspectos: a liberdade individual, a livre-circulação da informação e a estruturação organizacional.

Se a maior parte dos softwares publicados sob licença livre – ou *open source* – são de tamanho modesto, além de serem desenvolvidos apenas por um grupo reduzido de usuários (e, até mesmo, por uma só pessoa), alguns chegaram a ganhar dimensões significativas a ponto de se constituírem em comunidade bastante organizada. Christophe Lazaro se interessou, por exemplo, pelo Projeto Debian lançado em 1993, que é uma das principais distribuições não comerciais do GNU/Linux[168]. Mais de um milhar de desenvolvedores espalhados em redor do mundo fornece a sua colaboração a esse empreendimento; além disso, Debian se distingue de outros projetos não só por um elevado grau de sofisticação técnica, mas também por princípios bem-consolidados e por avançados procedimentos de governação que lhe granjearam uma reputação de "purismo" no universo do software livre. Com efeito, além dos diferentes documentos técnicos (Debian Policy Manual), manuais e diretrizes que se destinam aos participantes, o Debian adotou textos específicos a fim de garantir a sua governança[169]. Em primeiro lugar, um "Contrato social" que serve como "documento funda-

---

167. Aqui o termo "instituição" é entendido em sentido mais restritivo do que o adotado, p. ex., por Durkheim e por uma grande parte da tradição antropológica, para quem "tudo o que é social é uma instituição", incluindo também as crenças, os hábitos e costumes dos indivíduos na vida social. Ou seja, tudo o que se assemelha a um "fato social" e que participa da socialização dos indivíduos (a integração destes em um sistema social). Nossa definição da instituição comporta uma dimensão política e é próxima daquela apresentada, p. ex., por François Dubet, para quem se trata de um "conjunto de dispositivos e de procedimentos de negociação que visam a produção de regras e decisões legítimas" (DUBET, 2006).

168. Lazaro, 2008. Aqui, distribuição é um conjunto de componentes de software (os "pacotes" ou *packages*) construídos em torno do núcleo Linux (*Linux Kernel*) e dos softwares GNU, formando um sistema operacional completo e coerente. Um grande número de outras distribuições (*children distros*) é derivado de Debian, das quais a mais conhecida é Ubuntu.

169. Lazaro, 2008, parte II, cap. 3: "L'organisation du Projet Debian", p. 69-104. Cf. tb. o original: https://www.debian.org/doc/devel-manuals.en.html

dor" e como declaração de princípios, apresentando os objetivos e a filosofia do projeto. Em seguida, uma "Constituição" que estabelece as regras de seu funcionamento político: funções e poderes dos diferentes atores ("líder do Projeto Debian", eleito anualmente na sequência de verdadeiras campanhas eleitorais, o "comitê técnico" e o seu presidente, "secretário", assim como desenvolvedores, responsáveis pela publicidade, assistência aos usuários, administração dos recursos etc.); modalidades de tomada de decisões e de resoluções (especialmente a utilização de procedimentos de votação originais, p. ex., o método que passa pela ponderação por classificação); sistema de rotação das tarefas com base no sorteio e que favorece a implicação dos membros; regras em caso de conflito (suspensão de intercâmbios, mecanismos de petição, eventualmente, exclusão de determinado colaborador) etc. Ao contrário das relações essencialmente contratuais do mercado de balcão – ou *over-the-counter* (OTC) fora da Bolsa de Valores – que caracterizam o *peer-to-peer*, esses textos instauram, portanto, um conjunto de entidades institucionais e de atores com funções e prerrogativas definidas de maneira bastante clara, assim como de mecanismos de regulamentação e de punição, que tornam Debian um projeto bastante estruturado.

Além disso, Debian também se caracteriza por fecundos intercâmbios discursivos, no âmago de numerosas listas de discussão e de fóruns (em relação tanto aos aspectos jurídicos, aos problemas técnicos ou ainda às dificuldades da tradução), que são arquivados e constituem simultaneamente um espaço de aprendizagem e de socialização para o projeto, que reúne usuários e desenvolvedores (LAZARO, 2008, p. 14-19). Os "textos fundadores" são evocados regularmente pelos participantes do projeto, nas listas de discussão ou por ocasião de acontecimentos, tais como a eleição de um diretor de projeto, além de contribuírem para fixar uma diretriz. Portanto, esses textos materializam a dimensão *normativa* bastante pronunciada do projeto, como também um caráter *reflexivo* na medida em que os textos são discutidos e podem ser revistos (de acordo com regras bem definidas) para levar em conta os assuntos suscitados no decorrer dos debates (LAZARO, 2008, p. 75).

Os colaboradores de Debian são movidos por diferentes motivações (desafio intelectual e interesse pela técnica, vontade de reconhecimento, participação em um projeto ambicioso e generoso etc.); além disso, a ênfase colocada na liberdade individual e na participação voluntária é uma condição *sine qua non* do compromisso assumido por eles. De qualquer modo, o arcabouço do projeto é construído de maneira bastante sólida em torno de regras e procedimentos, de poderes e contrapoderes, que são formalizados de modo, às vezes, rígido, mas que se revelam necessários para combinar as exigências de participação e de democracia reivindicadas por seus fundadores (LAZARO, 2008, p. 98-104). A busca do *consenso* e a obrigação de *transparência* são nomeadamente ostentadas como valores cardeais e estão integradas nas diferentes normas de interação entre colaboradores. No entanto, C. Lazaro observa que essas exigências democráticas também comportam as suas falhas: por um lado, por complicarem frequentemente a tomada de decisão e serem capazes de provocar certa "paralisia"; por outro, porque uma minoria de colaboradores experientes faz alarde de um maior controle dos procedimentos e dos arquivos, além de dispor, por conseguinte, de um maior poder sobre as implicações políticas do projeto. O risco que ameaça tais projetos é, portanto, o de uma excessiva *burocratização*.

12.3 O Projeto Wikipédia

A enciclopédia colaborativa *on line* Wikipédia, que aparece atualmente entre os dez sites mais visitados no mundo, também se inspirou em alguns princípios fundadores e nas práticas dos softwares livres, sem deixar de ampliá-los ao domínio da produção de conhecimentos. O projeto inicial, lançado em março de 2000, chamava-se Nupedia. Seu fundador, Jimmy Wales, havia trabalhado, durante muitos anos, como *trader* antes de se tornar uma figura muito famosa – em parte, empresário e, em parte, filantropo –, cujas motivações políticas são frequentemente evocadas: com efeito, Wales reivindicava, no início, o "objetivismo" de Ayn Rand e, hoje em dia, manifesta uma declarada "sensibilidade libertariana"[170]. Para explicar a iniciativa da Wikipédia, ele se refere tanto a Friedrich Hayek quanto a Eric Raymond, o *hacker* libertariano que promoveu o movimento de *open source*.

Tratava-se, no começo, de criar uma enciclopédia bastante clássica com o objetivo de reunir os conhecimentos; ela também deveria adotar uma abordagem científica e ser acessível ao maior número possível de usuários, em consonância perfeita com o projeto de difusão do saber oriundo do humanismo e do Século das Luzes. Cada verbete deveria ser escrito por um especialista, mas, ao contrário das outras enciclopédias, o conteúdo deveria estar disponível gratuitamente e sob uma licença livre – ou seja, copiável e modificável à vontade.

---

170. "The free-knowledge fundamentalist – Jimmy Wales changed the world with Wikipedia, the hugely popular *on line* encyclopedia that anyone can edit. What will he do next?" In: *The Economist*, 5 de junho de 2008 [http://www.economist.com/node/11484062].

De alguma forma, a Nupedia se apresentava como um equivalente, no campo do conhecimento, do Projeto GNU: aberto e livre de acesso, baseado em um ideal de livre-circulação da informação e de compartilhamento dos conhecimentos – mas realizado por um punhado de especialistas e, por conseguinte, bastante lento a desenvolver. Foi então que, em 2001, o diretor de publicação da Nupedia, Larry Sanger, sugeriu o uso de um *wiki*[171] para ajudar na edição dos artigos e acelerar o processo. Ao ser instalada em um site da web, essa tecnologia permite a qualquer usuário cadastrado criar um artigo, modificá-lo, além de alterar os textos dos outros usuários, conservando o rastro das sucessivas mudanças e dos conflitos editoriais eventualmente desencadeados. Os leitores da enciclopédia acabaram sendo os seus autores e editores. A Nupedia tornou-se, assim, a Wikipédia (cuja versão francesa foi lançada em 2002), da mesma forma que o GNU se transformou em um projeto colaborativo com a chegada do Linux.

Ironicamente, Sanger deixou a Wikipédia pouco tempo depois, defendendo uma visão mais estruturada e hierárquica da produção enciclopédica. Wales, por sua vez, insistiu em privilegiar uma abordagem dominada pelo *laisser-faire*, em conformidade com os preceitos hayekianos de uma "ordem espontânea" que emerge das iniciativas individuais a partir do maior número possível de pessoas. Assim, a enciclopédia *on line* se apresenta como uma das materializações mais brilhantes da fé depositada em uma "cognição distribuída", congregadora dos esforços de todos e dos conhecimentos de cada um, no respeito pelas individualidades, ou seja, um projeto coletivo que possa ser levado a termo sem implicar a implementação de uma estrutura centralizada. Muito rapidamente, descobriu-se que, se a Wikipédia se inscreve no legado do projeto moderno de difusão do conhecimento, ela representa ao mesmo tempo uma ruptura pela interpretação radical que atribui a essa ideia. A elaboração dos artigos é inspirada, com efeito, em uma concepção do saber que pretende ser "antielitista": além do fato de que os conhecimento estão disponíveis a todos, de maneira gratuita e livre, cada usuário é convidado a produzi-los ao invés de delegar essa tarefa a especialistas tarimbados.

Em contraste com os modos tradicionais de produção dos conhecimentos, a organização e a triagem das informações não se apoiam em instituições (tais como um conselho editorial), operando uma seleção *a priori* dos colaboradores.

---

171. Essa tecnologia, desenvolvida a partir de meados da década de 1990 por Ward Cunningham, foi nomeada "WikiWikiWeb" com base no termo havaiano "*Wiki*", que significa "rápido" e "informal".

Wikipédia, como o resto da web, é um ambiente em que se começa por compartilhar e, em seguida, se procede à triagem; tudo está baseado, portanto, na natureza dos mecanismos de seleção e de organização da informação divulgada. No aspecto em que precisamente o Google propõe um filtro que hierarquiza todas as publicações da web, a Wikipédia se apresenta como um ambiente de coprodução de conhecimento, no qual as informações são filtradas pelo olhar dos outros colaboradores. Se, do exterior, a Wikipédia parece ser algo anárquico no sentido em que não haveria nenhum centro que detivesse o poder de decidir sobre a organização[172], na realidade, ela está antes de tudo orientada por um conjunto de normas formais e informais que enquadram a "concorrência dos pontos de vista" e que são implementadas em determinado número de escolhas técnicas. Em particular, esse dispositivo torna cada participante não apenas um produtor de conteúdos, mas também um regulador de tais conteúdos e, dependendo de seu grau de envolvimento, do dispositivo como um todo.

Essas propriedades é que também permitem que o funcionamento da Wikipédia ocorra de maneira razoável – ou seja, chegar quase sempre a consensos e fazer emergir verdades factuais sobre os diferentes assuntos abordados. No entanto, os artigos são mais ou menos bem-elaborados de acordo com o seu estágio de desenvolvimento, com o idioma da publicação e com o número de colaboradores envolvidos; além disso, a própria enciclopédia chama a atenção para os limites do projeto ao insistir que não pretende reivindicar a autoridade de uma fonte[173]. A Wikipédia tem suscitado, portanto, numerosas controvérsias sobre a qualidade dos artigos e sobre os erros que teriam a ver com a ignorância dos colaboradores, com escolhas seletivas, com uma formalização aproximada e com habilidades redacionais variáveis. Pierre Assouline e seus estudantes da Escola de Jornalismo da Faculdade Sciences Po, em Paris, estabeleceram, por exemplo, um diagnóstico sobre a qualidade da Wikipédia em que foram identificadas as informações errôneas, inexatas, desequilibradas e, até mesmo, as manipulações de que essa enciclopédia pode ser objeto por parte de empresas ou indivíduos com a finalidade de relações públicas, de *lobbying* ou de ativismo (GOURDAIN et al., 2007). No prefácio dessa publicação, o veredicto de Assouline é mais categórico do que o de seus alunos: "A

---

172. Durante um longo período, Jimmy Wales exerceu considerável influência sobre o Projeto Wikipédia, mas se distanciou progressivamente ao confiá-lo à Wikimedia Foundation (em 2003) e ao implementar diferentes instâncias de gestão colegiada.

173. "Por favor, esteja ciente de que qualquer informação encontrada na Wikipédia pode ser imprecisa, enganosa, perigosa ou ilegal". Cf. "Wikipédia: aviso de risco". In: Wikipedia.org

enciclopédia colaborativa *on line* é para as enciclopédias o que a democracia de opinião é para a democracia parlamentar. Se a internet é efetivamente a caixa de ressonância de todos os boatos, a Wikipédia é a sutil câmara de eco da desinformação".

Pelo contrário, avaliações mais positivas têm sido manifestadas. Entre elas, um famoso estudo publicado pela revista *Nature* que comparou alguns artigos (principalmente na área da ciência) da Wikipédia com os seus equivalentes na *Encyclopædia Britannica*; de acordo com as suas conclusões, a qualidade e a confiabilidade das informações da Wikipédia não estão, assim, tão distantes daquelas de uma enciclopédia clássica[174]. Um historiador norte-americano, Roy Rosenzweig, empreendeu a revisão de 25 resenhas biográficas de personagens históricos para observar que a maior parte não continha erros ou apenas alguns, que elas eram quase sempre muito factuais, mas também às vezes mais orientadas para aspectos anedóticos e atribuindo uma importância desproporcionada a detalhes – aliás, uma característica, em seu entender, de uma "história popular" que segue regras diferentes da prática de um historiador profissional (ROSENZWEIG, 2006). Observemos, além disso, que a qualidade de determinada classe de artigos, principalmente de ordem científica e técnica, é muito menos controversa devido à maior facilidade de chegar a acordo em relação a fatos, assim como devido ao número importante de cientistas e engenheiros envolvidos na enciclopédia. A extrema diversidade das temáticas abordadas estabelece a distinção da Wikipédia relativamente a uma enciclopédia clássica. Muitas vezes, enfim, os artigos são de uma ordem diferente; eles incluem principalmente numerosas contribuições oriundas da cultura popular, da atualidade ou dos particularismos locais, que não encontrariam o seu lugar (nem os seus redatores) em uma enciclopédia tradicional.

Como sublinha Christian Vandendorpe, a Wikipédia se apresenta, antes de mais nada, como um novo objeto de conhecimento, que exige precauções específicas em sua utilização, além de implicar uma pedagogia adaptada para aprender, a partir da escola, os seus códigos e as suas práticas[175]. Além disso, para

---

174. Giles, 2005. Esse estudo foi, no entanto, contestado pela *Encyclopædia Britannica*, que sublinhou alguns vieses metodológicos suspeitos. Em particular, o fato de determinados artigos terem sido cortados e reformulados para produzirem textos do mesmo comprimento. Além disso, em 2012, e após quase 250 anos de existência, a *Encyclopædia Britannica* anunciou que deixaria de publicar a sua versão impressa para se concentrar não só em versões digitalizadas mais fáceis de consultar e atualizar, mas também em softwares educacionais.

175. "Em vez de instalar um dispositivo de segurança (*firewall*, literalmente: parede de fogo) à volta da Wikipédia, a Escola teria interesse [...] em utilizá-la como uma ferramenta pedagógi-

esse autor, a Wikipédia está em constante mudança, não só em seu conteúdo, mas também nas regras que presidem o seu funcionamento e, até mesmo, o seu aperfeiçoamento serve-se das críticas que lhe são dirigidas. Ademais, através do "colégio invisível" congregado pela Wikipédia, esta se mantém fiel ao legado da tradição enciclopédica:

> Ao apontarem fragilidades concretas, as críticas permitiram a esse empreendimento coletivo aprimorar os seus procedimentos técnicos de vigilância e edição, definir com mais precisão os seus protocolos de colaboração e melhorar continuamente a qualidade dos artigos, principalmente colocando avisos e advertências em verbetes pouco aprofundados, cujo conteúdo seja questionável ou não disponha de um número suficiente de referências. Também convém saber que, ao redigir um artigo, o wikipedista pode clicar na tecla de monitoramento, permitindo-lhe ser notificado imediatamente por e-mail da mais insignificante alteração subsequente; desenvolve-se, assim, um sentimento de "paternidade" em relação a determinado número de artigos, e esse sentimento compartilhado cria uma verdadeira comunidade de usuários.
>
> Diderot ter-se-ia certamente se sentido à vontade nessa comunidade visto que, no artigo bastante longo intitulado "Enciclopédia", ele escreve que o seu grande projeto é uma "obra que será elaborada apenas por uma sociedade de letrados & artistas, dispersos, cada um dos quais ocupado com a sua parte, & comprometidos somente com o interesse geral do gênero humano & com um sentimento de benevolência recíproca". Ele certamente também teria ficado fascinado pelo jogo onipresente dos hiperlinks pelo fato de conceber o texto como uma entidade orgânica, tendo desenvolvido uma hierarquia bastante sofisticada de referências que visavam encadear a leitura de um artigo a outro (VANDENDORPE, 2008, p. 21-22).

Ao mobilizar diferentes exemplos, Vandendorpe sublinha enfim o verdadeiro interesse da Wikipédia nos níveis pedagógico (difusão do objetivo de neutralidade do ponto de vista), cultural (construção coletiva de um saber servida pelo anonimato que facilita a tomada de palavra; diversidade dos idiomas, das culturas e, portanto, dos pontos de vista representados; reatividade) e social

---

ca. Ferramenta educacional para aprender a respeitar o bem público e não vandalizar artigos. Ferramenta de formação para a leitura crítica e, acima de tudo, para aprender a não acreditar levianamente em tudo o que está escrito: verificando a presença de fontes confiáveis, comparando diversos estágios de um artigo, comparando a versão francesa com versões redigidas em outros idiomas, fazendo pesquisas complementares em outras fontes, digitais ou impressas" (VANDENDORPE, 2008, p. 20).

(economia do dom). Assim, a Wikipédia é, antes de mais nada, um ponto de partida, um convite a pesquisar por si mesmo, a avaliar e a cruzar as informações – um procedimento que é a base da abordagem científica.

O funcionamento da Wikipédia se apoia em um conjunto de normas[176]. Trata-se, em primeiro lugar, de um conjunto de *princípios* explícitos (os "cinco pilares"): "Os princípios fundadores da Wikipédia fixam os grandes traços que a definem e as condições de sua elaboração. Eles constituem a base intangível de todas as regras e advertências deste projeto que se resumem a cinco: enciclopedismo, neutralidade do ponto de vista, licença livre, convivência comunitária e liberalidade nas regras"[177]. Esses princípios se materializam em um conjunto de *advertências* informais, assim como em *regras* de natureza mais formal, adotadas por consenso de longa data em torno de práticas em vigor, ou por um processo de tomada de decisão. No decorrer do tempo, o idealismo inicial deste projeto se estruturou, em parte, na sequência das decisões tomadas por seu fundador Jimmy Wales, mas de forma bastante ampla em virtude de um processo orgânico de inovações processuais e institucionais, derivadas dos princípios fundadores.

Em primeiro lugar, existem numerosas *normas de escrita*, das quais a mais importante é a "neutralidade do ponto de vista", que obriga os colaboradores a se descentrarem, a adotarem a posição menos subjetiva possível e a apresentarem todos os pontos de vista pertinentes; é solicitado igualmente aos colaboradores de não apresentarem uma "pesquisa inédita" e de citarem as suas fontes porque as informações propostas devem ser atribuídas a seus autores, além de serem "verificáveis". Enfim, é possível encontrar critérios de pertinência e precisão, assim como convenções de estilo, de tipografia, de classificação etc. Também há – e este ponto suscita, em particular, nosso interesse – *normas de colaboração* que permitem organizar as trocas. A Wikipédia se baseia, em grande medida, na dinâmica da "Web participativa", abordada no capítulo 9, da qual ela é uma das formas mais emblemáticas por ser a mais orientada para a produção de um "bem comum", apesar da diversidade das motivações de seus colaboradores.

Com efeito, além das conotações positivas da finalidade proclamada – ou seja, produzir conhecimento –, verificou-se que a maior parte dos colaboradores admite se inscrever simplesmente para fazer ligeiras correções em de-

---

176. Aqui estamos interessados, antes de mais nada, pelo funcionamento da Wikipédia francófona. Com efeito, as práticas, assim como alguns aspectos técnicos, diferem às vezes, dependendo da versão estudada.

177. "Wikipédia: cinco pilares". In: Wikipedia.org

terminado artigo, mas que o envolvimento pode se aprofundar gradualmente mediante as interações e discussões que se desencadeiam. Estas constituem o aspecto mais "oculto" da Wikipédia, além de serem o mais significativo: o debate e as controvérsias (com resolução mais ou menos fácil) fazem parte integrante da produção de conhecimentos na Wikipédia (AURAY et al., 2009). Cada artigo é acompanhado, assim, por uma página de "Discussão" facilmente acessível por uma aba que complementa o "Histórico" do artigo, em que são visíveis as correções, alterações ou revogações feitas pelos colaboradores. Um grande número de outros espaços também é dedicado ao intercâmbio, tais como as páginas de discussão dos próprios usuários, ou outras; por exemplo, "O Bistrô", as "oficinas de escrita" ou ainda o "salão dos gramáticos". Os conteúdos atualizados frequentemente (*news feed*) também fornecem informações sobre diferentes acontecimentos, tais como a mudança de *status* de um colaborador, uma tomada de decisão ou a solução encontrada para determinado conflito, a realização de uma pesquisa ou ainda o resultado de um "Wikiconcurso".

Assim, é importante sublinhar a diferença em relação às plataformas de compartilhamento de conteúdos em vídeo (YouTube) ou em imagens (Flickr), que também hospedam subcomunidades, mas que se apresentam, antes de mais nada, sob a forma de um serviço: embora existam numerosos mecanismos de interação entre os participantes, são raros aqueles que propõem tal integração dos usuários na produção coletiva dos conteúdos. Os "wikipedistas", em certo grau de envolvimento, têm realmente a impressão de fazer parte de uma "comunidade"; no entanto, esta é definida não pelo número de participantes, nem por critérios de inclusão, tampouco pela qualidade das trocas, mas por aquilo que Christian Pentzold designa como a "etos-ação", que implica conflitos de interpretação e discussões sobre o sentido da ação empreendida coletivamente, obrigações morais e um senso da responsabilidade coletiva a longo prazo, assim como a adoção de regras de conduta (PENTZOLD, 2010). Esse autor observa também que essas características da governança de Wikipédia podem ser interpretadas à luz dos princípios estabelecidos por Elinor Ostrom em relação ao autogoverno de recursos compartilhados, já evocados por nós, e aos quais se referem as diferentes abordagens da gestão dos "*commons* informacionais" – incluindo as de Lawrence Lessig e Yochai Benkler.

Essas observações coincidem com a descrição feita por Joseph Reagle, que expôs a história da "cultura Wikipédia" e procedeu a uma observação participante da enciclopédia *on line*; ele lembra a filiação com as práticas do software livre e qualifica as interações no interior da Wikipédia como "colaboração de boa-fé" (*good faith collaboration*), combinando as advertências de carácter geral, injunções normativas e regras explícitas (REAGLE, 2010). Esse autor se refere a um dos princípios fundadores estabelecidos pela Wikipédia, que consiste em respeitar normas de conduta e principalmente "supor a boa-fé" dos participantes. Mas, evidentemente, uma atitude geral de abertura e benevolência é insuficiente para encontrar a solução para os conflitos que possam surgir. Se a maior parte dos artigos suscitam, com efeito, divergências construtivas, alguns podem, por exemplo, engendrar o que a Wikipédia designa como a "guerra de edições": "Falamos de *guerra de edição* quando podemos observar os seguintes sinais: ciclo de reversão ativo no próprio artigo, comentários agressivos, ataques pessoais, falta de discussão sobre o assunto do artigo entre os protagonistas"[178]. No entanto, a guerra de edição é distinta do "vandalismo", ou seja, a deterioração voluntária do conteúdo de um artigo, por malícia ou interesse, que é apresentado como um problema de uma ordem diferente, exigindo respostas diferentes – autorizando principalmente a correção automática com a ajuda de sofisticados dispositivos de controle algorítmico (os *bots* permitem detectar e corrigir a maior parte dessas ações, além de desempenharem um papel importante na gestão da enciclopédia ao automatizar determinadas funções)[179], ou ainda a intervenção de "patrulhas" especializadas.

A escrita colaborativa se integra em um contexto mais amplo que comporta numerosos mecanismos de autocontrole da própria "comunidade", constituindo o que Dominique Cardon e Julien Levrel designam como a "vigilância participativa" em ação na Wikipédia (CARDON & LEVREL, 2009). Esta é caracterizada, em primeiro lugar, pela associação estreita entre um direito de escrita e um *direito de correção* ou de *punição*, que se inscreve principalmente na escolha técnica do *wiki* e faz com que "cada colaborador também seja censor". Isso explica em parte o grau de envolvimento dos colaboradores, pois "os indivíduos participam tanto mais facilmente da produção de um recurso comum na medida em que também disponham de um poder de vigilância e punição sobre os outros membros da comunidade" (CARDON & LEVREL, 2009, p. 56-57). Enfim, ela se apresenta como uma estrutura organizacional baseada em *procedimentos* inscritos simultaneamente na tecnologia e nas práticas dos participantes:

---

178. "Wikipédia: guerra de edições". In: Wikipedia.org

179. Niederer e Van Dijck, 2010. Os autores lembram que os *bots* (softwares robôs) são usados para combater o vandalismo, mas também para corrigir a ortografia, para garantir que os eventuais bloqueios de colaboradores sejam efetivamente respeitados, para extrair informações complementares em outros locais da enciclopédia ou em bancos de dados públicos (p. ex., dados demográficos), para detectar as violações de *copyright*, para fazer traduções etc.

> A regulação da Wikipédia é essencialmente processual; ela continua repelindo, o mais longe possível, as consequências mortíferas de uma tomada de decisão com caráter substancial. Devido à radicalidade do projeto, o fato de que um indivíduo qualquer possa escrever a enciclopédia e de que ninguém possa pleitear qualidades pessoais, conferindo-lhe autoridade sobre os outros, vai exigir um dispositivo processual extremo das formas da discussão entre os participantes para produzir um consenso estável (CARDON & LEVREL, 2009, p. 60).

A autorregulação na Wikipédia comporta três níveis de intervenção: a maior parte das trocas assume a forma de *discussões*, em que as eventuais críticas e alterações são determinadas a partir de um "quadro processual" que permite distinguir entre diferentes categorias de erros; se surgirem conflitos importantes (tais como guerras de edição), é possível recorrer a *mediadores* que poderão, por exemplo, decidir acrescentar um aviso de alerta no artigo; enfim, em caso de força maior, os "administradores" (que são eleitos e dispõem de poderes suplementares através de algumas funcionalidades técnicas suscetíveis de serem ativadas por eles) e, sendo necessário, o "comitê de arbitragem" (que deve ser acionado na sequência de uma denúncia; seus membros também são eleitos) poderão aplicar *punições*, tais como a restrição editorial em uma página ou o bloqueio de um participante e, até mesmo, a exclusão temporária ou definitiva de um endereço IP. Os autores apresentam, assim, a Wikipédia como uma implementação concreta dos princípios habermasianos da "ética da discussão", de modo que a arquitetura do sistema (tanto a sua interface quanto os seus princípios de funcionamento) permita objetivar certo número de procedimentos que regem o intercâmbio discursivo – e, em particular, a separação entre os conteúdos e as pessoas (CARDON & LEVREL, 2009, p. 86).

Existem certamente diferentes categorias de "disputas residuais" que não podem ser solucionadas mediante esses procedimentos (AURAY et al., 2009). Mas, em geral, a Wikipédia se apresenta, em numerosos aspectos, como uma forma original de democracia deliberativa na medida em que ela associa uma condição de *argumentação* a uma condição de *participação* bastante ampla. Essa forma de governança é simultaneamente institucionalizada por um quadro processual, mais ou menos formalizado, e objetivada pela técnica. Essa institucionalização foi feita gradualmente, principalmente como resposta ao grande incremento dos conteúdos na enciclopédia, de sua crescente reputação e da chegada de um número cada vez maior de participantes – além de serem cada vez mais diversificados –, que exigiu a implantação de um processo mais formal de tomadas de decisão (LEVREL, 2006, p. 208). Ela indica que a Wikipédia, enquanto dispositivo sociotécnico, alcança um elevado grau de refletividade; no entanto, à semelhança do que ocorreu no caso do Debian, este também pode se traduzir por certo número de inflexibilidades tecnoadministrativas e, até mesmo, uma forma de burocratização, o que não passou despercebido para diferentes observadores e que poderia explicar o "declínio" da Wikipédia nos últimos anos, cujo recrutamento de participantes tem sido insuficiente (SIMONITE, 2013). Mesmo que baseada no nível de compromisso, uma forma de hierarquia acabou por se implantar no seio da Wikipédia sob a forma de um "sistema tecnogerencial" (NIEDERER & VAN DIJCK, 2010, p. 1.372-1.373), além de ter sido detectado que minorias ativas de usuários experientes e bem-organizados podiam ter ascendente sobre a multidão dos colaboradores mais inexperientes, manifestando, assim, fortes tendências para o elitismo e o sexismo (REAGLE, 2010, p. 90-96).

12.4 Um modo de coordenação *processual-reflexivo*

De alguma forma, os softwares livres conferem um pouco mais de crédito à famosa "declaração de independência" de John Perry Barlow; no entanto, eles também mostram que essa "independência" está bem distante de uma utopia libertariana que viesse a ser unicamente dirigida por contratos de direito privado entre indivíduos. Com efeito, ela implica, por um lado, o cabal conhecimento e o desvio do contexto jurídico através do *copyleft* e, por outro, o recurso a regras internas suscetíveis de serem bastante restritivas. Nem todos os projetos de softwares livres são tão estruturados quanto Debian ou Wikipédia; no entanto, um elevado grau de institucionalização é característica dos projetos que conseguiram reunir um grande número de colaboradores e se inscrever durante um período bastante longo. Nicolas Auray detecta inclusive um "modelo soberanista" em algumas comunidades *on line* (especialmente Debian) "bastante atentas à opinião da base" e que enfatizam uma forma pronunciada de autodeterminação, resultante da aplicação das regras de direito. O modelo soberanista, de acordo com esse autor, é "o formato organizacional natural das comunidades anarquistas através de projeto que haviam sido bem-sucedidas", além de ter as seguintes características: facilidade em fazer petições e em propor alterações; reversibilidade das decisões e dos mandatos; e uma grande colegialidade no processo da tomada de decisões (AURAY, 2007). Esses coletivos apresentam, além disso, inovações institucionais que lhes permitem articular, de maneira sutil, o momento tanto da *deliberação* (a produção de consenso) quanto da *decisão*: os mecanismos de votação, que são muito fáceis de implementar e bastante diversificados – votos fracionários, votação privada/pública a critério do eleitor, levar em conta o veto etc. (AURAY, 2007, p. 138).

A capacidade de retroação do dispositivo sociotécnico formado pelos softwares livres se apresenta como uma de suas características principais, o que levou Christopher Kelty a qualificá-las como "públicos recursivos" na medida em que os participantes estão envolvidos "na manutenção e modificação materiais e práticas dos meios técnicos, jurídicos, concretos e conceituais de sua existência enquanto público" (KELTY, 2008, p. 3). Essa noção se refere à matemática e à cibernética, assim como à organização democrática em que essa recursividade passa pela institucionalização de um lugar específico destinado a coletar e organizar os discursos da sociedade sobre si mesma: o espaço público, enquanto lugar para um permanente questionamento sobre a validade da lei e das instituições daí resultantes. Nesse sentido, os softwares livres podem ser compreendidos como os vetores de determinado aprofundamento democrático.

Além disso, trata-se de defender não apenas projetos específicos, mas também o ambiente sociotécnico mediante o qual eles se tornam possíveis: a internet. Assim, Kelty sublinha que os valores promovidos por meio dos softwares livres se inscrevem no contexto mais amplo de abertura e de liberdade que se tornou possível através da rede, além de ser apresentado como uma "ordem moral e técnica", permitindo que os atores venham a se constituir como público recursivo (KELTY, 2008, p. 50); este remete, de acordo com Kelty, ao cânone da criação dos protocolos da internet por meio do procedimento dos Request For Comments (RFC) e perpetuados em alguns dos principais mecanismos de governança da rede, por exemplo, Ietf e W3C (KELTY, 2008, p. 57-61). Com efeito, os softwares livres se inscrevem plenamente na continuidade da "forma canônica" da internet, que articula princípios de autonomia, tanto em suas especificidades técnicas quanto em seu modo de produção social. Além disso, ao invés de estabelecer um amplo planejamento, trata-se de proceder de maneira incremental a partir das proposições dos atores e de uma implementação progressiva, o que Kelty designa sob o nome de *bootstrapping* – literalmente, erguer-se puxando pelo cadarço das botas (ou como o Barão de Munchausen ao se erguer puxando pelos próprios cabelos) – que indica o fato de iniciar um processo capaz de manter-se de maneira autônoma. Kelty salienta que, para os colaboradores, esse processo incremental e recursivo é uma garantia de "abertura" e de adaptabilidade, assim como de legitimidade: trata-se de uma infraestrutura que permite a colaboração, mas que, diferentemente das instituições ou empresas clássicas, é mais "flexível, modificável e reprogramável"; além disso, os seus resultados são avaliados e aprimorados continuamente, tendo como critério a efetiva adoção das soluções propostas.

Essa também é a explicação para o fato de que os softwares livres se tenham tornado as pontas de lança de um modelo liberal alternativo para as trocas na rede, que infringe os modelos clássicos da ação coletiva, baseados nas tensões irredutíveis entre a racionalidade individual e a coletiva, as quais tornariam improvável a cooperação entre atores. A governança peculiar que é implementada em torno desses "*commons* informacionais" se assemelha àquela observada por Elinor Ostrom para a gestão dos recursos naturais em nível local enquanto "auto-organização institucionalizada" (OSTROM, 1990). Com efeito, a principal dimensão dos softwares livres, enquanto proposição política, reside certamente no fato de que, ao contrário das formas de organização abordadas anteriormente (captação e disseminação), os atores estão envolvidos estreitamente não só na triagem e no compartilhamento, mas também em uma forma de criação negociada da informação. Os softwares livres integram, portanto, um robusto componente discursivo e são acompanhados, em alguns casos, por um elevado grau de colaboração dos atores – o que pressupõe mecanismos sofisticados destinados ao gerenciamento de conflitos e de repartição dos poderes, respeitando também as exigências bastante fortes dos colaboradores em termos de autonomia individual.

Essa forma de institucionalização pode ser compreendida como um processo de *autoinstituição explícita* ("que se conhece como tal"), referindo-se ao ideal formulado por Cornélius Castoriadis na tentativa de conciliar a liberdade individual com a instituição coletiva (CASTORIADIS, 1975; cf. tb. POIRIER, 2011). Com efeito, para Castoriadis, o projeto de autonomia consiste em criar as próprias leis de maneira consciente e, além disso, designa "o projeto de uma sociedade em que todos os cidadãos tenham uma igual oportunidade efetiva de participar da legislação, do governo, da jurisdição e, enfim, da instituição da sociedade"[180]. Ele comporta, no entanto, uma tensão fundamental entre a dinâmica *instituinte* da liberdade e a estabilidade *instituída* da lei. Ora, os softwares livres fornecem uma resposta simultaneamente original e bastante concreta a essas duas exigências contraditórias e se apresentam, assim, sob a forma de uma

180. Castoriadis, 2005: "O projeto de autonomia não é uma utopia (1993)", p. 18.

fecunda *práxis* política. À semelhança do que ocorre no caso dos dispositivos *peer-to-peer*, trata-se de implementar incentivos e restrições para a organização das trocas; mas diferentemente do *peer-to-peer*, estas são apresentadas como se tivessem sido *escolhidas* pelos atores, além de serem por direito *oponíveis* a fim de permitir a resolução de conflitos e, em qualquer momento, *revogáveis* (pelo menos, em teoria). Assim, a questão da autonomia junta-se àquela da democracia, cuja definição proposta por Castoriadis é bastante exigente.

Evidentemente, a autoinstituição se enuncia de diferentes maneiras, de acordo com o projeto que esteja sendo alvo de estudo, mas todos eles se destinam a perpetuar o empreendimento coletivo, sem deixar de respeitar a heterogeneidade das motivações individuais e o caráter voluntário das colaborações. Enquanto dispositivo de coordenação da informação, os softwares livres parecem, assim, materializar um modelo *processual-reflexivo*. Com efeito, a informação, aqui, não se auto-organiza em virtude de um dispositivo sociotécnico que é simplesmente dado, como é o caso em relação aos modelos agregativo-segmentáveis (captação) e protocolar-técnicos (disseminação). Os atores sociais podem tomar parte ativa para modelar não só o "conteúdo" produzido pelo dispositivo (código do programa computacional, conhecimentos), mas também o próprio dispositivo.

No entanto, enquanto processo de institucionalização pela adoção de procedimentos explícitos, os softwares livres também podem ser equiparados ao fenômeno da *racionalização* das sociedades modernas, descrito por Max Weber, cuja burocracia é uma das manifestações. Para Weber, com efeito, a burocracia racional-legal se apresenta como um progresso das sociedades liberais na medida em que a arbitrariedade do poder é substituída pela regra, e o mérito toma o lugar da precedência reconhecida ao nascimento e aos privilégios. Os modos de dominação baseados na tradição e no carisma enfrentam, de maneira cada vez mais frequente, a concorrência das formas de dominação racionais-legais, consideradas como se fossem mais justas e eficazes. Regras fundamentadas na razão, impessoais e universais, substituem o exercício pessoal do poder com base na tradição, na força ou na influência. Para Jacques Rojot, elas permitem garantir determinada eficácia, uma sólida equidade, assim como uma previsibilidade útil no domínio econômico; no entanto, elas também dão acesso a "consequências negativas e não deliberadas", entre as quais "deslocamento das metas, subotimização e espírito de corporação implicando apatia para com o público, rigidez e baixa capacidade para lidar com os casos particulares, ineficácia na periferia, formalidades interimináveis, aplicação da regra ao pé da letra e resistência à mudança" (ROJOT, 2005, p. 34-42).

Com efeito, a burocracia, enquanto sistema organizacional, pode gerar as próprias formas de desigualdade, de injustiça e de ineficácia, como já foi demonstrado nas obras clássicas de Michel Crozier e, até mesmo, de Claude Lefort (CROZIER, 1971; LEFORT, 1979). Sua complexidade pode favorecer, por exemplo, aqueles que detêm o domínio de seus segredos ou aqueles que são capazes de curto-circuitar os seus procedimentos; ela também pode implicar formas de exclusão se essa complexidade induz à renúncia de participar; enfim, ela pode levar a uma forma de rotinização e a uma dificuldade de adaptação a novas circunstâncias na medida em que as regras se tornem um fim em si mesmas e substituam o objetivo que, supostamente, devia ser perseguido por elas. Eis o que veio a ser observado, especialmente no âmago da Wikipédia, com uma inflação de regras e um formalismo, às vezes, excessivo, que tende a afastar os colaboradores menos envolvidos. Assim, a autoinstituição, ao se solidificar em uma burocracia, pode infringir os objetivos tanto de democratização quanto de liberalização, acabando por impedir a iniciativa individual, assim como a capacidade dos indivíduos para agir sobre o conjunto do sistema.

Ao contrário das outras duas principais formas de auto-organização na internet, abordadas nos capítulos anteriores, a instituição é aquela que mais promove a integração dos participantes no dispositivo; com efeito, não se trata, antes de mais nada, de uma solução técnica orientada, enquanto serviço comercial, para a satisfação de uma necessidade de organização da informação (Google), tampouco ela assume a forma de uma associação informal destinada a maximizar a circulação horizontal da informação (*peer-to-peer*). Os softwares livres e os seus avatares, tais como a Wikipédia, constituem um esforço para produzir uma ação coletiva no período de longo prazo, baseada em primeiro lugar na inscrição no direito da não apropriabilidade da informação – tratando-se do código do programa computacional ou dos conhecimentos. Contra o sigilo e os mecanismos exclusivos da propriedade intelectual são enfatizadas a divulgação e a livre-circulação desse código; ora, tal princípio torna-se o alicerce de uma verdadeira economia política alternativa. Na realidade, com essa base jurídica, elaboram-se dispositivos institucionais que permitem a negociação sutil entre uma exigência bastante forte de autonomia por parte dos participantes e a necessidade de estruturar as trocas em um período de longo prazo. Assim, os softwares livres se apresentam como a modalidade mais explicitamente *política* das formas de auto-organização na internet.

CONCLUSÃO

A cada tipo de sociedade, evidentemente, pode-se fazer corresponder um tipo de máquina: as máquinas simples ou dinâmicas para as sociedades de soberania, as máquinas energéticas para as de disciplina, as cibernéticas e os computadores para as sociedades de controle. Mas considerando o fato de que as máquinas não explicam nada, impõe-se analisar os ajustes coletivos dos quais elas são apenas uma parte[181].

O mundo considerado sob o aspecto da circulação da informação pode dar a impressão de ter assumido a forma de um gigantesco circuito fechado cibernético, do qual é difícil às vezes apreender a coerência do conjunto; a partir de uma elucidação genealógica, este trabalho se esforçou para desenredar as suas meadas e para compreender as forças que, na história da internet, presidiram a articulação entre liberdade da informação e liberdade política. O liberalismo informacional – expressão que utilizamos para designar tal fenômeno – se refere à orientação moderna para a autonomia, mas se apoia na concepção científica da informação e em sua colocação em rede para engendrar novas modalidades de auto-organização social mediante a troca; assim, ele se apresenta como um ramo específico do paradigma liberal, mobilizando alguns de seus princípios-chave, sem deixar de redefini-los em profundidade. No âmbito desse quadro geral, tem ocorrido o confronto entre visões opostas que, aliás, continuam propondo leituras divergentes sobre essa problemática.

A história do liberalismo informacional, como já lembramos, é marcada por uma tensão constitutiva, identificada, desde as origens, entre controle e comunicação, entre automatização e autonomia. Apesar de ser oriunda não só do po-

181. Deleuze, 2008: "Controle e devir", p. 216 [entrevista com Toni Negri].

der centralizador do Estado, mas também da vanguarda do aparelho científico e industrial desenvolvido na área militar, a informática comunicante foi investida como um instrumento de emancipação individual e coletiva; ela apareceu então como um dos fundamentos de uma espiral virtuosa que associa a realização pessoal e a inteligência coletiva, capaz de levar as sociedades ocidentais em direção à prosperidade econômica e à harmonia social. Na sequência das fases iniciais da experimentação científica, da apropriação social e das projeções utópicas, o liberalismo informacional se constituiu, por meio da internet, verdadeira economia política. Os dois principais pilares do paradigma liberal – ou seja, a propriedade e as liberdades individuais – se encontraram, assim, no âmago de uma luta destinada a redefini-los nesse novo ambiente digital.

A figura central da rede pareceu então complementar e, em alguns casos, superar o direito e o mercado como um vetor da autonomia, permitindo uma melhor organização dos interesses individuais, assim como um aprofundamento das formas de auto-organização e de autodeterminação mediante o intercâmbio. No entanto, o equilíbrio entre essas diferentes dimensões acabou originando interpretações divergentes. Uma inspiração neoclássica, oriunda do modelo fordista, apreendeu a internet antes de mais nada como um novo mercado de bens imateriais; deste modo, a propriedade intelectual e as barreiras tecnológicas teriam a incumbência de levá-lo a se submeter às leis da economia industrial. Paralelamente, um poderoso impulso ciberlibertariano afirmou a especificidade da informação em ambiente digital, insistindo sobre o seu caráter "líquido" e "não rival" – mas associando amplamente a rede a um organismo ou a uma "ordem espontânea" dotada de sua própria lógica, do tipo evolucionista. Ao mesmo tempo, os desafios em termos de liberdades fundamentais também foram bem-delimitados por meio de uma defesa da ofuscação das comunicações privadas, por um lado, e, por outro, de uma resistência a qualquer restrição da liberdade de expressão na internet.

A partir do final da década de 1990, as promessas conjuntas do ciberespaço e da Nova Economia foram atenuadas pelo estouro da bolha especulativa, assim como pela reafirmação do controle estatal através da legislação e das políticas de segurança. Nesse momento é que foi apresentado um programa suscetível de ser qualificado como ciberconstitucionalista em que a internet foi reassumida como uma articulação sociotécnica complexa – e, em alguns aspectos, vulnerável – entre o código do programa computacional, o direito, o mercado e a diversidade das normas sociais. Dois aspectos, em particular, foram reafirmados: por um lado, a necessidade de avaliar democraticamente as interações entre essas formas múltiplas de regulação e autorregulação à bitola da lei – no caso concreto, a Constituição dos Estados Unidos, que é um ponto focal recorrente na história da internet; e, por outro, foi sublinhada a importância de preservar e promover os *commons* informacionais, a fim de garantir todo o seu espaço às trocas não comerciais, abrindo, assim, para uma concepção expandida da economia.

Esses diferentes eixos se referem a discursos teóricos, assim como a práticas concretas, que desempenharam um papel-chave na emergência de uma sensibilidade para a questão das liberdades digitais. Na encruzilhada dessas controvérsias é possível encontrar as iniciativas empreendidas pelos *hackers*, que contestaram bem cedo, por um lado, a amplitude dos direitos de propriedade intelectual por meio do movimento dos softwares livres e, por outro, as violações das liberdades individuais, denunciadas pelos *cypherpunks* – aliás, essas duas correntes do "hackerismo" se juntaram em uma luta mais ampla que visa se opor a qualquer restrição das liberdades públicas. Esse contexto também permite elucidar o eco encontrado pelos movimentos ativistas reunidos em torno da bandeira da liberdade de informação, tais como WikiLeaks e os softwares livres, assim como algumas manifestações de Anonymous ou ainda as mobilizações contra os projetos de lei destinados a reforçar a aplicação dos direitos de propriedade intelectual – por exemplo, a Lei Sopa ou Stop Online Piracy Act, nos Estados Unidos, em 2012. À semelhança do que ocorreu no caso dessa lei, tais movimentos fizeram convergir às vezes os interesses de grandes empresas da economia digital com os valores defendidos por movimentos associativos, o que dá testemunho da polissemia da ideia relativa à livre-circulação da informação.

Além disso, como já vimos, o liberalismo informacional é marcado grandemente pela cultura política norte-americana e, em particular, pelas referências à Constituição e à Declaração dos Direitos, que são os mais elevados princípios reivindicados por numerosos "ativistas da liberdade". Assim, Richard Stallman, um dos principais iniciadores do software livre, declara que "o movimento do software livre foi fundado em 1984, mas a sua inspiração vem dos ideais [da Declaração de Independência dos Estados Unidos] em 1776: a liberdade, a comunidade e a cooperação voluntária" (STALLMAN, 2001). O jornalista e ciberativista australiano, Julian Assange, já afirmou a sua admiração pelo sistema político norte-americano, insistindo sobre a conformidade das ações de WikiLeaks com a 1ª Emenda da Constituição e inscrevendo-as firmemente na grande tradição da desobediência civil (STENGEL, 2010). Da mesma forma, o ex-funcionário terceirizado da CIA, Edward Snowden, acredita que seu dever como cidadão era desobedecer a leis injustas, e se refere constantemente à Declaração dos Direitos, assim como à Constituição dos Estados Unidos, que foi exibida, por exemplo, em segundo plano no decorrer de sua reaparição pública, em 2014.

De maneira geral, as respostas que conviria fornecer às violações da privacidade ou ao uso imoderado da segurança na internet são formuladas, muitas vezes, em termos do liberalismo clássico, como se fosse necessário adotar uma nova *Bill of Rights* ou uma *magna carta* para a era digital. Tais proposições marcaram a história da internet, como vimos, tanto entre os ciberlibertarianos quanto no jornalista, ecologista e político norte-americano, Al Gore, durante a década de 1990 e, mais recentemente, através das propostas do "inventor" da web, Tim Berners-Lee, para responder à influência das grandes empresas e das agências de inteligência sobre a rede[182]. Enfim, a maneira como são estruturados os debates relativos à internet também é reveladora do poder do *topos* liberal – tratando-se da defesa da "neutralidade das redes", da oposição à censura, da valorização da "transparência" ou, até mesmo, do movimento de "libertação dos dados" (*open data*), em que a internet se apresenta como o vetor controverso de uma axiologia da livre-circulação da informação que é atravessada por profundas ambivalências.

O liberalismo informacional constitui, com efeito, um *conjunto heterogêneo*, que fazia apelo a uma desconstrução crítica. Orientações diversas foram, por assim dizer, depositadas nas redes digitais; procuramos identificar as suas principais manifestações, tendo em conta diferentes eixos em termos de economia política, assim como lógicas sociotécnicas concretas de compartilhamento da informação e de viralidade que presidem atualmente as trocas na internet. Por um lado, a "Ciência das Redes", a partir da análise matemática de suas topologias, permite expor os mecanismos de hierarquização intrínsecos que implicam robustas assimetrias estruturais; e, por outro, a sociologia dos usos nos instrui sobre as molas propulsoras da difusão da informação em rede e principalmente sobre a maneira como as trocas são animadas, tanto por um individualismo performático quanto pela necessidade experimentada pelo indivíduo no sentido de se inscrever nas redes relacionais por meio das práticas de compartilhamento. Um estudo atento da "cultura do compartilhamento" na internet também faz aparecer as interações complexas estabelecidas pela rede com as indústrias culturais e os principais meios de comunicação de massa, assim como a aliança entre liberdade e normatividade que caracteriza as relações sociais, midiatizadas pela internet.

---

182. Kiss, 2014. Para uma exposição mais completa dessas iniciativas e de suas implicações, cf. Isin e Ruppert, 2015; Berners-Lee, 2017.

No final, três tipos ideais acabaram sendo identificados: a captação, a disseminação e a autoinstituição. Todos eles visam configurar as trocas de maneira a produzir formas imanentes de organização ou *auto-organização*, mas de acordo com interpretações concorrentes, que permitem detectar perspectivas críticas. Com efeito, se é delicado fazer qualquer diagnóstico definitivo quanto à nossa condição digital em geral, é porque coexistem em seu âmago diferentes regimes de propriedade, de divisão de trabalho ou ainda de liberdades individuais; além disso, cada uma dessas três variações da auto-organização apresenta efeitos de poder específicos. Assim, elas correspondem também a três níveis de *governamentalidade* – uma noção tomada de empréstimo a Michel Foucault, e que designa precisamente modalidades de regulação dos fluxos, pelos quais se exerce uma "conduta das condutas" que se baseia na autonomia individual, em vez da coerção direta (FOUCAULT, 2004b). A governamentalidade, segundo Foucault, é uma das manifestações centrais do liberalismo e contém simultaneamente um conjunto de restrições e de oportunidades emancipatórias. Ora a governamentalidade no contexto do liberalismo informacional apresenta uma variedade de facetas, porque cada dispositivo sociotécnico é atravessado tanto pela automatização quanto pela autonomia, além de apresentar um equilíbrio diferente entre esses dois componentes. Este afeta, em particular, a maneira como as regras coletivas controlam os indivíduos, e como inversamente o coletivo está em condições de controlar a concepção, a aplicação e as finalidades dessas regras. Para concluir, gostaríamos, portanto, de indicar algumas pistas para uma *crítica da economia política da informação*.

A captação, como já vimos, apresenta-se como uma nova intermediação. Ela designa lógicas de reconcentração do valor econômico, assim como estratégias de controle político. Esses dois aspectos são, às vezes, concomitantes, principalmente em grande escala, mediante o estabelecimento do que se deve chamar daqui em diante, de acordo com os documentos fornecidos por Snowden e WikiLeaks, de complexo militar informacional. Sem obstruir a circulação de informações – e até mesmo *incentivando* esse fluxo –, trata-se de fornecer *interfaces*, de propor serviços que consistem mais frequentemente em elaborar uma redução da complexidade informacional e que, nesse ponto, apresentam uma considerável utilidade econômica e social: motores de pesquisa, agregadores, plataformas de distribuição de conteúdos e plataformas de redes sociais permitem, por um lado, selecionar as informações ou as pessoas que têm acesso à visibilidade e, por outro, garantir um emparelhamento eficaz das entidades em circulação (indivíduos, conteúdos culturais, informações, produtos etc.).

Ao proceder assim, eles se posicionam como pontos de entrada incontornáveis e, ao mesmo tempo, parecem satisfazer o ideal hayekiano segundo o qual cada indivíduo possui uma fração do conhecimento; além disso, a ordem deve emergir da "multidão" das escolhas e interações ao invés de ser planejada "a partir de cima" - a multidão designa aqui um "recurso estratégico" que permite fazer frutificar uma economia digital liberalizada (VERDIER & COLIN, 2012). Alguns atores, tais como os emblemáticos Google, Amazon, Facebook e Apple ("Gafa") - mas poderíamos adicionar o Uber, Airbnb ou ainda Tinder -, vieram ocupar, assim, uma posição de centralidade, que lhes permite estender um poder baseado na intercepção maciça dos fluxos de dados e na rastreabilidade das ações, aos quais são aplicadas formas de regulação algorítmica visando hierarquizar a informação, identificar correlações e associações, distinguir os motivos recorrentes ou *assinaturas*, ou ainda criar o perfil dos usuários, além de segmentá-los. No mesmo movimento, esse poder pode ser colocado a serviço do acúmulo de capital e do controle social.

Assim, por um lado, a captação se apresenta de maneira classicamente liberal como um conjunto de ferramentas orientadas para a alocação ótima de informações (e, por extensão, dos recursos); ela é portanto completamente compatível com as instituições existentes do direito e do mercado, mesmo que tenha de fazer às vezes algumas concessões (p. ex., certificar-se, na medida em que isso seja possível, de que os direitos autorais são efetivamente respeitados nos vídeos difundidos no YouTube), ou então se esforçando por fazer evoluir a regulamentação (se necessário, recorrendo a práticas de *lobbying*). E, por outro lado, a captação junta-se às formas de controle e de automatização, previstas no âmbito cibernético, pelas quais as funções de monitoramento permitem uma autorregulação dos fluxos em um sistema, sem deixar de intervir, de maneira sutil, na orientação dessa autorregulação e, ao mesmo tempo, acumulando um conhecimento geral do sistema. Eis o que justifica falar da captação como se se tratasse do estabelecimento de novos *modos de gestão tecnocrática*: além de proporcionarem serviços que alcançaram um elevado grau de aprovação, eles são suscetíveis de eliminar a dimensão verdadeiramente política - ou seja, conflitante - da vida social, ao dissimular a normatividade em ação no decorrer da aplicação desses dispositivos. Ao proceder assim, eles podem vir a reforçar a aliança entre um capitalismo ultraconcentrado e o uso imoderado da segurança no plano estatal.

A disseminação manifesta-se, por sua vez, de maneira bastante explícita, como contramodelo da captação: em vez de exacerbar e tirar partido das tendências para a concentração nas redes, trata-se aqui de desconcentrar os fluxos e nivelar as assimetrias, a partir de um retorno às ambições que haviam animado a internet das origens, enquanto rede distribuída. Em particular, WikiLeaks constitui uma oposição direta à hierarquização da informação proposta pelo Google. Além disso, para infringir qualquer forma de controle indevido ou de censura, procura-se mobilizar a criptografia e os protocolos de comunicação distribuída para implementar os princípios do *flooding* (inundação): um robusto sistema de identificadores exclusivos para os conteúdos em circulação, uma dispersão desses conteúdos (assim como o índice que os repertoria) entre o maior número possível de atores e, enfim, uma proteção dos colaboradores através das técnicas de anonimização das comunicações (ASSANGE, 2014, esp. p. 92-107).

De maneira geral, das redes *peer-to-peer* até o advento de WikiLeaks e Bitcoin, passando por TOR e as redes Mesh, esses dispositivos visam promover as interações diretas entre as pessoas, produzir regras, incentivos e mecanismos de confiança endógenos, além de minimizarem qualquer tentativa de controle por parte de um terceiro ator. Assim, eles questionam diretamente a articulação entre o Estado e as estruturas capitalistas, tendo o objetivo de tumultuar obstinadamente tanto o direito quanto o mercado: por exemplo, os direitos autorais e o sistema de distribuição dos conteúdos culturais, que se encontram simplesmente saturados pelas redes de compartilhamento de arquivos. No entanto, a disseminação não escapa a um equívoco: por um lado, a tecnologia se apresenta na realidade como uma *extensão* e um aprofundamento do contrato e do mercado, que interfere em seu funcionamento atual porque ela tende para formas de exacerbação do quadro liberal e, por alguns aspectos, junta-se à utopia de um anarco-capitalismo libertariano (o que constitui, aliás, o desejo ardente, p. ex., de numerosos entusiastas de Bitcoin); e, por outro lado, ela também pode tender para o que poderíamos designar como um "anarco-mutualismo liberal".

Com efeito, a disseminação reativa, em parte, uma tradição crítica bem-estabelecida: as distinções entre redes, mais ou menos centralizadas, não são novas, como foi demonstrado especialmente por Pierre Musso. Encontramos, por exemplo, em Diderot, uma oposição entre o centro e a periferia, que configura uma oposição entre o controle despótico e uma forma de liberdade anárquica "porque a rede, vista do centro, é vigilância, mas, considerada a partir da periferia, é comunicação" (MUSSO, 2004, p. 23). Da mesma forma, "a rede é uma figura admirável para o pensamento anarquista por ser a única mediação sem intermediários (além dela própria), a passagem ou o fluxo no Estado puro, uma relação direta que não pode ser institucionalizada, conforme havia sido estabelecido por Saint-Simon" (MUSSO, 2003a, p. 230). Mas a rede em si não é vetor para a liberdade e a igualdade, porque ela pode ser materializada de diferentes maneiras. O filósofo político e economista francês, Pierre-Joseph Proudhon (1809-1865), distinguia, assim, a "rede *em tabuleiro de xadrez*" das rodovias e vias navegáveis, por um lado, e, por outro, a "rede *em estrela*", "monárquica e centralizadora" das estradas de ferro, submetidas ao poder político jacobino e aos monopólios econômicos, à semelhança do que já ocorria com o telégrafo óptico. Como sublinha Musso, "na estrutura de uma rede técnica, está inscrita uma escolha de política econômica: tal é a afirmação proudhoniana que será profusamente retomada até nossos dias sob a forma de uma equivalência estabelecida entre a estrutura de uma rede técnica e a organização de uma sociedade" (MUSSO, 2003a, p. 229). Da mesma forma, em Piotr Kropotkine (1842-1921) – geógrafo, escritor e ativista político russo, considerado o fundador da vertente anarco-comunista –, a rede elétrica permitia vislumbrar a associação de pequenas entidades produtivas, interligadas contra as grandes indústrias centralizadas nas fábricas.

Mais recentemente, e de modo mais abstrato, Gilles Deleuze e Félix Guattari opuseram as formas "arborescentes" das representações do mundo à figura do *rizoma*: no ponto em que as primeiras estão estruturadas por um "tronco" que separa as raízes dos ramos, no rizoma as raízes e os ramos se confundem e, em vez de centro, há uma dinâmica de proliferação anárquica[183]. Nenhum centro, o que significa para Deleuze e Guattari nenhuma hierarquia, nenhuma ordem preestabelecida, e a liberação das energias graças a uma organização transversal e horizontal (DELEUZE & GUATTARI, 1995, p. 31-32). A figura nebulosa da "multidão" também foi popularizada nesse contexto por Toni Negri e Michael Hardt; longe da interpretação hayekiana, evocada mais acima, ela designa desta vez um contrapoder revolucionário capaz de se opor ao "Império" enquanto aparelho de governo e, em alguns aspectos, parece reinstaurar uma subjetividade política e um agente da história nesse novo ambiente (HARDT & NEGRI, 2004; cf. tb. MOULIER BOUTANG, 2007). No entanto, apesar de todas as precauções linguageiras, destinadas a formular uma "política não dialética", a "política das multidões" acaba quase sempre por opor, com relutância, uma figura monolítica da soberania popular contra as elites no poder. Tais abordagens obscurecem parcialmente as mudanças que ocorrem no contexto das redes, mantendo a ilusão de uma vontade, finalmente unificada, do "povo" suscetível de ser oposta ao "poder" nas mãos das elites.

---

183. Deleuze e Guattari, 1995, vol. 1: "Introdução: Rizoma", p. 10-36.

Enfim, a última dimensão identificada da auto-organização é a da autoinstituição. Em vez de um questionamento direto das instituições do direito e do mercado, trata-se aqui de distorcê-las do interior, começando a partir de uma engenhosa inversão da propriedade intelectual que, mediante o *copyleft*, atribui direitos ao usuário e não mais ao autor ou ao produtor. Ao invés de entrar em confronto com as instituições existentes do direito e do mercado, trata-se de lançar os alicerces para uma alternativa destinada a coexistir com elas; e precisamente a partir do ponto em que surgiram formas colaborativas de intercâmbio sob uma forma voluntária, tais como os softwares livres e a Wikipédia, que preservam os bens produzidos de qualquer apropriação a fim de constituí-los sob a forma de "*commons*". Para conseguir isso, a autoinstituição propõe, de um modo tão sistemático quanto possível, acompanhar as trocas de um conjunto de procedimentos formais instituídos de maneira orgânica, orientados para o consenso e que visam preservar o equilíbrio entre o indivíduo e o coletivo: arenas de discussão, mecanismos de votação, de gestão de conflitos, ou ainda de distribuição dos poderes. Assim, trata-se de levar em consideração uma tensão inerente ao projeto de autonomia, entre a liberação de qualquer coação sobre o indivíduo e a submissão às regras coletivas.

As inovações implementadas no estabelecimento desses procedimentos dão testemunho quase sempre de uma verdadeira preocupação com a democracia, em que os fluxos informacionais são objeto de um aparelhamento reflexivo ao invés de serem entregues a dispositivos de captação, por um lado, ou, por outro, à disseminação. No entanto, tal enquadramento das interações não escapa às armadilhas da organização racional-legal, tais como foram identificadas principalmente por Max Weber, a saber: uma tendência para a burocratização e para a instauração de novas normas meritocráticas, que podem infringir tanto a vontade de deixar livre-curso à iniciativa individual quanto os princípios de equidade implícitos em tais projetos. Além disso, do ponto de vista das relações de produção, subsiste uma ambiguidade mais geral; esta se refere às práticas do *hacking*, assimiláveis a uma renovação da ética do trabalho capitalista, por um lado, e, por outro, a uma subversão das capacidades de acúmulo do valor econômico.

É importante indicar com precisão que essas dimensões da auto-organização na internet não são mutuamente excludentes e, na realidade, existem numerosas sobreposições entre os diferentes modos de coordenação das informações: por exemplo, projetos *peer-to-peer* também podem ser softwares livres, como é o caso de Bitcoin ou TOR; e, como já vimos, plataformas de captação, tais como o Google, mobilizam (e financiam) softwares livres em suas infraestruturas técnicas. Essas construções típicas ideais se destinam, antes de mais nada, a clarificar o que está em jogo e a propor um quadro analítico suscetível de expor as grandes orientações inscritas nas redes sociotécnicas. Assim, compreende-se que a expressão "economia do compartilhamento" – como se, neste caso, estivesse em questão implicitamente uma forma não concorrente de trocas econômicas – abrange na realidade fenômenos radicalmente diferentes, segundo se trata de compartilhar em uma plataforma de captação (YouTube), no âmbito de um dispositivo *peer-to-peer* disseminativo (BitTorrent) ou no quadro de um projeto autoinstituído (Wikipédia).

Além disso, não pudemos abordar neste trabalho a questão da captura, mais explicitamente política, dessas ferramentas pelos atores para fins de mobilização coletiva. A "isomorfia" entre as redes de informação e de comunicação, por um lado, e, por outro, os compromissos associativos e militantes, foi assinalada bastante cedo, não deixando de sublinhar que, se ela abre, efetivamente, para novos tipos de socialidade e de repertórios de ação, ela também exerce novas coações, inscrevendo a crítica social no quadro do "projeto" (GRANJON, 2001). Uma vez mais, convém salientar que as redes não levam "naturalmente" a um aperfeiçoamento democrático, além de serem investidas por forças tanto progressistas quanto reacionárias, como atesta a eficácia das estratégias da extrema-direita na internet. Em nossa opinião, as "mobilizações informacionais" são condicionadas, em parte, pelo liberalismo informacional: a história mostra que a mediação do ativismo é definida amplamente de acordo com as alterações ocorridas no espaço jornalístico tradicional, por um lado, e, por outro, com a individualização das formas de compromisso; além disso, é possível observar uma "radicalização" das práticas militantes com a internet que se coordenam cada vez mais "a partir de baixo", de maneira descentralizada, flexível e, às vezes, provisória (CARDON & GRANJON, 2013); mas podemos sublinhar que o recurso a este ou àquele tipo de dispositivo, dependendo do fato de se inscrever na captação, na disseminação ou ainda na autoinstituição (assim como em variações mais híbridas), é portador de um potencial e de coações políticas de diferentes ordens.

Espaços alternativos e dotados de certa autonomia se desenvolvem efetivamente no espaço público, permitindo a opiniões periféricas emergir e, às vezes, constituir-se como "contrapúblicos" em relação aos *gatekeepers* tradicionais, mas as suas formas são, em parte, tributárias dos dispositivos sociotécnicos privilegiados. Assim, transmitir vídeos no YouTube e conectá-los ao Facebook ou Twitter pode permitir que uma comunidade se congregue em torno de alguns desafios a enfrentar, mas torna essas comunidades eminentemente rastreáveis e identificáveis, além de introduzir novas dependências aos formatos de publicação e de autopromoção associados a esses novos intermediários, assim como a seus modos de hierarquização da informação e, portanto, à sua influência na construção da visibilidade pública. O *peer-to-peer* e a criptografia permitem reduzir as possíveis intervenções de terceiros e escapar a diferentes dimensões da censura, ampliando, assim, o acesso ao espaço público e, ao mesmo tempo, o seu alcance crítico; no entanto, por um lado, eles são vulneráveis aos excessos do "rumor" informacional que suscita o problema da hierarquização e, por outro, eles tornam mais difícil fazer advir coletivos capazes de implementar uma retomada negociada de seus objetivos, assim como dos modos de funcionamento legítimos. Enfim, o tipo de coordenação inspirado nos softwares livres enquanto autoinstituição, tratando-se seja da implementação de softwares e de procedimentos – como *Liquid Feedback* desenvolvido pelo Partido Pirata Alemão[184] –, ou de modos de produção alternativos de textos legislativos (GUILLAUD, 2012), implica especialmente um elevado grau de capital cultural e exige um forte envolvimento individual para ser verdadeiramente capaz de pesar no processo, o que suscita questões de representatividade.

O surgimento da sociedade civil foi decisivo no advento da Modernidade. Ora, a internet encontra-se hoje intimamente associada a essa figura-chave. Se é assim, isso se deve não só ao fato de que, sendo um meio de comunicação, ela permite que os indivíduos procedam a trocas e se organizem eventualmente para se associarem e exercerem influência sobre os poderes representativos. Mas é também, como tentamos demonstrar, porque ela parece ser *em si mesma* a materialização desse espaço precariamente definido em que as partes vêm ao encontro do todo, de modo que a autonomia individual poderia, de acordo com o *topos* liberal, articular-se com a autonomia coletiva. Enquanto ponta de lança de uma "cultura da auto-organização", a internet reflete, assim, profundas expectativas; no entanto, as suas manifestações e as ideologias que lhes são inerentes podem ser diametralmente opostas. No âmago do espaço do liberalismo informacional, desenham-se linhas de fratura que são outras tantas orientações políticas divergentes, assim como relações de força cujo desenvolvimento continua operante.

---

184. Cf. https://pt.wikipedia.org/wiki/Liquid_Feedback

REFERÊNCIAS*

* ABBATE, J. "Privatizing the Internet: competing visions and chaotic events, 1987-1995". In: *Ieee Annals of the History of Computing* 32, n. 1, jan./2010.

______. *Inventing the Internet*. Cambridge, MA: MIT Press, 1999.

ADAR, E. & HUBERMAN, B.A. "Free riding on gnutella". In: *First Monday [on line]*, 5, n. 10, out./2000.

* AGAR, J. *The Government Machine* – A Revolutionary History of the Computer. Cambridge, MA: MIT Press, 2003.

AGRE, P.E. "P2P and the promise of Internet equality". In: *Communications of the ACM* 46, n. 2, fev./2003.

______. "Cyberspace as American culture". In: *Science as Culture*, 11, n. 2, 2002.

ALBERT, R.; JEONG, H. & BARABÁSI, A.L. "Diameter of the World-Wide Web". In: *Nature*, 401, n. 6.749, 09/09/1999.

* ALDERMAN, J. *Sonic Boom* – Napster, mp3, and the New Pioneers of Music. Cambridge, MA: Perseus, 2001.

ALLARD, L. & VANDENBERGHE, F. "Express yourself! Les pages perso – Entre légitimation technopolitique de l'individualisme expressif et authenticité réflexive *peer to peer*". In: *Réseaux*, n. 117, 2003.

AMERICAN CIVIL LIBERTIES UNION (ACLU), apud NSA ARCHIVE (THE). *American Civil Liberties Union* – Searchable archive of NSA documents released since Edward Snowden's leak [Disponível em http://www.aclu.org/nsa-documents-search].

ANAND, B.N. *The Content Trap*: A Strategist's Guide to Digital Change. Nova York: Random House, 2016.

* As referências precedidas de "*" indicam "seleção bibliográfica" sugerida pelo autor [N.T.].

ANDERSON, B. *L'Imaginaire national* – Réflexions sur l'origine et l'essor du nationalisme [1983]. Paris: La Découverte, 1996 [Orig.: *Imagined Communities* – Reflections on the Origin and Spread of Nationalism. Londres: Verso, 1983].

ANDERSON, C. *Makers* – La Nouvelle Révolution industrielle. Paris: Pearson, 2012 [Orig.: *Makers*: The New Industrial Revolution. Nova York: Crown Business, 2012].

______. *La Longue Traîne* – La nouvelle économie est là. Paris: Pearson Éducation France, 2009a [Orig.: *The Long Tail*: Why the Future of Business Is Selling Less of More. Nova York: Hyperion Books, 2006].

______. *Free!* – Entrez dans l'économie du gratuit. Paris: Pearson Education France, 2009b [Orig.: *Free* – The Future of a Radical Price. Nova York: Hyperion Books, 2009].

ARON, R. *Les desillusions du progrès* – Essai sur la dialectique de la modernité. Paris: Calmann-Lévy, 1969.

ARROW, K.J. *Social Choice and Individual Values*. Nova York: Wiley, 1951 [2. ed., 1963] [Ed. franc.: *Choix collectif et préférences individuelles*. Paris: Calmann-Lévy, 1978].

ASHBY, W.R. "Principles of the self-organizing system". In: VON FOERSTER, H. & ZOPF, G.W. (dir.). *Principles of Self-Organization*. Oxford/Londres/Nova York: Pergamon, 1962, p. 255-278.

* ASSANGE, J. *When Google Met WikiLeaks*. Nova York: OR Books, 2014 [Ed. bras.: *Quando o Google encontrou o WikiLeaks*. São Paulo: Boitempo, 2015].

______. "In conversation with Julian Assange, part 1". In: *E-flux*, n. 25, mai./2011 [Entrevista concedida a Hans Ulrich Obrist].

______. "Time's Julian Assange interview". In: *Time Magazine* 01/12/2010 [Entrevista concedida a Richard Stengel] [Disponível em http://www.time.com/time/world/article/0,8599,2034040,00.html – Acesso em 25/03/2011].

______. "An interview with WikiLeaks' Julian Assange". In: *Forbes.com*, 29/11/2010 [Entrevista concedida a Andy Greenberg] [Disponível em http://blogs.forbes.com/andygreenberg/2010/11/29/an-interview-with-wikileaks-julian-assange – Acesso em 01/12/2010].

______. "Conspiracy as governance". In: *IQ.org*, 03/12/2006 [Disponível em http://web.archive.org/web/20070110200827/http://iq.org/conspiracies.pdf – Acesso em em 21/12/2010].

ASSANGE, J. [APPELBAUM, J.; MÜLLER-MAGUHN, A. & ZIMMERMANN, J. (colab.)]. *Cypherpunks* - Freedom and the Future of the Internet. Nova York: OR Books, 2012 [Ed. bras. *Cypherpunks* - Liberdade e o futuro da internet. São Paulo: Boitempo, 2013]

AUDARD, C. *Qu'est-ce que le libéralisme?* - Éthique, politique, société. Paris: Gallimard, 2009.

AURAY, N. "Le modèle souverainiste des communautés en ligne - Impératif participatif et désacralisation du vote". In: *Hermès*, n. 47, 2007.

______. *Politique de l'informatique et de l'information* - Les pionniers de la nouvelle frontière électronique. Paris: Ehess, Paris, 2000 [Tese de doutorado].

AURAY, N. et al. "La négociation des points de vue - Une cartographie sociale des conflits et des querelles dans le Wikipédia francophone". In: *Réseaux*, n. 154, 2009.

AZAÏS, C.; CORSANI, A. & DIEUAIDE, P. (dir.). *Vers un capitalisme cognitif* - Entre mutations du travail et territoires. Paris/Montreal/Turim: L'Harmattan, 2001.

BADOUARD, R. et al. "Towards a typology of Internet governance sociotechnical arrangements". In: MASSIT-FOLLÉA, F.; MÉADEL, C. & MONNOYER-SMITH, L. (dir.). *Normative Experience in Internet Politics*. Paris: Transvalor/Presses des Mines, 2012, p. 99-124.

BAMFORD, J. *The Shadow Factory* - The NSA from 9/11 to the Eavesdropping on America. Nova York: Anchor Books, 2009.

______. *The Puzzle Palace* - A Report on America's Most Secret Agency. Boston, MA: Houghton Mifflin, 1982.

BARABÁSI, A.-L. "Scale-free networks: a decade and beyond". In: *Science*, 325, n. 5.939, 24/07/2009.

* ______. *Linked* - The New Science of Networks. Cambridge, MA: Perseus, 2002.

BARABÁSI, A.-L. & ALBERT, R. "Emergence of scaling in random networks". In: *Science*, 286, n. 5.439, 15/10/1999.

BARAN, P. "Oral history interview with Paul Baran". In: O'NEILL, J.E. *Charles Babbage Institute* - Center for the History of Information Processing. Mineápolis, MN: University of Minnesota, 05/03/1990.

______. "On distributed communications networks". In: *Ieee Transactions on Communications Systems*, 12, n. 1, mar./1964a.

______. “On Distributed Communications”. In: *Rand memoranda*. 11 vols. Santa Mônica, CA: Rand Corporation, ago./1964b.

BARBARO, M. & ZELLER, T. “A face is exposed for AOL searcher n. 4417749”. In: *The New York Times*, 09/08/2006.

BARBROOK, R. & CAMERON, A. “The Californian Ideology”. In: *Science as Culture*, 6, n. 1, 1996.

BARDINI, T. *Bootstrapping* - Douglas Engelbart, Coevolution and the Origins of Personal Computing. Stanford, CA: Stanford University Press, 2000a.

______. “Les promesses de la révolution virtuelle: genèse de l’informatique personnelle, 1968-1973”. In: *Sociologie et Sociétés*, 32, n. 2, 2000b.

BARLOW, J.P. “Déclaration d’Indépendance du Cybermonde”. In: BLONDEAU, O. & LATRIVE, F. (dir.). *Libres enfants du savoir numérique* - Une anthologie du “Libre” [1996]. Combas: De l’Éclat, 2000.

______. “A Declaration of the Independence of Cyberspace”. In: *EFF.org*, 08/02/1996 [Disponível em http://www.eff.org/cyberspace-independence].

______. “The economy of ideas”. In: *Wired Magazine*, 2, n. 3, mar./1994.

* BATTELLE, J. *La Révolution Google* - Comment les moteurs de recherche ont réinventé notre économie et notre culture. Paris: Eyrolles, 2006 [Orig.: *The Search* - How Google and Its Rivals Rewrote the Rules of Business and Transformed Our Culture. Nova York: Portfolio, 2005].

BAUDRILLARD, J. *Le systeme des objets*. Paris: Gallimard, 1968 [Ed. bras.: *O sistema dos objetos*. 5. ed. São Paulo: Perspectiva, 2012].

BAUWENS, M. *Sauver le monde* - Vers une société postcapitaliste avec le peer-to-peer. Paris: Les Liens qui Libèrent, 2015.

BEAM, C. “The trouble with liberty”. In: *New York Magazine*, 26/12/2010 [Disponível em [http://nymag.com/news/politics/70282 - Acesso em 12/03/2011].

BEAUVISAGE, T. et al. “Le succès sur Internet repose-t-il sur le contagion? - Une analyse des recherches sur la viralité”. In: *Tracés*, n. 21, 2011.

BECKER, K. & STALDER, F. (dir.). *Deep Search* - The Politics of Search Beyond Google. Innsbruck/Edison, NJ: Studien Verlag/Transaction Publishers, 2009.

* BELL, D. *Vers la société post-industrielle*. Paris: Robert Laffont, 1973 [Orig.: *The Coming of Post-Industrial Society* - A Venture in Social Forecasting. Nova York: Basic Books, 1973].

BENEDIKT, M. (dir.). *Cyberspace* – First Steps. Cambridge, MA: MIT Press, 1991.

BENEVOLO, L. *História da cidade*. 4. ed. São Paulo: Perspectiva, 2009.

* BENIGER, J.R. *The Control Revolution* – Technological and Economic Origins of the Information Society. Cambridge, MA: Harvard University Press, 1986.

* BENKLER, Y. *The Penguin and the Leviathan* – How Cooperation Triumphs over Self-Interest. Nova York: Random House, 2011a.

______. "A free irresponsible press: WikiLeaks and the battle over the soul of the networked fourth estate". In: *Harvard Civil Rights-Civil Liberties Law Review*, 46, n. 2, 2011b.

______ *The Wealth of Networks*: How Social Production Transforms Markets and Freedom. New Haven/Londres: Yale University Press, 2006 [Ed. franc.: *La richesse des réseaux* – Marchés et libertés à l'heure du partage social. Lion: PUL, 2009].

BERNERS-LEE, T. "Tim Berners-Lee: I invented the web. Here are three things we need to change to save it". In: *The Guardian*, 12/03/2017 [Disponível em https://www.theguardian.com/technology/2017/mar/11/tim-berners-lee-web-inventor-save-internet].

BESSONE, M. "Culte de l'Internet et transparence: l'héritage de la philosophie américaine". In: *Esprit*, n. 376, jul./2011.

BEUSCART, J.-S. "Les usagers de Napster, entre communauté et clientèle – Construction et régulation d'un collectif sociotechnique". In: *Sociologie du Travail*, 44, n. 4, 2002.

BEUSCART, J.-S.; DAGIRAL, E. & PARASIE, S. "Sociologie des activités en ligne (introduction)". In: *Terrains & Travaux*, n. 15, 2009.

"Bits and bob: Bitcoin has got geeks excited – What about economists?" In: *The Economist*, 16/06/2011 [Disponível em http://www.economist.com/node/18836780].

BLONDEAU, O. & LATRIVE, F. (dir.). *Libres enfants du savoir numérique* – Une anthologie du "Libre" [1996]. Combas: De l'Éclat, 2000.

* BOLTANSKI, L. & CHIAPELLO, E. *Le nouvel esprit du capitalisme*. Paris: Gallimard, 1999 [Ed. bras.: *O novo espírito do capitalismo*. São Paulo: Martins Fontes, 2009].

* BOMSEL, O. *Gratuit!* – Du déploiement de l'économie numérique. Paris: Gallimard, 2007.

BORSOOK P. *Cyberselfish* – A Critical Romp Through the Terribly Libertarian Culture of High Tech. Nova York: Public Affairs, 2001.

______. "How anarchy works". In: *Wired Magazine*, 3, n. 10, out./1995.

BOURGEOIS J. "Le modèle pair-à-pair (P2P)". In: MATHIEU, B. & SALAÜN, M. (dir.). *Évolution des technologies pair-à-pair* – Optimisation, sécurité et application. Paris: Hermès/Lavoisier, 2010, p. 25-51.

* BOYLE J. *The Public Domain* – Enclosing the Commons of the Mind. New Haven, CT / Londres: Yale University Press, 2008.

BRAND, S. *The Media Lab* – Inventing the Future at MIT. Nova York: Penguin, 1987.

______. "Spacewar: fanatic life and symbolic death among the computer bums". In: *Rolling Stone*, 07/12/1972.

* BRETON P. *Le culte de l'internet*: une menace pour le lien social? Paris: La Découverte, 2000.

* ______. *L'Utopie de la communication* – Le mythe du "village planétaire" [1992]. Paris: La Découverte, 1997 [Ed. port.: *A utopia da comunicação*. Lisboa: Instituto Piaget, 1994].

BRIN S. & PAGE L. "The anatomy of a large-scale hypertextual Web search engine". In: *Computer Networks and ISDN Systems*, 30, n. 1-7, 1998.

BROCKMAN J. *Digerati* – Encounters with the Cyber Elite. São Francisco, CA: HardWired, 1996.

* BROUSSEAU, É. & CURIEN N. (dir.). *Internet and Digital Economics* – Principles, Methods and Applications. Cambridge: Cambridge University Press, 2007.

BUCHANAN M. *Nexus* – Small Worlds and the Groundbreaking Science of Networks. Nova York: Norton, 2002.

BUFORD J.F. & YU, H. "Peer-to-peer networking and applications: synopsis and research directions". In: SHEN, X. et al. (dir.). *Handbook of Peer-to-Peer Newtworking*. Nova York: Springer, 2010, p. 3-45.

BUKATMAN, S. *Terminal Identity* – The Virtual Subject in Postmodern Science Fiction. Durham, NC / Londres: Duke University Press, 1993.

BUSH V. "As we may think". In: The *Atlantic Monthly*, 176, n. 1, jul./1945 [Ed. bras.: "Como podemos pensar". In: *Revista Latino-americana de Psicopatologia Fundamental*, vol. 14, n. 1, 2011, p.14-32].

BUTLER, D. "When Google got flu wrong". In: *Nature*, 494, n. 7.436, 14/02/2013.

* BYRNE, D.S. *Complexity Theory and the Social Sciences* – An Introduction. Londres/Nova York: Routledge, 1998.

CAMPBELL-KELLY, M. & GARCIA-SWARTZ, D.D. "The history of the Internet: the missing narratives". In: *Journal of Information Technology*, 28, 2013.

* CARDON, D. "Politique des algorithmes – Présentation". In: *Réseaux*, n. 177, 2013a.

______. "Dans l'esprit du PageRank – Une enquête sur l'algorithme de Google". In: *Réseaux*, n. 177, 2013b.

______. "Réseaux sociaux de l'Internet". In: *Communications*, n. 88, 2011.

______. *La democratie internet* – Promesses et limites. Paris: Seuil, 2010.

CARDON, D. & DELAUNAY-TETEREL, H. "La production de soi comme technique relationnelle – Un essai de typologie des blogs par leurs publics". In: *Réseaux*, n. 138, 2006.

CARDON, D. & GRANJON, F. *Médiactivistes* [2010]. Paris: Presses de Sciences Po, 2013.

CARDON, D. & LEVREL, J. "La vigilance participative – Une interprétation de la gouvernance de Wikipédia". In: *Réseaux*, n. 154, 2009.

* CARÉ, S. *La pensée libertarienne* – Genèse, fondements et horizons d'une utopie libérale. Paris: PUF, 2009.

* CASILLI, A.A. *Les liaisons numériques* – Vers une nouvelle sociabilité? Paris: Seuil, 2010a.

______. "A history of virulence: the body and computer culture in the 1980s". In: *Body & Society*, 16, n. 4, 2010b.

______. *Les mythes de régénération dans la cyberculture*: le corps et ses utopies. Paris: Ehess, nov./2006 [Tese de doutorado].

* CASTELLS, M. *La galaxie internet*. Paris: Fayard, 2002 [Ed. bras.: *A galáxia da internet* – Reflexões sobre a internet, os negócios e a sociedade. Rio de Janeiro: Zahar, 2003] [Orig.: *The Internet Galaxy* – Reflections on the Internet, Business, and Society. Oxford/Nova York: Oxford University Press, 2001].

* ______. *La société en réseaux* – Vol. 1: L'ère de l'information. Paris: Fayard, 2001 [Ed. bras.: *A sociedade em rede* – Vol. 1: A era da informação: economia, sociedade e cultura. 10. ed. São Paulo: Paz & Terra] [Orig.: *The Rise of the Network Society* – The Information Age. Cambridge, MA: Blackwell, 2000].

* CASTORIADIS, C. *Une société à la dérive* - Entretiens et débats, 1974-1997. Paris: Seuil, 2005 [Ed. bras.: *Uma sociedade à deriva* - Entrevistas e debates, 1974-1997. São Paulo: Letras e Ideias, 2006].

______. "Le projet d'autonomie n'est pas une utopie" (1993). In: CASTORIADIS, C. *Une société à la dérive* - Entretiens et débats, 1974-1997. Paris: Seuil, 2005.

______. *La montée de l'insignifiance* - Tomo IV: Les carrefours du labyrinthe. Paris: Seuil, 1996 [Ed. bras.: *As encruzilhadas do labirinto* - Vol. IV: A ascensão da insignificância. Rio de Janeiro: Paz & Terra, 2002].

* ______. *L'Institution imaginaire de la société.* Paris: Seuil, 1975 [Ed. bras.: *A instituição imaginária da sociedade.* São Paulo: Paz e Terra, 1982].

CENTRE DE RECHERCHE SUR L'ÉPISTÉMOLOGIE ET L'AUTONOMIE. *Cahiers du Crea* [Revista da École Polytechnique, Paris].

CERQUI, D. "From Turing to the information society". In: TEUSCHER, C. (dir.). *Alan Turing* - Life and Legacy of a Great Thinker. Nova York: Springer, 2004, p. 59-74.

* CERUZZI, P.E. *A History of Modern Computing.* 2. ed. Cambridge, MA: MIT Press, 2003.

CHOPRA, S. & DEXTER, S. *Decoding Liberation* - The Promise of Free and Open Source Software. Londres/Nova York: Routledge, 2008.

CITTON, Y. (dir.). *L'Économie de l'attention* - Nouvel horizon du capitalisme? Paris: La Découverte, 2014.

CLAIROUIN, O. "La réalité virtuelle, futur du porno (et du sexe en général)?" In: *Le Monde.fr*, 15/03/2015.

CLARK, D.D. "The design philosophy of the Darpa Internet protocols". In: *ACM Sigcomm Computer Communication Review*, 18, n. 4, 1988.

CLYNES, M.E. & KLINE, N.S. "Cyborgs and space". In: *Astronautics*, set./1960.

* COLEMAN, G. *Coding Freedom* - The Ethics and Aesthetics of Hacking. Princeton, NJ: Princeton University Press, 2010.

COLEMAN, G. & GOLUB, A. "Hacker practice - Moral genres and the cultural articulation of liberalism". In: *Anthropological Theory*, 8, n. 3, 2008.

COOL, Y.; DE PATOUL, F.; DE ROY, D.; HAOUIDEG, H.; LAURENT, P. & MONTERO, E. *Les logiciels libres face au droit.* Bruxelas: Bruylant, 2005.

CORIAT, B. (dir.). *Le retour des communs* – La crise de l'idéologie propriétaire. Paris: Les Liens qui Libèrent, 2015.

CROCKER, S.D. "How the Internet got its rules". In: *The New York Times*, 07/04/2009.

CROZIER, M. *Le phenomene bureaucratique* – Essai sur les tendances bureaucratiques des systèmes d'organisation modernes et sur leurs relations en France avec le système social et culturel [1963]. Paris: Seuil, 1971 [Ed. bras.: *O fenômeno burocrático* – Ensaio sobre as tendências burocráticas dos sistemas de organização modernos e suas relações, na França, com o sistema social e cultural. Brasília: UnB, 1963].

DAHLBOM, B. (dir.). *Dennett and His Critics* – Demystifying Mind. Oxford/Cambridge, MA: Blackwell, 1993.

* DARDOT, P. & LAVAL, C. *Commun* – Essai sur la révolution au XXIe siècle. Paris: La Découverte, 2014.

DARWIN, C. *On the Origin of Species by Means of Natural Selection, or the Preservation of Favoured Races in the Struggle for Life*. Londres: John Murray, 1859 [Ed. bras.: *A origem das espécies*. São Paulo: Folha de S. Paulo, 2010 [Col. "Livros que Mudaram o Mundo]].

DAVENPORT, T.H. & BECK, J.C. *The Attention Economy* – Understanding the New Currency of Business. Boston, MA: Harvard Business Press, 2001.

* DAWKINS, R. *Le gène égoïste*. Paris: Odile Jacob, 2003 [Orig.: *The Selfish Gene*. Oxford: Oxford University Press, 1976 [Ed. bras.: *O gene egoísta*. São Paulo: Companhia das Letras, 2007].

______. "Viruses of the mind". In: DAHLBOM, B. (dir.). *Dennett and His Critics* – Demystifying Mind. Oxford/Cambridge, MA: Blackwell, 1993, p. 13-27.

DE FILIPPI, P. & MAURO, R. "Ethereum: the decentralised platform that might displace today's institutions". In: *Internet Policy Review*, 25/08/2014 [Disponível em http://policyreview.info/articles/news/ethereum-decentralised-platform-might-displace-todays-institutions/318 – Acesso em 18/11/2014].

DE KERCKHOVE, D. *L'Intelligence des réseaux*. Paris: Odile Jacob, 2000.

DEAN, J. "Communicative capitalism: circulation and the foreclosure of politics". In: *Cultural Politics*, 1, n. 1, 2005.

* DEIBERT, R.J. *Black Code* – Surveillance, Privacy, and the Dark Side of the Internet. Toronto: Signal, 2013.

DEIBERT, R.J. & ROHOZINSKI, R. "Liberation vs. control in cyberspace". In: *Journal of Democracy*, 21, n. 4, out./2010.

* DELEUZE, G. "Controle e devir" e "*Post-scriptum* sobre as sociedades de controle". In: *Conversações 1972-1990*. 7. reimpr. Rio de Janeiro: Ed. 34, 2008, p. 219-226.

______. *Conversações 1972-1990*. 7. reimpr. Rio de Janeiro: Ed. 34, 2008.

DELEUZE, G. & GUATTARI, F. *Mil platôs* – Capitalismo e esquizofrenia [Vols. 1 e 2: Rio de Janeiro: Ed. 34, 1995. • Vol. 3, Rio de Janeiro: Ed. 34, 1996. • Vols. 4 e 5: São Paulo: Ed. 34, 1997].

DELEUZE, G., & PARNET, C. *Dialogues* [1977]. Paris: Flammarion, 1996.

* DENARDIS, L. *The Global War for Internet Governance*. New Haven, CT: Yale University Press, 2014.

DENNING, D.E. "The future of cryptography". In: LUDLOW, P. (dir.). *Crypto Anarchy, Cyberstates, and Pirate Utopias*. Cambridge, MA: MIT Press, 2001, p. 85-101.

______. "Afterword to 'The future of cryptography'". In: LUDLOW, P. (dir.). *Crypto Anarchy, Cyberstates, and Pirate Utopias*. Cambridge, MA: MIT Press, 2001, p. 103.

DENOUËL, J. & GRANJON, F. (dir.). *Communiquer à l'ère numérique* – Regards croisés sur la sociologie des usages. Paris: Transvalor/Presses des Mines, 2011.

DE PATOUL, F. "Logiciels libres et droit d'auteur: les droits moraux et les règles contractuelles". In: COOL, Y.; DE PATOUL, F.; DE ROY, D.; HAOUIDEG, H.; LAURENT, P. & MONTERO, E. *Les logiciels libres face au droit*. Bruxelas: Bruylant, 2005.

______. *Le cerveau planétaire*. Paris: Seuil, 1988.

* DERY, M. *Vitesse virtuelle* – La cyberculture aujourd'hui. Paris: Abbeville, 1997 [Orig.: *Escape Velocity*: Cyberculture at the End of the Century. Nova York: Grove Press, 1996 [Ed. port.: *Velocidade de escape*: Cibercultura no fim do século. Coimbra: Quarteto, 1996].

DERY M. (dir.). *Flame Wars* – The Discourse of Cyberculture. Durham/Londres: Duke University Press, 1994.

DEUTSCH, K.W. *The Nerves of Government* – Models of Political Communication and Control [1963]. Nova York/Londres: Free Press/Collier-Macmillan, 1966.

DIBBEL, J. "A rape in cyberspace, or how an evil clown, a Haitian trickster spirit, two wizards, and a cast of dozens turned a database into a society". In: DERY, M.

(dir.). *Flame Wars* – The Discourse of Cyberculture. Durham/Londres: Duke University Press, 1994, p. 237-262.

DICKSON, C. "Nearly half of 2011's *New York Times* issues rely on WikiLeaks". In: *The Atlantic Wire,* 25/04/2011.

DOHERTY, B. "John Perry Barlow 2.0: The Thomas Jefferson of cyberspace reinvents his body – and his politics". In: *Reason*, ago./2004 [Entrevista com John Perry Barlow].

DOYLE, J.C. et al. "The 'robust yet fragile' nature of the Internet". In: *Pnas* – Proceedings of the National Academy of Sciences of the United States of America, 102, n. 41, 11/10/2005.

DRUCKER, P.F. *Au-delà du capitalisme* – La métamorphose de cette fin de siècle. Paris: Dunod, 1993 [Orig.: *Post-Capitalist Society*. Nova York: HarperBusiness, 1993 [Ed. bras.: *Sociedade pós-capitalista*. Rio de Janeiro: Conjuntura Atual, 1993].

DUBAR, C. *La crise des identités* – L'interprétation d'une mutation [2000]. Paris: PUF, 2010.

DUBARLE, D. "Vers la machine à gouverner... Une nouvelle science: la cybernétique". In: *Le Monde*, 28/12/1948, apud WIENER, N. *Cybernétique et société* – L'usage humain des êtres humains. Paris: Union Générale d'Éditions, 1971, p. 445-450.

DUBET, F. "Institution". MESURE, S. & SAVIDAN, P. (dir.). *Dictionnaire des Sciences Humaines*. Paris: PUF, 2006, p. 625-627.

* DUMOUCHEL, P. & DUPUY, J.-P. (dir.). *L'Auto-organisation* – De la physique au politique. Paris: Seuil, 1983.

DUNCAN, C. & MACHAN, T.R. (dir.). *Libertarianism* – For and Against. Lanham, MD: Rowman & Littlefield, 2005.

* DUPUY, J.-P. *Aux origines des sciences cognitives*. Paris: La Découverte, 1994.

______. "Vers une science de l'autonomie?" In: *Ordres et désordres* – Enquête sur un nouveau paradigme. Paris: Seuil, 1982, p. 109-124.

* ______. *Ordres et désordres* – Enquête sur un nouveau paradigme. Paris: Seuil, 1982.

* DURAND, R. & VERGNE, J.-P. *L'Organisation pirate* – Essai sur l'évolution du capitalisme. Lormont: Le Bord de l'Eau, 2010.

DYSON, E. "Intellectual value". In: *Wired Magazine*, 3, n. 7, jul./1995.

DYSON, E. et al. "Cyberspace and the American Dream – A Magna Carta for the Knowledge Age". *Progress and Freedom Foundation*, ago./1994 [Disponível em http://www.pff.org/issues-pubs/futureinsights/fi1.2magnacarta.html].

EASTON, D. *Analyse du système politique* [1964]. Paris: Armand Colin, 1974.

* EDWARDS, P.N. *The Closed World* – Computers and the Politics of Discourse in Cold War America. Cambridge, MA: MIT Press, 1996.

EHRENBERG, A. *Le culte de la performance*. Paris: Calmann-Lévy, 1991.

ELBERSE, A. "Should you invest in the long tail?" In: *Harvard Business Review*, 86, n. 7/8, jul./2008.

ELLUL, J. *Le systeme technicien*. Paris: Calmann-Lévy, 1977.

ENGELBART, D.C. "Augmenting human intellect – A conceptual framework". In: *Research Report Afosr-3223*, out./1962: Menlo Park, CA: Stanford Research Institute.

ESTIENNE, Y. "La mobilisation des (net) travailleurs de la 'Nouvelle économie': gouvernement des hommes et contrainte d'autonomie". In: *Études de Communication*, n. 28, 2005.

FACEBOOK. *Como o Feed de notícias funciona* [Disponível em http://pt-br.facebook.com/help/327131014036297/ – Acesso em 02/06/2015].

FALKVINGE, R. "With the Napster of banking round the corner, bring out your popcorn". In: *Falkvinge.net*, 11/05/2011 [Disponível em http://falkvinge.net/2011/05/11/with-the-napster-of-banking-round-the-corner-bring-out-your-popcorn – Acesso em 05/06/2015].

FALOUTSOS, M.; FALOUTSOS, P. & FALOUTSOS, C. "On power-law relationships of the Internet topology". In: *ACM Sigcomm Computer Communication Review*, 29, n. 4, out./1999.

FELLER, J. et al. (dir.). *Perspectives on Free and Open Source Software*. Cambridge, MA/Londres: MIT Press, 2005.

FLANAGIN, A.J.; FLANAGIN, C. & FLANAGIN, J. "Technical code and the social construction of the Internet". In: *New Media & Society*, 12, n. 2, mar./2010.

FLICHY, P. "L'individualisme connecté entre la technique numérique et la société". In: *Réseaux*, n. 124, 2004.

* ______. *L'Imaginaire d'internet*. Paris: La Découverte, 2001 [Ed. ingl.: *The Internet Imaginaire*. Cambridge, MA: MIT Press, 2007].

FOREST, D. "L'intelligence collective: anatomie d'un poncif". In: *Questions de Communication*, n. 15, 2009.

* ______. *Le prophetisme communicationnel* – La société de l'information et ses futurs. Paris: Syllepse, 2004.

* FOUCAULT, M. *Naissance de la biopolitique* – Cours au Collège de France, 1978-1979. Paris: Seuil/Gallimard, 2004a [Org. de M. Senellart; Dir. de de F. Ewald e A. Fontana] [Ed. bras.: *Nascimento da biopolítica* – Curso dado no Collège de France (1978-1979). São Paulo: Martins Fontes, 2008].

* ______. *Sécurité, territoire, population* – Cours au Collège de France, 1977-1978. Paris: Seuil/Gallimard, 2004b [Org. de M. Senellart; Dir. de F. Ewald e A. Fontana] [Ed. bras.: *Segurança, território, população* – Curso dado no Collège de France (1977-1978). São Paulo: Martins Fontes, 2008].

______. "Nietzsche, la généalogie, l'histoire". In: *Hommage à Jean Hippolyte*, 1971, p. 145-172.

FREENET PROJECT (THE). *O que é Freenet?* [Disponível em http://freenetproject.org/index.html].

______. *A filosofia por trás da Freenet* [Disponível em [http://freenetproject.org/about.html#philosophy].

* FRIEDMAN, T. *Electric Dreams* – Computers in American Culture. Nova York/Londres: New York University Press, 2005.

FROOMKIN, A.M. Habermas@discourse.net: toward a critical theory of cyberspace. In: *Harvard Law Review*, 116, n. 3, jan./2003.

GALBRAITH, J.K. *Le nouvel État industriel* – Essai sur le système économique américain. Paris: Gallimard/NRF/Bibliothèque des Sciences Humaines, 1968 [Orig.: *The New Industrial State*. Princeton: Princeton University Press, 1967].

* GALLOWAY, A.R. *Protocol* – How Control Exists After Decentralization. Cambridge, MA: MIT Press, 2004.

* GALLOWAY, A.R. & THACKER, E. *The Exploit* – A Theory of Networks. Mineápolis, MN: University of Minnesota Press, 2007.

GARFINKEL, S. *Database Nation* – The Death of Privacy in the 21st Century. Beijing/Cambridge: O'Reilly, 2000.

GATES, B. "An open letter to hobbyists". In: *Homebrew Computer Club Newsletter*, 2, n. 1, 31/01/1976.

GATES, B. [MYHRVOLD, N. & RINEARSON, P. (colab.)]. *A estrada do futuro*. São Paulo: Companhia das Letras, 1995 [Orig.: *The Road Ahead*. Nova York: Viking Press, 1995].

* GAUCHET, M. *L'Avènement de la démocratie* – Tomo 1: *La révolution moderne*. Paris: Gallimard, 2007.

______. "Visages de l'autre – La trajectoire de la conscience utopique". In: *Le Débat*, n. 125, mai./2003.

______. "Croyances religieuses, croyances politiques". In: *Le Débat*, n. 115, mai./2001.

______. "L'élargissement de l'objet historique". In: *Le Débat*, n. 103, jan./1999.

GEORGES, F. "L'identité numérique sous emprise culturelle – De l'expression de soi à sa standardisation". In: *Les Cahiers du Numérique*, 7, n. 1, 2011.

* GEROVITCH, S. "The cybernetics scare and the origins of the Internet". In: *Baltic Worlds*, 2, n. 1, 2009.

______. "InterNyet: why the Soviet Union did not build a nationwide computer network". In: *History and Technology*, 24, n. 4, dez./2008.

______. *From Newspeak to Cyberspeak* – A History of Soviet Cybernetics. Cambridge, MA: MIT Press, 2002.

GIBSON, J.W. *The Perfect War* – Technowar in Vietnam. Boston, MA: Atlantic Monthly Press, 1986.

GIBSON, W. *Neuromancer*. Nova York: Ace Books, 1984 [Ed. bras.: *Neuromancer*. São Paulo: Aleph, 1991] [Ed. esp.: *Neuromancer* – 30 anos. São Paulo: Aleph, 2014].

GILES, J. "Internet encyclopædias go head to head". In: *Nature*, 438, n. 7.070, 15/12/2005.

GILLESPIE, T. "Engineering a principle: 'end-to-end' in the design of the Internet". In: *Social Studies of Science*, 36, n. 3, jun./2006.

GINSBERG, J. et al. "Detecting influenza epidemics using search engine query data". In: *Nature*, 457, n. 7.232, 19/02/2009.

GOFFMAN, E. *La mise en scène de la vie quotidienne* – Vol. 1: La présentation de soi. Paris: Minuit, 1973 [Orig.: *The Presentation of Self in Everyday Life*. Anchor Books, 1959] [Ed. bras.: *A representação do eu na vida cotidiana*. 19. ed. Petrópolis: Vozes, 2011].

* GOLDSMITH, J.L. & WU, T. *Who Controls the Internet?* –Illusions of a Borderless World. Nova York: Oxford University Press, 2006.

GOOGLE. *Alphabet* – Investor Relations [Disponível em http://abc.xyz/investor/index.html].

______. *Aquilo em que acreditamos* [Disponível em http://www.google.com/intl/pt/about/company/philosophy].

______. [empresa] [Disponível em http://www.google.co.uk/about/company/].

______. *GV, anteriormente Google Ventures* [Disponível em http://pt.wikipedia.org/wiki/GV].

______. *Lista das aquisições e fusões* [Disponível em http://en.wikipedia.org/wiki/List_of_mergers_and_acquisitions_by_Google].

______. *Lista de ferramentas e serviços* [Disponível em http://pt.wikipedia.org/wiki/Lista_de_ferramentas_e_servi%C3%A7os_do_Google].

GORZ, A. *L'Immatériel* – Connaissance, valeur et capital. Paris: Galilée, 2003 [Ed. bras.: *O imaterial*: conhecimento, valor e capital. São Paulo: Annablume, 2005].

GOURDAIN, P. et al. *La revolution Wikipédia* – Les encyclopédies vont-elles mourir? Paris: Mille et Une Nuits, 2007 [Prefácio de Pierre Assouline].

GRANGER, G.-G. *La mathematique sociale du marquis de Condorcet* (1956). Paris: Odile Jacob, 1989.

GRANJON, F. "De quelques pathologies sociales de l'individualité numérique – Exposition de soi et autoréification sur les sites de réseaux sociaux". In: *Réseaux*, n. 167, 2011.

______. *L'Internet militant* – Mouvement social et usages des réseaux télématiques. Rennes: Apogée, 2001.

GRANJON, F. & DENOUËL, J. "Exposition de soi et reconnaissance de singularités subjectives sur les sites de réseaux sociaux". In: *Sociologie*, 1, n. 1, 2010.

* GRANJON, F.; LELONG, B. & METZGER, J.-L. (dir.). *Inégalités numériques* – Clivages sociaux et modes d'appropriation des TIC. Paris: Hermès/Lavoisier, 2009.

GRANOVETTER, M. "Action économique et structure sociale: le problème de l'encastrement". In: *Sociologie économique*. Paris: Seuil, 2008, p. 75-114 [Orig.: "Economic action and social structure: the problem of embeddedness". In: *American Journal of Sociology*, 91, n. 3, 1985.

______. "Modèles de seuils du comportement collectif". In: *Sociologie économique*. Paris: Seuil, 2008, p. 115-148 [Orig.: "Threshold models of collective behavior". In: *American Journal of Sociology*, 83, n. 6, mai./1978.

______. *Sociologie économique* (1985). Paris: Seuil, 2008.

* GRAY, C.H. *Cyborg Citizen* – Politics in the Posthuman Age. Londres/Nova York: Routledge, 2001.

GRAY, C.H.; FIGUEROA-SARRIERA, H.J. & MENTOR, S. *The Cyborg Handbook*. Nova York/Londres: Routledge, 1995.

GRAY, C.H.; MENTOR, S. & FIGUEROA-SARRIERA, H.J. "Cyborgology: constructing the knowledge of cybernetic organisms". In: *The Cyborg Handbook*. Nova York/Londres: Routledge, 1995, p. 1-14.

* GREENBERG, A. *This Machine Kills Secrets* – How WikiLeakers, Cypherpunks, and Hacktivists Aim to Free the World's Information. Nova York: Dutton, 2012.

______. "An interview with WikiLeaks' Julian Assange". In: *Forbes.com*, 29/11/2010 [Disponível em http://blogs.forbes.com/andygreenberg/2010/11/29/an-interview-withwikileaks-julian-assange – Acesso em 01/12/2010].

GREER, A. "Confusion sur les Communs". In: *La Vie des Idees*, 31/03/2015 [Disponível em http://www.laviedesidees.fr/Confusion-sur-les-Communs.html – Acesso em 31/03/2015] [Orig.: "Confusion on the Commons". In: *Books & Ideas.net*, 08/12/2014 [Disponível em http://www.booksandideas.net/Confusion-on-the-Commons.html – Acesso em 31/03/2015].

GUILLAUD, H. "Faire la loi, ensemble?" In: *InternetActu*, 23/10/2012 [Disponível em http://www.internetactu.net/2012/10/23/faire-la-loi-ensemble – Acesso em 10/06/2015].

* GUILLO, D. *La culture, le gène et le virus* – La mémétique en question. Paris: Hermann, 2009.

______. *Les figures de l'organisation* – Sciences de la vie et sciences sociales au XIXe siècle. Paris: PUF, 2003.

GUNTHERT, A. "L'image partagée – Comment internet a changé l'économie des images". In: *Études Photographiques*, n. 24, nov./2009.

HABERMAS, J. *L'Espace public* – Archéologie de la Publicité comme dimension constitutive de la société bourgeoise. Paris: Payot, 1978 [Orig.: *Strukturwandel der Öffentlichkeit* – Untersuchungen zu einer Kategorie der bürgerlichen Gesellschaft. Frankfurt a. M.: Suhrkamp Verlag, 1962].

HANDLEY, T. "P2P search as an alternative to Google: recapturing network value through decentralized search". In: *Journal of Peer Production*, n. 3, jul./2013.

* HARAWAY, D. *Simians, Cyborgs, and Women*: The Reinvention of Nature. Nova York: Routledge, 1985.

______. "Manifesto ciborgue: ciência, tecnologia e feminismo-socialista no final do século XX" [Orig.: "A Cyborg Manifesto: Science, Technology, and Socialist-Feminism in the Late Twentieth Century". In: HARAWAY, D. *Simians, Cyborgs, and Women*: The Reinvention of Nature. Nova York: Routledge, 1985.

______. *Primate Visions* – Gender, Race, and Nature in the World of Modern Science. Nova York: Routledge, 1989.

HARDIN, G. "The tragedy of the commons". In: *Science*, 162, n. 859, 13/12/1968.

* HARDT, M. & NEGRI, A. *Multitude* – Guerre et démocratie à l'âge de l'empire. Paris: La Découverte, 2004 [Orig.: *Multitude*: War and Democracy in the Age of Empire. Penguin Books, 2004] [Ed. bras.: *Multidão* – Guerra e democracia na era do Império. Rio de Janeiro/São Paulo: Record, 2004].

* ______. *Empire*. Paris: Exils, 2000 [Orig.: *Empire*. Harvard University Press, 2000] [Ed. bras.: *Império*. Rio de Janeiro/São Paulo: Record, 2000].

HARRIS, S. "Giving in to the surveillance state". In: *The New York Times*, 23/08/2012.

HAUBEN, M. & HAUBEN, R. *Netizens* – On the History and Impact of Usenet and the Internet. Los Alamitos, CA: Wiley-Ieee Computer Society Press, 1997.

* HAYEK, F.A. "La théorie des phénomènes complexes". In: *Essais de philosophie, de science politique et d'économie* (1967). Paris: Les Belles lettres, 2007, p. 55-84 [Orig.: "The theory of complex phenomena". In: *Studies in Philosophy, Politics and Economics*. Londres: Routledge & Kegan Paul, 1967, p. 22-42].

______. *Essais de philosophie, de science politique et d'économie* (1967). Paris: Les Belles lettres, 2007 [Orig.: *Studies in Philosophy, Politics and Economics*. Londres: Routledge & Kegan Paul, 1967].

* ______. *Droit, législation et liberté*: une nouvelle formulation des principes libéraux de justice et d'économie politique – Vol. 1: Règles et ordre [1973]. Paris: PUF, 1995 [Orig.: *Law, Legislation and Liberty* – Vol. 1: Rules and Order. Londres: Routledge & Kegan Paul, 1973].

______. "L'utilisation de l'information dans la société". In: *Revue Française d'Économie*, 1, n. 1-2, 1986 [Orig.: "The use of knowledge in society". In: *American Economic Review*, 35, n. 4, 1945].

HAYLES, N.K. "Cybernetics". In: MITCHELL, W.J.T. & HANSEN, M.B.N. (dir.). *Critical Terms for Media Studies*. Chicago/Londres: University of Chicago Press, 2010.

______. "Unfinished work: from cyborg to the cognisphere". In: *Theory, Culture & Society*, 23, n. 7-8, dez./2006.

______. "The condition of virtuality". In: LUNENFELD, P. (dir.). *The Digital Dialectic* – New Essays on New Media. Cambridge, MA: MIT Press, 2000.

* ______. *How We Became Posthuman* – Virtual Bodies in Cybernetics, Literature, and Informatics. Chicago, IL/Londres: University of Chicago Press, 1999.

HEELAS, P. *The New Age Movement* – The Celebration of the Self and the Sacralization of Modernity. Oxford/Cambridge, MA: Blackwell, 1996.

HEIDEGGER, M. *Réponses et questions sur l'histoire et la politique*. Paris: Mercure de France, 1977 [Entrevista concedida em 1966 e publicada no semanário *Der Spiegel* de 31/05/1976].

HEIM, M. *The Metaphysics of Virtual Reality*. Nova York/Oxford: Oxford University Press, 1994.

* HEIMS, S.J. *Constructing a Social Science for Postwar America* – The Cybernetics Group, 1946-1953 (1991). Cambridge, MA: MIT Press, 1993.

______. *John von Neumann and Norbert Wiener* – From Mathematics to the Technologies of Life and Death. Cambridge, MA: MIT Press, 1980.

HENDLER, J. et al. "Web science: an interdisciplinary approach to understanding the Web". *Communications of the ACM*, 51, n. 7, 2008.

* HESS, C. & OSTROM, E. (dir.). *Understanding Knowledge as a Commons* – From Theory to Practice. Cambridge, MA: MIT Press, 2007.

* HIMANEN, P. *L'Ethique hacker et l'esprit de l'ère de l'information*. Paris: Exils, 2001 [Prefácio de Linus Torvalds; Posfácio de Manuel Castells] [Orig.: *The Hacker Ethic and the Spirit of the Information Age*. Nova York: Random House, 2001].

HINDMAN, M.S. *The Myth of Digital Democracy*. Princeton, NJ: Princeton University Press, 2008.

HOPE, J. *Biobazaar* – The Open Source Revolution and Biotechnology. Cambridge, MA: Harvard University Press, 2008.

* HUBERMAN, B.A. *The Laws of the Web* – Patterns in the Ecology of Information. Cambridge, MA: MIT Press, 2001.

HUBERMAN, B.A. & ADAMIC, L.A. "Growth dynamics of the World-Wide Web". In: *Nature*, 401, n. 6.749, 09/09/1999.

HUGUET, F. "Taïwan manifeste en *peer-to-peer*: les réseaux Mesh comme infrastructures de contestation, d'organisation et de débat". In: *Carnet de recherche du projet Adam*, 02/04/2014 [Disponível em http://adam.hypotheses.org/1909 – Acesso em 03/04/2014].

HUME, D. *Traité de la nature humaine*. 2 tomos. Paris: Aubier Montaigne, 1946 [Orig.: *A Treatise of Human Nature*: Being an Attempt to introduce the experimental Method of Reasoning into Moral Subjects. 3 vols. Londres: White-Hart, 1739-1740 [Ed. bras.: *Tratado da natureza humana*. São Paulo: Unesp, 2001].

INTRONA, L. & NISSENBAUM, H. "Shaping the Web: why the politics of search engines matters". In: *The Information Society*, 16, n. 3, 2000.

* IPPOLITA. *Le cote obscur de Google*. Paris: Payot, 2011 [Rivages Poche – Petite Bibliothèque, n. 709] [Disponível em www.ippolita.net] [Orig. ital.: *Il lato oscuro di Google*. Milão: Feltrinelli, 2007].

* ISIN, E. & RUPPERT, E. *Being Digital Citizens*. Londres/Nova York: Rowman & Littlefield, 2015.

JARVIS, J. *Tout nu sur le Web* – Plaidoyer pour une transparence maîtrisée. Paris: Pearson, 2011 [Orig.: *Public Parts* – How Sharing in the Digital Age Improves the Way We Work and Live. Nova York: Simon & Schuster, 2011].

JAURÉGUIBERRY, F. "L'immédiateté télécommunicationnelle". In: MOATI, P. (dir.). *Nouvelles technologies et modes de vie*: aliénation ou hypermodernité? La Tour d'Aigues: De l'Aube, 2005, p. 85-98.

JENKINS, H. *La Culture de la convergence* – Des médias au transmédia. Paris: Armand Colin, 2013 [Orig.: *Convergence Culture*: where old and new media collide. Nova York/Londres: New York University Press, 2006] [Ed. bras.: *Cultura da convergência*. São Paulo: Aleph, 2009].

______. "If it doesn't spread, it's dead (part one): media viruses and memes". *Confessions of an Aca-Fan*, 11/02/2009 [blog] [Disponível em http://www.henryjenkins.org/2009/02/if_it_doesnt_spread_its_dead_p.html – Acesso em 12/09/2011].

JENKINS, H. & THORBURN, D. (dir.). *Democracy and New Media*. Cambridge, MA: MIT Press, 2003.

JOHNSON, D.R. & POST, D. "Law and borders: the rise of law in cyberspace". In: *Stanford Law Review*, 48, n. 5, mai./1996.

JOHNSTON, C. "Facebook's route to becoming a reassurance machine". In: *Ars Technica*, 19/08/2014 [Disponível em http://arstechnica.com/business/2014/08/how-facebook-mightfix-its-trivial-viral-content-glut – Acesso em 10/06/2015].

* JORDAN, T. *Hacking* – Digital Media and Technological Determinism. Cambridge/Malden, MA: Polity Press, 2008.

* JOUËT, J. "Des usages de la télématique aux *Internet Studies*". In: DENOUËL, J. & GRANJON, F. (dir.). *Communiquer à l'ère numérique* – Regards croisés sur la sociologie des usages. Paris: Transvalor/Presses des Mines, 2011, p. 45-90.

JOYCE, P. (dir.). *The Social in Question* – New Bearings in History and the Social Sciences. Londres/Nova York: Routledge, 2002.

KALATHIL, S. & BOAS, T.C. *Open Networks, Closed Regimes* – The Impact of the Internet on Authoritarian Rule. Washington, DC: Carnegie Endowment for International Peace, 2003.

KAPLAN, F. "Quand les mots valent de l'or – Vers le capitalisme linguistique". In: *Le Monde Diplomatique*, nov./2011.

KARPIK, L. *L'Économie des singularités*. Paris: Gallimard, 2007.

KATZ, E. & DAYAN, D. *Media events*: The live broadcasting of history. Cambridge, MA: Harvard University Press, 1992 [Ed. port.: *A história em directo*: os acontecimentos mediáticos na televisão. Coimbra: Minerva, 1999].

KATZ, E. & LAZARSFELD, P.F. *Influence personnelle* – Ce que les gens font des médias. Paris: Armand Colin, 2008 [Orig.: *Personal Influence*: the Part Played by People in the Flow of Mass Communications. Nova York: Free Press, 1955].

KELLER, B. "Dealing with Assange and the secrets he spilled". In: *The New York Times*, 30/01/2011.

* KELLY, K. *New Rules for the New Economy* – 10 Radical Strategies for a Connected World. Nova York: Viking, 1998.

______. "New rules for the new economy". In: *Wired Magazine*, 5, n. 9, set./1997.

*______. *Out of Control* – The New Biology of Machines, Social Systems and the Economic World. Reading, MA: Addison-Wesley, 1994.

* KELTY, C.M. *Two Bits* – The Cultural Significance of Free Software. Durham, NC: Duke University Press, 2008.

KISS, J. "An online Magna Carta: Berners-Lee calls for bill of rights for web". In: *The Guardian*, 12/03/2014 [Disponível em http://www.theguardian.com/technology/2014/mar/12/online-magna-carta-berners-lee-web – Acesso em 19/03/2014].

KLEINBERG, J. "Authoritative sources in a hyperlinked environment". In: *Journal of the ACM*, 46, n. 5, 1999.

KLEINBERG, J. & LAWRENCE, S. "The structure of the Web". In: *Science*, 294, n. 5.548, 30/11/2001.

Know Your Meme [Disponível em http://www.knowyourmeme.com].

KUZNICKI, J. "Ten Years of *Code*: A Reassessment of Lawrence Lessig's *Code and Other Laws of Cyberspace*", mai./2009 [Disponível em http://www.cato-unbound.org/archives/may-2009].

LALLEMENT, M. *L'Âge du faire* – Hacking, travail, anarchie. Paris: Seuil, 2015.

LANDEMORE, H. & ELSTER, J. (dir.). *Collective Wisdom* – Principles and Mechanisms. Cambridge/Nova York: Cambridge University Press, 2012.

LANIER, J. *You Are Not a Gadget* – A manifesto. Nova York: Knopf, 2010.

* LATOUR, B. "Gabriel Tarde and the end of the social". In: JOYCE, P. (dir.). *The Social in Question* – New Bearings in History and the Social Sciences. Londres/Nova York: Routledge, 2002, p. 117-132.

______. *Nous n'avons jamais été modernes* – Essai d'anthropologie symétrique [1991]. Paris: La Découverte, 1997 [Ed. bras.: *Jamais fomos modernos*: ensaio de antropologia simétrica. Rio de Janeiro: Ed. 34, 1994].

LATRIVE, F. *Du bon usage de la piraterie* – Culture libre, sciences ouvertes (2004). Paris: La Découverte, 2007.

LAZARO, C. *La liberté logicielle* – Une ethnographie des pratiques d'échange et de coopération au sein de la communauté Debian. Louvain-la-Neuve: Bruylant-Academia, 2008.

LAZER, D. "Computational social science". In: *Science*, 323, n. 5.915, 06/02/2009.

LAZER, D. et al. "The parable of Google Flu: traps in big data analysis". In: *Science*, 343, n. 6.176, 14/03/2014.

LEBEER, G. & MORIAU, J. (dir.). *(Se) gouverner* – Entre souci de soi et action publique. Bruxelas: Peter Lang, 2010.

LECOURT, D. *Humain, post-humain* – La technique et la vie. Paris: PUF, 2003.

LEFORT, C. *Éléments d'une critique de la bureaucratie*. Paris: Gallimard, 1979.

LE ROUX, R. "L'homéostasie sociale selon Norbert Wiener". In: *Revue d'Histoire des Sciences Humaines*, n. 16, 2007.

* LESLIE, S.W. *The Cold War and American Science* – The Military-Industrial-Academic Complex at MIT and Stanford. Nova York: Columbia University Press, 1993.

* LESSIG, L. "Continuing the Work of Code". In: KUZNICKI, J. "Ten Years of *Code*: A Reassessment of Lawrence Lessig's *Code and Other Laws of Cyberspace*", mai./2009 [Disponível em http://www.cato-unbound.org/archives/may-2009].

______. *Remix* – Making Art and Commerce Thrive in the Hybrid Economy. Londres: Bloomsbury, 2008.

______. *Code* – Version 2.0 (1999). Nova York: Basic Books, 2006.

* ______. *L'Avenir des idées* – Le sort des biens communs à l'heure des réseaux numériques. Lion: PUL, 2005 [Orig.: *The Future of Ideas* – The fate of the commons in the connected world. Nova York: Random House, 2001].

* ______. *Free Culture* – How Big Media Uses Technology and the Law to Lock Down Culture and Control Creativity. Nova York: Penguin, 2004.

______. "Code is law: on liberty in cyberspace". In: *Harvard Magazine*, jan./2000a.

______. "The death of cyberspace". In: *Washington & Lee Law Review*, 57, 2000b.

LÉVESQUE, B.; BOURQUE, G.L. & FORGUES, E. "De l'anti-utilitarisme au paradigme du don". In: *Nouvelle sociologie économique* – Originalité et diversité des approches. Paris: Desclée de Brouwer, 2001, p. 31-56.

______. *Nouvelle sociologie économique* – Originalité et diversité des approches. Paris: Desclée de Brouwer, 2001.

LEVREL, J. "Wikipédia, un dispositif médiatique de publics participants". In: *Réseaux*, n. 138, 2006.

LÉVY, P. *Cyberdémocratie* – Essai de philosophie politique. Paris: Odile Jacob, 2002 [Ed. br.: *Ciberdemocracia*. Lisboa: Instituto Piaget, 2003].

______. "La montée vers la noosphère". In: *Sociologie et Sociétés*, 32, n. 2, 2000a.

______. *World philosophie* – Le marché, le cyberespace, la conscience. Paris: Odile Jacob, 2000b [Ed. bras.: *A conexão planetária*: o mercado, o ciberespaço, a consciência. São Paulo: Ed. 34, 2001].

* ______. *L'Intelligence collective* – Pour une anthropologie du cyberspace (1994). Paris: La Découverte, 1997a [Ed. bras.: *A inteligência coletiva*: por uma antropologia do ciberespaço. 3. ed. São Paulo: Loyola, 2000].

______. *Cyberculture*. Paris: Odile Jacob, 1997b [Relatório para o Conselho da Europa no âmbito do projeto "Nouvelles technologies: coopération culturelle et communication"] [Ed. bras.: *Cibercultura*. São Paulo: Ed. 34, 1999].

______. *De la programmation considérée comme un des beaux-arts*. Paris: La Découverte, 1992.

______. *La machine univers* – Création, cognition et culture informatique. Paris: La Découverte, 1987 [Ed. bras.: *A máquina universo*: criação, cognição e cultura informática. São Paulo: Artmed, 1998].

* LEVY, S. *In the Plex* – How Google Thinks, Works, and Shapes Our Lives. Nova York: Simon & Schuster, 2011.

*______. *Hackers* – Heroes of the Computer Revolution (1984). Sebastopol, CA: O'Reilly Media, 2010.

______. *Crypto: How the Code Rebels Beat the Government* – Saving Privacy in the Digital Age. Nova York: Viking, 2001.

LICKLIDER, J.C.R. "Man-computer symbiosis". In: IRE Transactions on Human Factors in Electronics, HFE-1, mar./1960.

LICKLIDER, J.C.R. & TAYLOR, R.W. "The computer as a communication device". In: *Science and Technology*, n. 76, abr./1968.

LLOYD, A.L. & MAY, R.M. "How viruses spread among computers and people". In: *Science*, 292, n. 5.520, 18/05/2001.

LOCKE, J. *Segundo tratado sobre o governo civil*. Petrópolis: Vozes, [s.d.] [Orig.: *Two Treatises of Government: In The Former the False Principles and Foundation of Sir Robert Filmer and His Followers, are Detected and Overthrown* – The Latter is An Essay Concerning the True Original Extent and End of Civil Government. Londres: Awnsham and John Churchill, 1698].

* LOJKINE, J. *La révolution informationnelle*. Paris: PUF, 1992.

* LUDLOW, P. *High Noon on the Electronic Frontier* – Conceptual Issues in Cyberspace. Cambridge, MA: MIT Press, 1996.

* LUDLOW, P. (dir.). *Crypto Anarchy, Cyberstates, and Pirate Utopias*. Cambridge, MA: MIT Press, 2001.

LUKASIK, S.J. "Why the Arpanet was built". In: *Ieee Annals of the History of Computing*, 33, n. 3, jul./2011.

LUNENFELD, P. (dir.). *The Digital Dialectic* – New Essays on New Media. Cambridge, MA: MIT Press, 2000.

LUPTON, D. "Panic computing: the viral metaphor and computer technology". In: *Cultural Studies*, 8, n. 3, 1994.

* LYON, D. (dir.). *Surveillance as Social Sorting* – Privacy, Risk and Automated Discrimination. Londres/Nova York: Routledge, 2003.

MACHAN, T.R. "The case for libertarianism: sovereign individuals". In: DUNCAN, C. & MACHAN, T.R. (dir.). *Libertarianism* – For and Against. Lanham, MD: Rowman & Littlefield, 2005.

MALONE, T. & BERNSTEIN, M. (dir.). *The Collective Intelligence Handbook*. Cambridge, MA: MIT Press, 2014.

MANZATO, D.A.G. & DA FONSECA, N.L.S. "Incentive mechanisms for cooperation in peer-to-peer networks". In: SHEN, X. et al. (dir.). *Handbook of Peer-to-Peer Networking*. Nova York: Springer, 2010, p. 631-660.

MARKOFF, J. *What the Dormouse Said* – How the 60s Counterculture Shaped the Personal Computer Industry. Nova York: Viking, 2005.

* MASSIT-FOLLÉA, F.; MÉADEL, C. & MONNOYER-SMITH, L. (dir.). *Normative Experience in Internet Politics*. Paris: Transvalor/Presses des Mines, 2012.

MATHIEU, B. & SALAÜN, M. (dir.). *Évolution des technologies pair-à-pair* – Optimisation, sécurité et application. Paris: Hermès/Lavoisier, 2010.

* MATTELART, A. *Histoire de l'utopie planétaire* – De la cité prophétique à la société globale (1999). Paris: La Découverte, 2009a.

______. *Histoire de la société de l'information*. Paris: La Découverte, 2009b [Col. "Repères"].

______. "L'âge de l'information: genèse d'une appellation non contrôlée". In: *Réseaux*, 18, n. 101, 2000.

______. *Comunicação-mundo*: história das ideias e das estratégias. 2. ed. Petrópolis: Vozes. 1996.

* ______. *L'Invention de la communication*. Paris: La Découverte, 1994.

MAUSS, M. "Essai sur le don: formes et raison de l'échange dans les sociétés archaïques". In: *L'Année Sociologique*, seconde série, 1923-1924, apud MAUSS, M. *Sociologie et Anthropologie*, Paris: PUF, 1950 [Introdução de C. Lévi-Strauss].

MAY, T.C. "The Crypto Anarchist Manifesto" (1988), set./1992 [Disponível em http://www.activism.net/cypherpunk/crypto-anarchy.html – Acesso em 24/03/2011].

MAYER-SCHÖNBERGER, V. & CUKIER, K. *Big Data* – La révolution des données est en marche. Paris: Robert Laffont, 2014.

McCULLAGH, D. "What Larry Didn't Get". In: KUZNICKI, J. "Ten Years of *Code*: A Reassessment of Lawrence Lessig's *Code and Other Laws of Cyberspace*", mai./2009 [Disponível em http://www.cato-unbound.org/archives/may-2009].

* McLUHAN, M. *La Galaxie Gutenberg* – La genèse de l'homme typographique. Tomos I e II. Paris: Gallimard, 1977 [Col. "Idées"] [Orig.: *The Gutenberg Galaxy*: The Making of Typographic Man. Toronto: University of Toronto Press, 1962 [Ed. bras.: *A galáxia de Gutenberg*: a formação do homem tipográfico. São Paulo: Nacional/Edusp, 1972].

______. "The Playboy interview: Marshall McLuhan". In: *Playboy Magazine*, mar./1969.

MEDINA, E. *Cybernetic Revolutionaries* – Technology and Politics in Allende's Chile. Cambridge, MA: MIT Press, 2011.

MELLET, K. "Marketing en ligne". In: *Communications*, n. 88, 2011.

MENGAL, P. "Cybernétique, histoire d'un mot". In: *Res Publica*, n. 18, jan./1998.

MERTON, R.K. "The Matthew effect in science". In: *Science* 159, n. 3.810, 05/01/1968.

MESURE, S. & SAVIDAN, P. (dir.). *Dictionnaire des Sciences Humaines*. Paris: PUF, 2006.

MIKKONEN, T.; VADÉN, T. & VAINIO, N. "The Protestant ethic strikes back: open source developers and the ethic of capitalism". In: *First Monday*, 12, n. 2, fev./2007 [*on line*].

MILGRAM, S. "The small world problem". In: *Psychology Today*, 2, 1967.

MILL, J.S. *On liberty*. Londres: Longman/Roberts & Green, 1859.

MINAR, N. & HEDLUND, M. "A network of peers – Peer-to-peer models through the history of the internet". In: ORAM, A. (dir.). *Peer-to-Peer* – Harnessing the Power of Disruptive Technologies. Sebastopol, CA: O'Reilly, 2001, p. 3-20.

MITCHELL, W.J.T. & HANSEN, M.B.N. (dir.). *Critical Terms for Media Studies*. Chicago/Londres: University of Chicago Press, 2010.

MOATI, P. (dir.). *Nouvelles technologies et modes de vie*: aliénation ou hypermodernité? La Tour d'Aigues: De l'Aube, 2005.

MOGLEN, E. *Freedom in the cloud:* software freedom, privacy, and security for Web 2.0 and cloud computing [Conferência proferida no decorrer de uma reunião da Internet Society. New York, 05/02/2010] [Disponível em http://www.software

freedom.org/events/2010/isoc-ny/FreedomInTheCloud-transcript.html – Acesso em 18/02/2011].

* MOROZOV, E. *Pour tout résoudre, cliquez ici* – L'aberration du solutionnisme technologique. Limoges: Fyp, 2014a [Orig.: *To Save Everything, Click Here* – The Folly of Technological Solutionism. Nova York: Public Affairs, 2013].

______. "De l'utopie numérique au choc social". In: *Le Monde Diplomatique*, n. 725, ago./2014b.

* ______. *The Net Delusion* – The Dark Side of Internet Freedom. Nova York: Public Affairs, 2011.

MORRISON, A.H. "An impossible future: John Perry Barlow's 'Declaration of the Independence of Cyberspace'". In: *New Media & Society*, 11, n. 1-2, fev./2009.

MOSCO, V. & FOSTER, D. "Cyberspace and the end of politics". In: *Journal of Communication Inquiry*, 25, n. 3, jul./2001.

* MOULIER BOUTANG, Y. *Le capitalisme cognitif* – La nouvelle grande transformation. Ed. aum. Paris: Amsterdam, 2008.

MOULIER BOUTANG, Y. (dir.). *Politiques des multitudes* – Démocratie, intelligence collective et puissance de la vie à l'heure du capitalisme cognitif. Paris: Amsterdam, 2007.

MUCCHIELLI, L. "Tardomania? – Réflexions sur les usages contemporains de Tarde". In: *Revue d'Histoire des Sciences Humaines*, n. 3, 2000.

* MUELLER, M. *Networks and States* – The Global Politics of Internet Governance. Cambridge, MA: MIT Press, 2010.

* ______. *Ruling the Root* – Internet Governance and the Taming of Cyberspace. Cambridge, MA: MIT Press, 2002.

MUSSO, P. "La rétiologie". In: *Quaderni*, n. 55, 2004.

* MUSSO, P. *Critique des réseaux*. Paris: PUF, 2003a.

______. "Le réseau: de la mythologie grecque à l'idéologie d'Internet". In: *Critique des réseaux*. Paris: PUF, 2003b.

______. "Le cyberespace, figure de l'utopie technologique réticulaire". In: *Sociologie et Sociétés*, 32, n. 2, 2000.

* MUSSO, P. (dir.). *Réseaux et société*. Paris: PUF, 2003b.

NAKAMOTO, S. "Bitcoin: a peer-to-peer electronic cash system". In: *Bitcoin.org*, 31/10/2008 [Disponível em http://bitcoin.org/bitcoin.pdf – Acesso em 20/02/2014].

NEGROPONTE, N. *L'Homme numérique*. Paris: Robert Laffont, 1995 [Ed. port.: *Ser digital*. Lisboa: Caminho, 1996] [Orig.: *Being Digital*. Nova York: Knopf, 1995].

NELSON, T. *Computer Lib: You can and must understand computers now* – Dream Machines: New freedoms through computer screens-a minority report (1974). Redmond, Was.: Tempus Books of Microsoft Press, 1987.

NEVEU, E. *Une société de communication?* (1994). Paris: Montchrestien, 2011.

NIEDERER, S. & VAN DIJCK, J. "Wisdom of the crowd or technicity of content? – Wikipedia as a socio-technical system". In: *New Media & Society*, 12, n. 8, dez./2010.

* NORBERG, A.L. & O'NEILL, J.E. *Transforming Computer Technology* – Information Processing for the Pentagon, 1962-1986. Baltimore, MD: Johns Hopkins University Press, 1996.

NOUR, E. "Meet the Egyptian repairman who outranked Google and doesn't even know how!" In: *Medium*, 28/05/2015.

NOZICK, R. *Anarchy, State, and Utopia*. Nova York: Basic Books, 1974 [Ed. franc.: *Anarchie, État et utopie*. Paris: PUF, 2003] [Ed. bras.: *Anarquia, Estado e utopia*. Rio de Janeiro: Zahar, 1991].

NSA ARCHIVE (THE). *American Civil Liberties Union* – Searchable archive of NSA documents released since Edward Snowden's leak [Disponível em http://www.aclu.org/nsa-documents-search].

NSA SPYING [Disponível em http://www.eff.org/nsa-spying].

OBRIST, H.U. "In conversation with Julian Assange, part 1". In: *E-flux*, n. 25, mai./2011.

"Onion Router (The)", apud *TorProject.org* [Disponível em http://www.torproject.org/about/overview].

* ORAM, A. (dir.). *Peer-to-Peer* – Harnessing the Power of Disruptive Technologies. Sebastopol, CA: O'Reilly, 2001.

O'REILLY, T. "The open source paradigm shift". In: FELLER, J. et al. (dir.). *Perspectives on Free and Open Source Software*. Cambridge, MA/Londres: MIT Press, 2005.

* OSTROM, E. *Governing the Commons*: The Evolution of Institutions for Collective Action. Cambridge, UK: Cambridge University Press, 1990 [Ed. franc.: *Gou-*

vernance des biens communs – Pour une nouvelle approche des ressources naturelles. Bruxelas: De Boeck, 2010].

PAGE, L. et al. *The PageRank citation ranking*: bringing order to the Web. Stanford InfoLab, 1999 [relatório técnico].

PARIKKA, J. "Pour une archéologie des virus – Entretien". In: *Tracés*, n. 21, 2011.

______. "Contagion and repetition: on the viral logic of network culture". In: *Ephemera* – Theory and Politics in Organisation 7, n. 2, 2007a.

* ______. *Digital Contagions* – A Media Archæology of Computer Viruses. Nova York: Peter Lang, 2007b.

PARISER, E. *The Filter Bubble* – What The Internet Is Hiding From You. Nova York: Penguin Press, 2011.

PASQUIER, D. (dir.). "Évaluations profanes: le jugement en ligne". In: *Réseaux*, n. 183, 2014.

PASTEUR, J. "La faille et l'exploit: l'activisme informatique". In: *Cités*, n. 17, 2004.

PASTOR-SATORRAS, R. & VESPIGNANI, A. "Epidemic spreading in scale-free networks". In: *Physical Review Letters*, 86, n. 14, 2001.

PAUL, E.F.; MILLER, F.D. & PAUL, J. (dir.). *Natural Rights Liberalism from Locke to Nozick*. Cambridge: Cambridge University Press, 2005.

PAULRÉ, B. "L'utopie néolibérale de la *New economy* – Le prétendu rôle des nouvelles technologies dans l'avènement de l'économie parfaite". In: *Quaderni*, n. 42, 2000.

PENNOCK, D.M. et al. "Winners don't take all: characterizing the competition for links on the web". In: *Pnas* – Proceedings of the National Academy of Sciences of the United States of America, 99, n. 8, 16/04/2002.

PENTLAND, A. *Social Physics: How Good Ideas Spread* – The Lessons from a New Science. Nova York: Penguin, 2014.

PENTZOLD, C. "Imagining the Wikipedia community: what do Wikipedia authors mean when they write about their 'community'?" In: *New Media & Society*, 13, n. 5, ago./2010.

"Philosophy behind Freenet (The)", apud FREENET PROJECT (THE) [Disponível em http://freenetproject.org/index.html].

PIAS, C. "Analog, digital, and the cybernetic illusion". In: *Kybernetes*, 34, n. 3-4, 2005.

* PIAS, C. (dir.). *Cybernetics/Kybernetik* - The Macy-Conferences 1946-1953. Zurique: Diaphanes, 2003.

POIRIER, N. *L'Ontologie politique de Castoriadis* - Création et institution. Paris: Payot, 2011.

* POLANYI, K. *La Grande Transformation* - Aux origines politiques et économiques de notre temps. Paris: Gallimard, 1983 [Prefácio de Louis Dumont] [Orig.: *The Great Transformation*: The Political and Economic Origins of Our Time. Boston: Beacon Press, 1944] [Ed. bras.: *A grande transformação* - As origens de nossa época. Rio de Janeiro: Campus, 1980].

* POOL, I.S. *Technologies of Freedom* - On Free Speech in an Electronic Age. Cambridge, MA/Londres: Belknap Press, 1983.

POST, D.G. "What Larry doesn't get: code, law, and liberty in cyberspace". In: *Stanford Law Review*, 52, n. 5, mai./2000.

______. "Anarchy, state, and the Internet - An essay on law-making on the Internet". In: *Journal of Online Law*, art. 3, jun./1995.

QUÉAU, P. *La planete des esprits* - Pour une politique du cyberespace. Paris: Odile Jacob, 2000.

RAYMOND, E.S. "In case you care". In: *Eric S. Raymond's Home Page* [Disponível em http://catb.org/~esr/personal.html].

______. "The cathedral and the bazaar", versão 3.0. *Linux Kongress*. Würzburg, 1997 [Disponível em http://www.catb.org/~esr/writings/cathedral-bazaar/cathedral-bazaar] [Ed. bras.: *A catedral e o bazar* [Disponível em http://www.dominiopublico.gov.br/download/texto/tl000001.pdf].

RAYNAUD, P. "Libéralisme". In: RAYNAUD, P. & RIALS, S. (dir.). *Dictionnaire de Philosophie Politique*. Paris: PUF, 2003.

RAYNAUD, P. & RIALS, S. (dir.). *Dictionnaire de Philosophie Politique*. Paris: PUF, 2003.

* REAGLE, J.M. *Good Faith Collaboration* - The Culture of Wikipedia. Cambridge, MA/Londres: MIT Press, 2010.

REIDENBERG, J.R. "Lex Informatica: the formulation of information policy rules through technology". In: *Texas Law Review*, 76, n. 3, fev./1998.

REUTERS INSTITUTE FOR THE STUDY OF JOURNALISM. *Digital News Report 2015* [Disponível em http://www.digitalnewsreport.org].

* RHEINGOLD, H. *Foules intelligentes*: la nouvelle révolution sociale. Paris: M2 éd., 2005.

______. *Les communautes virtuelles*. Paris: Addison-Wesley France, 1995 [Orig.: *The Virtual Community*: Homesteading on the Electronic Frontier. Reading, Mass.: Addison-Wesley, 1993 [Ed. port.: *A comunidade virtual*. Lisboa: Gradiva, 1996].

* ______. *La réalité virtuelle*. Paris: Dunod, 1993 [Orig.: *Virtual Reality*. Nova York: Summit Books/Simon and Schuster, 1991] [Ed. port.: *Realidade virtual*. Lisboa: Vega, 1997].

REY, A. (dir). *Dictionnaire Historique de la Langue Française*. Paris: Dictionnaire Le Robert, 2010.

RIFKIN, J. *La Troisième révolution industrielle* – Comment le pouvoir latéral va transformer l'énergie, l'économie, le monde. Paris: Les Liens qui libèrent, 2012 [Orig.: *The Third Industrial Revolution*: How Lateral Power is Transforming Energy, the Economy, and the World. Basingstoke, GB.: Palgrave Macmillan, 2011 [Ed. bras.: *A terceira revolução industrial* – Como o poder lateral está transformando a energia, a economia e o mundo. São Paulo: M. Books, 2012 [Prefácio de Marina Silva].

______. *L'Âge de l'accès – La révolution de la nouvelle économie*. Paris: La Découverte, 2000 [Orig.: *The Age Of Access*: The New Culture of Hypercapitalism, Where All of Life is a Paid-For Experience. Nova York: Putnam Publishing Group, 2000 [Ed. bras.: *A era do acesso*: a nova cultura do hipercapitalismo. São Paulo: Makron Books, 2000].

RISEN, J. & LICHTBLAU, E. "Bush lets U.S. spy on callers without courts". In: *The New York Times*, 16/12/2005.

ROGERS, R. *Digital Methods*. Cambridge, MA: MIT Press, 2013.

ROJOT, J. *Théorie des organisations*. Paris: Eska, 2005.

* ROSANVALLON, P. *Le capitalisme utopique* – Histoire de l'idée de marché [Publicado inicialmente com o título *Le capitalisme utopique* – Critique de l'idéologie économique, 1979. • Em nova edição: *Le libéralisme économique, histoire de l'idée de marché*. 3. ed. Paris: Seuil, 1999].

______. "Formation et désintégration de la galaxie 'auto'". In: DUMOUCHEL, P. & DUPUY, J.-P. (dir.). *L'Auto-organisation* – De la physique au politique. Paris: Seuil, 1983, p. 456-465.

ROSENBLUETH, A.; WIENER, N. & BIGELOW, J. "Behavior, purpose and teleology". In: *Philosophy of Science*, 10, n. 1, jan./1943.

* ROSENZWEIG, R. "Can history be open source? – Wikipedia and the future of the past". In: *Journal of American History*, 93, n. 1, jun./2006.

______. "Wizards, bureaucrats, warriors, and hackers: writing the history of the Internet". In: *American Historical Review*, 103, n. 5, dez./1998.

ROSSINOW, D.C. *The Politics of Authenticity* – Liberalism, Christianity, and the New Left in America. Nova York: Columbia University Press, 1998.

* ROSZAK, T. *Vers une contre-culture* – Réflexions sur la société technocratique et l'opposition de la jeunesse. Paris: Stock, 1980 [Orig.: *The Making of a Counter Culture*: Reflections on the Technocratic Society and its Youthful Opposition. Londres: Faber and Faber, 1969].

ROUDINESCO, E. "WikiLeaks: la dictature de la transparence". In: *Libération.fr*, 02/12/2010.

ROUVROY, A. & BERNS, T. "Détecter et prévenir: de la digitalisation des corps et de la docilité des normes". In: LEBEER, G. & MORIAU, J. (dir.). *(Se) gouverner* – Entre souci de soi et action publique. Bruxelas: Peter Lang, 2010, p. 157-184.

* ROUVROY, A. & STIEGLER, B. "Le régime de vérité numérique – De la gouvernementalité numérique à un nouvel État de droit". In: *Socio*, n. 4, mar./2015.

RUSHKOFF, D. *Media Virus!* – Hidden Agendas in Popular Culture (1994). Nova York: Ballantine Books, 1996.

* RUSSELL, A.L. *Open Standards and the Digital Age* – History, Ideology, and Networks. Cambridge/Nova York: Cambridge University Press, 2014.

SCHAFER, V. & THIERRY, B.G. "Qui a inventé Internet? – Une vraie 'fausse question'". In: *Le temps des médias*, n. 20, 2013.

SCHÄFFER, M.T. *Bastard Culture!* – How User Participation Transforms Cultural Production. Amsterdã: Amsterdam University Press, 2011.

SCHLANGER, J.E. *Les metaphores de l'organisme*. Paris: Vrin, 1971.

SCHMIDT, E. & COHEN, J. *The New Digital Age* – Reshaping the Future of People, Nations and Business. Nova York: A.A. Knopf, 2013.

* SCHNEIER, B. *Data and Goliath* – The Hidden Battles to Capture Your Data and Control Your World. Nova York/Londres: W.W. Norton & Company, 2015.

______. "Feudal security". In: *Schneier on security*, 2012 [Disponível em http://www.schneier.com/blog/archives/2012/12/feudal_sec.html – Acesso em 08/05/2015].

* SCHOLZ, T. (dir.). *Digital Labor* – The Internet as Playground and Factory. Londres/Nova York: Routledge, 2012.

SCHRECKER, C. *La communauté* – Histoire critique d'un concept dans la sociologie anglo-saxonne. Paris: L'Harmattan, 2006.

* SEGAL, J. *Le zero et le un* – Histoire de la notion scientifique d'information au 20e siècle. Paris: Syllepse, 2003.

SERRES, A. "Quelques repères sur l'émergence d'Arpanet". In: *Terminal*, n. 86, 2001.

SFEZ, L. *Critique de la communication* (1988). Paris: Seuil, 1992.

* SHAPIRO, C. & VARIAN, H.R. *Économie de l'information* – Guide stratégique de l'économie des réseaux. Paris/Bruxelas: De Boeck, 1999.

SHEN, X. et al. (dir.). *Handbook of Peer-to-Peer Networking*. Nova York: Springer, 2010.

SHIELDS, R. *The Virtual*. Londres/Nova York: Routledge, 2003.

* SHIFMAN, L. *Memes in Digital Culture*. Cambridge, MA/Londres: MIT Press, 2014.

SHIRKY, C. *Cognitive Surplus* – Creativity and Generosity in a Connected Age. Nova York: Penguin Press, 2010.

SILVA, T.T. (org. e trad.). *Antropologia do ciborgue*: As vertigens do pós-humano. 2. ed. Belo Horizonte: Autêntica, 2009 [Col. "Mimo"].

SILVER, D. & MASSANARI, A. (dir.). *Critical Cyberculture Studies*. Nova York/Londres: New York University Press, 2006.

SIMONITE, T. "The decline of Wikipedia". In: *MIT Technology Review*, 22/10/2013 [Disponível em http://www.technologyreview.com/featuredstory/520446/thedecline-of-wikipedia – Acesso em 08/05/2015].

SIRE, G. "Google: la possibilité d'un biais". In: *Mondes Sociaux*, 01/04/2015 [Disponível em http://sms.hypotheses.org/3883] – Acesso em 01/06/2015].

SMITH, A. *Recherche sur la nature et les causes de la richesse des nations*. 2 tomos [abreviado: *La richesse des nations*]. Paris: Flammarion, 1999 [Orig.: *An Inquiry into the Nature and Causes of the Wealth of Nations*. Londres: W. Strahan/T. Cadell, 1776 [Ed. bras.: *A riqueza das nações*. São Paulo: Martins Fontes, 2003].

______. *Théorie des sentiments moraux*. Paris: PUF, 1999 [Orig.: *Theory of Moral Sentiments, or An Essay towards An Analysis of the Principles by which Men naturally judge concerning the Conduct and Character, first of their Neighbours, and afterwards of themselves, to which is added a Dissertation on the Origin of Languages*. Londres: A. Millar/A. Kincaid/J. Bell, 1759 [Ed. bras.: *Teoria dos Sentimentos Morais*. São Paulo: Martins Fontes, 1999].

SNOWDEN's, E.L., apud NSA ARCHIVE (THE). *American Civil Liberties Union* – Searchable archive of NSA documents released since Edward Snowden's leak [Disponível em http://www.aclu.org/nsa-documents-search].

SÖDERBERG, J. *Hacking Capitalism* – The Free and Open Source Software Movement. Londres: Routledge, 2007.

SPINK, A. & ZIMMER, M. (dir.). *Web Search* – Multidisciplinary Perspectives. Nova York: Springer-Verlag, 2008.

STALDER, F. & MAYER, C. "The second index – Search engines, personalization and surveillance". In: BECKER, K. & STALDER, F. (dir.). *Deep Search* – The Politics of Search Beyond Google. Innsbruck/Edison, NJ: Studien Verlag/Transaction Publishers, 2009, p. 98-115.

* STALLMAN, R.M. "What is free software?" [1996]. *GNU.org*, 2010 [Disponível em http://www.gnu.org/philosophy/free-sw.html – Acesso em 18/04/2012].

* ______. "Copyleft: pragmatic idealism" [1998]. *GNU.org*, 2003 [Disponível em http://www.gnu.org/philosophy/pragmatic.html – Acesso em 18/04/2012].

______. "A free digital society – What Makes Digital Inclusion Good or Bad?", in *GNU.org*, palestra proferida em Sciences Po, Paris, 19/10/2011 [http://www.gnu.org/philosophy/freedigital-society.html].

______. "Why software should not have owners" [1994]. *GNU.org*, 2009 [Disponível em http://www.gnu.org/philosophy/why-free.html – Acesso em 18/04/2012].

______. "The GNU GPL and the American Way". *GNU.org*, 2001 [Disponível em http://www.gnu.org/philosophy/gpl-american-way.html – Acesso em 18/04/2012].

STENGEL, R. "Time's Julian Assange interview". In: *Time Magazine*, 01/12/2010 [Disponível em http://www.time.com/time/world/article/0,8599,2034040,00.html – Acesso em 25/03/2011].

STENGERS, I. "Les généalogies de l'auto-organisation". In: *Cahiers du Crea*, n. 8, nov./1985.

* STERLING, B. *The Hacker Crackdown* – Law and Disorder on the Electronic Frontier. Londres: Viking, 1993.

STIGLITZ, J.E. "Information and the change in the paradigm in economics". In: *American Economic Review*, 92, n. 3, jun./2002.

* SUNSTEIN, C.R. *Republic.com*. Princeton, NJ: Princeton University Press, 2001.

SUROWIECKI, J. *La sagesse des foules* (2004) Paris: J.C. Lattès, 2008 [Orig.: *The Wisdom of Crowds*. Nova York: Doubleday, 2004].

* SUSSAN, R. *Les utopies posthumaines* – Contre-culture, cyberculture, culture du chaos. Sofhia-Antipolis: Omniscience, 2005.

TAPSCOTT, D. & WILLIAMS, A.D. *Wikinomics* – Wikipédia, Linux, YouTube... comment l'intelligence collaborative bouleverse l'économie. Paris: Pearson, 2007 [Ed. bras.: *Wikinomics* – Como a colaboração em massa pode mudar o seu negócio. Rio de Janeiro: Nova Fronteira, 2006].

TARDE, G. *L'Opinion et la Foule* [1901]. Paris: PUF, 1989.

______. "La réalité sociale". In: *Revue Philosophique*, LII, nov./1901.

______. *Études de psychologie sociale*. Paris: V. Giard & E. Brière, 1898.

TAYLOR, F.W. *The Principles of Scientific Management*. Nova York/Londres: Harper & Brothers, 1911 [Ed. bras.: *Princípios da administração científica*. São Paulo: Atlas, 1995].

* TERRANOVA, T. *Network Culture* – Politics for the Information Age. Londres: Pluto Press, 2004.

TERRÉ, D. *Les derives de l'argumentation scientifique*. Paris: PUF, 1998.

TEUSCHER, C. (dir.). *Alan Turing* – Life and Legacy of a Great Thinker. Nova York: Springer, 2004.

THIERER, A. "Code, Pessimism, and the Illusion of 'Perfect Control'". In: KUZNICKI, J. "Ten Years of *Code*: A Reassessment of Lawrence Lessig's *Code and Other Laws of Cyberspace*", mai./2009 [Disponível em http://www.cato-unbound.org/archives/may-2009].

TOFFLER, A. *La troisieme vague*. Paris: Denoël, 1980 [Orig.: *The third wave*. Nova York: Bantam Books, 1980 [Ed. bras.: *A terceira onda*. Rio de Janeiro: Record, 1980].

TOFTS, D.; JONSON, A. & CAVALLARO, A. (dir.). *Prefiguring Cyberculture* – An Intellectual History. Cambridge, MA: MIT Press, 2003.

"Tor Project: overview", apud *TorProject.org* [Disponível em http://www.torproject.org/about/overview].

TRÉGUER, F. "Feu vert à la surveillance de masse". In: *Le Monde Diplomatique*, jun./2015.

TREMBLAY, G. "La société de l'information: du fordisme au gatesisme". In: *Communication* – Information, 16, n. 2, dez./1995.

* TRICLOT, M. *Le moment cybernétique* – La constitution de la notion d'information. Seyssel: Champ Vallon, 2008.

TUFEKCI, Z. "How Facebook's algorithm suppresses content diversity (modestly) and how the newsfeed rules your clicks". In: *Medium.com*, 07/05/2015 [Disponível em http://medium.com/message/how-facebook-s-algorithm-suppresses-contentdiversity-modestly-how-the-newsfeed-rules-the-clicks-b5f8a4bb7bab – Acesso em 08/05/2015].

* TURKLE, S. "Virtuality and its discontents – Searching for community in cyberspace". In: *The American Prospect*, 7, n. 24, 01/12/1996a, p. 56-57.

______. "Who am we?" In: *Wired Magazine*, 4, n. 1, jan./1996b.

______. *Life on the Screen* – Identity in the Age of the Internet. Nova York: Simon & Schuster, 1995.

______. *The Second Self* – Computers and the Human Spirit. Nova York: Simon & Schuster, 1984.

* TURNER, F. *Aux sources de l'utopie numérique* – De la contre-culture à la cyberculture, Stewart Brand, un homme d'influence. Caen: C&F éditions, 2012 [Orig.: *From Counterculture to Cyberculture* – Stewart Brand, the Whole Earth Network, and the Rise of Digital Utopianism. Chicago, IL: University of Chicago Press, 2006].

______. "How digital technology found utopian ideology: lessons from the first Hackers' Conference". In: SILVER, D. & MASSANARI, A. (dir.). *Critical Cyberculture Studies*. Nova York/Londres: New York University Press, 2006.

______. "Where the counterculture met the new economy: The Well and the origins of virtual community". In: *Technology and Culture*, 46, n. 3, jul./2005.

USSEC [United States Securities and Exchange Commission]. *Form S-1 Registration Statement, Facebook, Inc* [Disponível em http://www.sec.gov/Archives/edgar/data/1326801/000119312512034517/d287954ds1.htm].

VAIDHYANATHAN, S. *The Googlization of Everything*. Londres: Profile Books, 2010.

VAN COUVERING, E. “The history of the Internet search engine: navigational media and traffic commodity”. In: SPINK, A. & ZIMMER, M. (dir.). *Web Search* – Multidisciplinary Perspectives. Nova York: Springer-Verlag, 2008, p. 177-206.

VANDENDORPE, C. “Le phénomène Wikipédia: une utopie en marche”. In: *Le Débat*, n. 148, p. 17-30, jan./2008.

* VAN LOON, J. *Risk and Technological Culture* – Towards a Sociology of Virulence. Londres/Nova York: Routledge, 2002.

* VAN SCHEWICK, B. *Internet Architecture and Innovation*. Cambridge, MA: MIT Press, 2010.

VEDEL, T. “Les politiques des autoroutes de l’information dans les pays industrialisés: une analyse comparative”. In: *Réseaux* 14, n. 78, 1996.

VERDIER, H. & COLIN, N. *L’Âge de la multitude* – Entreprendre et gouverner après la révolution numérique. Paris: Armand Colin, 2012.

VILLENEUVE, G. “WikiLeaks, le mythe de la transparence”. In: *Le Monde*, 04/12/2010.

VON FOERSTER, H. & ZOPF, G.W. (dir.). *Principles of Self-Organization*. Oxford/Londres/Nova York: Pergamon, 1962.

VON NEUMANN, J. *Theorie générale et logique des automates* (1948). Seyssel: Champ Vallon, 1996 [Orig.: “The general and logical theory of automata” (1948). In: *John von Neumann Collected Works* – Vol. V: Design of Computers, Theory of Automata and Numerical Analysis. Oxford/Londres/Nova York: Pergamon, 1963, p. 288-326.

WALDROP, M.M. *The Dream Machine* – J.C.R. Licklider and the Revolution that Made Computing Personal. Nova York: Viking, 2001.

* WARK, M. *Un manifeste hacker*. Paris: Critical Secret, 2006a [Trad. do inglês pelo coletivo “Club post-1984 Mary Shelley et Cie Hacker Band] [Orig.: *A Hacker Manifesto*. Nova York: Harvard University Press, 2004].

______. “Hackers”. In: *Theory, Culture & Society*, 23, n. 2-3, mai./2006b.

* WARRICK, P.S. *The Cybernetic Imagination in Science Fiction*. Cambridge, MA/Londres: MIT Press, 1980.

* WATTS, D.J. “The ‘new’ science of networks”. In: *Annual Review of Sociology*, 30, 2004.

______. *Six Degrees* – The Science of a Connected Age. Nova York: Norton, 2003.

______. *Small Worlds* – The Dynamics of Networks Between Order and Randomness. Princeton, NJ: Princeton University Press, 1999.

WATTS, D.J. & DODDS, P.S. "Influentials, networks, and public opinion formation". In: *Journal of Consumer Research*, 34, n. 4, dez./2007.

WATTS, D.J. & STROGATZ, S.H. "Collective dynamics of 'small-world' networks". In: *Nature*, 393, n. 6.684, 04/06/1998.

* WEBER, S. *The Success of Open Source*. Cambridge, MA: Harvard University Press, 2004.

WELLMAN, B. et al. "Computer networks as social networks: collaborative work, telework, and virtual community". In: *Annual Review of Sociology*, 22, 1996.

Whole Earth Catalog, 1968 [Disponível em http://www.wholeearth.com].

WIENER, N. *God and Golem, Inc.* – Sur quelques points de collision entre cybernétique et religion. Paris: De l'Éclat, 2001 [Orig.: *God & Golem, Inc.*: A Comment on Certain Points Where Cybernetics Impinges on Religion. Cambridge, MA: MIT Press, 1964] [Ed. bras.: *Deus, Golem & Cia* – Um comentário sobre certos pontos de contato entre cibernética e religião. São Paulo: Cultrix, 1971].

* ______. *Cybernétique et société* – L'usage humain des êtres humains [1. ed. da trad. franc.: Paris: Deux Rives, 1954. • Trad. franc. do texto remanejado: Paris: UGE, 1962. • Ed. sinótica: Paris: Union Générale d'Éditions, 1971] [Ed. bras: *Cibernética e sociedade* – O uso humano de seres humanos. São Paulo: Cultrix, 1968 [Trad. da ed. de 1954]].

* ______. *Cybernetics, or Control and Communication in the Animal and the Machine*. 2. ed. Cambridge, MA: MIT Press, 1961 [1. ed.: Paris/Nova York: Hermann/ Wiley and Sons, 1948 [publicado na França em inglês]].

______. *The Human Use of Human Beings* – Cybernetics and Society. Londres: Eyre et Spottiswoode, 1950 [Texto remanejado em nova edição, em 1954, da qual foi feita a trad. para o port.: *Cibernética e sociedade* – O uso humano de seres humanos. 2. ed. São Paulo: Cultrix, 1968 [Trad. de José Paulo Paes]].

WIKIPÉDIA.ORG. *Wikipédia*: Aviso de risco [Disponível em http://pt.wikipedia.org/wiki/Wikip%C3%A9dia:Aviso_de_risco – Acesso em 08/05/2015].

______. *Wikipédia*: Cinco pilares [Disponível em http://pt.wikipedia.org/wiki/Wikip%C3%A9dia:Cinco_pilares – Acesso em 08/05/2015].

______. *Wikipédia*: Guerra de edições [Disponível em http://pt.wikipedia.org/wiki/Wikip%C3%A9dia:Guerra_de_edi%C3%A7%C3%B5es – Acesso em 08/05/2015].

WILCOX, J. & SHANKLAND, S. "Why Microsoft is wary of open source". In: *Cnet News*, 18/06/2001 [Disponível em http://news.cnet.com/2100-1001-268520.html – Acesso em 10/05/2012].

WILLIAMS, S. *Richard Stallman et la révolution du logiciel libre* – Une biographie autorisée. Paris: Eyrolles, 2010 [Orig.: *Free as in Freedom*: Richard Stallman's Crusade for Free Software. Boston, MA: The Free Software Foundation, 2002 [2. ed.: *Free as in Freedom 2.0*: Richard Stallman and the Free Software Revolution, 2010].

WOOD, E.M. & WOOD, N. *A Trumpet of Sedition* – Political Theory and the Rise of Capitalism, 1509-1688. Londres: Pluto Press, 1997.

* WU, T. *The Master Switch* – The Rise and Fall of Information Empires. Nova York: Knopf, 2010.

______. "Network neutrality, broadband discrimination". In: *Journal on Telecommunications and High Technology Law*, 2, n. 1, 2003a.

______. "When code isn't law". In: *Virginia Law Review*, 89, n. 4, jun./2003b.

ZIMMERMANN, P. "Why I wrote PGP", jun./1991 [Disponível em http://www.philzimmermann.com/EN/essays/WhyIWrotePGP.html – Acesso em 14/05/2013].

ZITTRAIN, J.L. "How to Get What We All Want". In: KUZNICKI, J. "Ten Years of *Code*: A Reassessment of Lawrence Lessig's Code and Other Laws of Cyberspace", mai./2009 [Disponível em http://www.cato-unbound.org/archives/may-2009].

______. *The Future of the Internet* – And How to Stop It. New Haven, CT/Londres: Yale University Press, 2008.

ZUCKERT, M. "Natural rights and empirical constitutionalism: the American Revolution and the development of the American amalgam". In: PAUL, E.F.; MILLER, F.D. & PAUL, J. (dir.). *Natural Rights Liberalism from Locke to Nozick*. Cambridge: Cambridge University Press, 2005.

ÍNDICE ONOMÁSTICO E TEMÁTICO

INCLUINDO SIGLAS E INSTITUIÇÕES

Abbate, J. 12, 49, 114, 117, 128
Abertura 41, 54, 56, 67, 118, 126, 136, 139, 151, 158, 163, 173, 268, 273, 276, 288s.
Academic hackers 123
Ação coletiva 136, 180, 184, 289, 294
Accountability 263
Aclu (American Civil Liberties Union); cf. NSA Archive
Action painting 70
Adaptação/adaptabilidade 31, 33, 53, 147-151, 163, 289, 291
AdSense 231
AdWords 230s.
Agar, J. 64
Agência(s) de inteligência 11, 164, 166-168, 181, 296
Agre, P.E. 153, 258, 260
Agregação/agregativo 191, 217, 242-244, 247, 259, 290
Airbnb 222, 298
Albert, R. 200, 204
Aldeia
  global 100, 111
  planetária 99
Algoritmo/algorítmico 13, 30, 42, 79, 114, 148, 157, 221-249, 254, 285, 298
Alienação (K. Marx) 63, 65, 70, 85, 139
A livre-circulação da; cf. Livre-circulação da informação
Allard, L. 210
Allen, P. 130
Allende, S. 31
Alohanet 54
Altair 67, 130

AltaVista 229
Amazon 13, 121, 152, 165, 206, 223, 235, 265, 298
American Civil Liberties Union (Aclu); cf. NSA Archive
Anarco
capitalismo 261, 299
mutualismo 261, 299
Anchor text 235
Anderson, B. 78
Anderson, C. 138, 225
Android 226, 273
Anonimato/anonimização/anônimo 94, 156, 239, 254, 260-263, 270, 282
Anonymous 295
Antiburocrático 62, 64, 73, 123
AOL (America OnLine) 120, 239
Apache 274
Apolítica (filosofia) 108
Appelbaum, J. 157
Apple 68, 73, 128, 158, 161, 298
Aron, R. 64
Arpa (Advanced Research Projects Agency) 45-47, 50, 60
Arpanet (Advanced Research Projects Agency Network) 28, 41, 45s., 49, 51, 54-61, 74s., 118, 170s.
do pobre 75
Arqueologia midiática 212
Arquitetura(s) 56, 174, 178
da auto-organização 49-54
descentralizadas 13
de softwares e hardwares 176
distribuída 41, 59
do ciberespaço 179
em rede 51
Arrow, K.J. 243
Artifício humano 164
Ashby, W.R. 35
Asimov, I. 84
Assange, J. 152, 157, 237, 263-269
Assouline, P. 280

Atenção 13, 148, 200, 213, 246s.
alocação da 217
surtos de 216
AT&T Corporation (American Telephone and Telegraph) 43, 50, 53, 75, 129, 132, 167
Ativista(s) 12, 15, 68, 70s., 77, 127, 263
da liberdade 295
Atlan, H. 36
Ator-rede (B. Latour) 87, 212
Atual 96, 241
Audard, C. 18
Auray, N. 125, 284, 286-288
Ausência 52, 171, 257, 263
Autodeterminação 161, 193, 287, 294
individual e coletiva 15
política 18
Autoinstituição 37, 271-291, 297, 301s.
Automatização/automatizar/automatizada(o)(s) 34, 37-40, 42, 44, 71, 221, 229, 241s., 251, 261, 285, 293, 297s.
Autômato(s) 28, 34, 71, 88
sociedade de 39
Autonomia 17, 24, 31, 34-40, 44, 53, 59, 61, 80, 88, 109, 189-194, 241, 259, 293s., 297, 301-303
dos participantes 254, 291
humana 37s., 73, 187
individual 11, 57, 62, 65, 80, 115, 165, 187, 192s., 240, 289, 297, 303
pelas redes 271-291
Auto-organização 16, 34-37, 39, 49-54, 97s., 102, 151, 165, 183, 187, 193s., 198, 207, 237, 243, 248, 250, 254, 259, 268, 270s., 276, 289, 291, 294, 297, 301, 303
Autorregulação/autorregulador 18-20, 23, 26, 58, 85, 97, 101, 108, 148, 159, 162, 165-173, 176, 184, 270, 286, 295, 298
econômica 18
Autossuficiência 70, 153
Autotransformação 70
Avaliações profanas 223
Avatares 38, 93, 146, 291

Babel 191
Backdoors 167
Badouard, R. 173
Bamford, J. 167
Barabási, A.-L. 199-201, 203, 206
Baran, P. 50-54
Barbrook, R. 20, 152
Bardini, T. 47, 65s.
Barlow, J.P. 144s., 148, 158, 160-162, 287
Basic 130
Batch processing 45
Bateson, G. 27
Battelle, J. 234s.
Baudrillard, J. 226
Bauwens, M. 253
BBS (Bulletin Board Systems) 75-77, 91
Beat(niks) 70
Beauvisage, T. 216, 219
Beer, S. 31
Bell, D. 30, 111s.
Bell Labs 43, 75, 132
Bem(ns) não rival(is) 146, 184, 193, 222, 294
Benedikt, M. 83
Beniger, J. 30s.
Benkler, Y. 165, 176, 185-194, 197, 206-208, 253, 265, 272, 284
Berners-Lee, T. 77, 116, 170s., 234, 296
Berns, T. 240
Beuscart, J.-S. 146
Bezos, J. 152
Big data 13, 199, 216, 236-241
Bill of Rights 180, 269, 296
Binney, W. 167
Biologia
  e economia 29, 142, 151
  e informação 41, 83, 86, 89, 151
  e informática 72, 212
  e sociedade 198
  evolucionista 213

Bitcoin 13, 250, 260s., 299, 301
BitTorrent 146, 175, 256, 258, 262, 267, 275, 302
Blade Runner 95
Blockbusters 209
Blockchain 260s., 267
Blogger 227
Bolha da internet (estouro da) 96, 164s., 226, 229s.
cf. tb. Internet
Boltanski, L. 81s., 113, 187
Bomsel, O. 224
Bootstrapping 288
Borsook, P. 58, 162
Bots 285
Boyle, J. 185
Bradbury, R. 84
Brand, S. 71, 73s., 77, 122, 127, 144, 147, 158
Brandeis, L. 160
Breton, P. 19, 25, 97, 113
Brillant, L. 77
Brin, S. 231, 233s., 241
Browsers 117
Buchanan, J. 153
Buchanan, M. 199
Bug(s) 124, 130s., 236
Bulletin Board Systems; cf. BBS
Burocracia/burocratização 30, 44, 64s., 67, 69, 71, 74, 138, 145, 185, 261, 271, 278, 287, 290s., 301
Bush, V. 68
Business Week (revista) 143
Buzz 216

Cameron, A. 20, 152
Campbell-Kelly, M. 55
Capacidade(s) 34, 50, 53, 56, 139, 148, 167, 213, 301
de auto-organização 142, 254
de cálculo e de armazenamento 91, 255
de inovação e de criação 182

de retroação 288
dos algoritmos 243
dos computadores 126
individuais 47, 85, 192, 291
Capital (*O*) 139
cultural 303
imaterial 112
social 79s., 82
Capitalismo 34, 38, 63, 80, 89, 107s., 123, 137-141, 151, 181, 184, 187, 267
comunicacional 19
cognitivo 19, 113, 140
industrial 64, 110, 112, 119, 147, 186s.
informacional 19, 112, 137
liberal 20, 114
mercantil 110
neoliberal 185
utópico 109
Captação 221-249, 263, 289s., 297s., 301s.
Cardon, D. 192, 210, 244, 246, 285, 302
Caré, S. 154
Casilli, A.A. 79, 88
Castells, M. 19, 60, 79s., 112, 137
Castoriadis, C. 36s., 98, 289s.
Cato Institute 154, 180
Cato Unbound 180
CDA (Communications Decency Act) 156, 161
Centre de Recherche en Epistémologie Appliquée; cf. Crea
Cern (antigo acrônimo para Conseil Européen pour la Recherche Nucléaire) 116
Ceruzzi, P.E. 73, 118
Chats 93
cf. tb. IRC
Checks and balances 180
Chiapello, E. 81s., 113, 187
Children distros 276
Chopra, S. 140
Cibercoletivista 180
Cibercultura 20, 68, 83, 88, 91, 93, 97, 102, 143s., 151, 154

Cibercriminosos 155
Ciberempresas 164
Ciberespaço 76, 82-103, 142s., 149, 153s., 158-162, 166, 168, 179s., 182
  Declaração de Independência do 160
Cibereuforia 71
Ciberimaginário 144
Ciberlibertarianismo/ciberlibertiano(s) 142, 155, 158-163s., 170, 176s., 184, 186, 189, 193, 255, 261, 294, 296
Cibernética 12, 23-31, 34-41, 44-47, 53, 63-65, 72-74, 83-87, 90, 98-100, 102, 114, 150s., 197s., 241, 288, 293, 298
  de segunda ordem; cf. Segunda cibernética
  psicodélica 92
Ciberneticista(s) 16, 27s., 41, 66
Ciberrealismo 168
Cibersegurança 173
Ciborgue 12, 84-89, 94, 103
  Declaração dos direitos 87s.
Cidadania-ciborgue (C. Gray) 87s.
Ciência(s) 24, 29-37, 86, 98, 110, 134, 199, 202, 216, 219, 281
  da comunicação e do controle 23
  da informação e da comunicação 15, 86
  das redes 197s., 203-208, 217-219, 296
  do funcionamento da mente 26
  social computacional 199
Circuit switching 49
Citton, Y. 222
Civil libertarianism 158
Clark, D.D. 54, 58
Classe 70, 78, 86, 113, 137-141
  de gestores 63
  média branca instruída 77
  virtual 152
Clickstream 235
Climatologia 198
Clipper chips 156
Cloud computing 247
Clusters 57, 200, 207

Code is law 176, 178
Código de programa computacional 124, 134, 138s., 158, 163-194, 272-275, 290s., 294
Código-fonte 132s., 136, 273
Colegiada/colegial/colegialidade 60, 280, 287
Colégio invisível 59, 282
Coleman, G. 125s.
Colin, N. 298
Comcast 175
Command and control 45s.
Common carrier 173
Common law 132
Commons 181-193
  cf. tb. *Creative Commons*
Commons-based peer production 190
Communications Decency Act; cf. CDA
Comoditização 33, 146
Compaq 229
Compartilhamento 13, 67, 92, 126, 128, 143-146, 181s., 197, 208-212, 251-255
  dos recursos 45, 50, 257
Complexidade 28, 35, 198-203
  organizada 114
Computação/computador pessoal 12, 63-68, 73, 92, 129
Computadores em rede 41, 49
Computer liberation 68
Comunicação em rede(s) distribuídas 53, 67
Comunidade(s) 57, 62, 70s., 77, 94
  auto-organizadas 275-278
  eletrônicas 74-77, 84
  virtual(is) 76s., 82, 92-96, 144s., 159
Comunismo/comunista 34, 38, 185
Condorcet, N. 243
Conexão 62, 92, 94, 97
  preferencial 202, 205, 234
Consciência (Estados alterados de) 92
Conseil Européen pour la Recherche Nucléaire; cf. Cern
Conselho Europeu 111

Construtivismo 87
Consumo 143-147
Contágio(s)
digitais 212
social 13, 211-219
cf. tb. Viralidade
Contestação 70, 173
Contextualismo (Escola de Cambridge) 14
Contractors 43
Contracultural(ais) 15, 61-82, 90, 92, 96, 99, 102, 117, 121s., 127, 144, 151
libertária 20
Contrato social 58, 108, 160, 276
Controle 29, 44, 100, 112, 164-194
estatal 165-169
social 80, 97
Cookies 235
Copyleft 132-134, 186, 272, 275, 287, 301
Copyright 182, 187, 257, 285
cf. tb. Direitos autorais
Coriat, B. 185
CP; cf. Computador pessoal
Craigslist 152
Crawlers 232
Crea (Centre de Recherche en Epistémologie Appliquée) 98
Creative Commons 181
Criatividade 92, 137, 145, 177, 192
Crime and puzzlement (manifesto) 158
Cristo 100
Crocker, S.D. 57s.
Crozier, M. 291
Crypto wars 155, 263
CSS (Cascading Style Sheets) 170
Cultura
da abertura 145
da auto-organização 303
da comunidade virtual 76
da era da informação 137

da gratuidade e da troca 116
da internet 59, 172
da liberdade 61, 145, 163
da web 214
do ciberespaço 153
do compartilhamento 197, 208-212, 296
do dom 272
do remix 192
do software 136
do tempo livre 140
dos *hackers* 124
vs. natureza 85
Cultura-rede 212
Culture Jamming 215
Cunningham, W. 279
Cybernetic totalists 150
Cybernetics 33
Cyberpunk 89s., 157
Cyberspace (espaço informacional); 89 cf. tb. Ciberespaço
Cyberspace Law Institute 162
Cybersyn (projeto) 31
Cyborg (*cybernetic organism*) 84-89
cf. tb. Ciborgue
Cyclades (projeto) 50, 54
Cypherpunk 156s., 263, 267, 295

Dagiral, E. 208
Dailymotion 209
Dardot, P. 185
Darpa (Defense Advanced Research Projects Agency) 54, 248
Darwin, C. 28, 151
Data
centers 242
mining 236, 240, 242
subjects 240
Datagrama 50
Davies, D. 50

Dawkins, R. 213
De Filippi, P. 261
De Kerckhove, D. 97
De Patoul, F. 133
De Rosnay, J. 97
Dean, J. 19
Debian (GNU/Linux distribution) 276, 279
Debord, G. 139
DEC PDP-10 73
Decentralized autonomous organisations 261
Deep Packet Inspection; cf. DPI
Deep Web 232
Deezer 258
Deibert, R.J. 168
Deleuze, G. 96, 240, 293, 300
Democracia/democratização 37, 49, 58, 76, 87, 101, 116, 124, 154, 169s., 178, 191s., 206, 234, 237, 240s., 244, 263-270, 278, 281, 290s.
  deliberativa 286
DeNardis, L. 171
Denning, D. 157
Denouël, J. 210s.
Dery, M. 68, 83, 94, 144
Descentralização 41, 54, 67, 126
Desobediência civil 162, 269, 295
Destruição criativa 147-151, 163, 189
Deutsch, K. 30
Dexter, S. 140
Dibbel, J. 94
Dick, P.K. 84
Diderot, D. 282, 299
Digerati 143, 145, 147, 151
Digital labor 224
Direct download 258
Direitos
  autorais 140
    cf. tb. *Copyright*
  ciborgue (Declaração dos) 87s.

civis digitais 143, 155, 158
de propriedade 159
de propriedade intelectual 159
humanos 70, 100
inalienáveis 134
individuais 154
naturais 142, 154
Discriminação racial 70, 95
Disney 229
Disseminação 250-270, 289s.
Disruptiva (natureza) 146
Dividuais 240
DNS (Domain Name System) 171s., 260s.
Domenach, J.-M. 98
Domínio público 134
Domótica 227
Do-ocracy 138
dot.com 120, 143
Double bind ("duplo vínculo") 27
Doxa 19
DPI (Deep Packet Inspection) 56, 175
Drake, T. 167
Drucker, P.F. 112
Dubar, C. 80
Dubet, F. 276
Dupuy, J.-P. 25, 34-37, 98
Durkheim, É. 78, 212, 276
Dyson, E. 145, 159

Easton, D. 30
eBay 121
Economia(s)
capitalista 272
comercial 181
da abundância 142-147
da atenção 186, 216, 247
da escassez 145

da informação (em rede) 147, 188, 192, 208, 222
de/em redes 147
do compartilhamento 19, 302
do conhecimento 112
do saber 12
híbridas 182
industrial 142, 159
informacional (em rede) 121, 123, 145, 159, 194
política(s) (da informação) 13, 56, 103, 107, 142, 185, 193, 297
solidária 188
Economia-rede 13, 142-163, 206, 222
Ecossistema 148, 185, 198
da corrupção 269
Edvac (Electronic Discrete Variable Automatic Computer) 117
Edwards, P.N. 12, 43s., 47, 85
Efeitos de rede 222, 224
EFF (Electronic Frontier Foundation) 158, 160s., 169, 262
cf. tb. NSA Spying
Ehrenberg, A. 80
Eletrosfera 97
Elitismo/elitista 63, 279, 287
Ellul, J. 38, 64
Elster, J. 244
E-mail 47
Emerson, R.W. 153s.
Empowerment 11, 192
eMule 146
Encyclopædia Britannica 281
End-to-end 174
Engelbart, D.C. 47, 73
Eniac (Electronic Numerical Integrator and Computer) 42
Entropia 31, 39
Equação do esquilo 247
Era
da informação 100, 137, 139, 152, 272
do acesso 121
Erótica (dimensão)/erotismo 94

Escola
de Cambridge 14
de Frankfurt 38, 64
de Palo Alto 27
Espaço
dos espaços 80
dos fluxos 80
público comercial 191
público em rede 191, 207
Espírito de colmeia 150
Establishment 65, 151
Estados alterados de consciência; cf. Consciência
Estrutura(s)
dissipativas 35, 37, 198
informacional(is) 95
tecnoburocrática 64
Ética
da discussão (J. Habermas) 286
dos *hacker(s)* 126, 137-139
Etos-ação (C. Pentzold) 284
Evolucionismo 150
biológico 37
Excite 229
Extensible Markup Language; cf. XML

F/Loss (Free/Libre and Open Source Software); cf. Foss
Fab labs 138
Facebook 13, 75, 95, 128, 139, 167, 211, 222, 245, 274, 298
Fair use 135, 177
Falkvinge, R. 260
Farm (The) 77
Fato social 212
FBI (Federal Bureau of Investigation) 158, 258
FCC (Federal Communications Commission) 175
Feedback; cf. Retroação
Felsenstein, L. 68, 128
Feminismo/feminista 86s.

Fenômenos críticos 202
Fetichização 97
Ficção científica 24, 84, 89s., 144
FidoNet 118
Filter bubble 241
FireChat 258
Firefox 274
Firewall 281
First strike 51
Fisa (Foreign Intelligence Surveillance Act) 167
Flexibilização 80
Flichy, P. 20, 56, 59, 77, 79, 115s., 143s.
Flickr 209, 274, 284
Flooding 299
Fordismo 119
Forest, D. 98s., 101, 113, 146
Forma
    canônica 41, 59s., 170, 206, 252, 254
    das mensagens 16
    vital 148
Foss (Free and Open Source Software) 136
Foucault, M. 14, 81s., 110, 240, 297
Fratura digital 80
Free 133
    and Open Source Software; cf. Foss
    flow of information; cf. Livre-circulação da informação (A)
    rider 257
    Software Foundation; cf. FSF
    Speech Movement 64, 69
Freecode 273
Freedom Box (Projeto) 259
Freemium 225
Freenet (Projeto) 261s.
Friedman, D. 153
Friedman, M. 261
Friedman, T. 89, 144
Friis, J. 152

FSF (Free Software Foundation) 132, 136, 259
Fuller, B. 73
Funcionalista (corrente) 28
Funções hash criptográficas 254, 256

Gafa (Google, Amazon, Facebook, Apple) 298
Galáxia "auto" 98
Galbraith, J.K. 64
Galloway, A.R. 53, 204
Garfield, E. 234
Gatekeepers 191, 238, 302
Gates, B. 119, 128-131, 145, 147, 181s., 186
Gatesismo 119
Gauchet, M. 14, 17, 84, 97
Gayssot (lei) 166
Genealogia política da internet 12, 18, 83, 293
Generatividade 56
Georges, F. 211
Gerovitch, S. 29, 38-40
Gibson, W. 89, 144
Gilder, G. 145
Gillespie, T. 174
Gilmore, J. 159
Gingrich, N. 145
Global Business Network 71, 144
Globalização 80, 111
GNU (GNU's Not Unix) 131s.
GNU/Linux 135s., 189, 273, 276
GNUGPL (GNU General Public License) 132, 134
Gnutella 258
Goffman, I. 210
Goldsmith, J.L. 166, 168
Good faith collaboration 285
Google 73, 120s., 165, 167, 190, 208, 221-249, 259, 273s., 298, 301
Googlearquia 237
Gore, A. 115s., 147, 296
Gorz, A. 140

GoTo 229
Governamentalidade 297
algorítmica 240
gerencial 81
Governança 164, 171, 173, 189, 276, 286
da internet 13, 60, 170-174
da rede 288
dos bens comuns 183
multiatores 172
GPL; cf. GNUGPL
Grafo(s) 199, 204, 234
documental 246
social 246
Granjon, F. 80, 210, 302
Granovetter, M. 188, 202
Grateful Dead 144
Gray, C.H. 85, 87s.
Greenblatt, R. 128
Greer, A. 185
Grid computing 255
Guattari, F. 300
Guerra
de edição 285s.
do Vietnã 65
Fria 43s., 65, 70, 85
Guillaud, H. 303
Gunthert, A. 209

H+; cf. Transumanismo
Habermas, J. 36, 58, 191, 286
Hadopi (Haute Autorité pour la Diffusion des Oeuvres et la Protection des Droits sur Internet); cf. Quadrature du Net (Associação La)
Hackathons 128
Hacker 13s., 66, 68, 71, 89, 122-163, 169, 178
Hackers' Conference 71, 126s., 158
Hackerspaces 138
Hacker Way (*The*) 138s.

Hacking 66, 122-141, 301
Haraway, D. 86-88, 94
Hardin, G. 182
Hardt, M. 112s., 139, 300
Hardware 43, 180
Hashtag 246
Hauben, M. 76
Hayek, F.A. 35, 152s., 157, 244, 278s., 298, 300
Hayles, N.K. 34, 83, 86, 89, 90, 95
Hedonismo 70
Heelas, P. 68
Heidegger, M. 37s.
Heim, M. 94
Heims, S.J. 25, 29
Hendler, J. 199
Herbert, F. 84
Hibridização/hibridrismo 84, 102
High Frontiers 143
High Performance Computing Act 115
Himanen, P. 137, 139s., 190
Hindman, M. 237
Hipercapitalismo 121
Hiperlinks 116
Hipertexto (sistema) 46s., 71s., 116
Hippy(ies) 70-72, 152
Hits (Hyperlinked-Induced Topic Search) 233
Hive mind; cf. Espírito de colmeia
Hobbes, T. 109
Hobbyists 66s., 130
Homebrew Computer Club 68, 130
Homem digital 144
Homeostasia/homeostático 32s., 85
Homo œconomicus 102
Horizontalidade 197
HTML (HyperText Markup Language) 116, 170
HTTP (HyperText Transfer Protocol) 116
Hub(s) 205, 250

Huberman, B.A. 205, 257
Huguet, F. 258
Humanismo liberal 34
Hume, D. 109s.

IBM (International Business Machines) 43, 65, 233
Icann (Internet Corporation for Assigned Names and Numbers) 172s.
Ice Bucket Challenge 247
Identidades digitais 92-95
Ideologia 19, 113
  californiana 20
Ietf (Internet Engineering Task Force) 58, 170
Igualdade/igualitarismo 56, 71, 174
Illich, I. 36
Imaginário social 19
Imaterial 140
IMP (Interface Message Processor) 54
In-Q-Tel 248
Inclusividade 173s., 237
Indignados (Movimento dos) 169
Individualismo conectado 79, 94, 199
Indivíduo(s) em rede 163, 219
Infoesfera 100
Informação
  axiologia da 14
  noção de 16
  em rede 191s., 197, 293, 296
Information Processing Techniques Office; cf. Ipto
Infovias 116-118
Inovação 33, 92, 97, 112, 115, 139, 145, 147-151, 173, 182, 189
Input 26, 30
Inteligência
  artificial 29, 63, 88s., 131
  coletiva 12, 19, 95-103, 150
Interação(ões) 210
  em rede 222
Interactive multiaccess computing 47

Interatividade 116
Intercept (*The*) 169
Interconexão 102
Interface(s) 118
gráfica 47
Internet 41-60, 107-121, 155-163
governance 171
Service Provider (ISP); cf. Provedores de acesso
cf. tb. "Bolha da internet"
IP (Internet Protocol); cf. TCP/IP (protocolos) 59
Ippolita (coletivo) 237
Ipto (Information Processing Techniques Office) 45s.
IRC (Internet Relay Chat) 93
IRL (In Real Life) 94
ISO (International Organization for Standardization) 58
Isoc (Internet Society) 118, 170, 172
ISP (Internet Service Provider); cf. Provedores de acesso

Jakobson, R. 28
Jarvis, J. 269
Jauréguiberry, F. 80
JCS (Joint Chiefs of Staff, ou Comitê dos Chefes de Estado-maior das Forças Armadas) 46
Jefferson, T. 87, 154, 157, 160, 164, 177
Jenkins, H. 96, 215
Jobs, S. 68, 73, 128-130
Jogos de linguagens 94
Johnson, D.R. 162
Joost 152
Jordan, T. 124
Jouët, J. 95, 210

Kant, I. 268
Kaplan, F. 232
Kapor, M. 158
Karpik, L. 223
Katz, E. 27, 218

Kazaa 146, 152, 258
Kelly, K. 144s., 147-150
Kelty, C. 288
Kesey, K. 71
Klein, M. 167
Kleinberg, J. 233s.
Kleinrock, L. 50
Keyworth, G. 145
Knowledge society; cf. Sociedade do conhecimento
Know Your Meme 214
Koselleck, R. 14
Kropotkine, P. 300
Kurzweil, R. 242
Kuznicki, J. 180

Lallement, M. 138
Landemore, H. 244
Lanier, J. 150, 158
Latour, B. 87
Latrive, F. 135
Latzko-Toth, G. 78
Laval, C. 185
Lazaro, C. 276, 278
Lazarsfeld, P. 27, 218
Le Moigne, J.-L. 36
Le Roux, R. 33
Leary, T. 70, 92
Lecourt, D. 83
Lefort, C. 291
Left 133
Legitimidade 289
Leis
  da economia clássica 148, 294
  da informação 24-29
  da natureza 147
  da oferta e da demanda 112
  de potência 205, 207

Lelong, B. 80
LeMonde.fr 228
Leslie, S.W. 43, 65
Lessig, L. 176-182, 185, 188s., 193, 259, 284
Levrel, J. 285-287
Lévy, P. 97-103, 150s.
Levy, S. 66, 122, 126-128, 155, 232, 241
Lex
  informatica 176
  mercatoria 162
Liberal(is) 34, 62, 70, 153, 163
  fato 17
  humanismo 90
  ideologias 17
  teoria 17
Liberalismo 59, 78, 107-109, 126s., 142, 151, 154, 177, 267
  informacional 15, 18s., 107, 193, 227, 252, 267
Liberdade(s) 11, 122-141, 288
  da informação 293
  de empreender 159
  de expressão 16, 156, 159
  de opinião 16
  fundamentais 143, 158
  individual(is) 70, 153s., 159, 161, 169, 295
  naturais 165
  política 293
  públicas 295
  radicais do digital 142-163
Libertariano/libertário 20, 70, 74, 127, 142, 151-154, 179
Licença em formato proprietário; cf. Proprietário
Licklider, J.C.R. 23, 28, 46-49, 54, 57, 76
Life form 148
Lifestyle Magazine 144
Ligações digitais 79
Limewire 258
Linguística estrutural 28
Link spamming 234

Linkedln 245
Linux 135, 273
Linux Kernel 273s.
Liquid Feedback 303
Literati 143
Living theatre 70
Livre-circulação da informação (A) 14, 40, 44, 67, 83, 122-128, 145, 163, 174, 177, 205, 227, 248
Livre-comércio 162
Lobby(*ies*) 116, 158s., 298
Local communities 78
Locke, J. 87, 154, 182, 185
Lógicas de compartilhamento 13
Logos 100
Lojkine, J. 63
Long tail 209
Luta de classes 137-141
Lotus (empresa) 158
LSD 71, 92
Luhmann, N. 28, 36
Lukasik, S. 45
Lycos 229
Lyon, D. 240

Macarthysmo 29
Madison, J. 160
Magellan 229
Magna carta 145, 159, 296
Mainframes 65, 123
Mainstream 96
  medias 209
Major companies 251
Mandeville, B. 110
Manifesto
  ciborgue 86
  hacker 139
Manning, C. 265

Mão invisível 35, 150s., 179
Máquina
automática ou "Máquina de Turing" 42
de governo 64
Marcuse, H. 64
Market 108
Markoff, J. 68
Marx, K. 63, 70, 101, 110, 113, 137, 139s., 187
Marxismo "existencialista" 70
Matrix (filme) 90
Matriz 79
Mattelart, A. 19, 25, 99s., 111, 113s.
Mauro, R. 261
Mauss, M. 188
May, T.C. 156
Mayer-Schönberger, V. 238
McCullagh, D. 180
McCulloch, C. 27
McLuhan, M. 73, 92, 98, 100s., 111, 144
McNealy, S. 152
Mead, M. 27
Medialab 144
Medina, E. 31
MegaUpload 258
Meios de comunicação de massa 192, 207-209, 228, 238
Mellet, K. 230
Meme 213
cf. tb. Know Your Meme
Memex (*memory index*) 68, 116
Mercado 107-121, 142, 165, 178, 181, 187s., 193
livre-capitalista 33
Meritocracia 126, 139, 272
Merry Pranksters 71
Mesh 258
Merton, R.K. 202
Metamercado 190
Microcomputador 74, 76

Microsoft 120, 130s., 161, 181
Milgram, S. 200
Mill, J.S. 100, 160, 179, 187
Mills, C.W. 64
Mini-computers 66, 123
Minitel 76, 91, 118
Mises Institute 154
MIT (Massachusetts Institute of Technology) 50, 62, 65, 131, 144
Mitologia 113, 144
Mits (Micro Instrumentation Telemetry Systems) 130
MMORPGs (Massively Multiplayer Online Role-Playing Game) 93
Modelo cognitivo 74
Modem 76
Moglen, E. 132, 259
Mondo 2000 (revista) 143s.
Morin, E. 36
Morozov, E. 20, 97, 163, 169
Mosco, V. 163
Mother of all demos 47
Motor(es) de busca 73, 121, 168, 190, 211, 216, 219, 223, 227-234, 236-241, 254-257, 297s.
Moulier Boutang, Y. 19, 113, 140
Mouse 47
Movimento *maker* 138
Mozilla 274
MP3 146
MSN Messenger 120, 228
MtGox 260
MUDs (Multi-User Dungeon ou Multi-User Domain) 76, 93-95
Mueller, M. 171-173
Müller-Maguhn, A. 157
Multidão 19
Multimídia 117
Multistakeholder governance model; cf. Governança, multiatores
Multitudes 140
Mumford, L. 64
Mundialização 111

Mundo(s)
em rede 81, 219
real 79
virtuais 84
Musso, P. 99, 198, 299
MySpace 209
MySQL 274

Nação cabeada 115
Nação-rede 115
Nakamoto, S. 260
Napster 146, 166, 251-260
Nasa 45
National Book Award 72
National Physical Laboratory (britânico); cf. NPL
National Science Foundation; cf. NSF
National Security Agency; cf. NSA
Nature 199, 281
Natureza *vs.* cultura 85
NBC (National Broadcasting Company) 229
Negri, A. 113, 139s., 300
Negroponte, N. 144
Nelson, T. 68, 117
Netflix 175, 258
Netiqueta 162
Network
economy 147
society 79
Network-centric warfare 46
Network Working Group; cf. NWG
Neurociência 198
Neuromancer (romance) 89
Neutralidade das redes 56, 173-175, 296
Neveu, E. 113
New(s)
Age 68, 99, 150
Communalists 71

Deal 115
Feed 246, 284
Left; cf. *Nova esquerda*
Newmark, C. 152
Newsgroups 75, 93
Newsweek 143
New York Times (The) 167
Nissenbaum, H. 237
Nodes ("Nós" ou "nodos") 48
Noosfera 99s., 150
Norberg, A.L. 12, 45s., 49
Nova(s)
direita 143
Economia 15, 82, 107, 119-121, 142s., 146s., 149, 165, 170, 181
esquerda 64, 70
tecnologias da informação e da comunicação 111, 151s.
Nozick, R. 153, 162, 182
NPL (National Physical Laboratory, britânico) 50
NSA (National Security Agency) 167, 239
NSA Archive (The) 169
NSA Spying, EFF.org 169
NSF (National Science Foundation) 118, 171s.
NSFNET; cf. NSF
NuPrometheus 158
NWG (Network Working Group) 57

Obrist, H.U. 157
Occupy Wall Street; cf. OWS
One best way; cf. Way
O'Neill, J.E. 12, 45s., 49
On line 77, 79, 83
Open data 238, 296
Open source 136, 152, 272
Oram, A. 252
Ordem 197
conexionista 81
espontânea 35, 142, 163

O'Reilly, T. 284
Orgânica(o) 56, 78, 162, 207, 212, 231, 282, 301
Organismo global (N. Wiener) 53
Organização social "em rede" 74
Organizações em projeto 80s.
OSI (Open Systems Interconnection) 58
Ostrom, E. 134, 183, 185, 284, 289
Ótimo (no sentido de V. Pareto) 112
Output 26, 30
Overlays 254
Overture; cf. *GoTo*
OWS (Occupy Wall Street) 169

Packet switching 49s., 174, 255
Page, L. 231, 233s.
PageRank 192, 234
Pais fundadores 60, 123, 154
Palo Alto 67
Parasie, S. 208
Pareto, V. 112
Parikka, J. 212, 215s., 219
Pariser, E. 241
Parsons, T. 28
Partilha; cf. Compartilhamento
Pasquier, D. 223
Patriot Act 166
PayPal 121, 152
Pay-per-click 230s.
PC (Personal Computer); cf. Computador pessoal
Peer-to-peer 14, 146, 166, 175, 211, 250-270
streaming 255
Pentland, A. 204
Pentzold, C. 284
PFF (Progress and Freedom Foundation) 159
PGP (Pretty Good Privacy) 156
Phreaking 128
Pias, C. 24, 27

Pitts, W. 27
Poder da mente 159
Point and click 117
Polanyi, K. 108, 184
Policies 30
Política
  ciborgue 88
  representativa 70
Pool, I.D.S. 153
Popular Electronics (revista ilustrada) 67
Pós- (sociedades) 113
  capitalismo 86, 112
  colonial 86
  disciplinar 81
  estruturalismo 35
  gênero 86
  humana(o)/humanidade/humanista 83, 86, 90, 95s., 102
  industrial(is) 30, 74, 111, 113, 140, 215
  materiais 113
  modernismo/modernista/moderno 86s., 90, 94, 113, 240
  tayloriana 79
Post, D.G. 162, 180
Pouzin, L. 50
Premium 225, 255
Pretty Good Privacy; cf. PGP
Primaveras árabes 169
Prism 239
Privacidade 156s., 180, 262
Processo sem sujeito 34
Profetismo 97, 113
Progress and Freedom Foundation; cf. PFF
Propriedade intelectual 33, 56, 112, 120, 128s., 131, 136, 139-141, 145, 159, 161, 173
Proprietário (Licença em formato) 128-131, 133, 136
Proteção dos dados pessoais 157
Proudhon, P.-J. 300
Proulx, S. 78

Provedores de acesso 56, 118, 168, 258
Psicodélica (experiência) 71, 74, 90, 92
PTT (Postes, Télégraphes et Téléphones) 50
Público (noção de) 78
Puritana (tradição) 71

Quadrature du Net (Associação La) 252
Quality score 231
Quéau, P. 97

Racionalidade
  coletiva 289
  individual 289
Radical (liberalismo) 154s.
Radio-Electronics (revista ilustrada) 67
Rand, A. 152s., 278
Rand Corporation 50s.
Raymond, E.S. 135s., 152s., 278
Raynaud, P. 108
"Razão instrumental" (M. Weber) 63
Reagle, J.M. 284s.
Real 37, 94, 96, 160
Realidade
  social 212
  virtual 12, 89-96, 103, 150
Reality Hackers 143
Recording Industry Association of America; cf. Riaa
Recursividade 288
Rede(s) 16, 147, 197-208
  complexas 199
  das redes 48-54, 205
  digitais 14
  distribuída 49
  relacionais 80
  social(is) 78s., 95, 212
Reidenberg, J.R. 176
Reliance 95

Religião 19
da infosfera 100
Religio 97
República dos especialistas de informática 57
Retorno à natureza 70
Retribalização (processo de) 92
Retroação 17, 26, 30, 34s., 85, 242
Revolução digital 96
contracultural 143
gerencial 63
industrial 30
sexual 92
RFC (Request For Comments) 57-59, 170
Rheingold, H. 76, 90-94, 97, 144
Riaa (Recording Industry Association of America) 251
Ricardo, D. 110
Rifkin, J. 121, 253
Riqueza
das nações (A) 186
das redes (A) 186
Rivais (bens) 134
cf. tb. Bem não rival
Roberts, L. 46
Robocop 85
Rogers, R. 166
Rohozinski, R. 168
Rojot, J. 290
Role-playing game; cf. RPG
Rosanvallon, P. 36, 108s.
Rosenzweig, R. 151, 281
Rossinow, D.C. 70
Roszak, T. 70
Rousseau, J.-J. 109
Rouvroy, A. 240
RPG (Role-Playing Game) 93
Rule of law 178

Rushkoff, D. 144, 215
Russell, A.L. 12, 55, 58, 170

Sabedoria das multidões 244
Sage (Semi-Automatic Ground Environment) 44
Saint-Simon 63, 99s., 299
Samson, P. 128
Sanger, L. 279
São Francisco 67
Satnet 54
Scalability 254
Scale-free networks 201, 204
Scantlebury, R. 50
Schafer, V. 12
Schmidt, E. 237
Schneier, B. 240, 248
Scholz, T. 224
Schumpeter, J.A. 149, 189
SCI (Science Citation Index) 234
Science (revista) 199
SDS (Students for a Democratic Society)
Segal, J. 16, 24, 35
Segunda
  cibernética 35
  onda 163
Self-reliance 153
SEO (*Search Engine Optimization*) 244
Sfez, L. 19, 113
Shannon, C. 28
Shapiro, C. 120
Shields, R. 96
Shifman, L. 214s.
Shirky, C. 209
Silk Road 260
Simbiose ser humano-máquina 28, 41, 44-49
Single point of failure; cf. Spof
Singularity University 242
Sire, G. 236

Sirius, R.U. 144
Sistema(s)
autogovernados 23
auto-organizados 23, 216
autorregulados 23
complexos 198
de informação 41, 198s.
distribuídos 198
sociais 198
tecnicista 64
tecnoeconômico 112
tecnogerencial 287
Skype 152, 255
Slashdot 190
Smart
contracts 261
systems 241
Smith, A. 35, 109s., 119, 186s.
Snowden, E. 143, 155, 163, 167, 169, 181, 248, 295, 297
Soap boxes 76
Soberanista (modelo) 287
Social choice 243
Socialidade em rede 62-82
Social network analysis 78
Sociedade(s)
auto-organizada 26
civil 108
de autômatos 39
de indivíduos 109
da informação 16, 31, 33, 100, 107-121
da informação e da comunicação 19
de mercado 107-110
de nações 109
de redes 79
do conhecimento 111
do espetáculo 139
do risco 212

em rede(s) 79, 112
livre 113
pós-industrial(is) 30, 74, 111
programadas 113
Sociologia
da internet 62
das ciências e das técnicas 178
Sociólogos dos usos 13, 197, 210
Sociometria 197, 199
Söderberg, J. 140
Software (livre) 43, 57, 60, 122-140, 180, 182, 189, 271-291
Solucionismo 20
Sopa (Stop Online Piracy Act) 295
SourceForge 273
Spacewar 73
Spiders 232
Spof (Single Point of Failure) 255
Spotify 258
Sputnik 45
Spyware 255
SSH (Secure Shell) 156
Stalder, F. 236
Stallman, R.M. 128, 131-136, 274s., 295
Stanford 67, 73, 231
Stanford Artificial Intelligence Laboratory 73
Start-up 149, 165
Stengers, I. 36
Sterling, B. 89, 125, 144, 155, 158
Stiegler, B. 240
Stiglitz, J.E. 112
Stop Online Piracy Act; cf. Sopa
Streaming 251, 258
Strogatz, S. 199
Students for a Democratic Society; cf. SDS
Summer of love 67
Sun Microsystems 152, 158, 273
Sunstein, C. 241

Super-homem 86
Supervias da informação 96, 114s., 147
Surowiecki, J. 97
Surveillance studies 240
Sussan, R. 83, 90, 144

Tapscott, D. 97
Tarde, G. 78, 211s.
Taylor, F.W. 47-49, 57
Taylorismo 64, 79
TCP/IP (Transmission Control Protocol) 58s., 174, 254s.
 cf. tb. IP
Tecnocracia 31, 62-64, 69, 74, 85, 249
Tecnoestrutura 64
Tecnofilia 67, 77
Tecnoguerra 65
Tecnologia(s)
 da informação e da comunicação; cf. TIC's
 digitais 121
 intelectuais 30, 114
Tecnopaganismo 68
Tecnotranscendentalistas 144
Teilhard de Chardin, P. 98, 100, 144
Telecommunications Act 156, 159, 161
Telefonia IP; cf. VoIP
Teoria
 da auto-organização 36
 da auto-organização do mercado 35
 da decisão 44, 114
 da informação e da comunicação 27, 113
 das mensagens 32
 da utilidade 114
 do agir comunicacional 36
 dos "cérebros mecânicos" 28
 dos jogos 27, 33, 114
 dos sistemas sociais 28
 matemática da informação 24, 28

matemática das redes 13, 197
política da internet 18
Terceira onda 112, 144, 159
Terminator 85
Termodinâmica 198
Terranova, T. 224
Thacker, E. 204
The Farm 77
The Pirate Bay 256
Thiel, P. 152
Thierer, A. 180
Think tank(s) 51, 143, 154, 180
Thoreau, H.D. 153
TIA Projeto (Total Information Awareness) 167
TIC's (Tecnologia da informação e da comunicação) 19, 62, 80, 111
Time (revista) 143
Time-sharing; cf. Compartilhamento dos recursos
Timeline 246
Time Warner 229
cf. tb. AOL
Tinder 298
Tocqueville, A. 160
Toffler, A. 144s.
Tönnies, F. 78
Topos 303
cultural 154
TOR (Projeto) 261s., 299, 301
Torvalds, L. 136
Total Information Awareness; cf. TIA
Touraine, A. 113
Town meetings 76
Trackers 256
Trade 108
Transcendentalista (movimento) 71
Transparência 33, 39, 139, 268
Transumanismo 88, 241
Tréguer, F. 168

Trending topics 245
Triclot, M. 24, 42
TripAdvisor 222
Trocas
  de utilidade 222, 225s.
  em rede 289
Tufekci, Z. 241
Turing, A. 23, 28, 42s.
Turkle, S. 93-95
Turner, F. 20, 68-71, 74, 82, 97, 127, 144
Twitter 75, 245, 274

Uber 222, 298
Union of Concerned Scientists 65
Unix; cf. Usenet
URL (Uniform Resource Locator) 116, 223
URSS 63
Usenet (Unix User Network) 54, 62, 75s., 91, 93, 118, 135, 254
Ussec (United States Securities and Exchange Commission) 139
Utopia 19, 83s., 96s.
  apolítica 163
  da comunicação
  liberal 154

Vaidhyanathan, S. 226s.
Vale do Silício 68, 80, 97, 130, 142, 152, 162
Valores substanciais 180
Valor social 189
Van Couvering, E. 228, 230
Vandendorpe, C. 281s.
Van Loon, J. 212
Van Schewick, B. 56
Varela, F. 36
Varian, H.R. 120
Vazamentos 14, 169, 264-269
Vedel, T. 116
Verdier, H. 298

Vernadski, V. 99
Verne, J. 84
Versioning 120
Vetorialista 139
Vickrey (Leilão de) 231
Videoconferência 47
Vigilância participativa 285
Viral/viralidade 13, 197, 211-219
Virtual/virtualismo 95s., 161, 166
Vivendi 229
  cf. tb. AOL
VoIP, ou Voice over IP 255
Von Neumann, J. 23, 27, 29, 33, 43, 53, 117, 198

W3C (World Wide Web Consortium) 170
Wachowski (irmãos) 90
Wales, J. 152, 278s., 283
Wark, M. 139s.
Warner; cf. AOL
Watts, D. 199, 218
Way (The one best); cf. Taylorismo
Wealth of Networks (*The*); cf. Riqueza das redes (A)
Web; cf. WWW
Web 2.0 209, 223
Weber, M. 38, 137, 139, 290, 301
Weber, S. 133, 189, 272
Web of trails 117
Web social 245
Well (Whole Earth 'Lectronic Link, The) 71, 76, 82, 93, 145, 158
Wellman, B. 79
Wells, H.G. 84
Whistleblowers 262
Whole Earth Catalog 71-73, 144
Wiener, N. 23, 25-29, 31-34, 38s., 44, 53, 71, 73, 84, 87
WikiLeaks 13, 157, 250-270, 295
Wikipédia 14, 181, 209, 211, 235, 271-291, 302
Winner-takes-all 205

Wired (revista) 77, 143s., 149s., 153, 161, 225
Wood, E.M. 185
Wood, N. 185
WordPress 274
World
culture 70
of Warcraft 94
Wide Web; cf. WWW
Wozniack, S. 68, 128, 130
WSIG (World Summit on Internet Governance) 172
WSIS (World Summit on the Information Society) 172
Wu, T. 166, 168, 173s., 259
WWW (World Wide Web) 72, 75, 114-118, 208-212, 226

Xamanismo (neo-, tecno-) 92
Xanadu 68, 117
XML (Extensible Markup Language) 170

Yahoo! 120, 166, 206, 228s.
YouTube 175, 209, 211, 227, 274, 284, 302
Yuppie 152

Zeitgeist 49
Zennström, N. 152
Zimmermann, J. 157
Zimmermann, P. 156
Zittrain, J. 56, 176, 180s.
Zuckerberg, M. 128, 138, 247

ÍNDICE GERAL

Sumário, 9

Introdução, 11

PARTE I – AS ORIGENS, 21

1 Premissas cibernéticas, 23

1.1 À procura das leis da informação, 24

1.2 Uma ciência do controle, 29

1.3 Uma ciência da liberdade, 31

1.4 Segunda cibernética, auto-organização e projeto de autonomia, 34

1.5 Ambiguidades políticas da cibernética: entre automatização e autonomia, 37

2 O surgimento da internet, 41

2.1 O computador e o complexo militar-científico norte-americano, 41

2.2 A informática em rede: avançando em direção a uma "simbiose ser humano-máquina", 44

2.3 A rede distribuída: uma arquitetura da auto-organização, 49

2.4 Da Arpanet até o advento da internet, 54

3 A virada contracultural – Avançando em direção a uma socialidade em rede, 62

3.1 Da crítica da tecnocracia à "revolução" da informática pessoal, 63

3.2 Computadores para transformar o indivíduo e a sociedade, 68

3.3 Das redes técnicas às "comunidades eletrônicas", 74

3.4 Emergência da socialidade em rede e condicionantes do regime da conexão, 77

4 As utopias do ciberespaço, 83

4.1 O ciborgue: uma utopia do hibridismo ser humano-máquina, 84

4.2 Da realidade virtual ao ciberespaço, 89

4.3 Comunidades virtuais e identidades digitais: uma experiência de liberdade?, 92

4.4 O ciberespaço como "inteligência coletiva": da mística à política, 95

PARTE II – ECONOMIAS POLÍTICAS DA INFORMAÇÃO, 105

5 Sociedade da informação, internet e mercado, 107

5.1 Liberalismo e sociedade de mercado, 108

5.2 A informação como estratégia de economia política, 110

5.3 As "supervias da informação" e a World Wide Web, 114

5.4 A Nova Economia implicará mercados perfeitos?, 119

6 O *hacking*: softwares e liberdades, 122

6.1 Figuras do *hacker* e controvérsias relativas à livre-circulação da informação, 123

6.2 Surgimento do software em formato proprietário, 128

6.3 Da ética *hacker* aos softwares livres, 131

6.4 Entre espírito do capitalismo e luta de classes, 137

7 Economia-rede e liberdades radicais do digital, 142

7.1 Uma economia da abundância? – O gratuito, entre compartilhamento e consumo, 143

7.2 Avançando em direção à economia-rede: inovação, destruição criadora e adaptação, 147

7.3 O horizonte libertariano, 151

7.4 A internet em face do Estado: *hackers*, criptoanarquia e direitos civis digitais, 155

7.5 Manifestos ciberlibertarianos e "excepcionalismo" da internet, 159

8 Liberdades sob controle? – Entre código de programa computacional e regras do direito, 164

8.1 Limites da autorregulação e recrudescência do controle estatal, 165

8.2 A governança da internet, entre regulamenção e autorregulação, 170

8.3 A "neutralidade das redes", 173

8.4 *Code is law*, ou a afirmação de um liberalismo regulador, 176

8.5 Em prol dos *commons* informacionais, 181

8.6 *The Wealth of Networks* [A riqueza das redes]: um tratado de economia política para a internet, 186

8.7 A "produção colaborativa baseada nos *commons*" e o projeto de autonomia, 189

PARTE III – REDES E AUTO-ORGANIZAÇÃO EM REGIME DIGITAL, 195

9 Redes, compartilhamento e viralidade, 197

9.1 Redes e complexidade, 198

9.2 Da Ciência das Redes às "leis" da internet, 203

9.3 A *web* e a cultura do compartilhamento, 208

9.4 Viralidade e contágio social, 211

10. A *captação*: recentralização das redes e controle algorítmico – O Caso Google, 221

10.1 Domar a economia-rede, 222

10.1.1 Capitalizar a partir do compartilhamento, 222

10.1.2 Criar "efeitos de rede", 224

10.1.3 Tirar partido das "trocas de utilidade", 225

10.2 Captar os fluxos da web – O advento do Google, 226

10.2.1 Motores de busca e sites de conteúdo, 227

10.2.2 O tráfego em vez da audiência, 228

10.2.3 Uma economia de intermediários – Advento do Google, 230

10.3 Da análise dos hiperlinks à rastreabilidade dos comportamentos, 232

10.4 Google sob a perspectiva da política: vieses da informação, *big data* e criação de perfis, 236

10.5 Um modo de coordenação *agregativo-segmentável*, 242

10.6 Generalização do modelo da captação: Google, Facebook e os outros, 245

11 A *disseminação*: descentralização radical e criptografia – Do *peer-to-peer* ao WikiLeaks, 250

11.1 Compartilhamento entre pares, soluções técnicas e modelos políticos, 251

11.2 Um modo de coordenação *protocolar-técnico*, 256

11.3 *Peer-to-peer*, criptografia e anonimização: redes encobertas a serviço da transparência?, 260

11.4 Do *peer-to-peer* ao WikiLeaks: disseminação e democracia, 263

12 A *autoinstituição*: um projeto de autonomia pelas redes – Os softwares livres e Wikipédia [a enciclopédia livre], 271

12.1 Softwares livres no âmago da internet, 272

12.2 De uma reviravolta do direito até a formação de comunidades auto-organizadas, 275

12.3 O Projeto Wikipédia, 278

12.4 Um modo de coordenação *processual-reflexivo*, 287

Conclusão, 293

Referências, 305

Índice onomástico e temático – Incluindo siglas e instituições, 343

Manual de pesquisa qualitativa

A contribuição da teoria da argumentação

Mario Cardano

Este livro tem como objetivo fornecer um guia para a criação de uma pesquisa qualitativa que combina rigor e criatividade. O autor apresenta um mapa das técnicas de pesquisa qualitativa delineada considerando principalmente as peculiaridades epistêmicas de cada uma, e prossegue com a ilustração das características do desenho da pesquisa qualitativa, delimitando, em um quadro de referência, os mais recentes estudos desenvolvidos sobre a teoria da argumentação e da lógica informal. Por essa razão, a principal peculiaridade do livro reside em sua referência à teoria da argumentação e na dedicação do autor em utilizar um repertório significativo de pesquisas mencionadas a título de exemplo. O livro é dirigido a todos os alunos (de graduação e pós-graduação), professores, pesquisadores e estudiosos das Ciências Sociais, Ciências da Saúde e da Enfermagem, e epidemiologistas sociais que se proponham a realizar a pesquisa qualitativa ou que desejam ler monografias e ensaios desenvolvidos com recurso das técnicas da pesquisa qualitativa.

Mario Cardano, doutor em Sociologia, é professor do Departamento de Cultura, Política e Sociedade da Universidade de Turim, na Itália, onde ensina Métodos Qualitativos de Pesquisa Social e Sociologia da Saúde. É também diretor do Programa de Doutorado *Interunidades*, desenvolvido pelas universidades de Turim-Milão em Sociologia e Metodologia da Pesquisa Social, onde ministra um curso de Projeto de Pesquisa Qualitativa. É membro do Conselho de Administração da Revista *Rassegna Italiana di Sociologia*.